Forcierte Deregulierung, Finanzkrisen und Denationalisierung in Schwellenländern

Europäische Hochschulschriften
Publications Universitaires Européennes
European University Studies

Reihe XXII
Soziologie

Série XXII Series XXII
Sociologie
Sociology

Bd./Vol. 405

PETER LANG
Frankfurt am Main · Berlin · Bern · Bruxelles · New York · Oxford · Wien

Lydia Krüger

Forcierte Deregulierung, Finanzkrisen und Denationalisierung in Schwellenländern

PETER LANG
Europäischer Verlag der Wissenschaften

Bibliografische Information Der Deutschen Bibliothek
Die Deutsche Bibliothek verzeichnet diese Publikation in der Deutschen Nationalbibliografie; detaillierte bibliografische Daten sind im Internet über <http://dnb.ddb.de> abrufbar.

Zugl.: Trier, Univ., Diss., 2004

D 385
ISSN 0721-3379
ISBN 3-631-54022-1

www.peterlang.de

Vorwort

Die vorliegende Arbeit „Forcierte Deregulierung, Finanzkrisen und Denationalisierung" beschäftigt sich mit den Ursachen und Folgen von Finanzkrisen in Schwellenländern am Beispiel Argentiniens und Südkoreas. Im Mittelpunkt der Arbeit stehen folgende Fragen: Bestehen systematische Zusammenhänge zwischen neoliberalen Reformen und Finanzkrisen? Welche Rolle spielte externer Druck bei der Umsetzung neoliberaler Reformen in Argentinien und Südkorea? Wie agierte der Internationale Währungsfonds im Vorfeld der Krisen und wie ist sein Krisenmanagement zu bewerten? Haben Finanzkonzerne aus den Industrienationen von den Krisen profitiert? Zusammengefasst: Gibt es einen systematischen Zusammenhang zwischen neoliberalen Reformen, Finanzkrisen und dem Vordringen ausländischer Konzerne in die Märkte der krisenbetroffenen Schwellenländer?

Der Grundstein für diese Dissertation wurde vor zehn Jahren mit einer Arbeit zu den Ursachen der internationalen Verschuldungskrise gelegt. Die politökonomische Analyse globaler Probleme vertiefte ich im Rahmen eines Studienaufenthalts in der Bankenmetropole London. Dort habe ich nicht nur schmerzhaft erfahren, dass Wechselkursschwankungen die eigene Lebenssituation beeinflussen können, sondern wurde von einer Entwicklung auf den internationalen Finanzmärkten in den Bann gezogen: Nacheinander wurden Thailand, Malaysia, Indonesien und schließlich Südkorea 1997 von einer heftigen Währungskrise erfasst, die sogenannte „Asienkrise" nahm ihren Lauf und drohte, sich zu einer Weltwirtschaftskrise auszuwachsen.

Wie konnten Staaten, die jahrzehntelang als Erfolgsmodelle nachholender Entwicklung gehandelt worden waren, über Nacht in einen derartigen Krisenstrudel geraten? Warum hatte so gut wie niemand diese Entwicklung vorhergesehen? Und was sollte man von Personen und Institutionen halten, die plötzlich auf Korruption, gravierende Politikfehler und institutionelle Defizite in den ostasiatischen Schwellenländern verwiesen, nachdem sie noch kurze Zeit vorher Erklärungen für den Erfolg der „asiatischen Tiger" abgeliefert hatten? Dank Prof. Dr. Dr. Bernd Hamm bekam ich die Gelegenheit, mich diesen Fragen in den folgenden Jahren umfassend zu widmen. Dabei geht die vorliegende Arbeit in mehrfacher Hinsicht über andere Arbeiten hinaus. Zum einen wird die Frage nach den *Ursachen* von Finanzkrisen durch die Frage nach möglichen *Profiteuren* ergänzt. Zum anderen werden verschiedene Analyseebenen und Diskurse miteinander verbunden: Die *globale Ebene* durch Beschäftigung mit der Dynamik des kapitalistischen Weltsystems; die *regionale Ebene*, indem an die Diskussion über den Entwicklungserfolg ostasiatischer Schwellenländer angeknüpft wird und schließlich die *nationale Ebene* durch Konzentration auf zwei Länderstudien.

Zusammengefasst zielt meine Dissertation darauf ab, eine globale, politökonomische Erklärung von Finanzkrisen in Schwellenländern anhand von zwei Fallstudien zu überprüfen, wobei ich mich für ein lateinamerikanisches und ein ostasiatisches Schwellenland (Argentinien und Südkorea) entschieden habe. Diese Länderstudien waren für meine Analyse insofern sehr fruchtbar, als so eine gewisse „Einseitigkeit“ korrigiert werden konnte, die einer weltsystem- oder dependenztheoretischen Betrachtungsweise oft eigen ist. Denn so richtig es ist, dass bestimmte Entwicklungstrends sich zeitgleich in verschiedenen Ländern und Regionen niederschlagen, so richtig ist es auch, dass nach wie vor auf nationaler Ebene entschieden wird, welche Entwicklungsstrategie eingeschlagen und verfolgt wird. Wie man an Argentinien in den letzten Jahren sehen konnte, kann ein Entwicklungsweg nämlich auch abgebrochen und die Richtung geändert werden – und dies allen vermeintlichen Sachzwängen und Ratschlägen internationaler Gläubiger und Finanzinstitutionen zum Trotz.

Dass meine Dissertation nun endlich in dieser Form vorliegt, verdanke ich vielen erfreulichen Umständen. An erster Stelle wäre hier meine Begegnung mit Prof. Dr. Dr. h.c. Bernd Hamm zu nennen, mit dem ich insgesamt fast acht Jahre am Zentrum für Europäische Studien sowie am Lehrstuhl für Siedlungs-, Umwelt- und Planungssoziologie der Universität Trier zusammengearbeitet habe. Ohne seine fachliche und persönliche Unterstützung, seine unzähligen Anregungen und Ideen, seine fundierte Kritik und sein Interesse an den Ergebnissen meiner Arbeit wäre diese sicher nicht geschrieben worden. Für meine inhaltliche Auseinandersetzung mit dem Thema war Prof. Dr. Dieter Boris von der Universität Marburg ebenso wichtig, dem ich an dieser Stelle ebenfalls herzlich für seine zahlreichen Hinweise und seine überaus kompetente und sorgfältige Betreuung meiner Doktorarbeit danken möchte.

Meinen ehemaligen ArbeitskollegInnen an der Universität Trier sowie meinen KollegInnen bei Weltwirtschaft, Ökologie & Entwicklung danke ich für viele wertvolle Hinweise sowie das angenehme Arbeitsklima, welches mir die Fertigstellung der Dissertation erleichtert hat. Besonderer Dank gilt Daniel Bratanovic für seine Unterstützung bei der Literaturrecherche sowie Catherine Takvorian für ihre Entlastung von anderweitigen Aufgaben am Lehrstuhl für Siedlungs-Umwelt und Planungssoziologie der Universität Trier. Den Studierenden danke ich für ihre vielen Diskussionsbeiträge und vor allem für ihre Fragen, die mich immer wieder gezwungen haben, komplexe Zusammenhänge so verständlich wie möglich darzustellen. Mein größter Dank gilt schließlich meinen Freunden und meiner Familie sowie meinem Lebensgefährten Markus Helfen. Letzterer hat die ganze Zeit über so beharrlich an meine Fähigkeiten geglaubt, dass ich mich irgendwann von ihm überzeugen ließ. Ihm ist diese Arbeit gewidmet.

Berlin, im Mai 2005 Lydia Krüger

Inhaltsverzeichnis

Abbildungsverzeichnis

Tabellenverzeichnis

Einleitung

In den letzten zehn Jahren wurden zahlreiche Staaten von schweren Krisen erfasst, die durch plötzliche Kapitalflucht und massiven Währungsverfall sowie sich daran anschließende Bankenzusammenbrüche und Unternehmensbankrotte gekennzeichnet waren – von den teils verheerenden sozialen Folgen und politischen Erschütterungen ganz zu schweigen. Der Krisenzyklus begann Ende 1994 in Mexiko, setzte sich 1997/98 in den ostasiatischen Schwellenländern (Thailand, Malaysia, Indonesien, Südkorea) fort und griff anschließend auf Russland (1998/99), Brasilien (1999), die Türkei (2000/01) sowie Argentinien und Uruguay (2001/02) über. Vergleichbar der internationalen Verschuldungskrise der frühen achtziger Jahre, die als Resultat einer übermäßigen Kreditexpansion interpretiert werden kann, folgten auch die Finanzkrisen der Jahre 1994-2001 auf eine Periode der „finanziellen Globalisierung", die durch explosionsartigen Zunahme privater Kapitalzuflüsse gekennzeichnet war.[1] Zwischen 1990 und 1997 beliefen sich die Nettokapitalexporte aus dem Norden in den Süden auf über eine Billion US$ – im Vergleich zu einem kumulierten Zufluss von lediglich 355,3 Mrd. US$ in den Jahren 1980-1989.[2]

Eine Gemeinsamkeit der Finanzkrisen der frühen achtziger und (späten) neunziger Jahre besteht darin, dass ihre Dynamik vor allem die industriell bereits weiter entwickelten *Schwellenländer* erfasste, die aufgrund ihrer wirtschaftlichen Dynamik für ausländische Investoren besonders attraktiv waren. Angesichts relativ niedriger Zinsen in den Industrieländern suchten die Banken und institutionellen Investoren sowohl in den siebziger als auch in den (frühen) neunziger Jahren nach profitableren Anlagemöglichkeiten in der Semiperipherie – doch so schnell, wie das Kapital hinein floss, hat es die Länder auch wieder verlassen, was jeweils zu gravierenden ökonomischen und gesellschaftlichen Krisen führte.

Die politisch-strukturellen Konsequenzen für das kapitalistische Weltsystem, die sich aus den Krisenperioden ergeben, sind allerdings unterschiedlich. So ging die internationale Verschuldungskrise der achtziger Jahre mit einer neoliberalen Wende einher, die in vielen Ländern eine Politik der Privatisierung, der Deregulierung und des Abbaus sozialer Rechte einleitete oder forcierte. Seinen ideologischen Ausdruck fand die wachsende „Anpassung" an die Interessen der Vermögensbesitzer und reichen Gläubigerländer im sogenannten „Washington Consensus"[3], einem entwicklungspolitischen Konsens, der in Privatisierung, Dere-

---

[1] Vgl. Lamfalussy, Alexandre (2000): Financial Crises in Emerging Markets, S. x und S. 52.

[2] Vgl. Akyüz, Yilmaz; Cornford, Andrew (1999): Capital Flows to Developing Countries and the Reform of the International Financial System, S. 14.

[3] Dieser Begriff wurde Ende der achtziger Jahre von John Williamson geprägt wurde, der damit zentrale entwicklungspolitische Positionen der internationalen Finanzinstitutionen sowie der US-Regierung beschreiben wollte. Vgl. Williamson, John (1990): What Washington Means by Policy Reform, S. 7ff.

gulierung und Marktöffnung den einzigen Weg sah, den Entwicklungsländer gehen können, um ihr Wachstum und ihren Wohlstand zu erhöhen.[4]

Demgegenüber haben die Finanzkrisen der neunziger Jahre zu einer tendenziellen Abkehr vom Konsens von Washington geführt. Dies betrifft einerseits die Länder des Südens, in denen verstärkt Alternativen zur bestehenden Weltordnung gesucht und dabei Konflikte mit den USA bzw. mit den Gläubigerinteressen in Kauf genommen werden (man denke etwa an Venezuela oder Argentinien). Aber auch in den Industrieländern bröckelt die neoliberale Hegemonie: So sind die mit unreguliertem Kapitalverkehr verbundenen Gefahren zu einem zentralen Topos der globalisierungskritischen Bewegung geworden, die sich mit den Auseinandersetzungen um das Multilaterale Investitionsabkommen (1998), den Protesten gegen die 3. Ministerkonferenz der WTO in Seattle (1999) sowie den verschiedenen Weltsozialforen (2001ff.) als politische Kraft etabliert hat.[5] Dabei richtet sich der Protest in erster Linie gegen die Regierungen der G7, gegen IWF, Weltbank und WTO, die – so der Vorwurf – allein die Interessen der privaten Großbanken und Konzerne im Auge haben und damit sowohl zur Vertiefung der Kluft zwischen Nord und Süd als auch zur sozialen Polarisierung *innerhalb* der Länder des Nordens und Südens beitragen.

Argumentative Unterstützung findet die globalisierungskritische Bewegung bei einer wachsenden Zahl von prominenten Wissenschaftlern wie etwa dem Nobelpreisträger für Ökonomie, Joseph Stiglitz, der aufgrund seiner öffentlichen Kritik an der Politik des IWF schließlich von seinem Posten in der Weltbank verdrängt wurde oder dem liberalen Ökonomen Jagdish Bhagwati, der in einem einflussreichen Artikel aus dem Jahr 1998 die Politik der US-Regierung angreift, die er für die Politik der weltweiten Liberalisierung des Kapitalverkehrs und die damit zusammenhängenden Finanzkrisen verantwortlich macht. So prägte Bhagwati auf dem Höhepunkt der Asienkrise den Begriff des Wall Street-Treasury Complex, um – in Anspielung auf den von Präsident Eisenhower verwendeten Begriff des „military-industrial complex" – auf den großen Einfluss

---

[4] Auch wenn Williamson mehrfach betont hat, dass der „Washington Consensus" nach seiner Definition nicht als Synonym für marktradikale, neoliberale Politik verstanden werden kann (Vgl. Williamson, John (2000): What should the World Bank think about the Washington Consensus? sowie Williamson, John (2002): Did the Washington Consensus Fail?), so enthalten die von ihm genannten Elemente des Washington Consensus – mit Ausnahme der Forderung nach Liberalisierung des Kapitalverkehrs, die nicht genannt wird – alle typischen Elemente neoliberaler Strukturanpassungspolitik (vgl. auch Kapitel 3.2).

[5] Zwar gab es Proteste gegen die neoliberale Globalisierung schon vorher, doch erst nach den Protesten in Seattle „gab es dann das Bewusstsein von etwas Neuem, einem – bei aller Heterogenität – möglicherweise kollektiven Subjekt." Vgl. Brand, Ulrich; Wissen, Markus (2002): Ambivalenzen praktischer Globalisierungskritik: Das Beispiel ATTAC, S. 105.

der (Finanz)Konzerne hinzuweisen, die ihre Interessen über die US-amerikanische Regierungsbürokratie weltweit durchzusetzen verstehen.[6]

Wie sowohl von Bhagwati[7] als auch von Stiglitz[8] oder Wade und Veneroso[9] hervorgehoben wurde, haben die Finanzkonzerne ein großes Interesse an unreguliertem internationalen Kapitalverkehr, damit sie überall investieren und jederzeit die im Ausland erzielten Gewinne in die gewünschte Währung und das gewünschte Land transferieren können.

Interessant ist nun, dass die Liberalisierung des Kapitalverkehrs inmitten der Asienkrise von der US-Regierung im Zusammenspiel mit internationalen Organisationen wie IWF und WTO forciert wurde. So hat man auf der Jahrestagung von IWF und Weltbank im September 1997 einen vom Interim-Komitee des IWF erarbeiteten Vorschlag diskutiert, die Verpflichtung zur Kapitalbilanzkonvertibilität in den Normen-katalog des IWF aufzunehmen,[10] was den Druck zur Beseitigung von Kapitalverkehrskontrollen in den Entwicklungs- und Schwellenländern weiter erhöht hätte. Zwar sah sich der IWF im Zuge der Asienkrise gezwungen, von der Forderung nach Liberalisierung des Kapitalverkehrs offiziell abzurücken,[11] dies hinderte ihn jedoch nicht daran, von den ostasiatischen Schwellenländern auf dem Höhepunkt ihrer Finanzkrisen entsprechende Konzessionen zu fordern.

Der Erfolg dieser Politik zeigte sich dann bei den WTO-Verhandlungen zur Liberalisierung des Handels mit Finanzdienstleistungen, die im Dezember 1997 in einem speziellen Zusatzabkommen (dem Financial Services Agreement) mündeten. Wie die WTO beschreibt, brachte dieses Abkommen über 95 Prozent des Handels mit Finanzprodukten (Krediten, Versicherungen, Wertpapieren usw.) in ein permanentes multilaterales Regelwerk ein,[12] welches die Rechte von Großbanken und Versicherungen (auf Marktzugang, Meistbegünstigung u.a.) dauer-

---

[6] Vgl. Bhagwati, Jagdish (1998): The Capital Myth: The Difference between Trade in Widgets and Dollars, S. 7ff.
[7] Ebd., S. 7.
[8] Vgl. Stiglitz, Joseph (2002): Die Schatten der Globalisierung, S. 83.
[9] Vgl. Wade, Robert; Veneroso, Frank (1998): The Gathering World Slump and the Battle over Capital Controls, S. 45f.
[10] Das Interim-Komitee des IWF drängte bereits im April 1997 darauf, neben der Konvertibilität von *Leistungsbilanztransaktionen (Art. VIII)* auch die Konvertibilität von *Kapitalbilanztransaktionen* in den "Articles of Agreement" zu verankern – u.a. mit dem Argument, der IWF könne dann die Abfolge der einzelnen Reformschritte besser überwachen. Allerdings regelt Art. VI der IWF-Satzung, dass Regierungen Kapitalverkehrskontrollen ergreifen bzw. ihre Implementierung sogar fordern dürfen. Vgl. Hujo, Katja (2003): Kapitalverkehrskontrollen als entwicklungspolitisches Instrument? S. 10.
[11] Vgl. Fischer, Stanley (2003): Financial Crisis and Reform of the International Financial System, S. 13.
[12] Vgl. WTO (1997): Press Release, Nr. 86, 15. Dezember 1997.

haft garantieren soll. Dieser Verhandlungserfolg ist insofern bemerkenswert, als der Abschluss des WTO-Finanzdienstleistungsabkommens in den Jahren zuvor mehrfach verschoben werden musste, da die Positionen der USA und der (ostasiatischen) Schwellenländer zu weit auseinander lagen. Erst im Zusammenhang mit der Asienkrise verbesserten dann drei Staaten (Indonesien, Korea, Thailand), ihre Liberalisierungszugeständnisse.[13]

Die Tatsache, dass eine weitere Öffnung der Finanzmärkte der Entwicklungs- und Schwellenländer im Kontext schwerer Krisen erfolgte, hat zu der Vermutung Anlass gegeben, dass die Turbulenzen auf den Finanzmärkten von internationalen Institutionen wie IWF und WTO missbraucht wurden, um die Interessen der großen Industrieländer bzw. der dort ansässigen Banken und Konzerne durchzusetzen. Dieser Meinung ist etwa Feldstein, wenn er im Hinblick auf das Krisenmanagement des IWF in Südkorea davon spricht, dass Koreas kurzzeitige Schwäche ausgenutzt wurde, um dem Land ein Handels- und Investitionsregime aufzuzwingen, gegen das es sich bis dahin gewehrt hatte.[14]

Auch Wade ist der Ansicht, dass es kein Zufall war, dass Fortschritte bei der Liberalisierung des Handels mit Finanzdienstleistungen erst im Zuge der Asienkrise realisiert werden konnten, da erst im Zuge der Krise die Verhandlungsmacht dieser Länder entscheidend geschwächt wurde.[15] Nach dieser These der *forcierten Liberalisierung*[16] haben die krisenbetroffenen Schwellenländer ihre Märkte also nicht freiwillig für ausländische Unternehmen geöffnet – eine These, die in der vorliegenden Arbeit anhand von Fallstudien geprüft werden soll.

Stellt man die Frage, welche Akteure auf welche Weise von den Finanzkrisen bzw. der erzwungenen Öffnung der Finanzmärkte profitiert haben, so vertritt u.a. Huffschmid die These, dass das Krisenmanagement des IWF

> „den sicher nicht unbeabsichtigten Effekt [hatte], die Produktions-unternehmen der betroffenen Länder ausländischen Investoren zu Schleuderpreisen auszuliefern: Bei einer Abwertung um rund 50 Prozent und einem Kursverfall um rund 40 Prozent können amerikanische, deutsche und sonstige global players Konkurrenzunternehmen etwa in Korea zu einem Fünftel des Preises kaufen, den diese Unter-

[13] Vgl. Werner, Welf (2004): Handelspolitik für Finanzdienste, S. 196.

[14] Vgl. Feldstein, Martin (1998): Refocusing the IMF, S. 32.

[15] "The crisis [...] benefited multilateral organizations and their dominant state members by eroding the bargaining power of Asian governments. Prior to the crisis some Asian governments had been holding out against signing the WTO's Financial Services Agreement on the grounds that it required them to make too many financial opening concessions. By December 1997 they signed." Vgl. Wade, Robert (2000): National power, coercive liberalism and "global" finance, S. 484.

[16] Eine These, die u.a. von Wade vertreten wird. Vgl. Wade, Robert (2000): National power, coercive liberalism and "global" finance.

nehmen noch vor einem Jahr gekostet hätten – vorausgesetzt sie wären damals zu verkaufen gewesen."[17]

Demnach haben große Konzerne aus den Industrieländern die Krise in den Schwellenländern genutzt, um in die ehemals geschützten Märkte einzudringen und dort in großem Umfang Banken und Unternehmen aufzukaufen. Dieser Vermutung soll in der vorliegenden Arbeit anhand von zwei Fallstudien nachgegangen werden, wobei ich der Analyse der Eigentumsverhältnisse im Geschäftsbankensektor besondere Aufmerksamkeit widmen werde.

Schließlich stellt sich die noch weitergehende Frage, ob dieselben Akteure, die von den Finanzkrisen in Schwellenländern profitiert haben, durch ihr Verhalten aktiv zur Entstehung dieser Krisen beigetragen haben. Indizien für diese These findet man bei dem einstigen Chefökonom der Weltbank, Joseph Stiglitz: Ihmzufolge haben dieselben ausländischen Finanzinstitute, die ihr Kapital abgezogen und dadurch die Krise ausgelöst hatten, später auch den Verkauf von Firmen in den krisenbetroffenen Schwellenländern organisiert.[18]

---

[17] Vgl. Huffschmid, Jörg (1998): Die Spielregeln der Finanzmärkte, S. 969.
[18] Vgl. Stiglitz, Joseph (2002): Die Schatten der Globalisierung, S. 154.

1. Das Untersuchungskonzept

Das Ziel der vorliegenden Arbeit besteht darin, die komplexen und wechselseitigen Zusammenhänge zwischen Deregulierungsmaßnahmen, Finanzkrisen und dem Vordringen ausländischer Konzerne in die Märkte der krisenbetroffenen Schwellenländer zu analysieren, wobei die Frage nach möglichen Profiteuren von Finanzkrisen und Strukturanpassungsprogrammen im Vordergrund steht. Den theoretischen Zugang zu der Frage nach dem Zusammenhang zwischen Deregulierung, Finanzkrisen und der wachsenden Durchdringung der Finanzmärkte der Schwellenländer durch westliche Großbanken suche ich einerseits in Theorien der internationalen politischen Ökonomie, die sich mit den Ursachen von Finanzkrisen in Entwicklungs- und Schwellenländern beschäftigen, andererseits in entwicklungstheoretischen Ansätzen, die sich mit der Funktion und Bedeutung des Finanzsystems im Prozeß nachholender Entwicklung auseinandersetzen bzw. sich der Frage widmen, wie sich ausländische Investitionen im Finanzsektor von Schwellenländern auswirken.

1.1 Aufbau der Arbeit

Ausgangspunkt der Arbeit ist die Frage, ob es für die Schwellenländer von Vorteil ist, wenn sie ihre Finanzmärkte nach den Wünschen internationaler Organisationen wie IWF, Weltbank und WTO deregulieren und für ausländische Anbieter von Finanzdienstleistungen öffnen. In Kapitel 2 dieser Arbeit wird daher zunächst die entwicklungstheoretische Diskussion über die Vor- und Nachteile der Deregulierung der Finanzmärkte in Entwicklungs- und Schwellenländern nachgezeichnet, wobei im Hinblick auf die Deregulierung der Finanzmärkte zunächst differenziert wird zwischen

- der *einheimischen Deregulierung der Finanzmärkte*, die eine Politik der Liberalisierung der Zinsen sowie den Rückzug des Staates aus dem Prozess der Kreditallokation umfasst,
- der *Liberalisierung des Kapitalverkehrs*, bei der es um das Recht geht, Kapital jederzeit in anderen Ländern anzulegen und von dort wieder abzuziehen,
- der *Öffnung der Märkte für ausländische Finanzdienstleister*, welches das Recht der Banken und Investoren umfasst, in anderen Ländern Niederlassungen zu gründen oder bereits existierende Finanzinstitutionen aufzukaufen.

Zum Abschluss des ersten Kapitels werden die zentralen Argumente und theoretischen Konzepte einander gegenübergestellt.

Kapitel 3 der Arbeit widmet sich einer Analyse der Ursachen von Finanzkrisen in Entwicklungs- und Schwellenländern, wobei zwei Zeitperioden, in denen diese Finanzkrisen überdurchschnittlich häufig auftraten, miteinander verglichen werden: Die internationale Verschuldungskrise der frühen achtziger Jahre und die zweite Hälfte der neunziger Jahre. Dabei wird jeweils zwischen den *Entwicklungen im Vorfeld der Krisen* und dem *Krisenmanagement* bzw. den Folgen der Krisen differenziert, so dass sich für das dritte Kapitel folgende Gliederungsstruktur ergibt:

Globalisierung der Finanzmärkte und Finanzkrisen in Schwellenländern	
Entwicklungen im Vorfeld der Krise	Krisenmanagement und Folgen der Krise
3.1 Die Kreditexpansion der 70er Jahre	3.2 Die internat. Verschuldungskrise
3.3 Expansion des Kapitalexports in den neunziger Jahren	3.4 Die Finanzkrisen des späten 20. und frühen 21. Jahrhunderts

Im Vordergrund des dritten Kapitels stehen Ansätze der Internationalen Politischen Ökonomie, die sich mit den Ursachen von Finanzkrisen, mit dem internationalen Kreditregime sowie mit den Bestimmungsgründen des internationalen Kapitalverkehrs zwischen Industrieländern einerseits, Entwicklungs- und Schwellenländern andererseits beschäftigen. Dabei zielt das Kapitel darauf ab, ein allgemeines Modell zu den Ursachen von Finanzkrisen in Schwellenländern zu entwickeln. Begründen lässt sich dieses Vorhaben mit der These, dass alle Länder von weltwirtschaftlichen Entwicklungen abhängig sind bzw.

> „[...] Geld und Kredit im Gefolge der Deregulierung und Liberalisierung der Finanzmärkte in aller Welt ähnliche Wirkkräfte entfalten.“[19]

Doch auch wenn alle Schwellenländer demselben Druck unterliegen, ihre Finanzmärkte für ausländische Investoren zu öffnen, so müssen sie doch gleichzeitig als autonome Akteure aufgefasst werden, die vor dem Hintergrund ihrer spezifischen Geschichte eigene Entwicklungsstrategien konzipieren und umsetzen. Aus diesem Grund ist es erforderlich, den Zusammenhang zwischen Finanzkrisen, Deregulierung und Expansion ausländischer Finanzkonzerne in die Finanzmärkte der Schwellenländer anhand von Fallstudien zu untersuchen. Ich werde mich daher in Kapitel 4 der vorliegenden Arbeit einzelnen Länderstudien widmen, wobei ich mich auf einen Vergleich von Argentinien mit Südkorea beschränken werde.

---

[19] Vgl. Altvater, Elmar; Mahnkopf, Birgit (2002): Globalisierung der Unsicherheit, S. 177.

Während im dritten Kapitel also die externen Ursachen von Finanzkrisen in Schwellenländern im Mittelpunkt der Analyse stehen, geht das vierte Kapitel vor allem auf die *internen Faktoren und Prozesse* ein, *die zur Zuspitzung der jeweiligen Krisen geführt haben*, wobei hier neben den Reformen im Bereich der Finanzmärkte und des Kapitalverkehrs auch andere neoliberale Reformen im Bereich der sozialen Sicherungssysteme oder des Arbeitsmarktes betrachtet werden, sofern diese zur Erklärung der jeweiligen Finanzkrisen beitragen können.

In Kapitel 5 soll dann anhand der Ergebnisse der vorangegangenen Kapitel versucht werden, auf folgende Leitfragen eine Antwort zu geben:

- Ist eine Deregulierung der Finanzmärkte und des Kapitalverkehrs im Interesse der Entwicklungs- und Schwellenländer?
- Hat der Wall Street-Treasury-IMF Complex die Schwellenländer zur Deregulierung der Finanzmärkte und des Kapitalverkehrs gedrängt?
- Lassen sich Finanzkrisen in Schwellenländern primär auf die Deregulierung der Finanzmärkte und des Kapitalverkehrs zurückführen?
- Wurden die Finanzkrisen vom IWF dazu genutzt, um die Schwellenländer zur Deregulierung des Investitionsregimes zu zwingen?
- Hat die Deregulierung des Investitionsregimes zur Denationalisierung, d.h. zum verstärkten Verkauf einheimischer Banken und Unternehmen an ausländische Investoren geführt?
- Haben dieselben Akteure, die durch den plötzlichen Abzug ihres Kapitals die Krisen ausgelöst und/oder verschärft haben, auch von dem Verkauf der Banken und Unternehmen aus den Schwellenländern profitiert?

1.2 Zentrale Hypothesen

Die Arbeit hat sich das Ziel gesetzt, die in den Fragen enthaltenen Hypothesen zu überprüfen, die zusammengenommen Aussagen über einen bestimmten Ablauf (Sequencing) enthalten, der möglicherweise für Finanzkrisen in Schwellenländern *typisch* ist. Demnach werden Schwellenländer zunächst zur Liberalisierung des Kapitalverkehrs gedrängt, was dazu führt (bzw. dazu beiträgt), dass die Länder in eine schwere Finanzkrise geraten. Auf dem Höhepunkt der Krisen werden die Schwellenländer zur Deregulierung des Investitionsregimes gedrängt, was wiederum dazu beiträgt, dass ausländische Konzerne in großem Umfang die Unternehmen der Schwellenländer aufkaufen. In diesem Kontext stellt sich die Frage, ob dieselben Akteure, die bereits von der Liberalisierung des Kapitalverkehrs profitiert und durch den massenhaften Abzug von kurzfristigem Kapital zur Krise beigetragen haben, auch von der Deregulierung des Investitionsregimes profitieren in dem Sinne, dass sie in großem Stil Banken aus den Schwellenländern übernehmen. Zur Überprüfung dieses Modells ist es sinnvoll, es zunächst in seine einzelnen Komponenten bzw. Hypothesen aufzugliedern und diese theoretisch zu begründen.

1.2.1 Die These der erzwungenen Liberalisierung

Der ersten Hypothese zufolge wurden die Schwellenländer vom Wall Street-Treasury-IMF Complex zu neoliberalen Reformen *gedrängt*, wobei angenommen wird, dass folgende zeitliche Abfolge beobachtet werden kann:

- Im Vorfeld der Finanzkrisen wurden die Schwellenländer zur Liberalisierung des Kapitalverkehrs gedrängt.
- Auf dem Höhepunkt der Finanzkrisen wurden die Schwellenländer zur Marktöffnung bzw. Deregulierung des Investitionsregimes gedrängt.

Theoretisch verweist die Hypothese auf die Machtstruktur, die der internationalen Finanzordnung zugrunde liegt, d.h. auf die politische Dimension der Nord-Süd-Beziehungen. Dabei wird an die Konzeption des Wall Street-Treasury-IMF Complex von Wade und Veneroso angeknüpft,[20] da davon ausgegangen wird, dass der IWF sowie die US-Regierung zu den wichtigsten Akteuren im internationalen Finanzsystem zählen, die gegenüber den Schwellenländern die Interessen privater Finanzkonzerne durchsetzen.

Empirisch führt die These von der forcierten Liberalisierung zu den Fragen, *ob*, *von wem* und *auf welche Weise* die Regierungen der Schwellenländer unter externen Druck gesetzt wurden. Zur Klärung dieser Fragen ist es einerseits erforderlich, die Position der Schwellenländer im System der internationalen Finanzbeziehungen zu analysieren und herauszufinden, welche Instrumente den Industrieländern zur Verfügung stehen, um Forderungen nach Liberalisierung des Kapitalverkehrs und Deregulierung des Investitionsregimes gegenüber den Regierungen der Schwellenländer durchzusetzen. Zum anderen müssen die *politischen Bedingungen, Entwicklungen und Kräfteverhältnisse in den einzelnen Schwellenländern* untersucht werden, um zu klären, ob neoliberale Reformen von externen Akteuren erzwungen oder von einheimischen Eliten in den Schwellenländern eigenständig konzipiert und durchgesetzt wurden.

1.2.1.1 Das Konzept des Wall Street-Treasury-IMF Complex

Auf dem Höhepunkt der Asienkrise prägte Bhagwati den Begriff des Wall Street-Treasury Complex, um – in Anspielung auf den von Präsident Eisenhower verwendeten Begriff des „military-industrial complex“ – auf den großen Einfluss der US-amerikanischen Finanzbranche hinzuweisen, die Bhagwati für

[20] Wade, Robert; Veneroso, Frank (1998): The Asian Crisis: The High Debt Model Versus the Wall Street-Treasury-IMF Complex.

die Politik der weltweiten Liberalisierung des Kapitalverkehrs und die damit zusammenhängenden Finanzkrisen (mit)verantwortlich macht.[21] Der Begriff des Wall Street-Treasury Complex impliziert die These, dass die US-amerikanische Regierungsbürokratie (bzw. das Finanzministerium) den Bedürfnissen der Wall Street einen hohen Stellenwert einräumt und deren Interessen weltweit durchzusetzen versucht. Diese Interessen sollen im Folgenden näher erläutert werden, wobei zwischen dem Interesse an freiem Kapitalverkehr sowie dem Interesse an direktem Marktzugang unterschieden wird.

Das Interesse des Wall Street-Treasury Complex an freiem Kapitalverkehr lässt sich einerseits aus dem Bedürfnis der Akteure ableiten, jederzeit die im Ausland erzielten Profite problemlos in die gewünschte Währung und an den gewünschten Ort transferieren zu können. Zwar profitieren auch die großen Finanzzentren in Europa und anderen Regionen von der Ausdehnung und Beschleunigung internationaler Finanztransaktionen, für die USA ergibt sich jedoch ein zusätzlicher Vorteil aus der Tatsache, dass der US-Dollar als Transaktions-, Anlage-, Reserve- und Ankerwährung nach wie vor an der Spitze der Währungspyramide steht.[22] Konservativen Schätzungen zufolge befanden sich Mitte der 90er Jahre Dollar-Banknoten im Wert von etwa 250 Mrd. außerhalb der USA, was den Vereinigten Staaten internationale Seignorage- Einnahmen in Höhe von mindestens 11-15 Mrd. US$ pro Jahr bescherte.[23] Hinzu kommen beträchtliche Gewinne aus dem Devisenhandel – auch wenn die USA mit einem Marktanteil von 19,2 Prozent am Devisenumsatz hier nur den zweiten Platz hinter Großbritannien (31,3 Prozent) einnehmen.[24]

Mindestens ebenso wichtig dürfte die aus der Leitwährungsfunktion des US-Dollars resultierende Möglichkeit sein, sich in *einheimischer Währung* im Ausland zu verschulden. So sind die USA im Gegensatz zu allen anderen Staaten prinzipiell in der Lage, ihre gesamte Auslandsverschuldung durch Anwurf der Notenpresse in Kürze zu beseitigen - was allerdings gravierende Konsequenzen für die US-amerikanische sowie die Weltwirtschaft mit sich brächte. In jedem Fall sind die USA aufgrund ihrer niedrigen Sparquote[25] bzw. ihres enormen Leistungsbilanzdefizits (vgl. Tabelle 1) darauf angewiesen, dass ausländische Wirtschaftssubjekte einen großen Teil ihrer Ersparnisse in US-Dollar anlegen. In diesem Zusammenhang verweist Wade darauf, dass der Zugriff der USA auf die

[21] Vgl. Bhagwati, Jagdish (1998): The Capital Myth: The Difference between Trade in Widgets and Dollars, S. 7ff.

[22] Zur Analyse der Bedeutung des US-Dollars im internationalen Waren- und Devisenhandel vgl. Cohen, Benjamin J. (1998): The Geography of Money, S. 100ff.

[23] Vgl. Cohen, Benjamin J. (1998): The Geography of Money, S. 124.

[24] Vgl. BIS (2004): Triennial Central Bank Survey, S. 13.

[25] Laut Wagener belief sich die US-amerikanische Sparquote im Januar 2004 auf -1 Prozent, d.h. die Haushalte gaben regelmäßig mehr aus, als sie einnahmen. Vgl. Wagener, Klaus (2004): Starker Euro, schwacher Dollar, in: junge welt, 19. Februar 2004, S. 11.

Ersparnisse anderer Länder durch die Deregulierung der Finanzmärkte und des Kapitalverkehrs sehr erleichtert wird.[26]

Tab. 1: Die Zahlungsbilanz der USA (Mrd. US$)

I. LEISTUNGSBILANZ	2002	2003	2004*
Warenexport	681,8	713,1	791,5
Warenimport	-1164,7	-1260,7	-1400,2
Saldo Handelsbilanz	-482,9	-547,6	-608,7
Dienstleistungen – Einnahmen	294,1	307,3	334,3
Dienstleistungen – Ausgaben	-232,9	-256,3	-283,4
Saldo Dienstleistungsbilanz	61,2	51,0	50,9
Einnahmen aus US-Kapital- & Vermögensanlagen im Ausland	266,8	294,4	340,8
Auslagen für ausländische Kapital- und Vermögensanlagen in den USA	-259,6	-261,1	-311,2
Saldo Kapitalertragsbilanz	7,2	33,3	29,6
Laufende Übertragungen	-59,4	-67,4	-78,8
SALDO LEISTUNGSBILANZ	-473,9	-530,7	-607,0
II. KAPITALBILANZ (PRIVATER SEKTOR)			
Ausländische Direktinvestitionen	72,4	39,9	85,8
Ausländische Portfolioinvestitionen	385,9	365,4	503,4
Bankkredite	96,4	75,6	343,5
Sonstige	99,5	100,7	85,0
Kapitalzuflüsse	654,2	581,6	1017,7
US-Direktinvestitionen im Ausland	-134,8	-173,8	-216,7
US-Portfolioinvestitionen im Ausland	15,9	-72,3	-93,7
Kreditvergabe der Banken	-30,3	-10,4	-436,0
Sonstige	-46,4	-32,5	-108,8
Statistische Diskrepanz	-95,0	-12,0	57,3
Kapitalabflüsse	-290,6	-301,0	-797,9
Kapitalverkehrsbilanz	363,6	280,6	219,8
III: ZAHLUNGSBILANZ	-110,3	-250,1	-387,2
IV: OFFIZIELLE RESERVETRANSAKTIONEN			
Rückgang (+)/Anstieg (-) der Anlagen im Ausland	-3,7	1,5	3,4
Anstieg ausländischer Anlagen in den USA	114,0	248,6	383,8

*Prognose
Quelle: Karczmar, Mieczyslaw (2004), S. 10.

[26] "[T]he U.S. needs to tap the rest of the world's savings, which is much easier to do if world financial markets are highly integrated." Vgl. Wade, Robert (1999): The Coming Fight over Capital Flows, S. 53.

Auch das Interesse des Wall Street-Treasury Complex an der *Deregulierung des Investitionsregimes* kann mit dem Verweis auf die Notwendigkeit, ausländische Ersparnisse zur Finanzierung des Leistungsbilanzdefizits in Anspruch zu nehmen, begründet werden. Und da die Sparquote in vielen ostasiatischen Schwellenländern vergleichsweise hoch ist, ist der Wunsch nach Übernahme dortiger Banken und Versicherungen entsprechend ausgeprägt. Zwar besteht auch die Möglichkeit, Finanzdienstleistungen per Telefon oder Internet im Ausland zu vertreiben, allerdings ist es für die Finanzkonzerne einfacher, durch die *Gründung oder den Aufkauf von Finanzinstitutionen im Zielland* Marktanteile zu erobern, da die meisten Konsumenten von Finanzdienstleistungen die Angebote von ortsansässigen Firmen vorziehen.[27] Hinzu kommt, dass eine Deregulierung des Investitionsregimes in Entwicklungs- und Schwellenländern ganz im Sinne der US-amerikanischen Investmentbanken ist, die eine führende Position auf dem Weltmarkt einnehmen. So profitieren Investmentbanken wie Goldman Sachs oder JP Morgan (als Berater wie als Investoren) von Fusionen und Übernahmen, die durch die Deregulierung des Investitionsregimes in den Entwicklungs- und Schwellenländern oft erst möglich werden.

Nun kann gegen den Begriff des Wall Street-Treasury Complex eingewandt werden, dass die bedeutende Rolle internationaler Organisationen darin nicht zum Ausdruck kommt. Da vor allem die Strukturanpassungsprogramme des Internationalen Währungsfonds bei der Durchsetzung neoliberaler Reformen in Entwicklungs- und Schwellenländern eine zentrale Rolle gespielt haben und sich die US-amerikanische Regierung zur Durchsetzung der Interessen des Wall Street-Treasury Complex in erster Linie des IWF bedient,[28] soll im Folgenden an den von Wade und Veneroso geprägten Begriff des *Wall Street-Treasury-IMF Complex*[29] angeknüpft werden. Dabei lassen sich die Hypothesen, die in der Konzeption des Wall Street-Treasury-IMF Complex enthalten sind, folgendermaßen zusammenfassen:

- Die US-Finanzkonzerne (Wall Street) haben ein großes Interesse sowohl an der Liberalisierung des Kapitalverkehrs als auch an der direkten Übernahme von Banken und Unternehmen in Schwellenländern.
- Finanzkrisen wurden vom IWF im Interesse der Wall Street dazu genutzt, um neoliberale Reformen der Finanzmärkte und des Kapitalverkehrs in den Schwellenländern zu erzwingen.

---

[27] Vgl. Lipke, Isabel; Vander Stichele, Myriam (2003): Finanzdienstleistungen in der WTO: Lizenz zum Kassieren? S. 24.

[28] So kann die These vertreten werden, dass der Einfluss der USA im IWF (mit seinem Hauptquartier in Washington D.C.) größer ist als der Einfluss der USA in WTO oder OECD (mit ihren Hauptquartieren in Genf und Paris).

[29] Vgl. Wade, Robert; Veneroso, Frank (1998): The Asian Crisis: The High Debt Model Versus the Wall Street-Treasury-IMF Complex, S. 18.

1.2.1.2 Die Theorie des strukturellen Imperialismus

Die Frage, ob die ärmeren Länder von den Industrieländern dazu gedrängt wurden, neoliberale Reformen der Finanzmärkte und des Investitionsregimes vorzunehmen, ist schwierig zu beantworten, da die Industrieländer häufig mit Teilen der lokalen Elite in den Schwellenländern *kooperieren.* Entsprechend ist das Konzept des *Nord-Süd-Konflikts*, demzufolge die reichen Länder versuchen, die ärmeren und weniger industrialisierten Länder zu unterwerfen und auszubeuten, durch ein differenziertes Konzept zu ersetzen, welches die Konflikte und Kräfteverhältnisse *innerhalb* von Nationalstaaten ebenso abbildet wie die Interessengegensätze und Interaktionen zwischen Nord und Süd. Grundzüge für ein derartiges Modell lieferte Galtung in seiner Theorie des strukturellen Imperialismus – wobei Imperialismus zunächst ganz allgemein definiert wird als ein System,

> „das organisierte Kollektive aufspaltet und einige ihrer Teile in von Interessenharmonie gekennzeichnete Beziehungen zueinander setzt, andere in Beziehungen, deren Merkmal die Disharmonie der Interessen oder der Interessenkonflikt ist.“[30]

Dabei besteht ein *Interessenkonflikt* oder eine *Interessendisharmonie*, wenn die zwei Parteien so miteinander in Verbindung stehen, dass die sozioökonomische Kluft zwischen ihnen größer wird. *Interessenharmonie* ist dann gegeben, wenn die zwei Parteien so miteinander in Verbindung stehen, dass sich die Lebensbedingungen einander annähern, d.h. die Kluft zwischen beiden Parteien kleiner wird.[31]

Die Theorie des strukturellen Imperialismus beruht auf den grundlegenden Annahmen, dass

a) das Zentrum in der Zentralnation (d.h. die Elite in den Industrieländern) einen *Brückenkopf* in der Peripherie besitzt, der als Transmissionsriemen für Werte bzw. Kapital dient, welches dem Zentrum zugeführt wird,

b) die Interessenkonflikte innerhalb der Peripherienationen stärker ausgeprägt sind als die Interessenkonflikte innerhalb der Zentrumsnationen, und

c) die Peripherie in den Zentrumsnationen sich in der Regel als Partner des Zentrums im Zentrum begreift, was zu Interessenkonflikten mit der Peripherie in der Peripherie führt.[32]

In der folgenden Abbildung sind die zentralen Prämissen der strukturellen Theorie des Imperialismus noch einmal zusammengefasst. Demnach besteht das Weltsystem aus Nationen im Zentrum (A) und Nationen an der (Semi)peripherie (B), wobei jede Nation ihrerseits ein eigenes Zentrum und eine eigene Peripherie besitzt.

---

[30] Vgl. Galtung, Johan (1972): Eine strukturelle Theorie des Imperialismus, S. 30.
[31] Ebd., S. 31f.
[32] Ebd., S. 35ff.

Abb.1: Die Struktur des Imperialismus nach Galtung

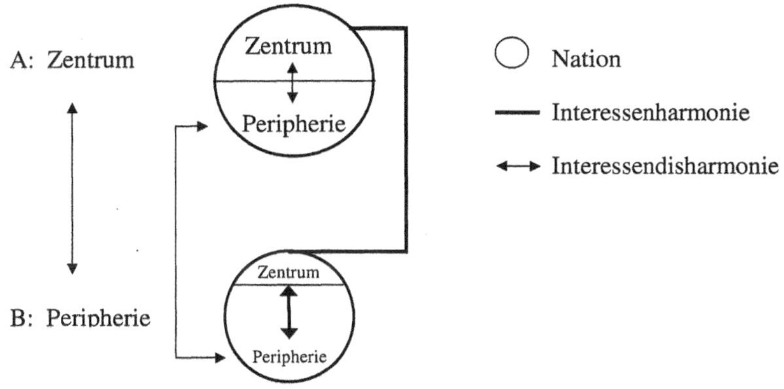

Quelle: Galtung, Johan (1972), S. 36.

Wie die Abbildung verdeutlicht, geht Galtung davon aus, dass zwischen der Peripherie im Norden (bzw. Zentrum) und der Peripherie im Süden (bzw. Peripherie) keine Harmonie, sondern eine *Disharmonie* der Interessen besteht.

1.2.2 Neoliberale Reformen als Ursache von Finanzkrisen

Die zweite zentrale Hypothese, mit der sich die vorliegende Arbeit auseinandersetzen wird, betrifft den Zusammenhang zwischen neoliberalen Reformen und Finanzkrisen. Demnach lassen sich Finanzkrisen in Schwellenländern *typischerweise* auf eine Politik der Deregulierung der Finanzmärkte zurückführen – wobei der *Liberalisierung des Kapitalverkehrs* als Krisenursache eine besondere Bedeutung zukommt. Zur Überprüfung dieser These ist es erforderlich, eine Gewichtung der externen und internen Faktoren vorzunehmen, die Finanzkrisen in Schwellenländern verursacht oder zumindest begünstigt haben. Die zentrale Frage lautet hier:

- Lassen sich Finanzkrisen in Schwellenländern in erster Linie auf eine Politik der Deregulierung der Finanzmärkte und des Kapitalverkehrs zurückführen?

Nach einer Definition der zentralen Begriffe „Deregulierung der Finanzmärkte“ und „Liberalisierung des Kapitalverkehrs“ in Kapitel 2 soll zur Klärung dieser Frage im dritten Kapitel eine Analyse der Ursachen von Finanzkrisen in Schwellenländern vorgenommen werden, wobei zwei Zeitperioden miteinander verglichen werden, in denen Finanzkrisen überdurchschnittlich häufig aufgetreten sind. Ziel des dritten Kapitels ist es, ein allgemeines Modell zu den Ursachen von Finanzkrisen zu entwickeln, wobei sich zeigen wird, dass ein solches Modell vor allem im Hinblick auf die Ursachen von Finanzkrisen in *Schwellenländern* entwickelt werden kann.

Im Mittelpunkt des vierten Kapitels stehen dann einzelne Fallstudien, in denen eine Gewichtung der möglichen externen und internen Faktoren vorgenommen wird, die Finanzkrisen jeweils verursacht oder begünstigt haben. In diesen Fallstudien wird die Definition „neoliberaler Reformen" auf politische Maßnahmen jenseits des Bereichs der Finanzmärkte und des Kapitalverkehrs ausgedehnt, d.h. es wird auch auf den Abbau sozialer, demokratischer und gewerkschaftlicher Rechte, auf umfassende Privatisierungsmassnahmen u.ä. eingegangen.

1.2.3 Krisenverursacher als Krisenprofiteure

Der dritten Hypothese zufolge haben große Finanzkonzerne aus den Industrieländern von den Finanzkrisen sowie dem Krisenmanagement in den Schwellenländern profitiert, was sich in einer wachsenden Dominanz ausländischer Finanzinstitute bzw. in der Denationalisierung des Bankensystems der Schwellenländer manifestiert.

Diese Hypothese wirft zahlreiche methodische und konzeptionelle Probleme auf. So kann gefragt werden, ob es legitim ist, aus der wachsenden ausländischen Kontrolle des Finanzsystems der Schwellenländer abzuleiten, dass westliche Finanzkonzerne von der Krise und dem Krisenmanagement direkt profitiert haben. Schließlich wird in den Publikationen von IWF und Weltbank betont, dass ausländische Finanzkonzerne gerade in Krisenzeiten willkommen sind und von den Regierungen der Schwellenländer dazu aufgerufen und ermuntert werden, insolvente einheimische Banken zu übernehmen und zu rekapitalisieren. Es ist daher notwendig, gleichzeitig das Krisenmanagement des IWF zu analysieren, um herauszufinden, ob die Schwellenländer ihre Märkte freiwillig für ausländische Finanzkonzerne geöffnet haben.

Vor allem in den Fallstudien des vierten Kapitels wird dann anhand von Statistiken zu Fusionen und Übernahmen (im Bankensektor) empirisch geprüft, ob die Deregulierung des Investitionsregimes, d.h. die Öffnung der Märkte für ausländische Finanzdienstleister tatsächlich zu einer wachsenden Präsenz ausländischer Banken geführt hat, wobei in diesem Zusammenhang geklärt werden muss, *welchen* Konzernen (USA, EU, Japan) es jeweils gelungen ist, ihren Marktanteil auszubauen und ob es jeweils dieselben Konzerne sind, die durch den plötzlichen Abzug ihres Kapitals auch die Krise ausgelöst bzw. verschärft haben. Im folgenden Kapitel soll aber zunächst der Frage nachgegangen werden, welche entwicklungspolitischen Implikationen sich aus dem Verkauf von Banken an ausländische Investoren ergeben, da nur vor diesem Hintergrund eine

Bewertung des Prozesses der Denationalisierung vorgenommen und geklärt werden kann, ob es im Interesse der Schwellenländer ist, wenn sie ihre Märkte für ausländische Finanzkonzerne öffnen.

2. Das Finanzsystem im Prozess nachholender Entwicklung

Die Bedeutung von Finanzsystemen für die wirtschaftliche und soziale Entwicklung wurde in der Entwicklungstheorie und -praxis lange Zeit vernachlässigt, was sich darauf zurückführen lässt, dass in der ökonomischen Theorie Vorstellungen dominierten, nach denen sowohl das Geld[33] als auch das Finanzwesen exogene Größen darstellen, die keinen Einfluß auf wirtschaftliche Prozesse haben.[34] „Where enterprise leads, finance follows"[35], erklärte beispielsweise die Ökonomin Robinson in den fünfziger Jahren und brachte damit die verbreitete Meinung zum Ausdruck, dass die Entwicklung des Finanzsystems von Entwicklungen im Bereich der Produktion und des Handels abhängig ist.

Allerdings gab es immer auch Theoretiker, die dem Finanzsystem eine besondere Rolle bei der Mobilisierung von Ressourcen für den Industrialisierungsprozeß zuschrieben: So ging Schumpeter davon aus, dass gut funktionierende Banken zum technologischen Fortschritt beitragen, indem sie jene Unternehmer mit Kapital versorgen, die sich mehr als andere um innovative Produkte und Produktionsprozesse bemühen.[36] Auch Levine vertritt die These, dass effiziente Finanzmärkte zu einer Verbesserung der Ressourcenallokation und höherem Wirtschaftswachstum führen. Demnach agieren Finanzintermediäre vor dem Hintergrund von „Marktfriktionen", die sich in hohen Informations- und Transaktionskosten niederschlagen. Durch breite Mobilisierung von Ersparnissen, effiziente Ressourcenallokation und Unternehmenskontrolle, gutes Risikomanagment und Erleichterung des Handels können Finanzmärkte bzw. Finanzinstitutionen zu beschleunigter Kapitalakkumulation und technologischer Innovation beitragen, was wiederum zu höheren Wachstumsraten führt.[37]

---

[33] Die neoklassische Theorie geht von der „Neutralität" des Geldes aus. Demnach liegt Geld wie ein „Schleier" über den wirtschaftlichen Prozessen, ohne diese jedoch direkt zu beeinflussen. Demgegenüber vertritt der Keynesianismus die These, dass eine Hierarchie zwischen Geld und Gütern besteht, die sich in der Liquiditätspräferenz der Marktteilnehmer ausdrückt. Ferner vertritt Keynes die These, dass wirtschaftliche Krisen durch eine expansive Geldpolitik bzw. eine Ausweitung des Kredits überwunden werden können. Dem steht wiederum die Position der Monetaristen sowie der Marxisten gegenüber, die davon ausgehen, dass Krisen durch eine derartige Politik nur in die Zukunft verschoben und damit gleichzeitig verschärft werden.

[34] Vgl. Zinn, Karl Georg (1993): Die neue Qualität des Finanzkapitals, S. 64f.

[35] Vgl. Robinson, Joan (1952): The Rate of Interest, and Other Essays. London, S. 86.

[36] Vgl. Schumpeter, Joseph (1912): Theorie der wirtschaftlichen Entwicklung. Leipzig.

[37] Vgl. Levine, Ross (1997): Financial Development and Economic Growth: Views and Agenda, S. 691.

Abb. 2: Eine theoretische Annäherung an Finanzen und Wachstum

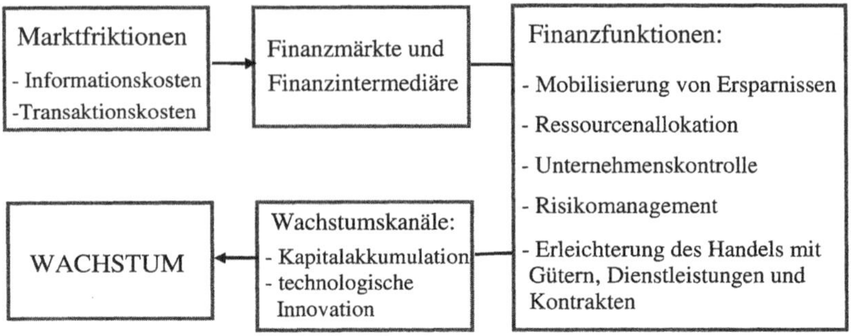

Quelle: Levine, Ross (1997): Financial Development and Economic Growth, S. 691.

Mit der spezifischen Rolle von Finanzsystemen im Prozess *nachholender Entwicklung* hat sich Gerschenkron beschäftigt, der in seiner Untersuchung über wirtschaftliche Rückständigkeit in historischer Perspektive aus dem Jahr 1966 insbesondere auf die *Unterschiede* zwischen den englischen bzw. angelsächsischen Finanzsystemen, in denen die Börse eine weit größere Rolle spielt und den stärker bankzentrierten Finanzsystemen in Kontinentaleuropa einging. Dabei argumentierte er, dass der Druck, Institutionen zu bilden, die sich mit der Finanzierung langfristiger industrieller Investitionen befaßten, in den damals rückständigeren Ländern Kontinentaleuropas größer war als im industriell fortgeschrittenen England, wobei die Entwicklung von industriellen Investmentbanken als spezifische Instrumente rückständiger Länder aufgefasst werden können, industrielle Entwicklung durch erzwungenes Sparen über Banken herbeizuführen.[38] Gerschenkron kommt zu dem Schluss, dass industriell weniger entwickelte Länder ihren Rückstand nur durch organisierte Führung aufholen können, entweder durch Investmentbanken (mit oder ohne staatlichen Einfluß) oder durch bürokratische Kontrolle.[39]

Den Weg der staatlich-bürokratischen Unterstützung des Industrialisierungsprozesses verfolgten zahlreiche Staaten der Dritten Welt im Zuge des Entkolonialisierungsprozesses der fünfziger und sechziger Jahre. So stellt der Weltentwicklungsbericht der Weltbank aus dem Jahr 1989 fest, dass die Regierungen vieler Entwicklungsländer versucht haben, die wirtschaftliche Entwicklung mit Hilfe von Zinsregulierungen, durch Lenkung der Kredite in Vorzugssektoren und durch die Sicherstellung einer preiswerten Finanzierung ihrer eigenen Akti-

---

[38] Vgl. Gerschenkron, Alexander (1966): Economic Backwardness in Historical Perspective, S. 15 ff.
[39] Ebd., S. 44.

vitäten zu fördern.[40] Zu diesem Zweck wurden in vielen Staaten die größten Geschäftsbanken verstaatlicht sowie spezielle Institutionen geschaffen, die ausgewählte Sektoren mit langfristigen Finanzierungen versorgten. In zahlreichen Ländern wurden die Banken zudem von der Regierung dazu angehalten, Filialen auf dem Land zu eröffnen, um von verstreut lebenden Kleinbauern Einlagen aufzunehmen und ihnen günstige Kredite zur Verfügung zu stellen.[41]

Bis in die siebziger Jahre hinein war diese Entwicklungsstrategie weitgehend unumstritten und schien in den meisten Staaten der Dritten Welt erfolgreich zu sein, wie die Weltbank selbst eingesteht.[42] In den frühen siebziger Jahren setzte mit den Arbeiten von McKinnon[43] (1973) und Shaw[44] (1973) allerdings ein grundlegender Paradigmenwechsel ein und die Entwicklungs- und Schwellenländer wurden mit wachsendem Nachdruck dazu aufgefordert, neoliberale Reformen der Finanzmärkte und des Kapitalverkehrs durchzuführen.

Erklären lässt sich dieser Paradigmenwechsel einerseits mit dem Verweis auf das verschärft auftretende Problem der *Inflation*, in dem sich die Widersprüche der keynesianischen Entwicklungsstrategie der Nachkriegszeit manifestierten und das vor allem in zahlreichen Entwicklungs- und Schwellenländern die Ausbildung eines stabilen Finanzsystems unterminierte. Auf der anderen Seite spielte die Weltwirtschaftskrise der siebziger Jahre eine Rolle, die zu verstärkten Expansionsbestrebungen großer internationaler Finanzkonzerne führte, was bereits damals mit ersten Versuchen einherging, die Finanzmärkte der Schwellenländer für ausländische Finanzdienstleister systematisch zu öffnen.[45]

Interessant ist, dass bereits die ersten Erfahrungen mit einer umfassenden Deregulierung der Finanzmärkte in Entwicklungsländern zu einer Revision der ursprünglichen Theorie führten. So muß McKinnon (1991) eingestehen, dass die Deregulierung und Privatisierung des Finanzwesens in Staaten wie Chile, Argentinien oder Uruguay zu unerwartet hohen Zinsen, einem dramatischen Anstieg der Auslandsverschuldung und zu schweren Finanzkrisen geführt hatte.[46]

[40] Vgl. World Bank (1989): World Development Report, S. 1.
[41] Ebd., S. 66, S. 2.
[42] Ebd., S. 2.
[43] McKinnon, Ronald I (1973): Money and Capital in Economic Development.
[44] Shaw, Edward S. (1973): Financial Deepening in Economic Development.
[45] Vgl. Wesselius, Erik (2002): Behind GATS 2000: Corporate Power at Work, S. 6.
[46] "In the late 1970s and early 1980s, Argentina, Chile, and Uruguay all made serious efforts to end wild inflation while deregulating and privatizing their commercial banks. Interest rates on both bank deposits and loans were completely freed, with the latter often increasing to unexpectedly high levels in real terms. That these attempted financial liberalizations led to an undue buildup of foreign indebtedness and government reintervention to prop up failing domestic banks and industrial enterprises, is well documented in a series of revealing studies." vgl. McKinnon, Ronald I (1991): The Order of Economic Liberalization, S. 3.

Verantwortlich für diese Mißerfolge beim Übergang zu einem liberalisierten Finanzsystem sind laut McKinnon jedoch nicht die durchgeführten Maßnahmen selbst, sondern die *falsche Reihenfolge*, in der die verschiedenen Reformen durchgeführt wurden:

> "Governments cannot, and perhaps should not, undertake all liberalizing measures simultaneously. Instead, there is an "optimal" order of economic liberalization, which may vary for different liberalizing economies depending on their initial conditions."[47]

Demnach ist von großer Bedeutung, dass eine vollständige Liberalisierung des *einheimischen* Kapitalmarkts vorgenommen wird, bevor es Unternehmen und/oder Haushalten ermöglicht wird, auf *internationalen* Kapitalmärkten Kredite aufzunehmen (oder Geld anzulegen).[48] Die vollständige Abschaffung aller Kapitalverkehrskontrollen sollte demzufolge der letzte Schritt der Liberalisierung sein, da ansonsten Kapitalflucht und/oder ein unerwünschter Anstieg der Auslandsverschuldung drohen.[49]

Interessanterweise wird auch die aktuelle Diskussion über die Lehren, die aus den Finanzkrisen der letzten zehn Jahre zu ziehen sind, von der Frage der *korrekten Abfolge* der Reformen („Sequencing") dominiert. Erneut wird dabei betont, dass die Liberalisierung des internationalen Kapitalverkehrs die letzte Reform sein sollte, da bei voreiliger Liberalisierung schwere Krisen drohen.

In den folgenden Abschnitten dieses Kapitels wird die theoretische Diskussion über die Vor- und Nachteile einer Deregulierung der Finanzsysteme in Entwicklungs- und Schwellenländern nachgezeichnet. Dabei wird in Anlehnung an Claessens und Jansen[50] zwischen drei Typen der Deregulierung bzw. „Liberalisierung" unterschieden:

---

[47] Vgl. McKinnon, Ronald I (1991): The Order of Economic Liberalization, S. 4. So vertritt McKinnon die These, dass ein ausgeglichener Staatshaushalt und eine Senkung der Staatsausgaben der Liberalisierung des Finanzsystems vorausgehen sollten. Darüberhinaus sollten insbesondere die Transformationsländer darauf achten, dass parallel zur Privatisierung der Staatsbetriebe und -banken ein effizientes Steuersystem etabliert bzw. die Steuerbasis erweitert wird, da sonst das Ziel eines ausgeglichenen Haushalts nicht erreicht werden kann. Der zweite Schritt der Liberalisierung umfasst dann die Öffnung des heimischen Kapitalmarkts, die Abschaffung von Zinskontrollen und übertriebenen Vorschriften der Mindestreservehaltung. Voraussetzung für diesen zweiten Schritt ist allerdings ein stabiles Preisniveau und ein ausgeglichener Staatshaushalt. Um die Wahrscheinlichkeit von Bankenkrisen und Zusammenbrüchen des Finanzsystems zu minimieren, muß ferner darauf geachtet werden, daß die Geschwindigkeit der Deregulierung von Banken und anderen Finanzinstitutionen an den Erfolgen der Regierung hinsichtlich der Erreichung makroökonomischer Stabilität ausgerichtet wird. McKinnon, Ronald I (1991): The Order of Economic Liberalization, S. 6ff.

[48] Vgl. McKinnon, Ronald I (1991): The Order of Economic Liberalization, S. 9.

[49] Ebd., S. 9f.

[50] Vgl. Claessens, Stijn; Jansen, Marion (2000): Overview. The Internationalization of Financial Services: Issues and Lessons for Developing Countries, S. 3.

- der **einheimischen Deregulierung der Finanzmärkte**, die den Marktkräften größere Geltung verschaffen soll, indem Zinskontrollen abgeschafft und staatliche Eingriffe in den Finanzsektor generell reduziert werden;
- der **Liberalisierung des Kapitalverkehrs**, bei der es um die Abschaffung von Kapitalverkehrskontrollen und anderen Beschränkungen geht, die einem freien Umtausch der heimischen Währung entgegenstehen; und schließlich
- der **Internationalisierung von Finanzdienstleistungen**, die das Ziel verfolgt, die unterschiedliche Behandlung einheimischer und ausländischer Anbieter von Finanzdienstleistungen zu beenden und Hindernisse für das grenzüberschreitende Angebot solcher Dienstleistungen zu beseitigen.

2.1 Die Debatte über die Deregulierung der Finanzmärkte

In den Entwicklungsländern wurden erste Experimente mit radikalen Strukturreformen des Finanzsektors in den siebziger Jahren unter den Militärregierungen Pinochet in Chile (1973-90), Videla in Argentinien (1976-83) sowie Méndez (1976-81) in Uruguay durchgeführt. Diese Strukturreformen beinhalteten die Deregulierung der Zinsen, die Privatisierung von Staatsbanken und die Steigerung bzw. Einführung des Wettbewerbs im Bankensektor durch Zulassung und Förderung ausländischer Wettbewerber, gefolgt von einer Aufhebung von Kapitalverkehrskontrollen.[51] Im Lauf der achtziger Jahre und neunziger Jahre gingen zahlreiche weitere Entwicklungsländer dazu über, ihre Finanzsysteme zu deregulieren – allerdings lässt sich feststellen, dass dieser Prozess in den asiatischen Ländern weitaus langsamer verlief.[52]

Welche Bilanz läßt sich ziehen nach den zahlreichen Reformen im Finanzsektor der Entwicklungs- und Schwellenländer, die in der weit überwiegenden Zahl das Ziel verfolgten, den staatlichen Einfluß im Finanzwesen zurückzudrängen? Mit dieser Frage werden sich die nächsten Kapitel beschäftigen, in denen die Argumente der Fürsprecher und Kritiker einer Deregulierung der Finanzmärkte einander gegenübergestellt werden.

[51] Vgl. Williamson, John; Mahar, Molly (1998): A Survey of Financial Liberalization, S. 25.
[52] Eine detailliertere Beschreibung der einzelnen Maßnahmen findet sich u.a. in Cho, Yoon-Che; Khatkhate, Deena (1989): Lessons of Financial Liberalization in Asia. A Comparative Study, S. 76ff.

2.1.1 "Finanzielle Repression" und die Vorteile der internen Deregulierung

Zeitgleich mit der endgültigen Zerstörung des Weltwährungssystems von Bretton Woods im Jahr 1973 veröffentlichten Ronald McKinnon und Edward Shaw ihre richtungsweisenden Arbeiten über die Defizite von Finanzsystemen in Entwicklungsländern, die sie mit dem Begriff der "financial repression" kennzeichneten.[53] Diese Arbeiten, die bis heute zentrale Argumente für eine Politik der Deregulierung von Finanzmärkten liefern, signalisierten schon damals den Wandel des intellektuellen Klimas, der charakterisiert war durch wachsende Kritik an der Rolle des Staates bzw. durch steigendes Vertrauen in die Selbstheilungskräfte des Marktes.[54] Dabei steht der Begriff der „financial repression" für ein Finanzsystem, in dem in erster Linie der Staat bestimmt, wer zu welchen Konditionen Kredite erhält[55] – sei es, dass er die (größten) Finanzinstitutionen selbst besitzt oder sei es, dass er auf die Kreditvergabe privater Banken Einfluss nimmt.

Die Weltbank, die in ihrem Weltentwicklungsbericht aus dem Jahr 1989 an die theoretischen Ansätze von McKinnon und Shaw anknüpft, faßt die negativen Konsequenzen des staatsinterventionistischen Entwicklungsmodells im Hinblick auf den Finanzsektor folgendermaßen zusammen:

> "Unter staatlichem Druck vergaben die Banken Kredite zu Vorzugskonditionen an staatseigene Unternehmen und Vorrangsektoren, doch waren die Zinsspannen oft zu niedrig, um die Kosten der Banken zu decken. Zahlreiche dieser staatlich gelenkten Kredite wurden nicht zurückgezahlt. Die Zinsreglementierung beeinträchtigte die Nachfrage der Sparer nach inländischen Finanzaktiva und hielt die Finanzinstitute davon ab, Kredite auf längere Frist oder für riskantere Vorhaben zu gewähren. In manchen Ländern verdrängte die Kreditaufnahme des öffentlichen Sektors bei den Geschäftsbanken deren Kreditgewährung an den privaten Sektor; anderswo führte eine durch Geldschöpfung finanzierte Staatsverschuldung zu starker Inflation. Viele Länder bauten einen Markt für kurzfristige Schuldtitel auf, aber nur wenige kamen bei ihren Bemühungen über ein rudimentäres System der langfristigen Finanzierung hinaus."[56]

Letztendlich wird hier mit einem gesamten Entwicklungsmodell abgerechnet, welches verschiedene Preise (für Ersparnisse, Währungen, Rohstoffe, Arbeit und staatliche Dienstleistungen) reguliert hatte mit dem Ziel, Ressourcen gezielt in strategisch wichtige Wirtschaftszweige zu lenken. Dagegen setzen Institutionen wie IWF, Weltbank oder WTO auf die Kräfte des Marktes, die angeblich

---

[53] Vgl. Mc Kinnon, Ronald I (1973): Money and Capital in Economic Development. Washington, D.C. sowie Shaw, Edward S. (1973): Financial Deepening in Economic Development. New York.

[54] Vgl. Sikorski, Trevor M. (1996): Financial Liberalization in Developing Countries, S. 66.

[55] Vgl. Williamson, John; Mahar, Molly (1998): A Survey of Financial Liberalization, S. 2.

[56] Vgl. World Bank (1989): World Development Report, S. 3.

besser als jede Staatsbürokratie eine effiziente Verwendung von Ressourcen gewährleisten können. Entsprechend setzen sich diese Institutionen aktiv für eine Deregulierung der Finanzmärkte in Entwicklungsländern ein – ein Prozess, der verschiedene Dimensionen bzw. Maßnahmen umfasst. Klammert man die Forderung nach Liberalisierung des Kapitalverkehrs und freiem Marktzugang für ausländische Wettbewerber zunächst aus (damit beschäftigen sich Kapitel 2.2 und 2.3), so geht es bei der (einheimischen) Deregulierung der Finanzmärkte um:[57]

- die Abschaffung von Kreditkontrollen bzw. Programmen zur Kreditlenkung.
- die Deregulierung der Zinsen.
- die Privatisierung von Finanzinstitutionen.
- die Förderung des Wettbewerbs im Bankensektor durch freien Zugang für neue Wettbewerber.
- Autonomie und Unabhängigkeit der Banken, einschließlich der Zentralbank.

Dabei richtet sich die Hauptstoßrichtung der Kritik gegen eine Politik der Zinssteuerung, die sich negativ auf die Bildung von Ersparnissen auswirke und so das Investitionsvolumen vermindere sowie langfristig zur Zerrüttung des Finanzsystems führe. Entsprechend sind McKinnon (1991) oder Fry (1988) der Ansicht, dass höhere Zinsen (die sich aus der Abschaffung der Zinskontrollen ergeben) zu einer Vertiefung des Finanzsystems führen (financial deepening)[58] und diese Vertiefung sich positiv auf das Wirtschaftswachstum auswirkt,[59] da die Einkünfte der Banken nicht länger dazu dienen, den Staat oder andere begünstigte Gläubiger durch künstlich niedrige Zinsen zu subventionieren.[60]

In aktuelleren Analysen, die sich mit dem Zusammenhang zwischen Finanzmarktentwicklung und Wirtschaftswachstum beschäftigen, spielt die Frage nach dem Einfluss der Zinsen auf die Sparquote allerdings keine zentrale Rolle mehr, was damit zu tun haben könnte, dass empirische Untersuchungen ergeben haben, dass eine Deregulierung der Finanzmärkte nicht unbedingt zu höheren Spar- und

[57] Vgl. Williamson, John; Mahar, Molly (1998): A Survey of Financial Liberalization, S. 2.

[58] wobei diese Vertiefung gemessen wurde am Anteil der Geldmenge M3 (bzw. dem Anteil der Einlagen im Bankensystem) am Bruttosozialprodukt.

[59] Vgl. Fry, Maxwell J. (1988): Money, Interest and Banking in Economic Development, S. 152.

[60] "Because bank earnings are not tapped to subsidize favored borrowers (including the government), so that real rates of interest to depositors are correspondingly higher, nonrepressive financial policies appear to promote higher economic growth." Vgl. McKinnon, Ronald I (1991): The Order of Economic Liberalization, S. 18.

Investitionsquoten führt wie ursprünglich angenommen wurde.[61] Entsprechend hat sich die Argumentation der Befürworter einer Deregulierung der Finanzmärkte insofern verschoben, als nun primär auf *die Produktivität der Investitionen* verwiesen wird, die laut McKinnon in Ländern mit dereguliertem Finanzwesen höher ist als in anderen Ländern:

> "Apparently the quality, if not the quantity, of investment improves significantly when financial intermediation is robust."[62]

Fasst man sämtliche Argumente der Deregulierungsbefürworter noch einmal zusammen, so ergibt sich folgende Übersicht:

Die Deregulierung der Finanzmärkte führt zu:
➢ einer Erhöhung der Sparquote und damit verknüpft einer Vertiefung und Erweiterung des gesamten Systems der Finanzintermediation, was wiederum Kredite verbilligt und allgemein zugänglicher macht.
➢ einer Verbesserung der Ressourcenallokation, da Kapital nun in jene Bereiche fliesst, die die höchsten Renditen abwerfen.
➢ einer Beschleunigung der Kapitalakkumulation und des technologischen Innovationsprozesses.
➢ einer Erhöhung der Ressourcen, die dem Staat zur Verfügung stehen, da die Anreize zur Kapitalflucht gemildert und der Zugang zu ausländischen Kapitalmärkten verbessert wird, wenn Zinsen und Wechselkurse einmal "korrigiert" worden sind.
➢ einer Verringerung der Steuerbelastung, da die wachsenden Ersparnisse statt Steuern für die Finanzierung herangezogen werden können.
➢ einer Verringerung der Arbeitslosigkeit, da Ressourcen nun stärker in arbeitsintensive Produktionsbereiche fließen, in denen die Entwicklungsländer komparative Kostenvorteile besitzen.
➢ einer Egalisierung der Einkommensverteilung, da die Monopolrenten, die vorher den wenigen Importeuren und anderen privilegierten Gruppen zugeflossen sind, wegfallen.
➢ mehr Stabilität im Hinblick auf Wirtschaftswachstum und Beschäftigung sowie einer geringeren Abhängigkeit von ausländischen Finanzierungsquellen.

[61] "Financial reform, whether comprehensive and sweeping or measured and gradual, does not seem to make any significant difference to the volume of saving and investment activities in the liberalized economies." Vgl. Cho, Yoon-Che; Khatkate, Deena (1989): Lessons of Financial Liberalization in Asia. A Comparative Study, S. xviii oder auch Williamson, John; Mahar, Molly (1998): A Survey of Financial Liberalization, S. 51ff.

[62] Vgl. McKinnon, Ronald I (1991): The Order of Economic Liberalization, S. 22.

2.1.2 Kritik an der Deregulierung der Finanzmärkte

Zentrale Einwände der Kritiker einer Deregulierung beziehen sich auf die These, nach der der Staat von der Regelung nationaler (und internationaler) Finanzbeziehungen nach Möglichkeit Abstand nehmen sollte. So wird eingewandt, dass der Staat im Finanzwesen notwendigerweise eine Rolle spielt: als Instanz die Steuern erhebt ebenso wie als Garant von Währungsstabilität, um nur einige Beispiele zu nennen. In den Worten von Sylla:

> „The financial needs of governments—often for the waging of wars—have played a large role in shaping modern financial systems. To a financial historian, this is so evident that it would seem naïve and ahistorical to argue that politics and finance should be separated, or that good modern financial systems would emerge on their own from the pursuit of private interests and would be even better if governments just stood aside and got out of the way. [...] Public finance is obviously province of governments, and the creation of currencies, while not necessarily a province of government in theory, typically has been pretty much a function of government in practice."[63]

Was Granovetter (1985) in Bezug auf Märkte im Allgemeinen feststellt – nämlich dass diese in soziale Beziehungen und Institutionen eingebettet sind, die ihre Funktionsweise prägen,[64] – trifft auf Finanzmärkte in besonderer Weise zu. Schließlich setzt bereits die Hauptfunktion von Finanzmärkten, die Vergabe von Krediten gegen Zinsen, institutionelle Regelungen voraus, die greifen, wenn die Kreditnehmer nicht willens oder imstande sind, den Kredit zurückzuzahlen. Wie Epstein schreibt:

> „Financial markets in general, and international financial markets especially, require asymmetric power relations and institutional structures of enforcement to operate at all [...] Hence, the important issue is not whether there can and ought to be state intervention in international financial relations but, rather, what type of intervention is desirable."[65]

Auch Diaz-Alejandro verweist darauf, dass ein stabiles Zahlungssystem ein öffentliches Gut darstellt, welches nur der Staat bzw. die Zentralbank garantieren kann, wobei deren „lender of last resort"-Funktion eine zentrale Rolle spielt.[66] Zudem verweist er darauf, dass die Hayeksche Vorstellung eines laissez-faire

---

[63] Vgl. Sylla, Richard (2003): The Political Economy of Financial Systems – Historical Perspectives, S. 1f.

[64] Vgl. Granovetter, Mark (1985): Economic Action and Social Structure: The Problem of Embeddedness.

[65] Vgl. Epstein, Gerald (1996): International Capital Mobility and the Scope for National Economic Management, S. 212.

[66] Vgl. Diaz-Alejandro (1985): Good-Bye Financial Repression, Hello Financial Crash, S. 5: "Your safe payments system is also my safe payments system; it is partly a public good, not only serving individuals, but also providing backup liquidity on which the whole of the financial system rests."

Finanzsystems angesichts der internationalen Machtverhältnisse illusorisch ist, was sich insbesondere in Krisen zeigt, in denen die Staaten der Dritten Welt in der Regel gezwungen werden, auch für die Rückzahlung der Schulden von *Privatpersonen* zu bürgen.[67]

In jüngerer Zeit hat u.a. Stiglitz darauf hingewiesen, dass das auf Walras zurückgehende Modell effizienter Märkte, das den Deregulierungsbefürwortern in der Regel zugrundeliegt, auf Finanzmärkte nicht zutrifft, da die Prämisse der vollkommenen Information der Marktteilnehmer nicht gegeben ist:

> "Financial and capital markets are essentially different from markets for ordinary goods and services. The central function of capital and financial markets is information-gathering – in particular, assessing which projects and firms are most likely to yield the highest returns, and monitoring to ensure that the funds are used in the appropriate way. [...] markets for information are fundamentally different from "ordinary" markets [...] whenever information is imperfect, markets are essentially never constrained Pareto efficient."[68]

Wie Griffith-Jones ausführt, unterscheiden sich Finanzmärkte von Gütermärkten auch noch durch andere „Imperfektionen": Da *Erwartungen* hinsichtlich der Entwicklung von Vermögenspreisen eine wichtige Rolle spielten, tendierten Finanzmärkte zu zyklischen Übertreibungen, da jeder Investor dazu neige, in seinen Entscheidungen den Erwartungen der „Herde" zu folgen.[69] Aus all diesen Gründen bedürften Finanzmärkte der staatlichen bzw. öffentlichen Institutionen (z.B. der Zentralbanken) sowie der öffentlichen Überwachung und Kontrolle – eine These, die allerdings auch von den Befürwortern einer Deregulierung der Finanzmärkte selten bestritten wird.

Empirisch können die Kritiker der Deregulierung darauf verweisen, dass sich die optimistischen Erwartungen, die McKinnon und Shaw mit einer Liberalisierung des Finanzwesens verknüpft haben, meist nicht bestätigt haben – im Gegenteil. Nach Meinung von Sikorski waren zumindest die ersten Experimente mit der Liberalisierung der Finanzmärkte zu Beginn der achtziger Jahre

> "[...] at best mixed and at worst disastrous. Most frequently financial liberalization led to periods of financial crash and chaos."[70]

---

[67] "[...] foreign financial agents will not accept a separation of private and public debts when a crisis arrives; financial laissez-faire in one peripheral country does not seem viable." Vgl. Diaz-Alejandro (1985): Good-Bye Financial Repression, Hello Financial Crash, S. 17f.

[68] Vgl. Stiglitz, Joseph E. (2000): Capital Market Liberalization, Economic Growth, and Instability, S. 1079.

[69] "[T]here are strong incentives for "herding" in financial markets, as each individual short-term investor, lender or fund manager tries to choose the investment or loan that he / she thinks is most likely to be chosen by other investors or lenders." Vgl. Griffith-Jones, Stephany (1999): A New Financial Architecture for Reducing Risks and Severity of Crises, S. 265.

[70] Vgl. Sikorski, Trevor M. (1996): Financial Liberalization in Developing Countries, S. 3.

Dass eine Deregulierung der heimischen Finanzmärkte die Stabilität des gesamten Finanzsystems untergraben kann, wird von den Kritikern am häufigsten ins Feld geführt. Doch auch gegen die von McKinnon und Shaw vertretene These, dass im Zuge der Deregulierung der Finanzmärke Kredite billiger und allgemein zugänglicher werden, gibt es massive Einwände. Z.B. kommt eine empirische Studie der Weltbank zu den Erfahrungen asiatischer Länder zu dem Ergebnis, dass zwischen der Deregulierung der Finanzmärkte einerseits und der Spar- und Investitionsquote andererseits, kein Zusammenhang besteht:

> "financial reform, whether comprehensive and sweeping or measured and gradual, does not seem to make any significant difference to the volume of saving and investment activities in the liberalized economies."[71]

In verschiedenen Staaten Südamerikas lässt sich dagegen ein eindeutiger Zusammenhang feststellen – allerdings führte die Deregulierung der Finanzmärkte dort zu einem starken Zinsanstieg,[72] d.h. zu einer dramatischen *Verteuerung der Kredite*, so dass zahlreiche Unternehmen nicht mehr in der Lage waren, ihren Schuldendienst zu bedienen und Bankrott anmelden mußten. Diaz-Alejandro vermutet sogar, dass eine Hauptfunktion der exorbitant hohen Zinsen darin bestand, das Eigentum am Vermögen der Unternehmen von den Schuldnern auf die Gläubiger umzuverteilen.[73] Dementsprechend kann auch von einer Egalisierung der Einkommensverteilung im Zuge der Deregulierung der Finanzmärkte keine Rede sein – im Gegenteil: In den südamerikanischen Staaten (Chile, Argentinien, Uruguay) führte der Prozess der Liberalisierung des Finanzsystems zur Konzentration ökonomischer Macht in den Händen weniger Konglomerate oder Wirtschaftsgruppen[74], während die Mehrheit der Bevölkerung im Zuge von Deregulierung und Krise deutliche Reallohnverluste hinnehmen mußte. Zu den Gewinnern einer Deregulierung der Finanzmärkte, so die Kritiker, zählen also die Reichen, die von steigenden Vermögenserträgen profitieren, während verschuldete Haushalte und Unternehmen negativ betroffen sind.

Wie Stiglitz ausführt, kann die mit der Deregulierung der Finanzmärkte einhergehende Erhöhung der Zinsen gerade in den ärmsten Ländern katastrophale Auswirkungen haben, da dort insbesondere die Landwirte, die immer stark von

---

[71] Vgl. Cho, Yoon-Che; Khatkate, Deena (1989): Lessons of Financial Liberalization in Asia. A Comparative Study, S. xviii Allerdings sollte erwähnt werden, dass es auch Studien gibt, die zu anderen Ergebnissen gekommen sind, wobei allerdings primär der Einfluss von Zinsen auf Wachstumsraten (und nicht auf Sparquoten) untersucht wurde. Für einen Überblick siehe Balassa, Bela (1990/91): Financial liberalization in developing countries, S. 64ff.

[72] Vgl. Balassa, Bela (1990/91): Financial Liberalization in Developing Countries, S. 66. "Excessively high real interest rates were observed in the countries of the Southern Cone of Latin America [...]. On a quarterly basis, ex post real interest rates reached 53,3 percent in Argentina in the fourth quarter of 1979, 54,6 percent in Chile in the first quarter of 1982, and 44,0 percent in Uruguay in the fourth quarter of 1982."

[73] Vgl. Diaz-Alejandro (1985): Good-Bye Financial Repression, Hello Financial Crash, S. 16.

[74] Ebd., S. 9.

Krediten abhängig sind, von der Zinserhöhung schwer getroffen werden.[75] Dieser Meinung ist auch Chossudovsky, der zwar ausführt, dass durch eine Deregulierung kurzfristige spekulative Finanzströme aus dem Ausland angezogen werden können, die hohen Zinsen jedoch häufig zu einem Kollaps der Kreditvergabe an die heimische Landwirtschaft und Industrie führen.[76]

Da die Deregulierungskritiker argumentieren, dass kurzfristige Kapitalzuströme zur Finanzierung langfristiger Investitionen ungeeignet sind,[77] führt eine Deregulierung und Erhöhung der Zinsen zu einer Situation, in der nicht mehr, sondern weniger Kapital für langfristige Investitionsprojekte zur Verfügung steht.[78] In diesem Sinne kommt Diaz-Alejandro zu dem Schluss, dass private Finanzmärkte allein nicht in der Lage sind, Entwicklungsländer mit ausreichendem Kapital für langfristige Investitionen zu versorgen – eine Erfahrung, die in den dreissiger und vierziger Jahren zur Etablierung öffentlicher Entwicklungsbanken in Lateinamerika geführt hat.[79]

Fasst man die Argumente der Deregulierungskritiker zusammen, so ergeben sich folgende sechs Thesen:

Die Deregulierung der einheimischen Finanzmärkte:
➢ führt nicht zu höheren Sparquoten. ➢ führt vielfach zu exorbitant hohen Zinssätzen mit negativen Auswirkungen auf Wachstum und Stabilität. ➢ unterminiert die Stabilität des Finanzsystems und trägt zu Bankenkrisen bei. ➢ führt nicht zu mehr Wettbewerb, sondern zur Konzentration ökonomischer Macht. ➢ beschränkt den wirtschafts- bzw. geldpolitischen Handlungsspielraum der jeweiligen Regierung. ➢ verteuert bzw. verringert das Kapital für langfristige Investitionsprojekte.

[75] Vgl. Stiglitz, Joseph (2002): Die Schatten der Globalisierung, S.47

[76] Vgl. Chossudovsky, Michel (1998): The Globalization of Poverty, S. 65.

[77] Vgl. Stiglitz, Joseph E. (2000): Capital Market Liberalization, Economic Growth, and Instability, S. 1080.

[78] „The freeing of interest rates and the relaxation of controls over financial intermediation will not necessarily encourage intermediation beyond short-term maturities. The flourishing of private financial intermediaries in the Southern Cone, even at the height of the boom, was limited to deposits and loans of less than six months' duration [...]. Insofar as the new policies destroy pre-existing government-supported long-term intermediation arrangements [...] financial liberalization will reduce available long-term financial instruments." Vgl. Diaz-Alejandro (1985): Good-Bye Financial Repression, Hello Financial Crash, S. 14.

[79] Vgl. Diaz-Alejandro (1985): Good-Bye Financial Repression, Hello Financial Crash, S. 20.

2.2 Die Debatte über die Liberalisierung des Kapitalverkehrs

Im Gegensatz zur einheimischen Deregulierung der Finanzmärkte, bei der es um den Rückzug des Staates aus dem Finanzsystem mittels Privatisierung von Banken, Aufhebung von Zinskontrollen usw. geht, stehen bei der Liberalisierung des Kapitalverkehrs die finanziellen Austauschbeziehungen *zwischen* Staaten im Vordergrund. Dabei wird der Begriff der Liberalisierung des Kapitalverkehrs häufig für alle Massnahmen verwendet, welche die Freiheit internationaler Investoren, ihr Kapital zu jeder Zeit an jeden Ort bzw. in jede Währung zu transferieren, erweitern, d.h. der Begriff umfasst auch die Deregulierung des Investitionsregimes, bei der primär es um die Aufhebung von Begrenzungen bzgl. ausländischer Aktieninvestitionen geht. Da ich mich mit der Liberalisierung des Investitionsregimes bzw. der Öffnung der Märkte für ausländische Banken und Unternehmen in Kapitel 2.3 gesondert auseinandersetzen werde, beschränke ich mich im Folgenden allerdings auf die allgemeine Frage nach den Folgen, die mit der Liberalisierung des Kapitalverkehrs bzw. der unbegrenzten Konvertierbarkeit von Kapitalkonten[80] verbunden sind.

Laut Khor bezeichnet die Konvertierbarkeit von Kapitalkonten (capital account convertibility)

> „die Freiheit, inländische Finanzanlagen zu einem vom Markt vorgegebenen, fortlaufend aktualisierten Umtauschkurs in ausländische Finanzanlagen zu tauschen und umgekehrt.“[81]

Stiglitz zufolge zählt die Durchsetzung dieser Freiheit in möglichst allen Ländern zu den ideologischen Kernforderungen sowohl des IWF als auch des US-amerikanischen Finanzministeriums.[82] Wade und Veneroso sind gar der Ansicht, dass kaum ein anderes außenwirtschaftspolitisches Ziel der USA bedeutsamer ist als die Aufrechterhaltung und Ausdehnung des freien Kapitalverkehrs.[83]

---

[80] Die Begriffe „Liberalisierung des Kapitalverkehrs“ und „Konvertierbarkeit von Kapitalkonten“ werden – analog zur der englischen Debatte über die capital account liberalization – synonym verwendet.

[81] Vgl. Khor, Martin (2001): Globalisierung gerechter gestalten, S. 115ff

[82] Vgl. Stiglitz, Joseph (2002): Die Schatten der Globalisierung, S. 83.

[83] „The US has a powerful national interest in establishing the free movement of capital worldwide.[...]. For one thing, the US savings rate is very low by international standards. To maintain its level of consumption and investment – the overarching economic priority – the US must borrow from the rest of the world's savings, which is much easier if world financial markets are highly integrated. For another, Wall Street firms want to do business in the rest of the world using the rest of the world's savings. They can exploit the great US privilege of being the issuer of the international reserve currency. This allows them to borrow cheaply from the rest of the world using Treasury bills, and recycle the savings in the form of foreign direct investment, portfolio investment, and loans, at much higher returns.“ Vgl. Wade, Robert; Veneroso, Frank (1998): The Gathering World Slump and the Battle over Capital Controls, S. 45f.

Wie Cavanagh und Broad beschreiben, hatten sich IWF und Weltbank sowie das US-Finanzministerium in den neunziger Jahren vehement dafür eingesetzt, dass Entwicklungs- und Schwellenländer ihre Märkte nicht mehr nur für ausländische Waren, sondern auch für kurzfristige Kapitalströme aus dem Ausland öffneten.[84] Was den IWF betrifft, so brachte dieser im April 1997 das Anliegen vor, die eigenen Statuten dahingehend zu ändern, dass die Liberalisierung des Kapitalverkehrs als zentrales Ziel festgeschrieben und die Zuständigkeit des IWF auf Fragen der ordnungsgemäßen Liberalisierung des Kapitalverkehrs ausgedehnt wird. Auf der Jahrestagung des IWF in Hongkong im September 1997 wurde erneut gefordert, die Verpflichtung zur Konvertierbarkeit von Kapitalkonten endgültig in der Satzung des IWF zu verankern;[85] angesichts der Ereignisse der Asienkrise musste dieser Plan jedoch auf Eis gelegt werden.

Der wachsende Widerstand gegen die Liberalisierung des Kapitalverkehrs läßt sich darauf zurückführen, dass immer mehr Autoren darin eine der zentralen Ursachen für die schweren Finanzkrisen sahen, die sich von Thailand aus auf andere ostasiatische Länder ausbreiteten, wobei lediglich jene Länder verschont blieben, die ihre Finanzmärkte weiterhin durch Kapitalverkehrskontrollen vor spekulativen Zu- und Abflüssen ausländischen Kapitals abgeschottet hatten.[86] Bevor auf dieses – und auf andere Argumente – näher eingegangen wird, sollen allerdings die Argumente der Befürworter der Liberalisierung des Kapitalverkehrs kurz dargestellt werden.

2.2.1 Vorteile der Abschaffung von Kapitalverkehrskontrollen

In einem Artikel aus dem Jahr 1998 nennt Stanley Fischer vom IWF vor allem zwei Gründe, die für die komplette Abschaffung von Kapitalverkehrskontrollen sprechen: Zum Einen ist die Liberalisierung des Kapitalverkehrs ihmzufolge ein notwendiger Schritt im Entwicklungsprozess, der nicht umgangen werden kann – schließlich sei in fast allen Industrieländern die Konvertierbarkeit von Kapitalkonten bereits Realität.[87] Zweitens trüge eine Liberalisierung des Kapitalverkehrs zur effizienten Allokation von Ressourcen bei und fördere den Welthandel (und damit den Wohlstand der Nationen) durch den verbesserten Zugang zu aus-

---

[84] „Over this past decade, the World Bank, the IMF, and the U.S. Treasury expanded their focus on free trade to press governments around the globe to open their stock markets and financial markets to short-term investments from the West. The resulting quick injections of capital from mutual funds, pension funds, and other sources propelled short-term growth in the 1990s, but they also encouraged bad lending and bad investing." Vgl. Cavanagh, John; Broad, Robin (1999): The Death of the Washington Consensus? S. 82.

[85] Vgl. Bhagwati, Jagdish (1998): The Capital Myth: The Difference between Trade in Widgets and Dollars, S. 7.

[86] Vgl. Williamson, John; Mahar, Molly (1998): A Survey of Financial Liberalization, S. 57 sowie Stiglitz, Joseph E. (2000): Capital Market Liberalization, Economic Growth, and Instability, S. 1075 u.a.

[87] Vgl. Fischer, Stanley (1998): Capital-Account Liberalization and the Role of the IMF, S. 2.

ländischem Kapital, welches zur Finanzierung von Importen oder für Investitionen genutzt werden kann.

> „[...] free capital movements facilitate an efficient global allocation of savings and help channel resources into their most productive uses, thus increasing economic growth and welfare. From the individual country's perspective, the benefits take the form of increases in the pool of investible funds and in the access of domestic residents to foreign capital markets. From the viewpoint of the international economy, open capital accounts support the multilateral trading system by broadening the channels through which countries can finance trade and investment and attain higher levels of income.“[88]

Manuel Guitián vom IWF vertritt außerdem die Ansicht, dass insbesondere Entwicklungsländer höhere Investitionen, ein schnelleres Wirtschaftswachstum und größeren Wohlstand sowie eine Vertiefung ihrer Finanzmärkte erzielen können, wenn sie den Kapitalverkehr liberalisieren:

> "Capital mobility is generally a desirable aim. When private capital is allowed to flow freely across borders in search of the best investment opportunities, it can be channelled toward its most productive uses on a global scale. Developing countries, where domestic resources tend to be in short supply, stand to benefit particularly from capital account liberalization, which can lead to increased investment, faster economic growth, and improved standards of living, as well as contribute to the deepening and broadening of domestic financial markets.[...]."[89]

Weitere Argumente für eine Liberalisierung internationaler Kapitalströme liefert eine Publikation des Kieler Instituts für Weltwirtschaft.[90] Demnach böten freie internationale Kapitalmärkte die Chance, Investitionsrisiken international zu streuen, sie spielten eine wichtige Rolle beim internationalen Technologietransfer und trügen zur Entwicklung eines effizienten Finanzsystems bei, was wiederum für mehr Wirtschaftswachstum sorge. Dabei profitieren angeblich sowohl die Entwicklungs-, als auch die Industrieländer vom freien internationalen Kapitalverkehr: Die Entwicklungsländer, da die Kapitalimporte ein höheres Wirtschaftswachstum ermöglichten; die Industrieländer, da diese durch den Kapitalexport die Finanzierungsprobleme in der Altersvorsorge reduzieren könnten.[91]

Zwar sehen auch die Befürworter der Konvertierbarkeit von Kapitalkonten, dass die wirtschaftspolitischen Handlungsspielräume der Regierungen bei freiem internationalen Kapitalverkehr kleiner und die Verwundbarkeit im Hinblick auf Meinungsumschwünge ausländischer Investoren größer wird – genau diese disziplinierende Wirkung der internationalen Finanzmärkte wird jedoch als zentra-

---

[88] Vgl. Fischer, Stanley (1998): Capital-Account Liberalization and the Role of the IMF, S.2f.
[89] Vgl. Guitián, Manuel (1998): The Challenge of Managing Global Capital Flows. URL: http://www.imf.org/external/pubs/ft/fandd/1998/06/guitian.htm (Stand: 10.02.04).
[90] Vgl. Buch, Claudia M.; Heinrich, Ralph P.; Pierdzioch, Christian (2001): Globalisierung der Finanzmärkte: Freier Kapitalverkehr oder Tobin-Steuer? S. 10f.
[91] Ebd., S. 13.

ler Vorteil angesehen: So zwingt der internationale Wettbewerb um Kapital bzw. die Furcht vor plötzlicher Kapitalflucht alle Regierungen zu einer „marktfreundlichen“ Politik, die letztlich allen Akteuren zugute kommt, wie Dornbusch beschreibt:

> „The capital market fulfills an important supervisory function over economic policy. Governments may be disinclined to have the bond market look over their shoulders, but savers and investors should welcome it. This message is clear from a decade of policy reorientation in the United States and Europe. Now, governments` first thoughts are of the bond market, and as a result, their policymaking has become more disciplined.“[92]

Neben den Vorteilen, die aus dem freien internationalen Kapitalverkehr erwachsen, verweisen manche Befürworter der Liberalisierung des Kapitalverkehrs auf die Unmöglichkeit, in der heutigen Zeit des Internets und der Satellitenkommunikation Kapitalverkehrskontrollen einzuführen und aufrechtzuerhalten.[93] Demnach würde bereits der Versuch der Einführung solcher Kontrollen zu verstärkter Kapitalflucht führen. Demgegenüber argumentiert der US-amerikanische Notenbankpräsident Alan Greenspan, dass es zwar möglich sei, Kapitalverkehrskontrollen einzusetzen, dies aber mit gravierenden Nachteilen verbunden sei: So würde die Einführung derartiger Kontrollen ausländische Investoren dauerhaft abschrecken, den Technologietransfer behindern und den Lebensstandard der Bevölkerung senken.[94]

2.2.2 Risiken und Nachteile der Liberalisierung des Kapitalverkehrs

Viele Kritiker der Liberalisierung des Kapitalverkehrs greifen die Keynessche Unterscheidung zwischen „spekulativen“ Kapitalströmen einerseits, und langfristig angelegten produktiven Investitionen andererseits, auf. Ein repräsentatives Beispiel hierfür sind Stiglitz oder Watson, die die Ansicht vertreten, dass die sukzessive Abschaffung von Kontrollen auf den internationalen Kapitalverkehr im Zuge der Etablierung des „neoliberalen Regimes“ dazu beigetragen hat, dass immer mehr Kapital in spekulative Finanztitel statt in reale Investitionen fliesst:

---

[92] Vgl. Dornbusch, Rüdiger (1998): Capital Controls: An Idea Whose Time is Past, S. 24.

[93] So schreibt Nunnenkamp über den Versuch Malaysias, den Kapitalabfluß inmitten der Krise durch Kapitalverkehrskontrollen zu stoppen: „Die Erfahrung spricht dagegen, dass Kapitalflucht auf diese Weise unterbunden werden kann.“ Vgl. Nunnenkamp, Peter (1999): Grenzenloser Handel und Kapitalverkehr? Was wirtschaftspolitisch zu tun und zu lassen ist, S. 4.

[94] Vgl. Greenspan, Alan (1998): Testimony before the Committee on Banking and Financial Services. US House of Representatives, 16. September 1998:„The obvious consequence of confiscating part, or all, of foreign investors' capital and/or income, is to ensure a sharp reduction in the availability of new foreign investment in the future [...] To be sure, any economy can operate with its borders closed to foreign investment. But the evidence is persuasive that an economy deprived of the benefits of new technologies, and inhospitable to risk capital, will be mired at a suboptimal standard of living and slow growth rate associated with out-of-date technologies.“

> "In relaxing previously institutionalised controls on the short-term movement of financial funds, this neoliberal regime has facilitated new opportunities for realising profit through trading short-term financial assets. As a result, an increasing proportion of available capital funds is being directed towards financial markets; the corollary of which is an emergent tendency towards capital shortage in productive sectors."[95]

Aus dieser Perspektive besteht ein Hauptproblem in den hohen Zinsen, die mit der Liberalisierung des Kapitalverkehrs einhergehen. Wie der Bericht der Enquete-Kommission Globalisierung des Deutschen Bundestages feststellt, liegt das Realzinsniveau spätestens seit Beginn der achtziger Jahre über den realen Wachstumsraten des BIP, was für die Investoren größere Anreize schafft, ihr Kapital in Finanzanlagen statt in Sachanlagen zu investieren.[96]

Dass es den Investoren durch die Liberalisierung des Kapitalverkehrs ermöglicht wurde, von heimischen (und oft niedrigverzinslichen) Anleihen auf höherverzinsliche ausländische Finanztitel umzusteigen hat aber nicht nur Konsequenzen für das Zinsniveau,[97] sondern rührt direkt an Fragen der Demokratie und der sozialen Gerechtigkeit. So geht Maxfield davon aus, dass die Liberalisierung des Kapitalverkehrs dazu führt, dass eine Besteuerung großer Vermögen immer schwieriger wird, so dass die Regierungen gezwungen sind, entweder die Steuern bei den geringer Verdienenden zu erhöhen oder aber die Staatsausgaben zu senken, was beides zur Verschärfung sozialer Ungleichheit beiträgt[98] – zumal es die vermögenden Schichten sind, die von höheren Zinsen sowie der Möglichkeit der Kapitalanlage im Ausland profitieren.

---

[95] Vgl. Watson, Mattew (1999): Rethinking Capital Mobility, Re-regulating Financial Markets, S. 57.

[96] Vgl. Deutscher Bundestag (2002) (Hrsg.): Schlussbericht der Enquete Kommission "Globalisierung der Weltwirtschaft", S. 69.

[97] "Capital decontrol gave (the major holders of long-term bonds) [...] the opportunity to move funds [...] between home and foreign bond markets in pursuit of higher yields. That pushed up long-term interest rates, and to a lesser degree, short-term rates as well, and undermined the effort to stimulate the economy by monetary easing. Fearful of capital outflows, governments also began shifting their primary focus from stabilizing high levels of output and employment to stabilizing the price level, which has helped to support the higher levels of real interest rates of the past two decades. In effect, by lifting capital controls, governments gave up most of the ability to adjust real interest rates for other objectives than comforting the bond markets." Vgl. Felix, David (2001): Why International Capital Mobility Should be Curbed, and How it Could be Done, S. 40.

[98] Vgl. Maxfield, Sylvia (1998): Understanding the Political Implications of Financial Internationalization in Emerging Market Countries, S. 1202: „Openness contributes to inequality because it forces governments to lower taxes on capital. This forces government to raise taxes on labor and cut government spending which will have a regressive effect on income distribution."

Inwiefern auch die Eliten aus den Entwicklungsländern von der Möglichkeit der Kapitalanlage im Ausland Gebrauch machen, wurde bislang selten untersucht, aber es kann mit Stiglitz vermutet werden, dass der „Kapitalexport", den diese Eliten tätigen, indem sie ihr Kapital auf ausländischen Bankkonten anlegen, mitunter höher ist als die gegenläufigen Kapitalzuflüsse aus den Industrieländern.[99]

Ferner weist Stiglitz darauf hin, dass die hohe Volatilität der internationalen Kapitalströme das Wirtschaftswachstum in den Entwicklungsländern verringert, da diese genötigt werden, Währungsreserven (üblicherweise US-Staatsanleihen bzw. Treasury Bonds) in Höhe der kurzfristigen Verschuldung zu halten, um so vor spekulativen Attacken auf die eigene Währung geschützt zu sein:

> „Um die mit volatilen Kapitalbewegungen verknüpften Risiken zu kontrollieren, wird allen Ländern routinemäßig empfohlen, von ihren Währungsreserven einen Teil beiseite zu legen, der ihren kurzfristigen, auf ausländische Währung lautenden Krediten entspricht [...] Im Allgemeinen werden Währungsreserven in Form US-amerikanischer Schatzwechsel gehalten, die gegenwärtig etwa 4 Prozent Zinsen abwerfen. Das Land nimmt also in den USA einen Kredit zu 18 Prozent auf und gewährt den USA gleichzeitig einen Kredit zu vier Prozent."[100]

Zudem ergibt sich für die Entwicklungsländer das Problem, dass sie die Entscheidung über die Aufnahme von kurzfristigen Krediten im Zuge der Liberalisierung einheimischen *Privatakteuren* übergeben, gleichzeitig aber der *Staat* Vorsorge für den Ernstfall treffen muss, da er im Fall einer Verschuldungskrise für die Verluste des Privatsektors aufkommen muss, wie die Bewältigung von Verschuldungskrisen in der Vergangenheit gezeigt hat.

Das am häufigsten verwendete Argument gegen die Liberalisierung des Kapitalverkehrs lautet schließlich, dass die Entwicklungsländer mit ihren zwangsläufig weniger entwickelten Finanzmärkten dem unkontrollierten Zu- und Abfluss großer Kapitalströme nicht gewachsen sind und daher durch die Liberalisierung des internationalen Kapitalverkehrs die Wahrscheinlichkeit einer schweren Finanzkrise erhöht wird – zumal die Akteure auf den Finanzmärkten zu prozyklischem Verhalten neigen:[101]

> „Die Liberalisierung des Kapitalmarkts liefert die Entwicklungsländer auf Gedeih und Verderb den rationalen und irrationalen Launen der Investoren aus, ihrem irrationalen Überschwang und Pessimismus."[102]

---

[99] Vgl. Stiglitz, Joseph E. (2000): Capital Market Liberalization, Economic Growth, and Instability, S. 1080.

[100] Vgl. Stiglitz, Joseph (2002): Die Schatten der Globalisierung, S. 84.

[101] „Capital market liberalization is systemically associated with greater instability, and for good reason: capital flows are markedly procyclical, exacerbating economic fluctuations, when they do not actually cause them." Vgl. Stiglitz, Joseph E. (2000): Capital Market Liberalization, Economic Growth, and Instability, S. 1079.

[102] Vgl. Stiglitz, Joseph (2002): Die Schatten der Globalisierung, S. 121.

Wie schon erwähnt wurde, sind die Verfechter einer Liberalisierung des Kapitalverkehrs vor allem im Zuge der Häufung schwerer Finanzmarktkrisen in Asien, Russland und Lateinamerika unter starken Druck geraten. So hatte die plötzliche Umkehr kurzfristiger Kapitalströme erheblich zu den einzelnen Krisen beigetragen, was eine Reihe von anerkannten Mainstream-Ökonomen dazu veranlaßte, Kapitalverkehrskontrollen als Möglichkeit zur Verhinderung bzw. Eindämmung von Finanzkrisen in Betracht zu ziehen. Wie Stiglitz beschreibt:

> „Es wurde immer deutlicher, dass die Deregulierung der Finanz- und Kapitalmärkte – in Eile durchgeführt ohne erst ein effektives regulatorisches Rahmenwerk zu schaffen – im Zentrum des Problems stand. Es ist kein Zufall, dass jene zwei großen Entwicklungsländer, die die Krise unbeschadet überstanden haben: Indien und China, gleichzeitig Staaten sind, die den grenzüberschreitenden Kapitalverkehr scharf kontrollieren."[103]

Dabei spricht der Erfolg, den nicht nur China und Indien, sondern auch kleine Schwellenländer wie Malaysia oder Chile mit unterschiedlichen Formen von Kapitalverkehrskontrollen erzielt haben,[104] gegen die These, dass eine Kontrolle grenzüberschreitender Finanztransaktionen im Zeitalter globalisierter Finanzmärkte nicht mehr durchsetzbar sei.

2.3 Die Debatte über die Öffnung der Märkte für ausländische Finanzdienstleister

Im Gegensatz zur Debatte über die Vor- und Nachteile der Liberalisierung des Kapitalverkehrs geht es bei der Frage der Öffnung der Märkte für ausländische Finanzdienstleister um *ausländische Direktinvestitionen* im Finanzsektor, d.h. um die Frage, ob es ausländischen Finanzdienstleistern erlaubt sein soll, direkt mit eigenen Filialen vor Ort präsent zu sein, indem eigene Niederlassungen gegründet oder bestehende Finanzinstitute aufgekauft werden. Dabei soll im Folgenden zunächst nur ansatzweise auf die allgemeine Diskussion über die Vor- und Nachteile der Liberalisierung des Investitionsregimes in Entwicklungsländern eingegangen werden; stattdessen stehen die spezifischen Vorzüge oder Probleme, die mit ausländischen Direktinvestitionen *im Finanzsektor* von Entwicklungs- und Schwellenländern verbunden sind, im Vordergrund.

Wie Litan, Masson und Pomerleano feststellen, hat sich die Haltung von Entwicklungs- und Schwellenländern zur Frage des Markteintritts ausländischer Banken in den neunziger Jahren tiefgreifend gewandelt, was wiederum mit den schweren Bankenkrisen zu tun hat, die den Druck erhöhten, die insolvent gewordenen heimischen Bankinstitute mit ausländischer Hilfe zu sanieren:

---

[103] Vgl. Stiglitz, Joseph E. (2000): Capital Market Liberalization, Economic Growth, and Instability, S. 1075.

[104] Vgl. hierzu u.a. Küblböck, Karin (2003): Re-Regulierung der Finanzmärkte, S. 223.

> "Since the early 1990s [...] attitudes toward foreign banks and other financial firms have experienced a sea change in much of the developing world arising out of periodic financial crises, or in the case of Eastern Europe, because new governments learned that formerly state-owned banks were in effect bankrupt."[105]

Inwiefern ausländische Finanzinstitute von den Regierungen der Schwellenländer willkommen geheißen wurden oder aber erst äußerer Druck dazu beitrug, die Finanzmärkte der Schwellenländer für ausländische Investitionen zu öffnen, ist strittig. So erfolgte die Marktöffnung für ausländische Banken im Falle einiger ostasiatischer Schwellenländer erst im Zuge der Verhandlungen mit dem IWF während der Asienkrise, wobei der IWF als Gegenleistung für Überbrückungskredite u.a. eine weitgehende Öffnung der Märkte der Schwellenländer für ausländische Investitionen verlangte.[106]

Lateinamerikanische Schwellenländer wie Argentinien oder Chile zeichneten sich dagegen schon Mitte der neunziger Jahre durch die starke Präsenz ausländischer Banken aus. Bis zur Krise 2001 galt das Bankensystem Argentiniens sogar als besonders stabil.[107] Die Tatsache, dass Argentinien trotz der Dominanz ausländischer Banken in eine sehr heftige Finanz- und Wirtschaftskrise geriet, wirft allerdings eine Reihe von Fragen auf. Dies um so mehr, als gerade in der zweiten Hälfte der neunziger Jahre die Aktivitäten ausländischer Banken in Schwellenländern deutlich zugenommen haben: So stieg der Anteil der Einlagen des Bankensystems, den ausländische Finanzinstitutionen kontrollieren,[108] nach einer Studie des IWF allein in den Jahren 1994 bis 1999 von durchschnittlich 7.8 auf 52,3 Prozent in Ungarn, Polen und der Tschechischen Republik, von 7,5 auf 25 Prozent in den Schwellenländern Lateinamerikas[109] und von 1,6 auf 6 Prozent in Südkorea, Thailand und Malaysia,[110] wobei die Werte für die ostasiatischen Schwellenländer allerdings zu niedrig berechnet sein dürften.[111]

---

[105] Vgl. Litan; Robert et al. (2001): Introduction, S. 3.

[106] Vgl. Bello, Walden (1998): East Asia: On the Eve of the Great Transformation? S. 435f.

[107] Vgl. BIZ (2002): 72. Jahresbericht, S. 57.

[108] = alle Einlagen in Banken, an denen ausländische Finanzinstitute mehr als 50 Prozent der Anteile halten.

[109] Argentinien, Brasilien, Chile, Kolumbien, Mexiko, Peru und Venezuela.

[110] Vgl. IMF (2000): International Capital Markets, September 2000, S. 153.

[111] So schreibt der IWF über die Datengrundlage der Fitch IBCA Bank Scope Database, dass ihr wesentlicher Nachteil darin besteht, dass „...the activities of some foreign branches are not captured, which leads to an underestimation of the level of foreign participation, especially in countries where entry through branches is the main modality – such as the Asian countries." Vgl. IMF (2000): International Capital Markets. September 2000, S. 153. Womöglich kommen die Angaben der Weltbank etwas näher an die Wirklichkeit heran: Demnach befanden sich Mitte des Jahres 1999 8 Prozent der Einlagen des koreanischen, 13 Prozent des thailändischen und 23 Prozent des malaysischen Finanzsystems in den Händen ausländischer Investoren, vgl. World Bank (2000): East Asia. Recovery and Beyond, S. 86.

Neben dem IWF trug vor allem die 1995 gegründete WTO bzw. das unter ihrem Dach ausgehandelte Abkommen zur Liberalisierung des Handels mit Dienstleistungen (GATS= General Agreement on Trade in Services) zur Öffnung der Märkte für ausländische Finanzdienstleister bei. Das GATS-Abkommen trat, zusammen mit dem Agrarabkommen und dem Abkommen über den Schutz geistiger Eigentumsrechte, am 1. Januar 1995 in Kraft und sieht vor, dass gewisse Prinzipien des Freihandels, die bislang für den Handel mit Gütern galten, auf den Handel mit Dienstleistungen ausgedehnt werden. Zu den wichtigsten Prinzipien zählen dabei das Meistbegünstigungsprinzip,[112] welches verlangt, dass handelspolitische Vergünstigungen, die einem Staat eingeräumt werden, allen anderen Staaten ebenfalls eingeräumt werden müssen, sowie das Prinzip der Inländerbehandlung, welches impliziert, dass ausländische Unternehmen gegenüber einheimischen Unternehmen nicht benachteiligt werden dürfen.[113]

Nun unterscheidet sich der Handel mit Dienstleistungen insofern vom Handel mit Gütern, als bei Dienstleistungen in der Regel „Produktion" und „Konsum" zeitlich wie räumlich zusammenfallen.[114] Um Dienstleistungen im Ausland anzubieten, muss man daher die grenzüberschreitende Mobilität der Dienstleistungserbringer und/oder der jeweiligen Kunden erlauben – sofern man die Dienstleistung nicht per Internet oder Telefon im Ausland anbieten kann. Entsprechend schließt das GATS das Thema der ausländischen Direktinvestitionen ebenso ein wie Fragen der befristeten Arbeitsmigration; es handelt sich demnach um ein Handels- *und* Investitionsabkommen, welches viele Elemente des 1998 gescheiterten Multilateralen Investitionsabkommens (MAI) enthält. So werden in Artikel I des GATS insgesamt vier Arten (Modes) des grenzüberschreitenden Handels mit Dienstleistungen voneinander unterschieden:

1. die grenzüberschreitende Lieferung (z.B. Dienstleistungsangebote per Internet)
2. der Konsum von Dienstleistungen im Ausland (z.B. über Tourismus)
3. die kommerzielle Präsenz im Ausland (z.B. durch ausländische Niederlassungen)

---

[112] „Allerdings gibt es im GATS einige allgemeine Meistbegünstigungsausnahmen, so für regionale Integrationsabkommen [...] Weitere allgemeine Meistbegünstigungsausnahmen gibt es bei der gegenseitigen Anerkennung z.B. von Qualifikationen (Art. VII), bei der öffentlichen Auftragsvergabe (Art. XIII) sowie bei den generellen Ausnahmen des Artikels XIV, worunter z.B. der Schutz der öffentlichen Sicherheit und Ordnung fällt. Daneben gewährte das GATS länderspezifische Meistbegünstigungsausnahmen, [...] (die) spätestens fünf Jahre nach Inkrafttreten des GATS auf ihre „Notwendigkeit" hin überprüft (werden sollen)." Vgl. Fritz, Thomas; Scherrer, Christoph (2002): GATS: Zu wessen Diensten? S. 16.

[113] Vgl. Fritz, Thomas (2003): Die letzte Grenze. GATS: Die Dienstleistungsverhandlungen in der WTO, S. 23f.

[114] „Unlike goods, the production and consumption of services often involves direct and close personal contact between the producer and consumer." Vgl. Krajewski, Markus (2003): Public Services and Trade Liberalization: Mapping the Legal Framework, S. 345.

4. die zeitweise Migration von Dienstleistungserbringern.[115]

Dabei ist zu beachten, dass die wichtigsten "Hemmnisse" für den internationalen Handel mit Dienstleistungen nicht - wie im Warenhandel – in zu hohen Zöllen, sondern in innerstaatlichen Regulierungen bestehen, die sich z.B. auf die Qualität der angebotenen Dienstleistungen beziehen:

> "Mit dem GATS wurde eine multilaterale Verhandlungsinstanz geschaffen, die die Entwicklung international verbindlicher Disziplinen für die staatliche Gesetzgebung und die Regulierung sämtlicher Dienstleistungsmärkte zum Zweck hat. Diese Disziplinen erstrecken sich auf Gesetze, Verordnungen, Verwaltungsrichtlinien, Normen und Standards sowohl auf der nationalen als auch auf der regionalen und kommunalen Ebene. Damit greift das GATS weit in die Innenpolitik der WTO-Mitglieder ein und berührt nicht selten zentrale und sensible Bereiche staatlicher Regelungshoheit."[116]

Dass das Thema des „Handels mit Dienstleistungen" überhaupt auf die Tagesordnung der GATT-Verhandlungen gesetzt wurde, ist dabei wesentlich auf die Lobbyarbeit einflußreicher Verbände wie der United States Coalition of Service Industries (USCSI, heute CSI) zurückzuführen. Die USCSI hatte sich 1982 unter der Führung großer Finanzkonzerne wie American Express und Citigroup formiert und übt seitdem auf die Außenwirtschaftspolitik der USA großen Einfluss aus.[117] Laut David Hartridge, damals Vorsitzender der Dienstleistungsabteilung der WTO, hätte es ohne den Druck der mächtigen US-Finanzindustrie kein Abkommen zur Liberalisierung des Handels mit Dienstleistungen (GATS) gegeben;[118] gleiches gilt für das spezielle Finanzdienstleistungsabkommen (Financial Service Agreement), welches Ende 1997 als 5. Zusatzprotokoll zum GATS aus gehandelt wurde und im März 1999 in Kraft trat.[119]

Das FSA beinhaltet Zusagen zur Liberalisierung des Handels mit Finanzdienstleistungen von insgesamt 104 WTO-Mitgliedern, die allerdings selbst festlegen konnten, in welchen Bereichen und nach welchem Modus sie sich zu einer Liberalisierung verpflichten. Zwar wird mitunter kritisiert, dass die Zusagen zur

---

[115] Vgl. Fritz, Thomas (2003): Die letzte Grenze. GATS: Die Dienstleistungsverhandlungen in der WTO, S. 11.

[116] Vgl. Fritz, Thomas; Scherrer, Christoph (2002): GATS: Zu wessen Diensten? S. 18.

[117] Vgl. Lipke, Isabel; Vander Stichele, Myriam (2003): Finanzdienstleistungen in der WTO: Lizenz zum Kassieren? S. 19.

[118] „Without the enormous pressure generated by the American financial services sector, particularly companies like American Express and CitiCorp, there would have been no services agreement […]", so David Hartridge 1997, zit. nach Juhasz, Antonia (2002): Servicing Citi's Interests. GATS and the Bid to Remove Barriers to Financial Firm Globalization.

[119] Wobei hier neben dem nationalen Verband der USCSI auch dem 1996 gegründeten transatlantischen Lobbyverband der Financial Leaders Group (heute Financial Leaders Working Group) eine wesentliche Rolle zukam. Vgl. Wesselius, Erik (2002): Behind GATS 2000: Corporate Power at Work, S. 7f.

Marktöffnung oft nicht über die existierende Praxis in den einzelnen Staaten hinausgehen, sonder zum Teil sogar dahinter zurückfallen;[120] nichtsdestotrotz wurde das FSA von den Lobbyverbänden der Finanzindustrie als wichtiger Meilenstein gefeiert. Schließlich konnte einerseits der hartnäckige Widerstand einiger Schwellenländer gegen ein solches Abkommen gebrochen werden, zum anderen ist der bestehende Status Quo nun juristisch und institutionell abgesichert – d.h. eine Rücknahme bestehender Verpflichtungen zur Liberalisierung ist kaum noch möglich.[121] Darüber hinaus haben sich die Unterzeichnerstaaten mit dem FSA auf einen Prozess der sukzessiven Liberalisierung eingelassen, d.h. sie unterliegen starkem Druck, ihre Finanzmärkte in folgenden Handelsrunden noch weiter zu öffnen, wie die diesbezüglichen Forderungen der EU an die Entwicklungs- und Schwellenländer belegen, die Ende Juni 2002 in Rahmen von Neuverhandlungen des GATS-Abkommens offiziell gestellt wurden.[122]

Inwiefern es für Entwicklungs- und Schwellenländer wünschenswert ist, die Liberalisierung des Handels mit Finanzdienstleistungen weiter voranzutreiben, soll im Folgenden diskutiert werden.

2.3.1 Vorzüge der Marktöffnung

Die Argumente, die seitens der WTO für eine Internationalisierung von Finanzdienstleistungen ins Feld geführt werden, ähneln den Argumenten, die für die Deregulierung der heimischen Finanzmärkte und für die Abschaffung von Kapitalverkehrskontrollen vorgebracht werden. Der grenzüberschreitende Handel mit Finanzdienstleistungen trägt demnach vergleichbar dem Handel mit anderen Gütern und Dienstleistungen zu einer effizienteren Allokation von Ressourcen und damit zu mehr Wachstum und Wohlstand bei, wovon alle Beteiligten profitieren:

> "From an economic perspective, trade in financial services, like trade in other goods or services, can have strong positive effects on income and growth for both participants of the trade."[123]

Im Einzelnen wird argumentiert, dass die Öffnung der Märkte für ausländische Finanzdienstleister zu mehr Wettbewerb im Finanzsektor beiträgt, was wieder-

---

[120] "[M]ost Members were selective about the service categories as to which they undertook any obligations, and the "commitments" they did schedule often reflected the degree of openness and of limitations and discrimination then existing in their market." Vgl. Parlin, C. Christopher (2002): Current Developments Regarding the WTO Financial Services Agreement, S.2.

[121] Vgl. Dobson, Wendy; Jacquet, Pierre (1998): Financial Services Liberalization in the WTO, S. 83.

[122] Üblicherweise werden diese Forderungen streng geheim gehalten. Die Forderungen der EU sind allerdings an die Presse durchgesickert und u.a. auf der homepage von Gatswatch einsehbar: URL: http://www.gatswatch.org/requests-offers.html

[123] Vgl. Qian, Jing (2000): Financial Services Liberalization and GATS, S. 64.

um dazu führt, dass das Angebot an Finanzdienstleistungen erweitert wird und sich die Qualität der angebotenen Dienstleistungen erhöht bzw. die Preise gesenkt werden.[124] Der Eintritt ausländischer Finanzinstitutionen führt demnach dazu, dass sich die Effizienz des gesamten Bankensystems erhöht.[125] Ein weiteres Argument für die Liberalisierung des Handels mit Finanzdienstleistungen betrifft den für Entwicklungs- und Schwellenländer besonders wichtigen Transfer von Technologie und Know-How, der mit dem Markteintritt großer internationaler Banken verknüpft ist.[126] So ist das Personal großer internationaler Banken in der Regel mit den neuesten Finanzprodukten vertraut und kann z.B. die Risiken, die mit dem Handel von Derivaten und anderen Finanzinnovationen verknüpft sind, besser einschätzen.

Dass ausländische Banken über bessere Methoden des Risikomanagements verfügen und im Fall einer Krise auf das Kapital der Muttergesellschaft zurückgreifen können, trägt nach Ansicht vieler Experten auch dazu bei, die Stabilität des gesamten Finanzsystems zu erhöhen, da externe Schocks besser abgefedert werden.[127] Ferner wird argumentiert, dass sich die Stabilität des Finanzsystems dadurch erhöht, dass ausländische Banken in der Regel strikteren internationalen Standards der Überwachung und Kontrolle unterliegen, was langfristig dazu beitragen kann, bessere Institutionen der Bankenaufsicht auch im jeweiligen Zielland zu etablieren. Ein weiterer Beitrag zur Stabilität des Finanzsystems kann nach Ansicht mancher Autoren dadurch geleistet werden, dass ausländische Banken es der einheimischen Bevölkerung ermöglichen, in Krisenzeiten „Kapitalflucht vor Ort" zu betreiben statt das Kapital über die Grenze zu schaffen:

> „[I]f domestic residents have doubts about the stability of domestic banks during a crisis period, they can shift their deposits to foreign banks located in the country rather than abroad, which should help stabilize the overall stock of deposits."[128]

Schließlich wird argumentiert, dass die Liberalisierung des Handels mit Finanzdienstleistungen den Zugang zu ausländischen Finanzierungsquellen für jene Länder erhöhen kann, die ausländische Banken auf ihrem Markt zulassen. Dem-

---

[124] Vgl. Dobson, Wendy; Jacquet, Pierre (1998): Financial Services Liberalization in the WTO, S. 6f. sowie IMF (2000): International Capital Markets. September 2000, S. 163.

[125] "The evidence to date on the effects of foreign bank entry suggests that the competitive pressures created by such entry lead to improvements in banking system efficiency [...]." Vgl. IMF (2000): International Capital Markets. September 2000, S. 152.

[126] „A transfer of technology occurs if the authorities allow high-quality international banks with solid reputations to enter and permit the immigration of skilled banking personnel. Since these banks will also hire local bankers with a better knowledge of the local economy, these local bankers will assimilate the practices and technology of the international banks, which they retain when they move back to domestic banks." Vgl. IMF (2000): International Capital Markets. September 2000, S. 163.

[127] Vgl. u.a. IMF (1998): International Capital Markets. September 1998, S. 39.

[128] Vgl. IMF (2000): International Capital Markets. September 2000, S. 164.

nach kommt mit den ausländischen Banken automatisch auch ausländisches Kapital ins Land; bzw. dieses ist leichter zugänglich.

Insgesamt fällt auf, dass die meisten Befürworter einer Liberalisierung des Handels mit Finanzdienstleistungen sich mittlerweile sehr vorsichtig ausdrücken, was die erwarteten Vorzüge des Markteintritts ausländischer Banken betrifft. So wird in den Publikationen des IWF oder der WTO in der Regel darauf verwiesen, dass gewisse positive Entwicklungen der Liberalisierung zwar eintreten *können*, es aber von diversen anderen Bedingungen abhängig ist, ob die Vorteile der Marktöffnung die Risiken überwiegen, wobei die Etablierung eines effizienten Systems der Bankenaufsicht und -kontrolle besonders häufig als Vorbedingung für eine erfolgreiche Marktöffnung genannt wird.[129] Verantwortlich für diese Vorsicht sind möglicherweise die widersprüchlichen empirischen Belege: So muss beispielsweise auch der IWF zugeben, dass die bisherigen Erfahrungen zwar nahelegen, dass die Effizienz des Finanzsystems durch den Markteintritt ausländischer Banken verbessert wird, es aber nach wie vor unklar ist, inwiefern eine größere Präsenz ausländischer Banken zur Stabilität des Finanzsystems beiträgt und zu einem stabileren Kreditangebot führt.[130]

Trotz der widersprüchlichen empirischen Ergebnisse bezüglich der Wirkungen einer wachsenden Präsenz ausländischer Banken in Entwicklungs- und Schwellenländern kommt eine gemeinsame Studie von IWF, Weltbank und der Brookings Institution zu dem Schluss, dass

> "On balance, however, foreign financial institutions provide net benefits to the countries in which they invest. For this reason alone, it is in the interest of countries that now restrict foreign entry in some form to drop those limitations, whether unilaterally or through multilateral negotiations."[131]

2.3.2 Risiken und Nachteile der Marktöffnung

Kritiker der Marktöffnung bestreiten in der Regel nicht, dass die Filialen ausländischer Banken in Entwicklungsländern „effizienter" arbeiten als einheimische Banken in dem Sinne, dass sie höhere Profite bei geringeren Kosten erwirtschaf-

---

[129] Vgl. u.a. Dobson, Wendy; Jacquet, Pierre (1998): Financial Services Liberalization in the WTO, S. 8.

[130] Vgl. IMF (2000): International Capital Markets. September 2000, S. 152: "The evidence to date on the effects of foreign bank entry suggests that the competitive pressures created by such entry lead to improvements in banking system efficiency, but it is still unclear whether a greater foreign bank presence contributes to a more stable banking system and a less volatile supply of credit."

[131] Vgl. Litan; Robert et al. (2001): Introduction, S. 2.

ten.[132] So besitzen ausländische Finanzkonzerne nicht nur Größenvorteile (economies of scale) im Vergleich zu den einheimischen Banken, wie Stiglitz am Beispiel Äthiopiens beschreibt;[133] sie sind auch meistens weniger belastet durch sogenannte "faule Kredite" und/oder einen kostenintensiven Personalbestand:

> "[...] the new entrants enter the market without the handicaps that existing banks often carry, including an overhang of nonperforming debts and costly labor contracts."[134]

Entsprechend lautet ein Hauptargument der Kritiker, dass der Markteintritt ausländischer Banken zu einem verschärften Wettbewerbsdruck führt, der wiederum das einheimische Bankensystem in den Entwicklungs- und Schwellenländern destabilisieren bzw. zu schweren Bankenkrisen führen kann. So stellt Stiglitz fest, dass der verschärfte Wettbewerbsdruck häufig dazu führt, dass die einheimischen Banken hohe Risiken eingehen, um in der Konkurrenz mit den ausländischen Banken bestehen zu können.

> „If financial liberalization is associated with intensified competition, banks may bid deposit rates up to the point where prudent lending practices are no longer profitable [...] Excessive risk taking is much more likely when banks are already of dubious solvency, making deregulation dangerous under such circumstances."[135]

Das Argument, nach dem mit dem Markteintritt großer internationaler Banken ein Transfer von Technologie und Know-How einhergeht, der zur Stabilisierung des Finanzsystems beiträgt, wird ebenfalls bezweifelt. So wird darauf verwiesen, dass die Regulierungsbehörden der Schwellenländer mit dem Marktzugang ausländischer Finanzkonzerne meist überfordert sind, da ausländische Banken in der Regel neue Finanzprodukte vertreiben, deren Wirkungen und Risiken erst analysiert werden müssen. Hinzu kommt, dass ausländische Banken krisenhafte

---

[132] Zu dieser These vgl. Claessens, Stijn et al. (2000): The Role of Foreign Banks in Domestic Banking Systems, S. 135 oder Mathieson, Donald J.; Roldós, Jorge (2001): Foreign Banks in Emerging Markets, S. 15f.

[133] „[...] nirgends ist die Kluft zwischen Industrie- und Entwicklungsländern größer als bei ihren Kapitalmärkten. Das gesamte Bankensystem Äthiopiens (gemessen beispielsweise am Wert seiner Aktiva) ist etwas kleiner als das von Bethesda, Maryland, einem Vorort von Washington mit etwa 55000 Einwohnern. Der IWF verlangte, dass Äthiopien nicht nur seine Finanzmärkte für die westliche Konkurrenz öffnen, sondern auch seine größte Bank in mehrere Teile zerschlagen sollte. In einer Welt, in der gewaltige amerikanische Finanzkonzerne wie Citybank und Travelers oder Manufacturers Hanover und Chemical erklären, sie müssten fusionieren, um im Wettbewerb bestehen zu können, hat eine Bank von der Größe der North East Bethesda-Sparkasse keine Chance." Vgl. Stiglitz, Joseph (2002): Die Schatten der Globalisierung, S. 46.

[134] Vgl. Caprio, Gerard et al. (2001): Introduction: The Case for Liberalization and Some Drawbacks, S. 14.

[135] Ebd., S. 16.

Entwicklungen verschärfen, indem sie die Kapitalflucht erleichtern und beschleunigen. Wie der IWF feststellt:

> "[...] foreign banks can at times shift funds abruptly from one market to another as the perceived risk-adjusted returns in different markets change."[136]

Schließlich existieren große Unsicherheiten bezüglich des Verhaltens ausländischer Banken in einer Krise: So verweist Stiglitz auf das Beispiel einer ausländischen Bank, die ihre Zweigstelle in Bolivien angesichts wachsender Risiken im Jahr 2000 geschlossen hatte, was die dortige Rezession durch die plötzliche Verknappung des Kreditangebots vertieft hatte.[137]

Eine grundsätzlichere Kritik an der Marktöffnung im Finanzbereich berührt die Frage, *wem* die Tätigkeit ausländischer Finanzdienstleiter in der Praxis zugute kommt und ob mit dem Zugang ausländischer Finanzkonzerne tatsächlich neue Finanzierungsquellen erschlossen werden, die für Investitionen genutzt werden können. In diesem Zusammenhang behaupten Kritiker, dass ausländische Banken ihre Geschäfte auf die reiche Elite bzw. auf die profitablen Großunternehmen in den Zentren konzentrieren (sog. cherry picking), während mittelständische Unternehmen und Bauern aus den Schwellenländern von ausländischen Banken vernachlässigt werden.[138] Demnach geht der verstärkte Marktzugang ausländischer Banken mit einer Verknappung und/oder Verteuerung der Kredite einher, die kleinen Unternehmen (sowie dem Staat) zur Verfügung stehen, was damit zusammenhängt, dass die bei ausländischen Banken angelegten Ersparnisse häufig nicht in Form von Krediten an einheimische Unternehmen und Personen weitergereicht, sondern für andere Zwecke (z.B. die Vergabe von Auslandskrediten) verwendet werden.

> "To the extent that foreign bank entry is accompanied by a reduction in barriers to capital outflows, banks may use funds raised in the domestic market to undertake external lending. As a result, domestic borrowers might not have the same degree of access to domestic savings."[139]

Die mit der Verdrängung einheimischer Banken durch ausländische Banken verbundene Verknappung und Verteuerung des Kredits hat nach Ansicht der Kritiker gravierende Folgen für die Entwicklungsperspektiven der jeweiligen Länder. So erfüllt das Bankensystem gerade in Entwicklungs- und Schwellenländern eine zentrale Funktion bei der Erreichung strategischer Entwicklungsziele (von der nachholenden Industrialisierung über die Förderung der Landwirtschaft bis hin zum Aufbau eines Gesundheits- und Bildungswesens). Da einheimische Banken in der Regel eher bereit sind, langfristige Ressourcen für strate-

---

[136] Vgl. IMF (2000): International Capital Markets. September 2000, S. 158.
[137] Vgl. Stiglitz, Joseph (2002): Die Schatten der Globalisierung. Berlin, S. 89.
[138] Vgl. Gelb, Alan H.; Sagari, Silvia B. (1990): Banking, S. 50. sowie Stiglitz, Joseph (2002): Die Schatten der Globalisierung, S. 88.
[139] Vgl. IMF (2000): International Capital Markets. September 2000, S. 158.

gisch wichtige Projekte bereitzustellen als ausländische Banken, führt die Verdrängung einheimischer Banken durch die ausländische Konkurrenz zu einer Vernachlässigung all jener Wirtschaftsaktivitäten, die für ausländische Banken nicht von Interesse sind.

Wie Stiblar feststellt, ist die Kontrolle über das einheimische Finanzsystem die notwendige Voraussetzung für die Existenz einer relativ unabhängigen Volkswirtschaft.[140] Umgekehrt heißt das, dass die nationale Souveränität sowie der wirtschaftspolitische Handlungsspielraum von Entwicklungs- und Schwellenländern mit der wachsenden Präsenz ausländischer Banken immer mehr schwindet. Einen Hinweis für diese These liefert Stiglitz, der davon ausgeht, dass die Spielräume für eine autonome Geldpolitik der Zentralbank durch die Tätigkeit ausländischer Finanzkonzerne beschränkt werden.[141] Schließlich kann argumentiert werden, dass die nationale Währung der Entwicklungs- und Schwellenländer durch den Marktzutritt ausländischer Banken destabilisiert wird. Demnach werden Tendenzen der „Dollarisierung“ (oder „Euroisierung“) durch die wachsende Präsenz ausländischer Banken verstärkt, da ausländische Finanzinstitute einen grossen Teil ihrer Transaktionen in Fremdwährung abwickeln.

2.4 Zwischenfazit

Vergleicht man die Hypothesen der Befürworter und Kritiker einer Deregulierung der Finanzmärkte, so ergibt sich für alle drei Reformbereiche ein ähnliches Argumentationsmuster: So lautet das Hauptargument der Kritiker, dass die Liberalisierung des Kapitalverkehrs, die Öffnung der Märkte für ausländische Finanzkonzerne sowie die einheimische Deregulierung von Zinsen und Wechselkursen zu schweren Finanzkrisen führen kann. Die Befürworter der Deregulierung halten dagegen, dass durch die genannten Reformen Ersparnisse vermehrt werden, indem Kapital aus dem Ausland angezogen wird, was sich auf die wirtschaftliche und technologische Entwicklung positiv auswirkt.

---

[140] “The banking and financial sector as a whole is very important for retaining an independent national economy (sometimes it is compared with ownership of land and real estate).” Vgl. Stiblar, Franjo (1998): Banking as a Basis for Economic Cooperation in Less-Developed Europe, S. 275.

[141] Vgl. Stiglitz, Joseph (2002): Die Schatten der Globalisierung. Berlin, S. 89.

Tab. 2: Die Argumente zur Deregulierung der Finanzmärkte im Überblick

Reformen	Positive Folgen	Negative Folgen
I Einheimische Deregulierung (von Zinsen und Wechselkursen u.a.)	- erhöht die Sparquote und damit die Investitionen. - verbessert die Ressourcenallokation. - beschleunigt die Kapitalakkumulation. - erhöht die Ressourcen, die dem Staat zur Verfügung stehen. - begünstigt die Umsetzung technologischer Innovationen. - vermindert Anreize zur Kapitalflucht. - vermindert die Steuerbelastung und die Arbeitslosigkeit. - trägt zur Egalisierung der Einkommensverteilung bei.	- begünstigt Finanzkrisen. - führt nicht zu höheren Sparquoten. - vermindert die Investitionen und das Wirtschaftswachstum. - erhöht die Arbeitslosigkeit. - führt zu Konzentration ökonomischer Macht. - beschränkt den wirtschafts- und geldpolitischen Handlungsspielraum der Regierung.
II Liberalisierung des Kapitalverkehrs	- bringt ausländische Kapitalzuflüsse. - erhöht das Wirtschaftswachstum. - verbessert die Ressourcenallokation. - trägt zur Etablierung eines wettbewerbsfähigen Finanzsystems bei. - erleichtert den internationalen Handel. - diszipliniert die Wirtschaftspolitik der Regierung. - reduziert die Finanzierungsprobleme in der Altersversorgung (für die Industrieländer).	- begünstigt Finanzkrisen. - begünstigt Kapitalflucht. - verlangsamt das Wirtschaftswachstum durch hohe Zinsen. - beschränkt wirtschaftspolitische Handlungsspielräume. - führt zu ruinöser Steuerkonkurrenz und verteuert die Ressourcen, die dem Staat zur Verfügung stehen. - verschärft soziale Ungleichheit.
III Öffnung der Märkte für Finanzdienstleister	- bringt ausländische Investitionen und Technologie. - erhöht die Stabilität des Finanzsystems. - ermöglicht die schnelle Überwindung von Bankenkrisen.	- begünstigt Finanzkrisen. - begünstigt Kapitalflucht. - verlangsamt das wirtschaftl. Wachstum. - beschränkt wirtschaftspolitische Handlungsspielräume / untergräbt nationale Souveränität.

Vor allem die Argumente bezüglich der Liberalisierung des Kapitalverkehrs sind den Argumenten zur Liberalisierung des Handels mit Finanzdienstleistungen sehr ähnlich, was damit zu tun hat, dass jeweils die *Beziehungen zu ausländischen Finanzdienstleistern* im Mittelpunkt stehen. Doch auch wenn zwischen der Liberalisierung des Kapitalverkehrs und der Öffnung der Märkte für ausländische Finanzdienstleister enge Wechselwirkungen bestehen, tendieren die internationalen Finanzinstitutionen gerade in Krisenzeiten dazu, zwischen den verschiedenen Formen der Deregulierung zu differenzieren und rücken die Frage der *richtigen Reihenfolge* der einzelnen Reformschritte in den Vordergrund.

Mittlerweile wird selbst vom Internationalen Währungsfonds die Ansicht vertreten, dass mit der *Liberalisierung des Kapitalverkehrs* große Gefahren verbunden sind und die Finanzsysteme der Schwellenländer gestärkt werden müssen, *bevor* eine derartige Liberalisierung erfolgen kann, da ansonsten für diese Länder die Gefahr wächst, in eine schwere Finanzkrise zu geraten. Wie der einstige geschäftsführende Direktor des IWF, Horst Köhler, bemerkte:

> „Wir sollten jedoch aus den jüngsten Krisen in den aufstrebenden Volkswirtschaften auch die Lehre ziehen, dass die Liberalisierung des Kapitalverkehrs in einigen Fällen eindeutig übereilt erfolgte." [142]

Auch ein Bericht der Weltbank kommt zu dem Schluss, dass Kapitalverkehrskontrollen unter bestimmten Umständen nützliche Instrumente sein können, wobei präventiven und „marktfreundlichen" Kapitalimportkontrollen der Vorzug gegeben wird. Auf der anderen Seite wird jedoch betont, dass Entwicklungs- und Schwellenländer nicht versuchen sollten, den einheimischen Finanzmarkt (bzw. Bankensektor) vor ausländischer Konkurrenz zu schützen:

> „Although governments may need to adopt capital controls on inflows in some circumstances, they would be wise to limit policies designed to protect domestic financial firms from foreign competition: growth and stability in national economies are best served by ensuring access to the most efficient and reputable financial services providers." [143]

Innerhalb der internationalen Finanzinstitutionen deutet sich also ein Strategiewechsel an, der sich darin manifestiert, dass man von der Forderung nach Liberalisierung des grenzüberschreitenden Kapitalverkehrs weitgehend abgerückt ist, während man auf der anderen Seite verstärkt auf die Liberalisierung des Handels mit Finanzdienstleistungen bzw. auf direkten Zugang zu den Finanzmärkten der Schwellenländer drängt. In diesem Kontext wird oft darauf verwiesen, dass die Ströme ausländischer Direktinvestitionen ein weitaus sta-

---

[142] Vgl. Köhler, Horst (2001): Die Rolle des IWF in der Krisenprävention, in: Randzio-Plath, Christa (Hrsg.): Zur Globalisierung der Finanzmärkte und Finanzmarktstabilität. Baden-Baden, S. 30.

[143] Vgl. World Bank (2001): Finance for Growth, S. x.

bileres Muster aufweisen als andere Formen grenzüberschreitender Kapitalexporte in Schwellenländer (z.B. Investitionen in Aktien und Anleihen, kurzfristige Bankkredite), woraus der Schluss gezogen wird, dass eine Liberalisierung des Investitionsregimes dem Interesse der Entwicklungsländer an stabilen Finanzierungsquellen grundsätzlich entgegenkommt.

Dabei gehen IWF und Weltbank so weit, dass sie die relativ geringe Präsenz ausländischer Banken und Konzerne in den ostasiatischen Schwellenländern für die schwere Finanzkrise der Jahre 1997ff. mitverantwortlich machen. Demnach sei das starke und unkontrollierte Wachstum der kurzfristigen Verschuldung im Vorfeld der Asienkrise darauf zurückzuführen, dass der Staat durch seine vielfältigen Interventionen in den Wirtschaftsprozess dazu beigetragen habe, daß die Entwicklung von adäquaten institutionellen Strukturen und Managementkompetenzen im Finanzsektor behindert worden bzw. die Fähigkeit zur Einschätzung von Kreditrisiken nicht ausreichend ausgebildet worden sei – ein Problem, das durch den eingeschränkten ausländischen Wettbewerb im Bankensektor wesentlich verschärft worden sei.[144]

Die Weltbank ist ebenfalls der Ansicht, dass die Investitionsregime in Ostasien im Vorfeld der Krise zu restriktiv gestaltet waren und ausländischen Investoren zu wenig „Anreize“ geboten wurden – vor allem im Vergleich zu den lateinamerikanischen Schwellenländern, die zu Beginn der neunziger Jahre wichtige Branchen wie das Finanzwesen, Telekommunikation, Verkehr, Energie etc. für ausländische Unternehmen geöffnet hatten:

> „East Asia failed to keep pace with policy improvements elsewhere. While other regions were busy implementing more welcoming policies, including new access to areas once monopolized by the state, East Asia mostly maintained a restrictive stance to foreign direct investment in favoured sectors.“[145]

---

[144] “[...] directed lending and other government involvement in the loan decision process may result in banks having poor credit risk assessment capabilities, since loan officers will be inexperienced in evaluating and monitoring the performance of debtors with long-term financing needs. They may also retard the development of effective accounting, legal, supervisory, monitoring, and information systems. [...] Restrictions on the entry of foreign financial institutions limited competitive discipline and the injection of outside expertise.” Vgl. IMF (1998): World Economic Outlook, October 1998, S. 102.

[145] Vgl. World Bank (2000): East Asia. Recovery and Beyond, S. 148.

Tab. 3: Restriktive Regelungen in Bezug auf ausländische Direktinvestitionen in ausgewählten Dienstleistungssektoren im Vorfeld der Asienkrise*

Land	Durchschnitt aller Dienstleistungen**	Finanzdienst-leistungen	Telekommuni-kation	Transport
Ostasien	59	72	70	57
Südkorea	67	88	69	57
Malaysia	31	61	42	12
Indonesien	56	55	64	53
Thailand	81	88	84	78
Mexiko	44	55	74	28
USA	12	20	35	3
Japan	19	36	35	11

* Index value of 100 represents maximum restrictiveness.
** Die ursprüngliche Tabelle enthält neben den von mir zitierten Angaben zu „Financial Services", „Transport Services", Communications Services" auch die Kategorien „Business Services" und „Distribution Services". Der Durchschnitt errechnet sich über alle fünf Kategorien.
Quelle: World Bank (2000): East Asia: Recovery and Beyond, S. 58.

Wären die ostasiatischen Schwellenländer früher dazu übergegangen, ihre relativ abgeschotteten Märkte gerade im Bereich der Finanzdienstleistungen für ausländische Anbieter zu öffnen, hätte eine schwere Finanzkrise womöglich verhindert werden können – so die Meinung von IWF, Weltbank und WTO. Die Plausbilität dieser These soll in der vorliegenden Arbeit anhand von zwei Fallstudien (Argentinien und Südkorea) überprüft werden.

3. Krisenzyklen in Schwellenländern im Vergleich

Im folgenden Kapitel sollen Finanzkrisen in Schwellenländern im Hinblick auf ihre *Ursachen* sowie das verfolgte *Krisenmanagement* miteinander verglichen werden. Dabei wird davon ausgegangen, dass die Entwicklung in der Peripherie und Semiperipherie des Weltsystems von der Entwicklung im Zentrum weitgehend abhängig ist,[146] was es erforderlich macht, sich zumindest in groben Zügen den Strukturveränderungen bzw. Entwicklungstrends in den großen Industrieländern zuzuwenden – sofern diese mit den Finanzkrisen in Schwellenländern in eine logische Verbindung gebracht werden können.

Um einen ersten Überblick über die finanziellen Beziehungen bzw. Kapitalströme zwischen Zentrum und (Semi-)Peripherie des Weltsystems zu erhalten, sollen zunächst einige Statistiken herangezogen werden, die über den Umfang und die Struktur des internationalen Kapitalverkehrs Auskunft geben, wobei ich mich auf Daten zum Kapitalexport in Entwicklungs- und Schwellenländer sowie auf Daten zur Auslandsverschuldung und zum Schuldendienst beschränken werde. Daran anschließend werden zwei Phasen der Kreditexpansion und Kreditkontraktion dargestellt, aus denen sich ein Modell ableiten lässt, welches für Finanzkrisen in Schwellenländern seit den siebziger Jahren typisch sein dürfte.

In Abbildung 3 werden die öffentlichen und privaten Nettokapitalströme, die jährlich zwischen 1971 und 2002 aus den Industrieländern in die Entwicklungs- und Schwellenländer geflossen sind, miteinander verglichen. Zwar weisen Statistiken zum internationalen Kapitalverkehr gravierende Mängel auf[147] und es besteht Grund zu der Annahme, dass das Volumen der Kapitaltransfers aus den Entwicklungsländern in die Industrieländer (in Form von Schuldendienst, Rücktransfer von Gewinnen transnationaler Konzerne usw.) systematisch unterschätzt wird,[148] trotzdem lassen sich aus den Daten erste Schlussfolgerungen ziehen: So ist zu Beginn von schweren Finanzkrisen (1982: Internationale Verschuldungskrise, 1997: Asienkrise) auch das Volumen privater Nettokapitalexporte stark rückläufig, wobei die Krisenphasen in der Regel auf Jahre folgen, in denen der private Nettokapitalexport in Entwicklungs- und Schwellenländer einen (vorläufigen) Höhepunkt erreichte (1981,1996). Schließlich lässt sich ein inverses Verhältnis zwischen privaten und öffentlichen Finanzströmen feststellen: Letztere steigen an, wenn der private internationale Nettokapitalexport in Entwicklungsländer rapide abfällt, was zuletzt im Zuge der Asienkrise (1997/98) der Fall war.

---

[146] Und zwar um so mehr, je mehr die Länder der (Semi)peripherie in die globalen Waren- und Kapitalmärkte integriert sind, was wiederum mit der Größe des Binnenmarkts der Länder zu tun hat.

[147] Vgl. Tandon, Yash (2000): The Role of Foreign Direct Investments in Africa's Human Development.

[148] So existieren beispielsweise kaum Angaben über den Umfang des Profittransfers von Niederlasssungen ausländischer Konzerne und Banken in Entwicklungsländern.

Abb. 3: Volumen der Nettokapitalströme in Entwicklungsländer, 1971-2002

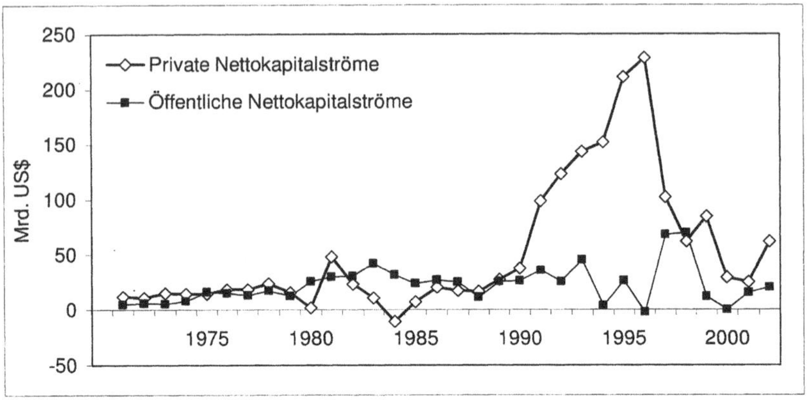

Quelle: IWF: World Economic Outlook; Database, Mai 2001 (bis 1980) und April 2003 (ab 1980).[149]

Nach den Statistiken des IWF sind die privaten Nettokapitalströme wiederum zusammengesetzt aus:

- ausländischen Direktinvestitionen in Entwicklungsländern,
- kurzfristigen Portfolioinvestitionen in Entwicklungsländern und
- sonstigen Kapitalflüssen, insbesondere Bankkrediten.

Aus Abbildung 4 geht nun hervor, dass die verschiedenen Formen des Kapitalexports oft gegenläufigen Trends folgen. So steigen die Portfolioinvestitionen in den Jahren 1992-1994 stark an, während die Bankkredite in etwa gleichem Umfang abnehmen, was sich in erster Linie auf den Prozess der Verbriefung von Forderungen (Securitization)[150] zurückführen lässt, bei dem uneinbringliche Kreditforderungen an Schwellenländer in handelbare Wertpapiere umgewandelt wurden. 1995 sind die Portfolioinvestitionen dagegen stark rückläufig, was mit der Finanzkrise in Mexiko zu tun haben dürfte, die Ende 1994 einsetzte.

Schließlich verdeutlicht die Abbildung, dass die ausländischen Direktinvestitionen einem stetig steigenden Trend folgen – ganz im Gegensatz zu Portfolioinvestitionen und vor allem *Bankkrediten*, bei denen die Entwicklungsländer seit Jahren mehr zurückzahlen als sie in Form von neuen Krediten erhalten.

---

[149] Die Datenbanken sind im Internet zugänglich unter: http://www.imf.org/external/ns/cs.aspx?id=28 (Stand: 29.07.03)

[150] Securitization oder Verbriefung bezeichnet die zunehmende Bedeutung der Wertpapier- auf Kosten der Kreditfinanzierung bzw. die teilweise Substitution des Kommerzgeschäftes der Banken durch das Investmentbanking. Vgl. Heri, Erwin W. (1989): Expansion der Finanzmärkte: Ursachen, Konsequenzen, Perspektiven, S. 19f.

Abb 4: Formen privater Nettokapitalströme in Entwicklungsländer, 1970-2002

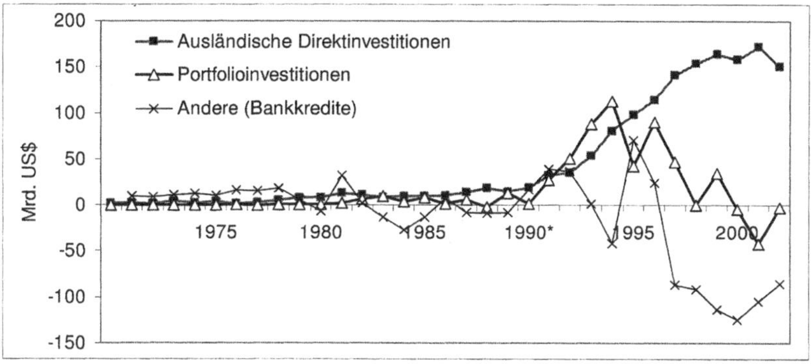

Quelle: IWF: World Economic Outlook; Database Mai 2001 und September 2002.[151]
*Ab 1990 werden die Daten von September 2002 verwendet.

Betrachtet man nun die Finanzströme, die aus den Entwicklungsländern in die Industrieländer fließen, so ergeben Statistiken des IWF zum Schuldendienst (Zinsen und Tilgungen) folgendes Bild:

Abb. 5: Schuldendienst der Entwicklungsländer, 1970-2002

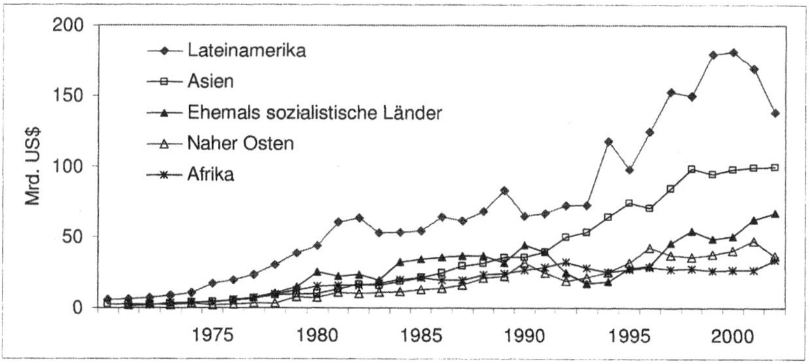

Quelle: IMF: World Economic Outlook; Database April 2003 (ab 1980) und Dezember 2001 (bis 1980) Zur Konzeption der Ländergruppen siehe auch IMF (2003): World Economic Outlook. April 2003, S. 163ff.

Es zeigt sich, dass insbesondere die lateinamerikanischen Staaten enorme Ressourcen in Form von Zinsen und Tilgungen an die Industrieländer transferiert

---

[151] Die Datenbanken sind im Internet zugänglich unter:
URL: http://www.imf.org/external/ns/cs.aspx?id=28 (Stand: 29.07.03)

haben, gefolgt von den asiatischen Staaten. Dabei weist die Wachstumsrate des Schuldendienstes der lateinamerikanischen Länder größere Schwankungen auf als die der anderen Länder, wobei der Anstieg des Schuldendienstes in den Jahren 1981, 1989, 1994, 1996-97 und 1999 besonders ausgeprägt ist. Allein zwischen 1993 und 1994 hat sich der Schuldendienst der lateinamerikanischen Länder von etwa 72 Mrd. US$ auf über 118 Mrd. US$ erhöht, was einem Anstieg von knapp 63 Prozent entspricht – ein interessantes Ergebnis, wenn man bedenkt, dass Mexiko Ende des Jahres 1994 in eine schwere Finanzkrise geriet.

Die Entwicklung der Auslandsverschuldung in den verschiedenen Regionen der Dritten Welt geht aus folgender Abbildung hervor. Während der Anteil der Auslandsverschuldung, der auf Afrika entfällt, im Zeitverlauf immer geringer geworden ist, hat sich der Anteil, der auf die asiatischen Länder entfällt, deutlich erhöht, was darauf hinweist, dass das absolute Volumen der Auslandsverschuldung wenig über die individuelle Belastung aussagt, die damit für ein Land verbunden ist.[152]

Abb. 6: Die Auslandsverschuldung der Entwicklungsländer, 1970-2002*

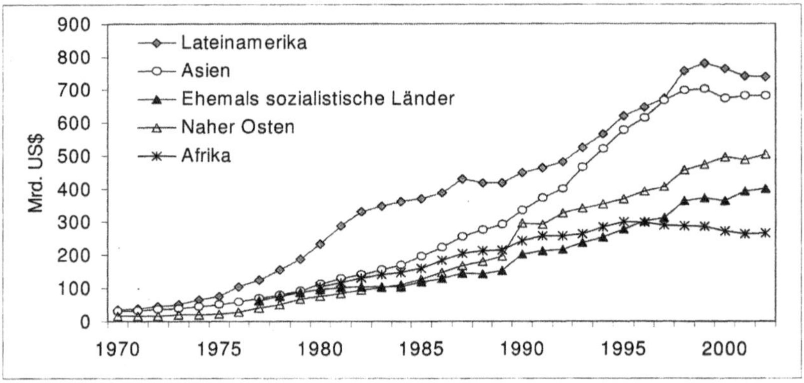

*Daten für Afrika erst ab 1980; für die ehemals sozialistischen Länder erst ab 1977 verfügbar. Quelle: IMF: World Economic Outlook; Database April 2003 (ab 1980) und Dezember 2001 (vor 1980).

[152] Bei der Weltbank übliche Indikatoren zur Messung der „Tragfähigkeit" der Auslandsverschuldung sind die Relation der Auslandsverschuldung zu den jährlichen Exporteinnahmen (Schulden-Export-Quote) sowie der Anteil des jährlichen Schuldendienstes an den Exporteinnahmen (Schuldendienstquote).
Vgl. Schneider, Ann-Kathrin; Scholze, Michael (2003): HIPC: Entschuldung für die Ärmsten – ein Fehlschlag, S. 27.

3.1 Die Kreditexpansion der siebziger Jahre

Folgt man Lamfalussy, so begann die erste Welle der "finanziellen Globalisierung" in den frühen siebziger Jahren mit der verstärkten Geschäftstätigkeit von Großbanken im Ausland:

> "It was, after all, during the first half of the 1970s that banks woke up to the profit opportunities offered by globalisation"[153]

So expandierten die internationalen Kreditmärkte in den siebziger Jahren mit durchschnittlichen jährlichen Wachstumsraten von 22 Prozent – Im Vergleich dazu wuchs der Welthandel im selben Zeitraum nur um durchschnittlich 6 Prozent jährlich und das Wachstum des Bruttosozialprodukts der OECD-Länder betrug sogar nur 3 Prozent.[154]

Was die Bedeutung privater Kredite für die Entwicklungsländer angeht, so schätzt Boris, dass die ausländischen privaten Direktinvestitionen multinationaler Konzerne im Zeitraum 1973 bis 1981 von den privaten Krediten durchweg um das Doppelte übertroffen wurden;[155] entsprechend ging der Anteil der privaten Direktinvestitionen am gesamten Kapitalimport der Dritten Welt von 20 Prozent im Jahr 1970 auf weniger als 9 Prozent im Jahr 1983 zurück.[156] Man kann also sagen, dass die erste Welle des Kapitalexports in Entwicklungs- und Schwellenländer in den siebziger Jahren von der verstärkten Kreditvergabe privater Banken getragen wurde[157]

Analysiert man die Seite der Kreditnehmer, so stellt man eine Konzentration auf wenige Schwellenländer fest. Laut Roth entfiel im Jahr 1982 etwa 36 Prozent der gesamten Auslandsverschuldung der Entwicklungsländer auf nur fünf Staaten (Mexiko, Argentinien, Brasilien, Chile und Venezuela).[158] Die Staaten Lateinamerikas waren es auch, die sich am höchsten gegenüber privaten Gläubi-

---

[153] Vgl. Lamfalussy, Alexandre (2000): Financial Crises in Emerging Markets, S. xii.

[154] Vgl. Altvater, Elmar (1984): Das Ende vom Anfang der Verschuldungskrise, S. 199.

[155] Vgl. Boris, Dieter (1987): Die Verschuldungskrise in der Dritten Welt. Ursachen, Wirkungen, Gegenstrategien, S. 14.

[156] Vgl. World Bank (1985): World Development Report, S. 23.

[157] "Initially, the growth of international capital markets was largely associated with bank lending, which, at its peak in 1978-9, accounted for two-thirds of the total funds raised on international capital markets." Vgl. Cosh, Andrea D.; Hughes, Alan; Singh, Ajit (1992): Openness, Financial Innovation, Changing Patterns of Ownership, and the Structure of Financial Markets, S. 21.

[158] Vgl. Roth, B. (1983): Die Rolle der Xeno-Finanzmärkte in der internationalen Finanzkrise, S. 261f. Auf diese fünf Länder entfielen gleichzeitig 73 Prozent der Verbindlichkeiten aller Entwicklungsländer gegenüber privaten Banken.

gern verschuldet hatten: So hielten private Gläubiger im Jahr 1982 einen Anteil von 64,5 Prozent an der (langfristigen) Gesamtverschuldung Lateinamerikas.[159]

Betrachtet man lediglich die Relation zwischen US-amerikanischen Privatbanken und den Schwellenländern Lateinamerikas, so wird der Prozess der von privaten Akteuren getragenen Kreditexpansion noch deutlicher. So betrug der Anteil der Privatbanken an den aus den USA stammenden Krediten für Lateinamerika zwischen 1966 und 1970 lediglich 8 Prozent; ein knappes Jahrzehnt später waren die Banken bereits für über die Hälfte des gesamten Kreditvolumens verantwortlich. Dabei vervielfachte sich der Bestand der Forderungen dieser privaten Banken im gleichen Zeitraum um das fünfzigfache, von anfangs 260 Mio. US$ auf 13 Mrd. US$ ein Jahrzehnt später, während parallel dazu die staatlichen Finanzhilfen aus Washington von anfangs 60 Prozent der jährlichen Gesamtsumme auf knapp 7 Prozent im Jahr 1978 zurückgeschraubt wurden.[160]

Wie ist dieses starke Wachstum der privaten Kreditvergabe an Staaten der Dritten Welt zu erklären? Im folgenden Kapitel wird auf vier Entwicklungen eingegangen, die analysiert werden müssen, wenn man die enorme Ausdehnung der internationalen Verschuldung in den siebziger Jahren verstehen will:

- die Ende der sechziger Jahre einsetzenden strukturellen **Stagnations- und Marktsättigungstendenzen in den großen Industrienationen**, die zur Folge hatten, dass Konzerne und Banken aus den entwickelten Industrienationen verstärkt in Staaten der Dritten Welt nach profitablen Anlage- und Absatzmöglichkeiten suchten;

- die **Strukturveränderungen auf den internationalen Finanzmärkten**, wobei hier (mindestens) zwei Entwicklungen betrachtet werden müssen: Die mit der Expansion freier Bankzonen einhergehende **Deregulierung der Finanzmärkte und des Kapitalverkehrs** in den Industrieländern sowie die mit der **Geldpolitik der USA** und dem **Zerfall des US-Dollars** zusammenhängenden Umbrüche, die sich u.a. im **Zusammenbruch des Systems von Bretton Woods** 1971-73 äußerten;

- die **Ölpreisschocks**, die zu höheren Einnahmen der OPEC-Länder führten, die ihre Profite aus dem Ölgeschäft in der Regel bei Großbanken aus den Industrieländern anlegten, die diese Einlagen wiederum an Entwicklungsländer weiterreichten, die aufgrund der steigenden Ölpreise Kredite brauchten, um die nötigen Ölimporte weiter bezahlen zu können (das sogenannte Petrodollar-Recycling);

---

[159] Vgl. Nunnenkamp, Peter; Junge, Georg (1985): Die Kreditbeziehungen zwischen westlichen Geschäftsbanken und Entwicklungsländern, S. 215.
[160] Vgl. Schvarzer, Jorge (2002): Die lange Krise der Verschuldung in Lateinamerika, S. 69.

- der in den siebziger Jahren sich zuspitzende **Nord-Süd-Konflikt**, der sich vor dem Hintergrund der seit 1947 bestehenden **Blockkonfrontation** abspielte und die G7 und insbesondere die USA zu Bemühungen veranlaßte, die strategisch wichtigen Staaten der Semiperipherie mit großzügigen Krediten zu stabilisieren und wirtschaftlich und militärisch an sich zu binden.

3.1.1 Stagnation in den Zentren und Expansion des Kreditgeschäfts

Ende der sechziger Jahre dieses Jahrhunderts ging der Wirtschaftsboom der Nachkriegszeit, das "goldene Zeitalter des Kapitalismus" seinem Ende zu und in den Jahren 1974/75 kam es zur ersten Rezession seit dem Zweiten Weltkrieg, von der gleichzeitig alle großen Industrienationen betroffen waren. Doch während sich die Akkumulation in den entwickelten Industrienationen verlangsamte, verblieb die Wachstumsdynamik in den Entwicklungs- und Schwellenländern auf vergleichsweise hohem Niveau:

> "While real GDP growth in the advanced capitalist countries was 4.7 percent in the period 1965-73, it slumped to 2,8 percent between 1973 and 1980; in the same period the developing countries as a whole recorded GDP growth rates of 6,5 percent and 5.4 percent."[161]

Da Investitionen in den Industrieländern immer unrentabler wurden und infolgedessen ein sinkender Teil der Profite dort produktiv angelegt wurde, erfolgte eine Freisetzung von Geldkapital, welches nach alternativen Verwertungsmöglichkeiten drängte.[162] Da Profite der Unternehmen, die nicht akkumuliert werden, in liquide Mittel des Bankensystems verwandelt werden[163] entstand ein Überschuss an Liquidität auf den internationalen Finanzmärkten, was die privaten Banken dazu veranlasste, ihr Kreditgeschäft über die Landesgrenzen hinweg immer weiter auszudehnen. So nahm die Zahl der am internationalen Bankgeschäft beteiligten Institute in den siebziger Jahren sprunghaft zu, was sich laut

---

161 Vgl. Mosley, P.; Harrigan, J.; and Toye, J. (1991): Aid and Power: The World Bank and policy-based lending, S. 5.

162 Die These, nach der sinkende Profitraten in den Zentren die Hauptursache für Kapitalexport darstellen, wird u.a. von Nunnenkamp bestätigt, der ebenfalls davon ausgeht, dass der Umfang der Kreditvergabe an Entwicklungsländer abhängig ist vom Grad der Mittelabsorption durch die Industrieländer: „Tatsächlich zeigt die Gegenüberstellung der Kreditaufnahme von Industrieländern einerseits und Nicht-Öl-Entwicklungsländern andererseits [...], dass die Brutto-Verbindlichkeiten der EL vor allem in den Jahren kräftig zunahm, in denen die Kreditnachfrage der ersten Ländergruppe vergleichsweise schwach war (1974,75). Umgekehrt blieb der Fluss an Krediten in die Nicht-Öl-EL in den Jahren 1977 und 1978 hinter den sonst üblichen Zuwächsen zurück; dies spricht für die oben erwähnte Verdrängungshypothese, denn in dieser Zeit expandierte die Kreditvergabe der BIZ-Banken an die Industriestaaten am kräftigsten." Vgl. Nunnenkamp, Peter; Junge, Georg (1985): Die Kreditbeziehungen zwischen westlichen Geschäftsbanken und Entwicklungsländern, S. 48f.

163 Vgl. Schubert, Alexander (1985): Die internationale Verschuldung, S. 62.

Emminger nicht zuletzt auf die besonders günstigen Ertragsaussichten in diesem Geschäft zurückführen lässt:

> „Untersuchungen in den siebziger Jahren über die amerikanischen Großbanken ergaben, daß im Auslandsgeschäft die Gewinnrate erheblich höher als im Inlandsgeschäft war, während die Verlustquote – damals – geringfügig war im Vergleich zum Inlandsgeschäft. Einige der besonders aktiven amerikanischen Großbanken machten im Auslandsgeschäft weit über die Hälfte ihres Gesamtgewinns, obgleich der Anteil dieses Geschäfts am Gesamtvolumen weit niedriger lag."[164]

Wie Stallings sowie Barnet und Cavanagh beschreiben, spielte die National City Bank (seit 1974 Citibank), die bereits 1970 über 102 Niederlassungen in 16 Ländern Lateinamerikas verfügte[165] bis zum Ausbruch der Verschuldungskrise eine Vorreiterrolle bei der Suche nach Großkreditnehmern in der Dritten Welt, wobei auch diverse Diktaturen großzügig mit Krediten bedient wurden.[166] Da sich das Kreditgeschäft mit der Dritten Welt als sehr profitabel erwies,[167] entschlossen sich seit Mitte der sechziger Jahre immer mehr US-amerikanische Banken dazu, im Ausland ein Zweigstellennetz aufzubauen: So stieg die *Anzahl* der US-Banken, die über Auslandsfilialen verfügten, von 13 im Jahr 1965 auf 79 im Jahr 1970 an und erreichte 159 im Jahr 1980. Das *Vermögen*, welches von den Auslandstöchtern der Banken verwaltet wurde, stieg von weniger als 10 Mrd. US$ (1965) auf 53 Mrd. US$ (1970) bzw. 340 Mrd. US$ (1980) an.[168] Zusätzlich zu den Auslandsniederlassungen US-amerikanischer Banken erhöhte sich auch die Zahl der rechtlich unabhängigen Auslandstöchter von US-Banken von einigen wenigen zu Beginn der sechziger Jahre auf 943 im Jahr 1980, die zusammengenommen ein Kreditvolumen von 64 Mrd US$ verwalteten.[169]

Allerdings mussten die US-Banken spätestens seit Mitte der siebziger Jahre mit der wachsenden Konkurrenz aus Japan und Europa rechnen, deren Banken sich am profitablen Kreditgeschäft mit der Dritten Welt beteiligen wollten und eben-

---

164 Vgl. Emminger, Otmar (1986): Die internationale Schuldenkrise und die Banken, S. 84.

165 Vgl. Stallings, Barbara (1987): Banker to the Third World, S. 91f.

166 Barnet und Cavanagh gehen davon aus, dass die Citibank Kredite in Höhe von insgesamt mehreren hundert Millionen US$ an den chilenischen Diktator Pinochet sowie über eine Mrd. US$ an den Diktatur Marcos in den Philippinen vergeben hat. Vgl. Barnet, Richard J.; Cavanagh, John (1994): Global Dreams, S. 368f.

167 „Auf eine weltweite Umfrage bei Geschäftsbanken antwortete die Hälfte der Institute, daß ihr internationales Kreditgeschäft in der 2. Hälfte der siebziger Jahre gewinnträchtiger war als ihr Inlandsgeschäft.[...]. Die zehn am stärksten im Auslandsgeschäft engagierten US-Banken [...] erzielten in den Jahren 1975-77 mehr als die Hälfte ihrer gesamten Einnahmen aus dem internationalen Geschäft; danach sank dieser Anteil auf rund 45vH." Vgl. Nunnenkamp, Peter; Junge, Georg (1985): Die Kreditbeziehungen zwischen westlichen Geschäftsbanken und Entwicklungsländern, S. 53f.

168 Vgl. Houpt, James W. (1999): International Activities of U.S. Banks and in U.S. Banking Markets, S. 599.

169 Vgl. Schubert, Alexander (1985): Die internationale Verschuldung, S. 49.

falls dazu übergingen, im Ausland Zweigstellen und Tochtergesellschaften zu gründen.

> "1961 hatten nur 6 japanische Banken insgesamt 27 Auslandsniederlassungen; 1978 waren es 23 bzw. 122. Das Geschäftsvolumen dieser Banken im Ausland überstieg 1982 den Betrag von 100 Mrd. Dollar [...] 1973 hatten deutsche Banken erst 23 Auslandsfilialen, mit einem Forderungsvolumen von 15 Mrd. DM; Ende 1981 waren es 88 Filialen. Im Januar 1984 betrug das Forderungsvolumen der Auslandsfilialen gegenüber Ausländern 125 Mrd. DM [...]."[170]

Zusammenfassend läßt sich sagen, dass in den siebziger Jahren der Grundstein für die Verschuldungskrise der achtziger Jahre gelegt wurde, indem Großbanken aus den USA, aus Japan und Europa[171] in großem Umfang Kredite an die Dritte Welt vergaben, mit denen wiederum Waren aus den Industrieländern importiert wurden, was der dortigen Exportwirtschaft zugute kam. Dieses System funktionierte so lange, wie die Schuldnerländer in der Lage waren, ihre Kredite zurückzuzahlen – oder zumindest immer wieder genügend neue Kredite bereitgestellt wurden, mit denen die Schuldnerländer ihre alten Schulden bedienen konnten.

3.1.2 Deregulierung der Finanzmärkte und des Kapitalverkehrs

Die Expansion des internationalen Kreditgeschäfts in den siebziger Jahren ging einher mit einem Strukturwandel der nationalen und internationalen Finanzmärkte, der einerseits auf technologische Faktoren wie die Senkung von Kommunikationskosten im Zuge des Aufbaus und der Weiterentwicklung internationaler Computernetzwerke,[172] andererseits auf politische Entscheidungen großer Industrieländer zurückgeführt werden kann.

Im Folgenden werde ich insbesondere auf den Prozess der Deregulierung der Finanzmärkte eingehen, wobei diesmal allerdings die Entwicklungen in den Industrieländern im Vordergrund stehen werden. Mit dem starken Wachstum neu-

---

[170] Vgl. Schubert, Alexander (1985): Die internationale Verschuldung, S. 49.

[171] Weltweit gab es nach Schätzungen des UNCTC 84 transnationale Banken im Jahr 1975, wobei transnationale Banken definiert werden als Geschäftsbanken, die in fünf oder mehr Ländern durch eigene Filialen oder Tochtergesellschaften vertreten sind. Von diesen 84 transnationalen Banken stammten 22 aus den USA, 10 aus Großbritannien, 10 aus Japan, 7 aus Frankreich, 5 aus der Bundesrepublik Deutschland und 5 aus Kanada; 8 weitere Länder hatten jeweils eine Bank dieser Art. Vgl. UNCTC (1981): Transnational Banks: Operations, strategies and their effects in developing countries. New York, S. 3.

[172] Vgl. u.a. den ehemaligen Vorstandsvorsitzenden der Citicorp, der von einem eindeutigen Primat technologischer Faktoren und Prozesse ausgeht und die politische Dimension des Deregulierungsprozesses weitgehend ausblendet bzw. negiert:"Today we are witnessing a galloping new system of international finance. Our new international financial regime differs radically from its precursors in that it was not built by politicians, economists, central bankers or finance ministers, nor did high-level international conferences produce a master plan. It was built by technology [...] (by) men and women who interconnected the planet with telecommunications and computers." Wriston, Walter (1988): Technology and Sovereignty, S.71.

er Finanzinstrumente und dem Aufkommen institutioneller Investoren werde ich mich in Kapitel 3.4 auseinandersetzen, da es sich hierbei um Phänomene handelt, die vor allem in den achtziger Jahren stark an Bedeutung gewannen.

Insgesamt wird auf drei Prozesse bzw. Etappen eingegangen:

- die Etablierung des Eurodollarmarktes und die Expansion freier Bankzonen,
- die Abschaffung von Kapitalverkehrskontrollen,
- den Übergang von festen zu flexiblen Wechselkursen.

Dabei ist zu berücksichtigen, dass mindestens die ersten beiden Entwicklungen eng miteinander verknüpft sind: So kann die Etablierung freier Bankzonen als Versuch der Umgehung von existierenden Kapitalverkehrskontrollen beschrieben werden, der einen Deregulierungwettlauf zwischen führenden Finanzzentren einleitete, der in der Abschaffung von Kapitalverkehrskontrollen mündete. Die wachsende Geschäftstätigkeit von Großbanken in den freien Bankzonen dürfte aber auch den Zerfall des Systems von Bretton Woods befördert haben, da die fixen Wechselkursparitäten angesichts der Zunahme privater internationaler Finanztransaktionen immer schwieriger zu halten waren – zumal die Banken ein generelles Interesse an der Deregulierung der Währungsmärkte gehabt haben dürften, da schwankende Wechselkurse ein weites Geschäftsfeld der Währungsabsicherung und –spekulation eröffnen.

3.1.2.1 Die Entstehung freier Bankzonen

Entstanden waren die häufig als „Euromärkte" bezeichneten freien Bankzonen schon in den späten vierziger Jahren vor dem Hintergrund des Kalten Krieges, als die neue kommunistische chinesische Regierung ihre Dollardevisen bei einer sowjetischen Bank in Paris (der Banque Commerciale pour l'Europe du Nord) anlegte. Aus Furcht, die USA könnten die Dollar-Einnahmen im Zuge politischer Auseinandersetzungen einziehen, gingen in den frühen fünfziger Jahren sowohl die Sowjetunion als auch China permanent dazu über, ihre durch den Export erwirtschafteten Dollars bei Banken außerhalb der USA anzulegen.[173]

Jedoch waren es weniger die politischen Motive der sozialistischen Länder als die wirtschaftlichen Motive großer Konzerne und Banken aus den westlichen Industrienationen, die zum enormen Wachstum der Euromärkte beitrugen, das in den sechziger Jahre einsetzte. Eine wichtige Rolle spielten dabei zunächst britische Banken, die als Reaktion auf die von der englischen Regierung verhängten Kapitalverkehrskontrollen (die zur Stützung des britischen Pfund im Jahr 1957

---

[173] Vgl. James, Harold (1996): International Monetary Cooperation Since Bretton Woods, S. 181, sowie Huffschmid, Jörg (1999): Politische Ökonomie der Finanzmärkte, S. 26f.

für notwendig erachtet wurden) dazu übergingen, ihre internationalen Geschäfte in den freien Bankzonen in Dollar abzuwickeln – ein Schritt, der von der Bank of England aktiv unterstützt wurde.[174] Als die US-Regierung in den sechziger Jahren versuchte, den Kapitalexport aus den USA zu beschränken, um den Dollarkurs zu stabilisieren,[175] gründeten dann viele US-Banken Niederlassungen in der freien Bankzone von London, um die Kapitalverkehrskontrollen der eigenen Regierung zu umgehen.[176] Unterstützt wurden sie bei diesem Schritt von Teilen der US-amerikanischen Administration wie dem Finanzministerium und der Federal Reserve, wie Helleiner beschreibt.[177] Dabei deutet das Verhalten sowohl der britischen als auch der US-amerikanischen Administration an, dass die Expansion freier Bankzonen als Ergebnis des *bewussten Verzichts auf Kontrolle und Regulierung* verstanden werden kann.

Im Gegensatz zu den einheimischen Banken in den USA und Europa waren die Banken auf den Euromärkten in der Lage, ihren Kunden höhere Einlagenzinsen und niedrigere Kreditzinsen zu bieten, was folgende Gründe hat:

> "First, the Euromarket rarely made loans of less than $ 1 million, and economies of scale meant lower unit costs. Second, there was greater competition in the Euromarket than among domestic banks [...] Third, restrictions that curbed domestic banks were absent in the Euromarket."[178]

Vor allem die fehlenden staatlichen Regulierungen (keine Vorschriften zur Mindestreservehaltung, geringere Eigenkapitalanforderungen, günstigere Liquiditätsvorschriften sowie kaum Steuern auf Bankgewinne) schufen für die in den freien Bankzonen tätigen Banken große Wettbewerbsvorteile. Es ist daher kein Wunder, dass mit der Entstehung der freien Bankzonen ein Deregulierungswettlauf ausgelöst wurde, der zunächst primär zwischen Großbritannien und den USA (bzw. zwischen der City of London und der Wall Street) ausgetragen wur-

---

[174] Vgl. Helleiner, Eric (1994): States and the Reemergence of Global Finance, S. 83f.

[175] Ebd., S. 84f.

[176] Zu erwähnen wäre insbesondere die *US Interest Equalization Tax (1963 bis 1974)*, die ausländischen Kreditnehmern den Zugang zum New Yorker Finanzmarkt erschwerte, das Foreign Credit Restraint Program (1965-74) sowie die allgemeine Beibehaltung von Kapitalverkehrskontrollen in den USA (1968-74) Vgl. Stallings, Barbara (1987): Banker to the Third World, S. 90.

[177] "The bankers had considerable domestic political support for their move offshore. Foreign currency loans of foreign branches of US banks were explicitly exempted from the IET from the start and in 1967, following considerable bank pressure, offshore *dollar* loans were spared as well. The bankers also succeeded in ensuring that the voluntary lending restraints did not apply to offshore bank activity. Moreover, divisions of the federal government traditionally sympathetic to the bankers' interests, such as the Federal Reserve and the Treasury Department, actively encouraged the banks' offshore activity and imposed few regulations on the establishment of new bank branches abroad." Vgl. Helleiner, Eric (1994): States and the Reemergence of Global Finance, S. 88f.

[178] Vgl. Stallings, Barbara (1987): Banker to the Third World, S. 90.

de, die miteinander um den Status als Weltfinanzplatz konkurrierten. Im Zuge des weiteren Transnationalisierungsprozesses des kapitalistischen Bankensystems gingen schließlich auch ein paar kleine Staaten der Dritten Welt dazu über, sich als Stätte von freien Bankzonen bzw. offshore-Banking-Centers anzubieten;[179] wobei allerdings anzumerken ist, dass es sich bei diesen Finanzzentren in der Regel nicht um isolierte Oasen handelt, sondern um

> „ausgelagerte und hoch vernetzte Vorposten der internationalen Finanzzentren New York, London, Zürich, Paris, Amsterdam und Frankfurt am Main.“[180]

In den siebziger Jahren war schließlich eine Situation erreicht, in der die in den freien Bankzonen ansässigen Banken für die internationale Finanzintermediation von größerer Bedeutung waren als nationale oder internationale *öffentliche* Institutionen. Das internationale Finanzsystem war gewissermaßen privatisiert worden – eine Entwicklung, die nicht unwesentlich zur enormen Expansion der Kreditvergabe im Lauf der siebziger Jahre beitrug.

3.1.2.2 Der Zerfall des Systems von Bretton Woods

Die ersten drei Jahrzehnte nach dem Zweiten Weltkrieg waren laut Huffschmid nicht nur Jahrzehnte außerordentlich hohen Wirtschaftswachstums, sondern auch die

> "Jahrzehnte der dichtesten Kapitalverkehrsbeschränkungen in der bisherigen Geschichte des internationalen Kapitalismus."[181]

So beruhte die internationale Finanzordnung der Nachkriegszeit auf einem System fester Wechselkurse mit dem US-Dollar als Leitwährung, wobei die Kapitalverkehrskontrollen dazu dienen sollten, dieses Wechselkursregime abzusichern.

Die in Bretton Woods getroffene Entscheidung, den Dollar zur einzigen Leitwährung zu machen, der zum Kurs von 35 US$ pro Feinunze in Gold einlösbar war, brachte jedoch das Problem mit sich, dass die Dollars, die weltweit zur Abwicklung des Handels und des Kreditgeschäfts benötigt wurden, durch den Goldbestand der USA gedeckt sein mussten. Allerdings wurde das Vertrauen in die Stabilität des US-Dollars als Anker des Bretton Woods-Systems in den fol-

---

[179] Susan Roberts identifiziert weltweit 14 größere und sowie 29 kleinere Offshore-Finanzzentren. Zu den größeren zählt sie die Cayman Islands, Panama, die Bahamas, und Bermuda in Amerika; die Schweiz, Luxemburg, Liechtenstein sowie Gibraltar, Guernsey, Isle of Man und Jersey in Europa; Bahrain im Nahen Osten sowie Singapur und Hongkong in Südostasien. Vgl. Roberts, Susan (1994): Fictitous Capital, Fictitious Spaces: The Geography of Offshore Financial Flows, S. 99.

[180] Vgl. Rügemer, Werner (2003): Arm und Reich, S. 34.

[181] Vgl. Huffschmid, Jörg (1999): Politische Ökonomie der Finanzmärkte, S. 109.

genden Jahrzehnten immer mehr untergraben, was sich auf folgende Entwicklungen zurückführen lässt:

- Zum einen führten die hohen Auslandsinvestitionen US-amerikanischer Konzerne sowie die Tatsache, dass Ausländer immer mehr Kredite in US-Dollar aufnahmen, zu einer Abnahme der in den USA vorhandenen Gold- und Dollarreserven;
- Damit verknüpft wurde die ökonomische Hegemonie der USA durch die dynamische Wirtschaftsentwicklung in Japan und Europa mehr und mehr erschüttert, was sich auf den Status des US-Dollars als internationaler Leitwährung auswirkte;
- Drittens waren die USA im Zusammenhang mit dem Vietnamkrieg dazu übergegangen, immer mehr Dollarnoten zu drucken, um ihre Militärausgaben zu finanzieren, was sich ebenfalls auf die Stabilität des US-Dollars auswirken musste.

Bereits im Jahr 1964 übertraf die Menge der US-Dollar Reserven im Ausland die Goldreserven des US-amerikanischen Finanzministeriums, was zu einem Vertrauensverlust der Investoren und zu Kapitalabflüssen führte. Als die USA zur Finanzierung des Vietnamkriegs (1965-1973) die Notenpresse anwarfen, wurde das Vertrauen in die Stabilität des US-Dollars als Anker des Bretton Woods-Systems schließlich ganz untergraben. Wie Huffschmid schreibt, stellten die USA

> „durch ihre privaten Kapitalexporte [...] und ihre Militärausgaben der Weltwirtschaft reichlich Mengen an Weltwährung zur Verfügung. Aber gleichzeitig wuchsen in der Welt, gerade wegen der hohen Militärausgaben die Zweifel an der Stabilität der Golddeckung. Würden die USA tatsächlich ihre Garantie einhalten können oder wollen, jederzeit alle Dollars, die ihr präsentiert würden, in Gold umzutauschen? Die Zweifel veranlaßten Dollarbesitzer, die amerikanische Währung zu verkaufen und stattdessen DM oder Yen zu kaufen, die Währungen der beiden neuen wirtschaftlichen Weltmächte. Diese Währungsumschichtungen setzten die in Bretton Woods vereinbarten Währungsparitäten unter Druck."[182]

Im Jahr 1971 wiesen die USA zum ersten Mal seit dem Zweiten Weltkrieg eine negative Handelsbilanz auf, was die Regierung zwang, über Maßnahmen zur Verbesserung der Wettbewerbsfähigkeit der eigenen Exportwirtschaft nachzudenken. Am 15. August 1971 gab Präsident Nixon ohne vorherige Warnung der anderen kapitalistischen Mächte bekannt, dass die USA die Golddeckung des Dollars aufheben würden, um eine eigenständige Währungspolitik betreiben und eine Abwertung des Dollars zulassen zu können. Diese Entscheidung, die ohne vorherige Abstimmung mit anderen Industrieländern getroffen wurde, lässt sich auf mehrere Faktoren zurückführen:

---

[182] Vgl. Huffschmid, Jörg (1999): Politische Ökonomie der Finanzmärkte, S. 116.

- Zum einen verfolgten die USA mit der Abkopplung des US-Dollars vom Wert des Goldes eine bewusste Strategie der Schuldenreduzierung bei gleichzeitiger Exportförderung – eine Strategie, die weltweit zu inflationären Tendenzen bzw. überschüssiger Liquidität führte.
- Zweitens hatte die französische Regierung unter de Gaulle angekündigt, ihre auf Dollar lautenden Devisen in Gold umzutauschen, was die USA angesichts der begrenzten Goldbestände in Zugzwang brachte.
- Schließlich setzte sich – zunächst in den USA und Großbritannien – die Überzeugung durch, dass frei schwankende Wechselkurse und ein völlig liberalisiertes internationales Finanzsystem wünschenswert seien, da so die finanziellen Ressourcen angeblich am effizientesten dahin gelangen können, wo die höchsten Renditen erzielt werden.

Unmittelbar nach Nixons Entscheidung gab es sowohl von europäischer als auch von japanischer Seite Versuche, das Bretton Woods-System zu retten bzw. durch verschärfte Kapitalverkehrskontrollen wieder zu stabilisieren. Aber die USA widersetzten sich derartigen Vorhaben und drängten immer stärker auf die Durchsetzung eines völlig liberalisierten internationalen Finanzsystems. Im Sommer 1973 gaben dann auch die anderen Industrieländer den Versuch auf, ihre Währungen gemeinsam zu verwalten, rückten von der Dollarkoppelung ab und gaben die Wechselkurse frei.

Die Abschaffung des Systems fixer Wechselkurse hat dabei nicht zuletzt mit der innenpolitischen und wirtschaftlichen Entwicklung in großen Industrieländern zu tun. So hatte sich zunächst in Großbritannien und den USA eine mächtige Finanzoligarchie etabliert, die – im Gegensatz zur Exportwirtschaft[183] – kein besonderes Interesse an stabilen Wechselkursen hatte. Da beide Länder zudem wachsende Verluste im Bereich des *Güterhandels* verzeichneten, versuchte man, diese Verluste durch steigende Gewinne im Handel mit *Finanzdienstleistungen* wettzumachen. Voraussetzung dafür war allerdings, dass auch andere Staaten ihre Kapitalverkehrskontrollen beseitigten und zu flexiblen Wechselkursen übergingen, was den Zugriff der großen Finanzkonzerne auf die Ersparnisse anderer Länder erleichterte und neue Geschäftsfelder für die Finanzkonzerne eröffnete (z.B. den Devisenhandel oder das Geschäft der Absicherung von Wechselkursrisiken).

So führte die Beendigung des Festkurssystems von Bretton Woods zu starken Wechselkursschwankungen, was wiederum die Umsätze auf den Devisenmärkten in die Höhe trieb. So lag der *Umsatz* auf den Devisenmärkten *pro Börsentag*

---

[183] In dem Zusammenhang ist zu bemerken, dass auch der exportorientierte Sektor der Einführung flexibler Wechselkurse nicht mehr so negativ gegenüberstand, da er sich mit neuen Finanzinstrumenten wie Futures und Swaps gegen Wechselkursrisiken absichern konnte.

1979 noch bei 120 Mrd. US$, bis zum Jahr 2000 war er auf 1,1 Bio. US$ gestiegen.[184] 1998 belief sich der jährliche Umsatz im Devisenhandel auf 380 Billionen US$, was etwa dem 234fachen der offiziellen Devisenreserven entsprach; dabei entfielen 80 Prozent der Transaktionen auf kurzfristige Devisengschäfte mit einer Laufzeit von einer Woche oder weniger.[185] Um mit diesen enormen Kapitalbewegungen fertig zu werden, waren die Zentralbanken ihrerseits gezwungen, immer mehr Devisen zu horten, um vor spekulativen Attacken auf die eigene Währung geschützt zu sein. Dies betrifft insbesondere die Zentralbanken der Entwicklungsländer, die auf dem Höhepunkt der Asienkrise 1998 einen Anteil von 54 Prozent an den gesamten weltweiten Devisenreserven hielten.[186]

Die wohl schwerwiegendste Folge des Übergangs von fixen zu frei schwankenden Wechselkursen lag allerdings darin, dass nun eine verschärfte Währungskonkurrenz einsetzte, die wiederum alle Regierungen unter Druck setzte, dem Ziel der *Währungsstabilität* Vorrang vor allen anderen Zielen zu geben.[187] Hier liegt denn auch ein wichtiger Grund für die neoliberale Wende, die Ende der siebziger Jahre begann und sich in den achtziger Jahren in fast allen Industrieländern durchsetzte. Da Regierungen mit einem alternativen Wirtschaftsprogramm – unter der Bedingung freien Kapitalverkehrs – mit Kapitalflucht und einem entsprechenden Verfall der Währung rechnen müssen, setzte sich schließlich die Meinung durch, dass jede Politik, die sich nicht an den Interessen der Gläubiger und Kapitalanleger orientiert, zum Scheitern verurteilt sei. Diese Wahrnehmung bestimmt bis heute das Selbstverständnis der meisten Politiker. So sagte z.B. Außenminister Joseph Fischer im September 2003:

> "Wir können nicht Politik gegen die Finanzmärkte machen“[188]

3.1.2.3 Sukzessive Abschaffung von Kapitalverkehrskontrollen

Mitte der siebziger Jahre begann eine Welle von Liberalisierungen des Kapitalverkehrs, die sich in den achtziger Jahren fortsetzte und Mitte der neunziger Jahre für die OECD-Länder weitgehend abgeschlossen ist. Wie bereits angedeutet wurde, spielten die USA und Großbritannien die führende Rolle in diesem Deregulierungswettlauf, indem sie damit begannen, die Regeln, die in den dreißiger Jahren oder nach dem Zweiten Weltkrieg zur Kontrolle und Lenkung des privaten Kapitalverkehrs eingeführt worden waren, stillschweigend zu unterlaufen

---

[184] Vgl. Huffschmid, Jörg (1999): Politische Ökonomie der Finanzmärkte, Hamburg, S. 44 sowie BIZ (2001): 71. Jahresbericht, S.110.

[185] Vgl. Felix, David (2001): Why International Capital Mobility Should be Curbed, and How it Could be Done, S. 38.

[186] Ebd., S. 31.

[187] Ausnahmen gelten allerdings für Staaten, die den grenzüberschreitenden Kapitalverkehr streng kontrollieren bzw. deren Währung – wie etwa der chinesische Renminbi – nicht frei international handelbar ist.

[188] Vgl. Interview mit Joschka Fischer in der Frankfurter Rundschau vom 30.9.2003.

(wie in den sechziger Jahren) oder aktiv zu ändern (wie in den siebziger Jahren). Eric Helleiner gibt folgende Beschreibung dieser sukzessiven Liberalisierung des internationalen Kapitalverkehrs:

> "In 1974, the United States initiated this liberalization trend by removing the various capital controls it had introduced briefly in the mid-1960s. Britain followed in 1979, eliminating its forty-year-old capital controls. The American and British actions were copied by other advanced industrial nations in the 1980s. In 1984-85, Australia and New Zealand abolished capital controls that had been in place for almost a half-century. Many European countries initiated financial liberalization programs in the mid-1980s, and by 1988 all countries in the European Community had agreed to remove their controls completely in two to four years. The Scandinavian countries announced similar commitments in 1989-90, and Japan gradually dismantled its tight postwar capital controls throughout the 1980s. By the end of the decade, an almost fully liberal financial order had been created in the OECD region, giving market operators a degree of freedom they had not had since the 1920s."[189]

Tab. 4: Die Liberalisierung des Kapitalverkehrs in den Ländern der OECD

1974	USA (Abschaffung aller seit 1963 eingeführten Beschränkungen) Schweiz
1979	Großbritannien
1980	Japan (Teilliberalisierung)
1981	Deutschland (Abschaffung aller seit 1959 eingeführten Kontrollen)
1983	Australien
1984	Neuseeland
1986	Niederlande
1988	Dänemark
1989	Frankreich
1990	Italien, Belgien, Luxemburg
1992	Spanien, Portugal
1994	Griechenland

Quelle: Huffschmid, Jörg (1999): Politische Ökonomie der Finanzmärkte, S. 121.

Die Ursachen für die sukzessive Liberalisierung des Kapitalverkehrs in den Ländern der OECD liegen in erster Linie in den besonderen Interessen großer Finanzmarktakteure an neuen Möglichkeiten der internationalen Expansion; zudem entsprach die Herstellung eines liberalen Kapitalverkehrsregimes der durch

---

[189] Vgl. Helleiner, Eric (1994): States and the Reemergence of Global Finance, S. 8f.

die Freigabe der Wechselkurse 1973 veränderten Bedürfnislage der Konzerne und Banken, die sich ein diversifiziertes Währungsportfolio zulegen wollten, um vor den Folgen starker Wechselkursschwankungen besser geschützt zu sein.[190] Allerdings wäre es falsch, diesen Prozess der Liberalisierung als zwangsläufig und unumkehrbar zu begreifen. Wie Helleiner darstellt, wurden gegen Ende der siebziger bzw. Anfang der achtziger Jahre in mehreren Industrieländern politische Anläufe unternommen, um den Trend zur finanziellen Globalisierung wieder rückgängig zu machen.[191] Der Trend zur Liberalisierung des Kapitalverkehrs ist nach dieser Darstellung das Ergebnis des Scheiterns internationaler Kooperationsbemühungen zur Kontrolle des internationalen Kapitalverkehrs, wobei dieses Scheitern der internationalen Kooperation wiederum auf das Interesse großer Industrienationen und der dort ansässigen Finanzkonzerne an möglichst unbegrenzten Anlagemöglichkeiten zurückgeführt werden kann.

3.1.3 Die Ölpreisschocks der siebziger Jahre

Einer verbreiteten Auffassung zufolge war es der sogenannte Ölschock im Jahr 1973, der der Prosperitätsphase nach dem Zweiten Weltkrieg ein Ende setzte und die Expansion des internationalen Kreditgeschäfts in den siebziger Jahren einleitete. So sprach der deutsche Bundeskanzler Schmidt 1974 davon, dass

> „die erhöhten Einnahmen der Ölländer, vor allem ihre freien Überschüsse, die weltweiten Finanzbeziehungen regelrecht revolutionieren."[192]

Gemeint war das so genannte „Recycling der Petrodollars", welches von vielen Autoren für die Expansion der Kreditvergabe in den siebziger Jahren sowie die sich anschließende Verschuldungskrise verantwortlich gemacht wurde. Dabei war der Hintergrund für die sogenannten „Ölschocks" jeweils ein politischer: Aus Enttäuschung über die militärische und finanzielle Unterstützung Israels durch westliche Industrienationen im vierten israelisch-arabischen Krieg (Jom-

---

[190] Vgl. Huffschmid, Jörg (1999): Politische Ökonomie der Finanzmärkte, S. 120.

[191] "In the first two instances, the British government in 1976 and the French government in 1982-83 contemplated the introduction of comprehensive exchange controls in order to defend their expansionary macroeconomic programs from the disruptive effects of speculative capital flight. Only after extremely divisive internal debate was the option ultimately rejected by each government [...] The other two instances in this period involved the United States. During the 1978-79 dollar crisis, U.S. policymakers briefly considered the reintroduction of capital controls in order to preserve some degree of policy autonomy in the face of speculative market pressures [...] In 1979-80, the U.S. Federal Reserve made a brief attempt to persuade central bankers in other Western nations to cooperate in regulating the Euromarket in order to prevent its operations from interfering with U.S. domestic monetary policy. Had this initiative succeeded, it would have significantly reduced the market's size and weakened some of the key forces contributing to the liberalization trend in the 1980s. It failed, however, because of strong domestic opposition and the opposition of Britain and Switzerland." Vgl. Helleiner, Eric (1994): States and the Reemergence of Global Finance, S. 10f.

[192] Zit. nach: Schubert, Alexander (1985): Die internationale Verschuldung, S. 38.

Kippur-Krieg) beschlossen die arabischen Staaten, die Erdölförderungen so lange erheblich einzuschränken, bis die von Israel besetzten Gebiete befreit und die Rechte des palästinensischen Volkes wiederhergestellt sind. Die von Erdölimporten abhängigen westlichen Industrieländer sollten durch diese Aktionen gezwungen werden, ihre Unterstützung für Israel aufzugeben.

Infolge der Beschlüsse der OPEC stieg der Preis für Erdöl im Lauf der siebziger Jahre stark an: Von 3,39 US$ pro Barrel im Jahr 1973 auf durchschnittlich 11,84 US$ pro Barrel in den Jahren 1974 bis 1978 und von 18,67 US$ pro Barrel im Jahr 1979 auf 34,51 US$ pro Barrel im Jahr 1981.[193] Ein unmittelbares Ergebnis der Ölpreiserhöhungen war die Vergrößerung der Zahlungsbilanzungleichgewichte. Während die erdölexportierenden Staaten plötzlich große Überschüsse erwirtschafteten, mussten die anderen Staaten entsprechend mehr Ressourcen für die nötigen Erdölimporte (sowie für die importierten Industriegüter) aufwenden, was sich in einer defizitären Leistungsbilanz niederschlug.

Nunnenkamp schätzt, dass ölimportierende Entwicklungs- und Schwellenländer wie Brasilien, Südkorea, Indien oder die Türkei in den Jahren 1974 bis 1981 zwischen 12 und 38 Mrd. US$ zusätzlich ausgeben mussten, um ihre nötigen Ölimporte bezahlen zu können, während auf der anderen Seite Staaten wie Nigeria oder Venezuela oder Indonesien zusätzliche Einnahmen aus dem Ölgeschäft in Höhe von über 50 Mrd. US$ erzielen konnten:

Tab. 5: Folgen der Ölpreiserhöhung für die Zahlungsbilanz ausgewählter Entwicklungsländer, 1974-81

Zusätzliche Ausgaben für Ölimporte aufgrund gestiegener Ölpreise, 1974-81, in Mrd. US$		Zusätzliche Einnahmen aus dem Ölexport aufgrund gestiegener Ölpreise, 1974-81, in Mrd. US$	
Brasilien	38,27	Nigeria	87,56
Südkorea	21,31	Venezuela	77,09
Indien	14,10*	Indonesien	51,96
Türkei	12,25	Mexiko	25,39
Thailand	9,97		
Philippinen	8,94		
Jugoslawien	7,51*		
Argentinien	2,47		

*1974-80

Quelle: Eigene Erstellung, in Anlehnung an: Nunnenkamp, Peter (1986): The International Debt Crisis of the Third World: Causes and Consequences for the World Economy, S. 60.

[193] Vgl. Haner, Frederick Theodore (1985): Financial Crisis, S.2.

Allerdings können die höheren Ölpreise nicht die Hauptursache oder gar die einzige Ursache für die wachsende Verschuldung der Entwicklungsländer gewesen sein, da zum einen viele ölexportierende Entwicklungsländer sich trotz der zusätzlichen Einnahmen aus dem Ölgeschäft ebenfalls in großem Umfang im Ausland verschuldeten und außerdem die Verschuldung der meisten ölimportierenden Entwicklungsländer stärker wuchs als erforderlich gewesen wäre, um die teureren Ölimporte bezahlen zu können.

Um genauer abzuschätzen, in welchem Ausmaß das "Recycling der Petrodollars" für die Kreditexpansion der siebziger Jahre verantwortlich war, müsste man wissen, wie viel Geld die OPEC-Länder insgesamt bei international tätigen Banken angelegt hatten. Eine Auflistung der internationalen Forderungen und Verbindlichkeiten der Banken aus dem Berichtsgebiet der BIZ zeigt hier, dass die Einlagen der OPEC-Staaten bei diesen Banken sich im Jahr 1978 auf 83 Mrd. US$ und im Jahr 1980 auf 160 Mrd. US$ beliefen. Zieht man von den Einlagen der OPEC-Länder die Verschuldung (d.h. die Forderungen der Banken an diese Länder) ab, so verbleiben für das Jahr 1978 ca. 27 Mrd. US$ und für das Jahr 1980 ca. 90 Mrd. US$, die als Kredite an die ölimportierenden Entwicklungsländer weitergegeben werden konnten (vgl. Tabelle 5).

Tab. 6: Internationale Forderungen und Verbindlichkeiten der Banken, 1978 und 1980 (Stand am Ende der Periode; in Mrd. US$)

gegenüber:	Forderungen der Banken		Verbindlichkeiten der Banken		Saldo (Forderungen - Verbindlichkeiten)	
	1978	**1980**	**1978**	**1980**	**1978**	**1980**
Berichtsgebiet der BIZ	**467**	**704**	**534**	**824**	**-67**	**-120**
Übrige entwickelte Länder	64	86	38	50	26	36
Offshore-Finanzplätze (1)	124	188	97	165	27	23
OPEC-Länder (2)	**56**	**70**	**83**	**160**	**-27**	**-90**
Entwicklungsländer (3)	121	195	77	93	44	102
Darunter: Lateinamerika	*80*	*130*	*33*	*36*	*47*	*94*
Osteuropa	48	60	11	16	37	44
Nicht aufteilbar	14	21	18	28		

(1) Bahamas, Barbados, Bermuda, Hongkong, Kaimaninseln, Libanon, Liberia, Niederländische Antillen, Panama, Singapur, Vanuatu und übriges Britisch-Westindien
(2) OPEC- Mitgliedsländer + Bahrain, Brunei, Oman sowie Trinidad und Tobago
(3) ohne OPEC und Osteuropa
Quelle: Schubert, Alexander (1985): Die internationale Verschuldung, S. 40f.

Betrachtet man lediglich die Verbindlichkeiten der Banken in den Jahren 1978 und 1980, so sieht man, dass die Verbindlichkeiten gegenüber Anlegern aus dem Berichtsgebiet der BIZ (also aus den Industrieländern) von 534 Mrd. US$ (1978) auf 824 Mrd. US$ (1980), d.h. um 290 Mrd. US$ gestiegen waren. Im selben Zeitraum stiegen die Verbindlichkeiten der Banken gegenüber Anlegern aus den OPEC-Staaten nur von 83 Mrd. US$ (1978) auf 160 Mrd. US$ (1980), d.h. um knapp 80 Mrd. US$.

Insgesamt lässt sich also feststellen, dass die Ölpreiserhöhungen der siebziger Jahre zwar zur Expansion der internationalen Kreditvergabe und damit zur wachsenden Verschuldung der Entwicklungsländer beitrugen; den größeren Anteil an der Kreditexpansion hatten jedoch vermutlich die Industrieländer selbst, die angesichts stagnierender Profitabilität der Investitionen im Inland verstärkt danach drängten, ihr Geld im Ausland anzulegen (vgl. Kapitel 3.1.1).

3.1.4 Entkolonialisierung und Nord-Süd-Konflikt

Nach dem Zweiten Weltkrieg kam – vor dem Hintergrund der Schwächung der europäischen Kolonialmächte sowie der wachsenden Größe und Stärke des sozialistischen Blocks – der Prozess der Entkolonialisierung immer mehr in Schwung: 1947 erkämpfte der indische Subkontinent die nationale Unabhängigkeit, gefolgt von Indonesien (1949), Indochina (1954) sowie Marokko, Tunesien, Guinea und Ghana (1956/57). 1960 errangen zahlreiche afrikanische Staaten ihre Unabhängigkeit von den belgischen und franzöischen Kolonialmächten und im weiteren Verlauf der sechziger und siebziger Jahren etablierten sich nationale Befreiungsbewegungen u.a. in Mosambique, Angola, Guinea-Bissau, Vietnam, Nicaragua und Simbabwe.

Von den afrikanischen und asiatischen Staaten gingen nach dem Zweiten Weltkrieg auch die ersten Versuche aus, parallel zur nationalen Befreiung auch eine neue internationale Ordnung zu schaffen, die den Interessen der ehemaligen Kolonien entgegenkommen sollte. So trafen sich 1955 auf der sogenannten Bandung-Konferenz in Indonesien Vertreter von insgesamt 29 afrikanischen und asiatischen Staaten und verabschiedeten eine Erklärung gegen Kolonialismus, Rassendiskriminierung und Atomwaffen; auf der ersten Solidaritätskonferenz von Kairo im Jahr 1957 waren es dann bereits 43 Staaten, die sich gegen die Interventions- und Rassenpolitik, gegen den Neokolonialismus und für die friedliche Koexistenz von kapitalistischen und sozialistischen Staaten aussprachen. Drei Jahre später (1960) schlossen sich die erdölexportierenden Staaten Iran, Irak, Kuwait, Saudi Arabien und Venezuela zur Organisation erdölexportierender Länder (OPEC) zusammen, der in der Folgezeit Staaten wie Qatar (1961), Indonesien und Libyen (1962), Algerien (1969) und Nigeria (1971) beitraten.

Zwar bildeten die Staaten der Dritten Welt von Anfang an eine sehr heterogene Gruppe, was die innenpolitischen Herrschaftsstrukturen als auch die wirtschaftspolitische und außenpolitische Orientierung betrifft, auf der anderen Seite waren sich die meisten Entwicklungsländer einig darin, dass die kolonialen Ausbeutungsstrukturen durch kollektive Anstrengungen überwunden werden mussten, um das Entwicklungsgefälle zu den Industrienationen abzubauen, wobei zu jener Zeit dem Staat eine wichtige Rolle im Prozeß der nachholenden Entwicklung zugesprochen wurde:

> "While the emerging South was a mix of conservative, liberal, state socialist, communist, and state-assisted capitalist economic regimes, most shared a common feeling of having been exploited by the North, a common goal of ‚catching up' with the rich countries, a common perspective that government leadership was central in economic development, and a common belief that cooperation among Southern governments would play a decisive role in rectifying the global imbalance between North and South."[194]

Die größten Differenzen zwischen den ehemaligen Kolonien bestanden in bezug auf die außenpolitische Ausrichtung bzw. Positionierung im Ost-West-Konflikt, wobei eine Mehrzahl der Entwicklungsländer dafür plädierte, zu beiden Machtblöcken gleichermaßen Distanz zu wahren. Die erste Konferenz der blockfreien Staaten fand 1961 in Belgrad statt; wenige Jahre später schlossen sich 77 Staaten der Dritten Welt zur Gruppe der 77 (G77) zusammen, um die kollektiven Interessen der Entwicklungsländer international besser vertreten zu können. Angefangen mit dem ersten Ministertreffen der G77 in Algier 1967, entwickelte sich in der Folgezeit eine institutionelle Struktur der Blockfreienbewegung mit Außenstellen in Rom (dem Sitz der FAO), Wien (dem Sitz der UNIDO), Paris (dem Sitz der UNESCO), Nairobi (dem Sitz der UNEP) und Washington, D.C. (dem Sitz von IWF und Weltbank sowie der G 24).[195]

3.1.4.1 Der Kampf für eine Neue Weltwirtschaftsordnung

Mit dem Aufschwung des Entkolonialisierungsprozesses verschoben sich die Machtverhältnisse bei den Vereinten Nationen, die zu einem wichtigen Forum der Entwicklungsländer avancierten. Auf Druck dieser Länder wurde im Jahr 1964 die United Nations Conference on Trade and Development (UNCTAD) gegründet, welche sich mit Fragen des Welthandels und des Investitionsregimes beschäftigen sollte.[196] Auf der dritten Konferenz der UNCTAD in Santiago de Chile im Jahr 1972 forderten die Staaten des Südens die Erarbeitung einer gemeinsamen Charta der ökonomischen Rechte und Pflichten von Staaten und er-

---

[194] Vgl. Bello, Walden (1999): Dark Victory. The United States and Global Poverty, S. 9.

[195] Group of 77 (o.J.): What is the Group of 77? URL: http://www.g77.org/main/main.htm (Stand: 23.02.04)

[196] Vgl. Huffschmid, Jörg (2000): Das Verhältnis Metropolen – Peripherie unter dem Aspekt der Finanz- und Währungsbeziehungen, S. 43.

hoben die Forderung nach einer Neuen Weltwirtschaftsordnung (New International Economic Order NIEO). Der ersten Forderung kamen die Vereinten Nationen am 1. Mai 1974 nach, als auf einer Sondersitzung der Generalversammlung eine Deklaration sowie ein konkretes Aktionsprogramm zur Errichtung der NIEO verabschiedet wurden.[197] Im Dezember 1974 wurde dann von der Generalversammlung der Vereinten Nationen die *Charter of Economic Rights and Duties of States*[198] angenommen, deren erste Artikel an dieser Stelle zitiert werden sollen, damit man sich einen Eindruck davon machen kann, was unter nationaler Souveränität der Entwicklungsländer im Hinblick auf wirtschaftspolitische Fragen damals verstanden wurde:

ECONOMIC RIGHTS AND DUTIES OF STATES

Article 1

"Every State has the sovereign and inalienable right to choose its economic system as well as its political, social and cultural systems in accordance with the will of its people, without outside interference, coercion or threat in any form whatsoever.

Article 2

1. Every State has and shall freely exercise full permanent sovereignty, including possession, use and disposal, over all its wealth, natural resources and economic activities.

2. Each state has the right:

To regulate and exercise authority over foreign investment within its national jurisdiction in accordance with its laws and regulations and in conformity with its national objectives and priorities. No State shall be compelled to grant preferential treatment to foreign investment;

To regulate and supervise the activities of transnational corporations within its national jurisdiction and take measures to ensure that such activities comply with its laws, rules and regulations and conform with its economic and social policies. Transnational corporations shall not intervene in the internal affairs of a host state. Every State should, with full regard for its sovereign rights, co-operate with other States in the exercise of the right set forth in this subparagraph;

To nationalize, expropriate or transfer ownership of foreign property, in which case appropriate compensation should be paid by the State adopting such measures, taking into account its relevant laws and regulations and all circumstances that the State considers pertinent. In any case where the question of compensation gives rise to a controversy, it shall be settled under the domestic law of the nationalizing State and by its tribunals, unless it is freely and mutually agreed by all states concerned that other peaceful means be sought on the basis of the sovereign equality of States and in accordance with the principle of free choice of means."

---

[197] Vgl. General Assembly of the United Nations (1974): Resolution 3201 (S-VI): Declaration on the Establishment of a New International Economic Order. 2229th plenary meeting. 1 May 1974, zit. nach URL: http://www.rrojasdatabank.org/basdv03.htm (Stand: 20.02.04)

[198] Vgl. General Assembly of the United Nations (1974): Resolution 3281 (xxix): Charter of Economic Rights and Duties of States. (29th Session, Supp. No. 31 (1974) 50), zit. nach Viadrina International Law Project (Ein Projekt des Lehrstuhls für Öffentliches Recht insb. Völkerrecht, Europarecht sowie ausländisches Verfassungsrecht. Europa-Universität Viadrina, Frankfurt (Oder), 2002). URL: http://www.vilp.de/Enpdf/e162.pdf (Stand: 23.02.04), S. 4.

Enormen Rückenwind für ihre Forderung nach Umgestaltung der internationalen Wirtschaftsbeziehungen erhielten die Staaten des Südens durch die OPEC, der es gelang, durch kollektive Absprachen auf die Preisentwicklung des Rohstoffs Erdöl Einfluss zu nehmen und einen größeren Anteil der Profite aus diesem Geschäft für sich selbst zu sichern. Der Erfolg der OPEC inspirierte viele Entwicklungsländer dazu, ähnliche Kartelle für andere Rohstoffe sowie für landwirtschaftliche Produkte ins Leben zu rufen, wie Bello beschreibt:

> "OPEC's success in quadrupling the price of oil in late 1973 triggered similar attempts by Third World countries to create cartels in bauxite, tin, and other raw materials as well as in agricultural commodities. Hopeful that OPEC would throw its weight behind these moves and thrilled by the decisive Vietnamese victory over the United States, many Third World governments felt they were indeed on the threshold of a new global political and economic order in the mid-1970s."[199]

Für die Gruppe der Industrieländer kam die Forderung der Entwicklungsländer nach Schaffung einer Neuen Weltwirtschaftsordnung einer Kampfansage gleich und sie reagierten auf das wachsende Selbstbewusstsein des Südens mit einer Doppelstrategie: Einerseits wurden Erklärungen abgegeben und Kommissionen gegründet, die die Forderungen der Entwicklungsländer aufgriffen (z.B. die Nord-Süd-Kommission); auf der anderen Seite gingen die Industrieländer mehr und mehr dazu über, sich außerhalb des Systems der Vereinten Nationen und unter Ausschluß der Entwicklungsländer zu organisieren (ein Beispiel hierfür sind die seit 1973 stattfindenden Weltwirtschaftsgipfel der G7).[200] Als ein weiterer Bestandteil der Doppelstrategie der Industrieländer kann die Expansion der Kreditvergabe an Entwicklungs- und Schwellenländer angesehen werden, die einerseits den Forderungen der Dritten Welt nach verstärktem Ressourcentransfer in den Süden entgegenkam, auf der anderen Seite jedoch nichts an der prinzipiellen Abhängigkeit der Entwicklungsländer von den Industrieländern änderte, sondern diese letztlich noch verschärfte. Im Rückblick könnte man sagen, dass die verstärkte Kreditvergabe an Staaten der Dritten Welt in den siebziger Jahren dazu beitrug, die Dritte Welt als politische Kraft zu schwächen und zu spalten, so dass die Bemühungen des Südens um eine Umgestaltung der Weltwirtschaftsordnung letztlich ins Leere liefen.

3.1.4.2 Kreditvergabe als Instrument der Außenpolitik

Besonders deutlich kommt die Doppelstrategie der Industrieländer gegenüber den Entwicklungsländern in der Außenpolitik der USA zum Ausdruck. So versuchte die US-Regierung nach dem Zweiten Weltkrieg, sich von der Politik der europäischen Kolonialmächte abzugrenzen und sich den Entwicklungsländern als Partner anzudienen, indem ihnen materielle und technologische Unterstüt-

---

[199] Vgl. Bello, Walden (1999): Dark Victory. The United States and Global Poverty, S. 9.
[200] Vgl. Hamm, Bernd (1996): Struktur moderner Gesellschaften, S. 332.

zung versprochen wurde. So heißt es in der Antrittsrede des amerikanischen Präsidenten Truman vom 20. Januar 1949:

> „Wir müssen ein neues kühnes Programm aufstellen, um die Segnungen unserer Wissenschaft und Technik für die Erschließung der unterentwickelten Weltgegenden zu verwenden [...] Der alte Imperialismus – das heißt die Ausbeutung zugunsten ausländischer Geldgeber – hat mit diesem Konzept eines fairen Handels auf demokratischer Basis nichts zu tun.“ [201]

Auf der anderen Seite geriet man immer wieder in Konflikt mit den sich am Sozialismus orientierenden Staaten der Dritten Welt bzw. mit nationalen Befreiungsbewegungen, von denen man befürchtete, dass sie sich dem sozialistischen Lager anschließen könnten. Bello benutzt den Begriff des „containment liberalism“, um die Position und Politik der USA gegenüber den Staaten der Dritten Welt in den sechziger und siebziger Jahren zu kennzeichnen:

> "By promising development cum limited social reform, containment liberalism hoped to take the wind out of the sails not only of communist movements but also of Third World nationalists such as Sukarno of Indonesia and Nasser of Egypt, who were demanding fundamental changes in North-South relations. Containment liberalism was pragmatic when it came to dealing with issues that included protectionism and the role of state intervention in Third World countries. While it usually drew the line when it came to the nationalization of US firms in the Third world [...] containment liberalism did not respond in a doctrinaire fashion to protected markets and state-led development in the South."[202]

Zeitgleich mit der Verschärfung des Nord-Süd-Konflikts in den siebziger Jahren erhielt die Politik des „containment liberalism“ neuen Auftrieb: Robert McNamara, ehemaliger Verteidigungsminister unter Kennedy wurde 1968 zum Chef der Weltbank ernannt und leitete eine neue Ära der Entwicklungspolitik ein, welche sich das Ziel setzte, durch Aufstockung und Neuorientierung der Entwicklungshilfe[203] die strategisch wichtigen Staaten des Südens zu stabilisieren und damit den sozialistischen und radikal-nationalistischen Bewegungen, die seit der erfolgreichen Revolution in Kuba auch in Lateinamerika an Einfluss gewonnen hatten, den Wind aus den Segeln zu nehmen. Doch nicht nur die offizielle Entwicklungshilfe, auch die Kredite privater Geschäftsbanken trugen in

[201] Vgl. Truman, Harry S. (1949): Inaugural Address, 20. Januar 1949, dt. zit. nach: Truman, Harry S. (o.J.): Memoiren, S. 254f.

[202] Vgl. Bello, Walden (1999): Dark Victory. The United States and Global Poverty, S. 11.

[203] Unter Führung der Weltbank übernahmen die Entwicklungshilfegeber in den siebziger Jahren ein Konzept, welches das Ziel der Armutsbekämpfung insbesondere im ländlichen Raum in den Vordergrund stellte. In dieser Zeit erhöhte sich das Kreditvolumen der Weltbank von durchschnittlich 2,7 Mrd. in den frühen siebziger Jahren auf 8,7 Mrd. im Jahr 1978. Vgl. Bello, Walden (1999): Dark Victory. The United States and Global Poberty, S. 13. sowie Mosley, Paul; Harrigan, Jane; Toye, John (1995): Aid and Power. The World Bank and Policy-based Lending, S. 21.

den siebziger Jahren wesentlich zur Stabilisierung pro-westlicher Regime in den Entwicklungsländern bei.

Betrachtet man, welche Entwicklungsländer von den privaten Geschäftsbanken zwischen 1974 und 1983 die meisten Kredite erhielten, so zeigt sich, dass die Kreditvergabe auf Staaten konzentriert war, die

- von rechtsgerichteten Militärdiktaturen regiert wurden (Brasilien, Chile, Philippinen, Indonesien, Nigeria),
- große Erdölreserven besaßen (Mexiko, Venezuela, Algerien, Indonesien, Nigeria) oder
- an der Frontlinie des Kalten Krieges angesiedelt waren (Südkorea, Malaysia und die Philippinen im asiatischen Raum sowie Polen und Jugoslawien, die in ihrer Funktion als Brücke bzw. Türöffner zu den Staaten des Warschauer Paktes eine besondere Rolle spielten).

Allerdings scheint die Größe der Märkte sowie die geographische Nähe zu den USA ebenfalls eine Rolle gespielt zu haben: So entfiel ein bedeutender Teil der von den privaten Banken vergebenen Kredite auf Mexiko.

Tab. 7: Auslandsforderungen der BIZ-Banken gegenüber verschiedenen Kreditnehmern, 1974 – 1983, in Mrd. US$

	1974	1977	1980	1983
Mexiko	5,917	19,886	41,031	62,925
Brasilien	8,404	23,795	43,320	57,465
Venezuela	1,305	7,969	21,314	22,011
Südkorea	1,751	6,000	14,001	19,252
Chile	0,612	1,602	6,662	10,950
Polen	2,076	9,076	15,137	10,435
Jugoslawien	1,261	3,762	9,633	9,168
Nigeria	0,96	0,683	3,358	8,088
Philippinen	1,063	3,064	6,977	8,055
Indonesien	1,078	4,082	4,280	7,364
Malaysia	0,365	1,275	2,286	6,043
Algerien	0,923	3,427	7,429	6,035

Quelle: BIZ, International Banking Statistics, zit. nach Nunnenkamp, Peter (1985): Die Kreditbeziehungen zwischen westlichen Geschäftsbanken und Entwicklungsländern, S. 217.

Allerdings geriet der soziale Kontrakt, der auf der Strategie des liberal containment beruhte, gegen Ende der siebziger Jahre unter wachsenden Druck. So sahen sich die USA gezwungen, angesichts des schwindenden Vertrauens in die Stärke des US-Dollars (1978-80), welches wiederum verknüpft war mit dem Verlust geostrategisch wichtiger Positionen im Nahen Osten, einen wirtschaftlichen und politischen Kurswechsel einzuleiten. Das Hauptziel dieses Kurswechsels lag darin, den Kursverfall des Dollar aufzuhalten und durch eine Politik der hohen Zinsen die USA als Anlageland für Kapital wieder attraktiv zu machen. Eine Folge dieser Politik war, dass das zwischen den Industrie- und Entwicklungsländern etablierte System der privaten Finanzintermediation zusammenbrach und fortan die Konkursverwalter des IWF für die Eintreibung des Schuldendienstes Sorge tragen mussten.

3.2 Die internationale Verschuldungskrise

Die zunehmende Verschuldung der Dritten Welt erwies sich lange Zeit als vorteilhaft für alle Beteiligten: Die Banken profitierten von der Bereitstellung der Kredite bzw. den Zinsen; die Entwicklungsländer konnten dank der Kredite ihr Importvolumen aufrechterhalten, was wiederum den Konzernen aus den Industrieländern zugute kam, die ihre Waren in der Dritten Welt absetzen konnten.[204] Als die Weltwirtschaft gegen Ende der siebziger Jahre jedoch erneut in eine Krise geriet, kam es in den wichtigsten Industrieländern zu einer wirtschaftspolitischen Kehrtwende, die bereits unter den sozialliberalen Regierungen Carter, Schmidt und Callaghan eingeleitet wurde und sich mit der neoliberalen Wende zu Reagan, Thatcher und Kohl allgemein durchsetzte. Angesichts der hohen Inflationsraten setzte man nunmehr verstärkt auf monetaristische Konzepte, welche die Stabilisierung der Volkswirtschaft durch Inflationsbekämpfung in den Vordergrund stellten. Ein Bestandteil dieser neoliberalen Wende war die im Oktober 1979 von den USA eingeleitete Hochzinspolitik, die – sowohl im nationalen Rahmen als auch auf internationaler Ebene – die Machtverhältnisse zugunsten der Gläubiger bzw. Kapitalbesitzer verschob. Gleichzeitig wurde versucht, die Arbeitskosten durch Senkung der Löhne, Entmachtung von Gewerkschaften und Abbau sozialer Leistungen zu senken – eine Politik, die ebenfalls den Investoren bzw. Kapitaleignern zugute kommen sollte.

Insbesondere die Entwicklungsländer wurden im Zuge der Verschuldungskrise und der sich anschließenden Strukturanpassung als Absatzmarkt für Massenkonsumgüter immer uninteressanter, was einerseits negative Rückwirkungen für die Industrienationen hatte, in denen aufgrund fehlender kaufkräftiger Nachfrage im In- und Ausland immer mehr Betriebe schliessen mussten. Doch während auf der einen Seite Absatzmärkte verloren gingen, profitierten die international täti-

---

[204] Vgl. Frank, André Gunder (1989): Weltverschuldungskrise, Europäische Herausforderung und 1992, S. 760.

gen Konzerne auf der anderen Seite von den verbesserten Investitionsbedingungen in den Ländern der Dritten Welt, die als Standort für arbeitsintensive Produktionsprozesse immer attraktiver wurden.[205]

Im folgenden Kapitel soll dargestellt werden, welche Faktoren im Einzelnen zur neoliberalen Wende führten, auf welche Weise diese Wende zur internationalen Verschuldungskrise beitrug und wie diese Krise schließlich gemanagt wurde.

3.2.1 Die Zuspitzung der Krise 1979-82

Ende der siebziger Jahre wurde deutlich, dass die Expansion der Kreditvergabe an Staaten der Dritten Welt nicht tragfähig sein konnte, da ein immer größerer Teil der Neukredite dazu verwendet werden musste, den anfallenden Schuldendienst zu begleichen, der von ca. 40 Mrd US$ im Jahr 1977 auf über 100 Mrd. US$ im Jahr 1981 angestiegen war. Je größer das Risiko eines Kreditausfalls von den privaten Banken eingeschätzt wurde, desto schlechter wurden wiederum die Konditionen, zu denen neue Kredite vergeben wurden: So gingen die privaten Banken Ende der siebziger Jahre immer mehr dazu über, Kredite zu sehr kurzen Laufzeiten sowie zu variablen Zinssätzen zu vergeben, um ihr eigenes Risiko zu minimieren.[206]

Für die Zuspitzung der Verhältnisse zu einer internationalen Verschuldungskrise, die zeitweilig das gesamte internationale Bankensystem bedrohte, waren dann primär folgende drei Entwicklungen verantwortlich:

- die Hochzinspolitik der USA, welche zu einer Umleitung internationaler Kapitalströme in die USA (und damit verknüpfter Aufwertung des Dollars) führte und den zu leistenden Schuldendienst der Dritten Welt stark ansteigen ließ,
- sinkende Exporterlöse der Entwicklungsländer, die wiederum auf die Verschlechterung der terms of trade, die rezessionsbedingt schwache Nachfrage in den Industrieländern nach Gütern aus der Dritten Welt sowie auf Versuche der Industrieländer, sich durch protektionistische Maßnahmen vor billigen Importen aus der Dritten Welt zu schützen, zurückgeführt werden können,

---

[205] Vgl. Chossudovsky, Michel (1998): The Globalization of Poverty, S. 16f.

[206] So stieg der Anteil der kurzfristigen Verbindlichkeiten an der Gesamtverschuldung der Entwicklungsländer von etwa 10 Prozent in den Jahren 1970-72 auf 22 Prozent in den Jahren 1980-82; der Anteil der variabel verzinslichen Schulden an den ausstehenden öffentlichen Gesamtschulden der Entwicklungsländer stieg gar von 16 Prozent im Jahre 1973 auf 43 Prozent im Jahr 1983, wobei sich diese Zunahme vor allem auf die Schwellenländer Lateinamerikas konzentrierte, die umfangreiche private Kredite aufgenommen hatten. Vgl. Körner et al. (1984): Im Teufelskreis der Verschuldung, S. 19 sowie World Bank (1985): World Development Report, S. 24f.

- steigende Kapitalflucht aus den krisengefährdeten Ländern im Vorfeld der Krise (unter tatkräftiger Mithilfe privater Großbanken, die einigen Eliten der Dritten Welt halfen, ihre "Ersparnisse" ins Ausland zu bringen).

3.2.1.1 Die wirtschaftspolitische Wende in den USA

Gegen Ende der siebziger Jahre wurde die hegemoniale Position der USA durch mehrere wirtschaftliche und politische Entwicklungen erschüttert. Zwar befand sich die US-amerikanische Wirtschaft seit 1974 in einem konjunkturellen Aufschwung, doch dieser ging mit steigenden Haushaltsdefiziten, steigenden Handelsbilanzdefiziten und hochschnellenden Inflationsraten einher. Schon 1977 geriet der US-Dollar angesichts der schwachen wirtschaftlichen Entwicklung in den USA bzw. der erstarkenden Konkurrenz aus Europa und Japan unter immer stärkeren Druck.

Verstärkt wurde der Vertrauensverlust in den Dollar in den Jahren 1978-80 durch die Schwächung der geostrategischen Position der USA im Nahen Osten im Zusammenhang mit dem zweiten Ölschock. So wurde der iranische Schah Reza II, ein guter Verbündeter der USA, im Frühjahr 1978 gestürzt. Die Aufnahme des Schah durch die USA beantwortete der Iran mit der Besetzung der US-Botschaft, dem Verbot des Ölverkaufs in die USA sowie der Drohung, sämtliche iranischen Guthaben bei den US-amerikanischen Banken abzuziehen.

Um einen weiteren Wertverlust des Dollars zu verhindern, dessen Parität im Frühjahr 1980 auf einen historischen Tiefstand gesunken war, gingen die USA bereits unter Carter zu einer Politik des *als Monetarismus verkleideten militärischen Keynesianismus* über – eine Politik, die in der Ernennung Paul Volkers zum Chef der Zentralbank ihren Ausdruck fand, der ab Oktober 1979 eine Politik der drastisch hohen Zinsen verfolgte.[207] Das Ziel, durch höhere Zinsen die Anlagebedingungen für ausländisches Kapital zu verbessern, wurde bald erreicht: Ab 1980 erhöhten sich die Anlagen von Ausländern bei den US-Banken, wodurch der Wechselkurs des Dollars bis Mitte der achtziger Jahre eine spektakuläre Aufwertungsphase erlebte.[208]

---

[207] „Military Keynesianism, disguised as Friedman/Volker monetarism and Laffer Curve Supply-Sideism was begun by Carter in 1977 and put into high gear in 1979, when the Fed was run by Carter appointee Paul Volker, who in October 1979 switched Fed monetary policy from high money creation/low interest price thereof to attempted low money creation/high interest (to 20 percent monetary!) to rescue the dollar from its 1970s tumble and attract foreign capital to the poor U.S. At the same time, Carter began Military Keynesianism in June 1979, which was then escalated further by President Reagan." Vgl. Frank, André Gunder (2004): Coup d'état and Paper Tiger in the West - Fiery Dragon in the East.

[208] Vgl. Schubert, Alexander (1985): Die internationale Verschuldung, S. 17.

Laut Boris hat diese, sich aus der Veränderung der US-amerikanischen Wirtschaftspolitik herleitende Hochzinsphase die Entwicklungsländer in mehrfacher Weise unter Druck gesetzt und zur Verschuldungskrise beigetragen:

- Sie bewirkte nahezu eine Verdreifachung der jährlichen Zinszahlungen.
- Die privaten Geschäftsbanken waren fortan nicht mehr bereit, Kredite an die Entwicklungsländer in dem bisherigen Maße zu vergeben, da in den USA höhere Finanzprofite winkten.
- Infolge der Hochzinspolitik stieg der Dollarwert gegenüber allen anderen Währungen stark an, was für die Leistung des Zinsendienstes in Dollars eine noch größere Exportmenge bzw. noch höhere Handelsbilanzüberschüsse bei den Schuldnern voraussetzte.
- Die (direkte oder indirekte) Abwertung der Landeswährung trug in vielen Fällen zu einem rapiden Anstieg der Inflationsrate bei, was wiederum dazu führte, dass die nationale Währung unter starken Abwertungsdruck geriet und sich die Anreize zur Kapitalflucht erhöhten.[209]

Lamfalussy geht davon aus, dass der Anteil der Zinszahlungen an den Exporterlösen der drei großen lateinamerikanischen Schuldnerländer (Mexiko, Brasilien, Argentinien), der zwischen 1975 und 1980 um die 30 Prozent betrug, innerhalb von zwei Jahren auf 50 Prozent hochschnellte. Im Jahr 1982 entsprachen die Nettozinszahlungen der drei größten Schuldnerländer dann schon fast dem gesamten Leistungsbilanzdefizit dieser Staaten, welches sich auf 23 Mrd. US-Dollar belief.[210] Entsprechend konnten die großen Gläubigerbanken von der Zuspitzung der Situation *zunächst* nur profitieren und ihre Gewinne aus dem Auslandsgeschäft von 42,4 Prozent der Gesamtgewinne 1979 auf 55,8 Prozent im Jahr 1982 steigern, wie die folgende Tabelle zeigt:

---

[209] Vgl. Boris, Dieter (1987): Die Verschuldungskrise in der Dritten Welt, S. 24f.

[210] "For the three large Latin American debtors the ratio of net interest payments to exports, which fluctuated around 30 percent from 1975 until 1980, jumped to 50 percent by 1982. This meant that in 1982 almost the total of their large current account deficit ($ 23 billion) was accounted for by their net interest payments. For the non-OPEC developing countries as a whole, net interest payments represented three-quarters of their global current account deficit." Vgl. Lamfalussy, Alexandre (2000): Financial Crises in Emerging Markets, S. 6.

Tab. 8: Einkünfte aus Auslandsgeschäften der 10 größten US-Banken, 1979-1983 (in Mio. US$ und in % der konsolidierten Einkünfte)

	1979		1980		1981		1982		1983	
	Mio $	%	Mio $	%	Mio $	%	Mio $	%	Mio $	%
Citicorp	335	65,3	323	63,7	346	62,3	508	68	468	54,8
Chase Manhattan	146	46,9	179	49,1	247	55,6	215	64,7	181	43,3
Bank America	225	37,4	287	44,4	282	63,1	247	62,7	185	49,7
Manufacturers Hanover	103	48,7	113	49,1	128	49,9	147	49,6	164	51,7
J.P. Morgan & Co	150	52,2	216	59,3	259	68	283	64	250	54,2
Chemical NY	43	31,7	68	38,4	74	43,2	104	38,7	129	42,7
Continental Illinois	32	16,6	63	28,1	73	28,1	51	60,4	8	8
Bankers Trust NY	59	51,6	104	48,6	116	60,4	113	45,3	101	39,2
First Chicago	4	3,5	6	-9,1	20	16,7	40	27,5	22	12,1
Security Pacific	18	10,9	24	12,9	53	25,4	74	31,6	46	17,4
Summe / Durchschnitt	**1136**	**42,4**	**1370**	**46**	**1598**	**51,9**	**1782**	**55,8**	**1554**	**44**

Quelle: Salomon Brothers, Bank Securities Department (1984): A Review of Bank Performance, New York, Figure 41, S. 66, zit. nach: Lissakers, Karin (1984): Bank Regulation and International Debt, S. 47.

3.2.1.2 Sinkende Exporterlöse der Entwicklungsländer

Im Zuge der Rezession der frühen achtziger Jahre drosselten viele Länder ihr Importvolumen und entsprechend waren die Entwicklungsländer immer weniger in der Lage, ihre Exporte (zu guten Preisen) auf dem Weltmarkt abzusetzen. Der Welthandel stagnierte und in der Folge fielen die Preise sowohl für Industrieprodukte als auch für Rohstoffe und landwirtschaftliche Produkte in den Jahren 1980 und 1981; gefolgt von sinkenden Preisen auch für Erdöl in den Jahren 1982 und 1983.

Entsprechend gingen die Exporterlöse der „Nicht-Öl-Entwicklungsländer" in den Jahren vor der Krise deutlich zurück, was zum Teil auch auf die Politik der großen Industrieländer zurückgeführt werden kann, die im Zuge der Wirtschaftskrise dazu übergingen, sich durch protektionistische Maßnahmen vor billigen Importen zu schützen. Eine besondere Rolle spielte in diesem Zusammenhang die wachsende Anwendung sogenannter nicht-tarifärer Handelshemmnisse, von denen die Exporte der Entwicklungsländer sehr viel stärker betroffen sind als die Exporte der Industrieländer.

3.2.1.3 Kapitalflucht

Als sich abzeichnete, dass die Verschuldungsspirale angesichts höherer Zinsbelastung und sinkender Exporterlöse in die Zahlungsunfähigkeit der Schwellenländer münden musste, setzte ein sich selbst verstärkender Prozess ein, der die krisenhafte Entwicklung noch beschleunigte und vertiefte. Zwar existieren dank des Bankgeheimnisses keine sicheren Daten über den Umfang der Kapitalflucht; Schätzungen zufolge wurde in den Jahren 1979 bis 1982 jedoch weit über 100 Mrd. US$ aus den Entwicklungsländern abgezogen.[211] Der damalige Präsident der lateinamerikanischen Entwicklungsbank, selbst ein Mexikaner, bezifferte die Kapitalflucht aus Mexiko allein von 1979 bis 1983 auf 90 Mrd. US$ – eine Summe, die die gesamte mexikanische Auslandsverschuldung jener Zeit übertrifft.[212]

In der Regel fragen die Autoren, die zu Recht die verbreitete Kapitalflucht aus den Entwicklungsländern für das Ausmaß der Verschuldungskrise verantwortlich machen, nicht danach, auf welche Weise es den korrupten Regierungen gelang, sich auf Kosten der Bevölkerung zu bereichern. Dabei spielten die international tätigen Banken hier eine zentrale Rolle, wie Barnet und Cavanagh am Beispiel des größten US-amerikanischen Finanzkonzerns Citigroup beschrieben haben;[213] auch scheint das Problem der Kapitalflucht in Ländern wie Argentinien, die schon in den siebziger Jahren mit der Liberalisierung der Finanzmärkte und des Kapitalverkehrs begonnen haben, besonders gravierend zu sein (vgl. Kapitel 4.2).

3.2.1.4 Kreditstopp der Großbanken und Ausbruch der Krise

Mit der absehbaren Zahlungsunfähigkeit verschiedener Großschuldner gerieten vor allem die US-amerikanischen Banken in Bedrängnis, bei denen sich enorme Forderungen angehäuft hatten. So hatten die neun größten Banken Ende 1982 zwischen 107 und 263 Prozent ihres Eigenkapitals an die fünf größten lateinamerikanischen Schuldner vergeben.

[211] Vgl. Barnet, Richard, J.; Cavanagh, John (1994): Global Dreams, S. 370.
[212] Vgl. George, Susan (1988): Sie sterben an unserem Geld, S. 34.
[213] Vgl. Barnet, Richard, J.; Cavanagh, John (1994): Global Dreams, S. 370.

Tab. 9: Forderungen der zehn größten US-amerikanischen Banken an lateinamerikanische Länder in Prozent des Eigenkapitals (Ende 1982)

Bank (Eigenkapital)	Argentinien	Brasilien	Chile	Mexiko	Venezuela	Summe
Citibank (5,989 Mrd. US$)	18,2	73,5	10,0	54,6	18,2	174,5
Bank of America (4,799 Mrd. US$)	10,2	47,9	6,3	52,1	41,7	158,2
Chase Manhattan (4,221 Mrd. US$)	21,3	56,9	11,8	40,0	24,0	154
Morgan Guaranty (3,107 Mrd. US$)	24,4	54,3	9,7	34,8	17,5	140,7
Manufacturers Hanover (2,592 Mrd. US$)	47,5	77,7	28,4	66,7	42,4	262,8
Chemical (2,499 Mrd. US$)	14,9	52,0	14,8	60,0	28,0	169,7
Continental Illinois (2,143 Mrd. US$)	17,8	22,9	12,8	32,4	21,6	107,5
Bankers Trust (1,895 Mrd. US$)	13,2	46,2	10,6	46,2	25,1	141,2
First National Chicago (1,725 Mrd. US$)	14,5	40,6	11,6	50,1	17,4	134,2
Security Pacific (1,684 Mrd. US$)	10,4	29,1	7,4	31,2	4,5	82,5

Quelle: Herlt (1983), zit. nach: Abs (1988): Die Verschuldungskrise Lateinamerikas, S. 157.

Allerdings waren britische Banken wie Lloyds und Midland mit Kredit/Eigenkapitalquoten von 228 bzw. 213 Prozent (ohne Mexiko) sogar noch stärker exponiert als die US-amerikanischen Banken und für die Bundesrepublik Deutschland ist bekannt, dass die Commerzbank etwa 7,6 Mrd. DM an Entwicklungsländer ausgeliehen hatte, was einer Kredit/Eigenkapitalquote von 262 Prozent entsprach. Etwas günstiger sah es für die Dresdner und Deutsche Bank aus, deren Kredit/Eigenkapitalquoten sich Ende 1983 auf 147 bzw. 100 Prozent beliefen.[214] Man kann also sagen, dass die Großbanken der Industrieländer durch die drohende Zahlungsunfähigkeit der Schuldner Anfang der achtziger Jahre selbst in große Schwierigkeiten geraten waren. Schließlich hätte die Einstellung der Zinszahlung der drei größten lateinamerikanischen Schuldner (Mexiko, Brasilien, Argentinien) allein für die fünf größten US-Banken einen Ausfall in Höhe von ca. 75 Prozent ihrer bisherigen Gewinne bedeutet.[215]

---

[214] Vgl. Nunnenkamp, P.; Junge, G. (1985): Die Kreditbeziehungen zwischen westlichen Großbanken und Entwicklungsländern, S. 35.

[215] Vgl. Roth, Bernhard (1983): Die Rolle der Xeno-Finanzmärkte in der internationalen Finanzkrise, S. 263.

3.2.2 Das Krisenmanagement

Im August 1982 erklärte Mexiko – eines der am höchsten verschuldeten Länder – seine Zahlungsunfähigkeit, ein Jahr nachdem bereits die Großschuldner Polen und Argentinien in Zahlungsverzug geraten waren. Dies gab den meisten Banken den Anstoß, sich aus dem Kreditgeschäft mit der Dritten Welt vollends zurückzuziehen. Da die Entwicklungsländer auf die stetige Zufuhr neuer Kredite angewiesen waren, um ihre Altschulden bedienen zu können, löste der Kreditstopp wiederum eine ganze Kettenreaktion aus: Von Mitte 1982 bis Ende 1984 erklärten 66 Länder der Dritten Welt ihre Zahlungsunfähigkeit und mussten den IWF um Überbrückungskredite bitten.[216]

Mit der Zahlungsunfähigkeit großer Schuldnerländer war das System der privaten internationalen Finanzintermediation in eine Krise geraten. Angesichts der mangelnden Sanktionsfähigkeit der einzelnen privaten Geschäftsbanken gegenüber den Schuldnerländern waren die Banken nun auf die politische Unterstützung der jeweiligen Regierungen angewiesen, die ihrerseits in internationalen Organisationen wie dem IWF oder dem Pariser Club zusammentrafen. Dabei entwickelten sich die zwischen dem IWF, den Schuldnerländern, sowie dem Pariser Club ausgehandelten Umschuldungsvereinbarungen zum Hauptinstrument des Krisenmanagements.[217] Während in den siebziger Jahren im Durchschnitt fünf Umschuldungsabkommen pro Jahr mit Entwicklungsländern geschlossen wurden, stieg diese Summe auf 30-40 seit 1983 an.[218]

Der Sinn der Umschuldungen bestand darin Zeit zu gewinnen, indem die Tilgung der Schulden in die Zukunft verlagert wurde, so dass die Schuldner ihre knappen Devisen auf die Zahlung der fälligen Zinsen konzentrieren konnten. So hatten die Banken laut Walton und Seddon letztlich wenig zu befürchten, solange es ihnen gelang, wenigstens die Zinsen einzutreiben; gleichzeitig konnten sie darauf hoffen, im Krisenfall durch den Staat vor dem Bankrott gerettet zu werden.[219] Für die Entwicklungsländer waren die Umschuldungen, die in den ersten Jahren nach Ausbruch der Verschuldungskrise ausgehandelt wurden, dagegen mit hohen Kosten verbunden in Form von hohen Zinsen und zusätzlichen Risikoaufschlägen (spreads), hohen Vermittlungsgebühren sowie kurzen Laufzeiten, aus denen sich untragbare Zahlungsfristen ergaben.[220]

---

216 Vgl. Chahoud, Tatjana (1988): Funktionswandel des Internationalen Währungsfonds und der Weltbank, S. 46.
217 Vgl. Zimmer, Bernhard (1995): Der Internationale Währungsfonds und die Verschuldung der Entwicklungsländer, S. 21f.
218 Vgl. Boris, Dieter (1987): Die Verschuldungskrise in der Dritten Welt, S. 27.
219 Vgl. Walton, John; Seddon, David (1994): Free Markets and Food Riots, S. 13.
220 Vgl. Boris, Dieter (1987): Die Verschuldungskrise in der Dritten Welt, S. 28.

Abb. 7: Anzahl der Staaten, die einem multilateralen Umschuldungsabkommen unterliegen,[221] 1976-1986

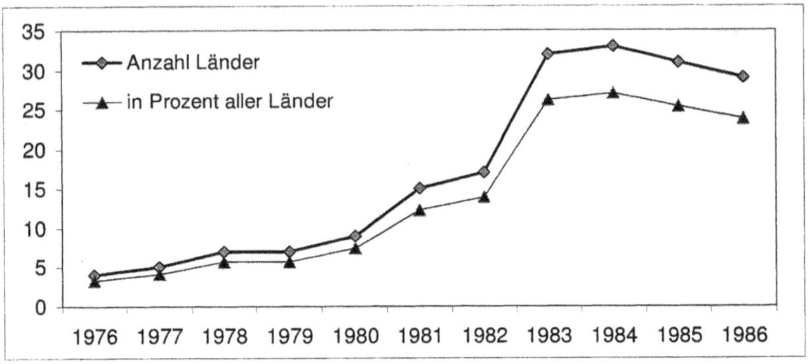

Quelle: Eigene Erstellung, in Anlehnung an Suter, Christian (1990), S. 306ff.

3.2.2.1 Das Zusammenwirken von US-Regierung, Internationalem Währungsfonds und privaten Gläubigern

Je mehr Staaten sich ausserstande sahen, den Schuldendienst fristgemäss zu begleichen, desto stärker rückte der Internationale Währungsfonds als Vermittler zwischen den privaten Banken einerseits und den überschuldeten Regierungen der Dritten Welt andererseits in den Vordergrund. Zwar hatte der US-amerikanische Präsident Reagan in den ersten Jahren seiner Amtszeit große Vorbehalte gegen den Internationalen Währungsfonds und wandte sich strikt gegen eine Erhöhung seiner Mittel, diese Einstellung änderte sich jedoch rapide im Zuge der Mexiko-Krise und schon 1983 wurden die Ressourcen des Fonds deutlich aufgestockt. Dieser Wandel lässt sich laut Cohen darauf zurückführen, dass die US-amerikanische Administration schnell einsah, dass ihre Forderungen auf weniger Widerstand stoßen würden, wenn sie von einer vermeintlich unabhängigen internationalen Institution vorgebracht würden:

> "...what would be intolerable when demanded by a major foreign power might, it seemed, be rather more acceptable if administered by an impartial international agency with no ostensible interests other than the maintenance of international monetary stability. Likewise, the Fund could apply pressures to banks, to maintain or increase lending exposure in debtor countries that the banks might have resisted had they come from national officials."[222]

[221] wobei allerdings nur Staaten mit über 1 Mio. Einwohner (1980) sowie nur jene Jahre berücksichtigt sind, in denen die Konsolidierungsperiode multilateraler Umschuldungen wenigstens 6 Monate betrug.

[222] Vgl. Cohen, Benjamin J. (1986): International Debt and Linkage Strategies: some Foreign-policy Implications for the United States, S. 150.

Da potentielle Gläubiger einem überschuldeten Staat nur dann neue Kredite geben oder Umschuldungen vornehmen, wenn dessen Regierung zuvor ein Strukturanpassungsprogramm mit dem IWF ausgehandelt hat, riskieren Staaten, die sich weigern, die vom IWF formulierten Maßnahmenpakete umzusetzen, vom internationalen Kredit- und Kapitalmarkt vorübergehend oder dauerhaft ausgeschlossen zu werden. Dabei lassen sich bei den Auflagen des Internationalen Währungsfonds Maßnahmen zur kurzfristigen makroökonomischen Stabilisierung der Schuldnerländer (dazu gehören die Abwertung der Landeswährung, Preisliberalisierung und die Reduzierung von Haushaltsdefiziten) von längerfristig angelegten Strukturreformen unterscheiden, zu denen vor allem die Liberalisierung des Handels,[223] die Deregulierung des Bankensektors, die Privatisierung von Staatsunternehmen und von Ackerland sowie Steuerreformen zählen.[224]

Obwohl zahlreiche Länder gleichzeitig in eine schwere Finanzkrise gerieten, weigerte sich der IWF, mit den verschuldeten Ländern kollektiv zu verhandeln. Er vertrat die These, dass es sich nicht um eine internationale Verschuldungskrise, sondern um eine unglückliche Häufung nationaler Einzelfälle handele. Da außerdem die Meinung vorherrschte, dass man es nicht mit einem strukturellen Problem, sondern lediglich mit kurzfristigen Liquiditätskrisen zu tun habe, folgerte man, dass die Angelegenheit wie ein konjunkturelles Problem mit Hilfe klassischer Stabilisierungspolitiken gelöst werden könne.[225] Hauptinstrument war dabei die Ausreichung von neuen Krediten (fresh money), mit denen man die als kurzfristig eingeschätzten Liquiditätsengpässe zu überwinden hoffte – wobei man die Kredite an zahlreichen Bedingungen knüpfte. Es begann die Politik der Strukturanpassung, die das Nord-Süd-Verhältnis in den folgenden zwei Jahrzehnten nachhaltig prägen sollte.

Die Logik, die hinter den Konditionen steht, wie sie in jedem Strukturanpassungsprogramm des IWF verankert sind, lässt sich folgendermaßen zusammenfassen:

- Eine drastische Kürzung der Staatsausgaben (Entlassungen und Lohnsenkungen im öffentlichen Dienst, Kürzung von Subventionen bzw. Aufhebung von Preiskontrollen für Nahrungsmittel und andere Verbrauchsgüter, Kürzung von staatlichen Investitionen usw.) soll Ressourcen für den Schuldendienst freisetzen,
- die Privatisierung staatlicher Unternehmen und/oder eine Anhebung der von ihnen erhobenen Gebühren und Tarife (Strom, Wasser, öffentliche Verkehrsmittel etc.) soll ebenfalls Ressourcen für den Schuldendienst freisetzen,

[223] Hierunter ist die Beseitigung von Importquoten sowie die Senkung und Vereinheitlichung von Zöllen zu verstehen.
[224] Vgl. Chossudovsky, Michel (2002): Global Brutal, S. 69ff.
[225] Vgl. Schvarzer, Jorge (2002): Die lange Krise der Verschuldung in Lateinamerika, S. 74.

- eine Erhöhung der Zinsen soll dazu beitragen, die Kapitalflucht aus dem Land zu stoppen und die Investitionsmöglichkeiten für ausländische Anleger zu verbessern,
- eine deutliche Abwertung der Landeswährung soll dazu beitragen, die Exporte des Landes wettbewerbsfähiger zu machen und die Importe zu senken,
- Steuererhöhungen bei gleichzeitiger Beschränkung des inländischen Konsums durch Lohnsenkungen sollen Ressourcen für den Schuldendienst freisetzen und die Exporte wettbewerbsfähiger machen.

Ferner wurde und wird auf gemeinsamen Druck von IWF und Geschäftsbanken verfügt, dass die Regierungen der Entwicklungsländer nachträglich auch für die Schulden der *privaten Unternehmen* aus ihren Ländern aufkommen. Dies steht laut Khor

> „in deutlichem Gegensatz zum sonst üblichen Geschäftsgebaren, wo ein Finanzinstitut, das Kredite vergibt, sehr wohl negative Ergebnisse mittragen muss, wenn der Kreditnehmer in Schwierigkeiten gerät oder gar Bankrott erklärt."[226]

Von den privaten Banken wurde erwartet, dass sie im Zuge des Krisenmanagements bereit sein würden, neue Kredite an die Entwicklungsländer zu vergeben. Betrachtet man die Beträge, die von den privaten Banken mobilisiert wurden, so muss man allerdings feststellen, dass die Banken sehr zurückhaltend waren mit neuen Krediten, da sie ihre finanzielle Verwundbarkeit gegenüber den Großschuldnern reduzieren wollten.[227] In der Folge kam es zu einem Nettokapitaltransfer aus den Entwicklungsländern in die Industrieländer, der sich für die 10 größten Kreditnehmerländer zwischen 1983 und 1985 auf 90,7 Milliarden US-Dollar belief.[228]

Nichtsdestotrotz kommt Feinberg zu dem Schluss, dass vor allem die größeren Banken zum Erfolg des Krisenmanagements wesentlich beitrugen – eine These die aus Sicht des Wall Street-Treasury Complex durchaus zutreffend ist:

> „Despite the competitiveness and diversity among banks, the larger institutions succeeded in organizing and disciplining hundreds of their colleages behind common solutions. In renegotiating some $ 100 billion of developing-country debt, the bank's leading negotiators shuttled from one capital to another to cope with many emergencies in quick succession. Bank officials worked hard and quickly in cooperation with the International Monetary Fund and the U.S. government to put together financial packages that kept major debtors afloat."[229]

---

[226] Vgl. Khor, Martin (2001): Globalisierung gerechter gestalten, S. 106.
[227] Vgl. Reinhardt, Horst (1990): Internationale Kreditvergabe, Verschuldung und Restrukturierung, S. 222.
[228] Ebd., S. 223.
[229] Vgl. Feinberg, Richard (1984): Restoring Confidence in International Credit Markets, S. 9.

Erst ab Mitte der achtziger Jahre setzte sich in den USA sowie den internationalen Finanzinstitutionen die Auffassung durch, dass die bisherige Strategie des „Durchwurstelns" oder *muddling through* modifiziert werden müsse. So ging man mit dem Baker-Plan dazu über, die Gewährung von Krediten von der Durchführung tiefgreifender neoliberaler Strukturreformen in den Schuldnerländern abhängig zu machen.[230]

3.2.2.2 Vom Baker-Plan zum Brady-Plan

Während die Zusammenarbeit zwischen den Regierungen der großen Industrieländer, dem Internationalen Währungsfonds und den privaten Geschäftsbanken weitgehend reibungslos funktionierte, gelang es den Großschuldnern der Dritten Welt nicht, sich auf eine gemeinsame Position gegenüber den Gläubigern zu einigen – und dies, obwohl die Verhandlungsmacht der Schuldner angesichts der prekären Lage vieler Großbanken zu Beginn der achtziger Jahre beträchtlich war. Mitte der achtziger Jahre war die Enttäuschung über die Ergebnisse des Krisenmanagements in den Schuldnerländern Lateinamerikas jedoch so weit gewachsen, dass mit der sogenannten Cartagena-Gruppe 1984/85 erste Versuche unternommen wurden, das Verschuldungsproblem Lateinamerikas kollektiv zu diskutieren.[231]

Aus Furcht vor der Entstehung eines Schuldnerkartells unterbreitete US-Finanzminister James Baker im Jahr 1985 einen Plan zur Lösung der Verschuldungskrise, der das Versprechen enthielt, neue Kredite in Höhe von 20 Mrd. US$ von den Banken sowie weitere 9 Mrd. US$ von multilateralen Kreditgebern zu mobilisieren – im Austausch gegen „marktorientierte" Reformen in den Empfängerländern, zum Beispiel in Form von Steuersenkungen, der Privatisierung von Staatsbetrieben, dem Abbau von Handelsschranken und der Liberalisierung des Investitionsregimes.[232] Nachdem das Scheitern des Baker-Plans offensichtlich geworden war, da es nicht gelang, die Banken zur erneuten Kreditvergabe an die verschuldeten Länder zu bewegen und Brasilien die internationale Gläubigergemeinschaft im Februar 1987 durch ein Moratorium auf die Zahlung aller mittel- und langfristigen Auslandsschulden in Schrecken versetzt hatte,[233] wurde 1989 mit dem Plan von US-Finanzminister Brady ein neuer Versuch unternom-

---

[230] Vgl. Schvarzer, Jorge (2002): Die lange Krise der Verschuldung in Lateinamerika, S. 82.

[231] Vgl. Boughton, James M. (2001): Silent Revolution. The International Monetary Fund 1979-1989, S. 479.

[232] „The new plan, introduced by U.S. Treasury Secretary James A. Baker in 1985 [...] promised $9 billion from the multilateral agencies and $20 billion from commercial banks in exchange for market-oriented reforms in recipient countries - for example, tax reductions, privatization of state-owned enterprises, reduction of trade barriers, and investment liberalization." Vgl. Vásquez, Ian (1996): The Brady Plan and market-based solutions to the debt crisis.

[233] Zwar gab es faktische Moratorien schon vorher, das Neue war jedoch, dass Brasilien bei intakten Währungsreserven nicht zahlen wollte, vgl. Kroll, J. Markus (1991): Schweizer Banken und die internationale Schuldenkrise 1982-1990, S. 143.

men, das Problem der Überschuldung zu lösen. Der Brady-Plan sollte einerseits die Schuldnerländer in die Lage versetzen, ihre Schulden – mit einem Preisabschlag[234] – von den Banken zurückzukaufen.[235] Ferner bestand für die Schuldnerländer die Möglichkeit, ihre Schuldtitel durch sogenannte Debt-Equity-Swaps in Unternehmensbeteiligungen umzuwandeln, d.h. die Kreditschuld konnte durch die Privatisierung und den Verkauf von Unternehmen verringert werden. Ferner sollten die Banken ihre Zinsen reduzieren, während im Gegenzug Weltbank und IWF die Zinszahlungen der Schuldnerländer garantierten.[236]

Wie schon der Baker-Plan beruhte auch der Brady-Plan auf dem neoliberalen Dogma, nach der eine wirksame Lösung des Schuldenproblems nur durch tiefgreifende Veränderungen der ökonomischen Grundstrukturen in den Schuldnerländern (d.h. Öffnung der Binnenmärkte für die ausländische Konkurrenz, Privatisierung von Staatsunternehmen, Beschränkung von Staatsaufgaben etc.) zu erreichen sei. Auf einem 1989 abgehaltenen Seminar des Institute for International Economics, welches das Ziel verfolgte, die US-amerikanische Administration über die Vorzüge des Brady Plans zu informieren, prägte John Williamson den Begriff des „Washington Consensus“ als er sich befriedigt darüber äußerte, wie schnell man in Lateinamerika zu einem „gemeinsamen Konsens“ in diesen Fragen gekommen sei und jene neoliberalen Strukturreformen aufzählte, die man in „Washington“ für nötig halte.[237]

Laut Williamson beinhaltet der Washington Consensus folgende zehn Maßnahmen:[238]

1) Reduzierung von Haushaltsdefiziten bzw. Haushaltsdisziplin,
2) Prioritätensetzung in öffentlichen Haushalten zu Gunsten von Bildung, Gesundheit, Infrastruktur und zu Lasten von Subventionen,
3) Steuerreformen, um die Steuerbasis zu erweitern und die Steuersätze zu senken;

---

[234] Argentiniens ausstehende Bankverbindlichkeiten von 38 Mrd. US$ im Januar 1991 wurden auf dem Sekundärmarkt mit nur 18,25 Cent pro Dollar bewertet. Vgl. Kraemer, Moritz (1991): Neuere Ansätze zur Lösung der internationalen Schuldenkrise, S. 146.

[235] Dies kam den Banken insofern entgegen als diese durch den Baseler Akkord von 1988 dazu gezwungen waren, 8 Prozent ihrer Risikoaktiva mit Eigenkapital zu unterlegen und sie ein entsprechend grosses Interesse daran hatten, die „faulen Kredite“ aus ihren Bilanzen zu tilgen.

[236] Vgl. Lembeck, Andreas (1996): Secondary Market and Debt Equity Swaps: ein Ausweg aus der ‚Schuldenkrise'? S. 214.

[237] Vgl. Schvarzer, Jorge (2002): Die lange Krise der Verschuldung in Lateinamerika, S. 82f. sowie Williamson, John (1990): What Washington Means by Policy Reform, S. 7ff.

[238] Vgl. Williamson, John (1990): What Washington Means by Policy Reform, S. 7ff. sowie Deutscher Bundestag (2002) (Hrsg.): Schlussbericht der Enquete Kommission “Globalisierung der Weltwirtschaft“, S. 74.

4) marktgerechte Zinsen, die Kapitalflucht verhindern und ausländisches Kapital anziehen,

5) Vereinheitlichung des Wechselkursregimes; Währungsabwertungen mit dem Ziel der Erhöhung der Wettbewerbsfähigkeit der Exporte,

6) Liberalisierung des Außenhandelsregimes via Zollsenkung / Vereinheitlichung von Zollsätzen,

7) Liberalisierung des Investitionsregimes und Förderung des Umfeldes für ausländische Direktinvestitionen,

8) weitgehende Privatisierung öffentlicher Unternehmen und Einrichtungen,

9) Deregulierung, Entbürokratisierung und Abbau staatlicher Einflußnahme,

10) Stärkung der Eigentumsrechte durch rechtlich eindeutige Definition.

Aus den geforderten Massnahmen lässt sich die Hypothese ableiten, dass der Washington Consensus primär an den Interessen der Gläubiger, d.h. der großen Banken sowie Konzerne aus den Industrieländern ausgerichtet ist, denen es vor allem darum geht:

- die staatlichen Ausgaben in den überschuldeten Entwicklungsländern zu kürzen, damit diese mehr Mittel für den Schuldendienst abzweigen können (vgl. Punkt 1 des Washington Consensus),
- die Exportproduktion in den überschuldeten Ländern zu steigern, da nur so Devisen für den Schuldendienst erwirtschaftet werden können (vgl. Punkt 5),
- die Märkte der Entwicklungsländer für Güter und Dienstleistungen aus den Industrieländern zu öffnen (vgl. Punkt 6),
- die Attraktivität der Entwicklungsländer für ausländische Investitionen zu erhöhen und die Möglichkeiten für die direkte Übernahme von Unternehmen aus den Entwicklungsländern durch ausländische Investoren zu verbessern (vgl. Punkt 7-10 sowie die Schwerpunktsetzung des Brady-Plans allgemein),
- die Einnahmen der Entwicklungsländer zu erhöhen, z.B. durch Steuererhöhungen oder den Verkauf von Staatsbetrieben, dessen Erlös dem Schuldendienst zugeführt werden kann (vgl. Punkt 3 und 8).

3.2.3 Folgen der Strukturanpassung in den Entwicklungsländern

Das Structural Adjustment Participatory Review International Network (SAPRIN)[239] hat in seinem jüngsten Report anhand von qualitativen Fallstudien die Folgen analysiert, die mit IWF-gestützten Strukturanpassungsprogrammen in verschiedenen Bereichen verbunden sind. Dabei ist es zu dem Ergebnis gekommen, dass die einheimischen Produktionskapazitäten der Entwicklungsländer durch die Liberalisierung des Außenhandels sowie die Deregulierung der Finanzmärkte in großem Umfang zerstört worden seien, was zu einem starken Anstieg der Arbeitslosigkeit und sinkenden Einkommen geführt habe.[240] Vor allem der mit der Deregulierung der Finanzmärkte verbundene Zinsanstieg sei für zahlreiche Insolvenzen kleiner und mittlerer Unternehmen verantwortlich gewesen; gleichzeitig seien große Teile der Bevölkerung (Frauen, die ländliche Bevölkerung, indigene Bevölkerungsgruppen) durch die neoliberalen Reformen im Finanzsektor praktisch vom Kreditmarkt ausgeschlossen worden.[241]

Zwar sei es mitunter gelungen, durch eine Abwertung der Währung und andere Maßnahmen die Exporte zu steigern – die Beschäftigungszuwächse in der Exportproduktion seien allerdings gering und es gingen kaum produktive Impulse für die Gesamtwirtschaft von diesem Sektor aus, der meist von ausländischen Konzernen dominiert werde:

> „Overall the benefits of the increases in export growth have gone primarily to foreign corporations and are not felt significantly in the local economy.“[242]

Was die Landwirtschaft angeht, so habe die Liberalisierung des Außenhandels in Kombination mit Währungsabwertungen und der reduzierten Rolle des Staates zu einer Vernachlässigung der Produktion für den einheimischen Markt geführt und dadurch zur Verschärfung sozialer Ungleichheit sowie zu Armut und Hunger beigetragen. Ferner habe die mit den neoliberalen Reformen verknüpfte Strategie der intensiven Ausbeutung von Ressourcen für den Export zu gravierenden ökologischen Schäden geführt.[243]

---

[239] Das SAPRIN ist ein Kooperationsprojekt von sozialen Bewegungen aus verschiedenen Ländern des Südens mit entwicklungspolitischen NGOs aus Europa, den USA und Kanada. Die Recherchen des SAPRIN zu den Folgen der Strukturanpassung wurden zunächst auch von der Weltbank unterstützt, die sich jedoch anschließend von den Ergebnissen distanzierte.

[240] „Liberalizing reforms in trade policy and the financial sector have combined to destroy domestic productive capacity, particularly among the small and medium-sized enterprises that are at the core of national economies and that employ the large majority of their workforce.“ Vgl. Structural Adjustment Participatory Review International Network (SAPRIN) (2004): Structural Adjustment, S. 204.

[241] Ebd., S. 205f.

[242] Ebd., S. 207.

[243] Ebd., S. 208f.

Die Privatisierung von Staatsbetrieben in Verknüpfung mit neoliberalen Reformen auf dem Arbeitsmarkt habe die Reallöhne bzw. die Familieneinkommen reduziert, während sich die durchschnittliche Arbeitszeit erhöht und Kinderarbeit zugenommen habe. Dabei hätten Privatisierungen üblicherweise zu einer Verteuerung der Dienstleistungen geführt, während in die Verbesserung der Versorgung kaum investiert worden sei.[244]

Schließlich habe die im Kontext von Sparprogrammen erfolgte Streichung von Subventionen für grundlegende Güter und Dienste die Armut erhöht. Dabei habe das Bildungs- und Gesundheitswesen unter der Kürzung staatlicher Mittel besonders gelitten mit der Folge, dass ein wachsender Teil der Bevölkerung vom Zugang zu lebenswichtigen Dienstleistungen ausgeschlossen worden sei.[245]

3.2.3.1 Deindustrialisierung und Denationalisierung

Zwar hat sich die Weltbank von den Ergebnissen des SAPRI-Reports distanziert, doch auch sie gesteht ein, dass die SAP vielfach mit negativen Folgen verbunden waren. So kommt eine vergleichende Studie von SAP in 53 Ländern zu dem Ergebniss, dass in der Mehrzahl (35) der untersuchten Fälle die Investitionen[246] innerhalb der Anpassungsperiode fielen und sich nur in neun Fällen nach Beendigung des Anpassungsprogramms wieder zu erholen begannen.[247]

Dass die krisenbedingten Strukturanpassungsprozesse in den Ländern des Südens mit massiver *Deindustrialisierung* einhergingen, verdeutlicht auch die folgende Abbildung, die auf Statistiken der Weltbank basiert: So ging die durchschnittliche jährliche Wachstumsrate der Bruttoinvestitionen in den 15 Hauptschuldnerländern von etwa 7,5 Prozent in den siebziger Jahren auf –3,55 Prozent in den achtziger Jahren zurück, wohingegen die sieben großen Industrieländer (G7) die Wachstumsrate der Bruttoinvestitionen von durchschnittlich 1,86 Prozent in den siebziger Jahren auf knapp 4 Prozent in den achtziger Jahren steigern konnten.

---

[244] Vgl. Structural Adjustment Participatory Review International Network (SAPRIN) (2004): Structural Adjustment, S. 212ff.

[245] Ebd., S. 214ff.

[246] Investitionen in Prozent des Bruttoinlandsprodukts der jeweiligen Länder

[247] Vgl. Thiele, Rainer; Wiebelt, Manfred (2000): Sind die Anpassungsprogramme von IWF und Weltbank gescheitert? S. 15.

Abb. 8: Durchschnittliche jährliche Wachstumsrate der Bruttoinlandsinvestitionen in 15 Schuldnerländern* und den G7 im Vergleich

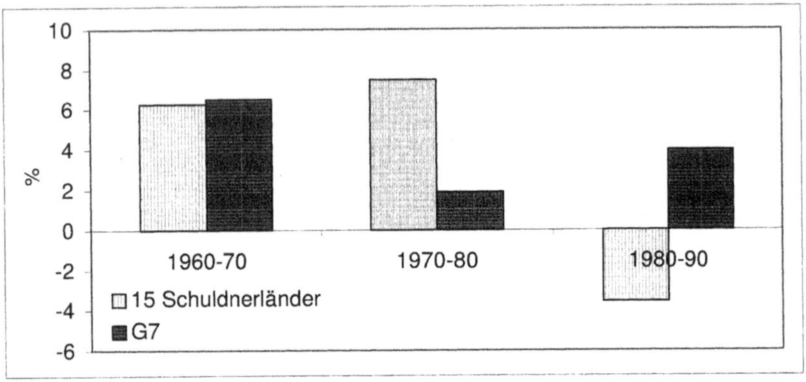

* Argentinien, Bolivien, Brasilien, Chile, Kolumbien, Elfenbeinküste, Ecuador, Mexiko, Marokko, Nigeria, Peru, Philippinen, Uruguay, Venezuela, Jugoslawien
Quelle: Eigene Erstellung auf der Basis von Daten der Weltbank (World Development Report 1982, S. 124 und 1996, S. 242). Es fehlen die Daten zu Ecuador (1960-70) und Jugoslawien (1980-90).

Die folgende Tabelle beschreibt den Verlauf der Krise in fünfzehn hochverschuldeten Staaten[248] anhand von einigen ökonomischen Indikatoren. Demnach ging die Verschuldungskrise im Durchschnitt mit einer vier Jahre währenden Rezession einher; die Inflationsraten stiegen in den Jahren nach der Krise stark an, während die Bruttokapitalbildung trotz des schrumpfenden Wirtschaftswachstums von einem Viertel des BSP auf ein Sechstel des BSP zurückging:

Tab. 10: Der Verlauf der Krise in 15 hochverschuldeten Staaten

	1979	1980	1981	1982	1983	1984	1985	1986
BSP pro Kopf (jährliche Veränderung in %)	3,6	2,6	-1,6	-2,7	-5,5	-0,1	0,9	1,4
Inflationsrate	40,8	47,4	53,2	57,7	90,8	116,4	126,9	76,2
Bruttokapitalbildung (in % des BSP)	24,9	24,7	24,5	22,3	18,2	17,4	16,5	16,8

Quelle: IWF: World Economic Outlook, April 1987; zit. nach Sachs, Jeffrey (1988), S. 2.

Durch die Strukturanpassungsprogramme wurden aber nicht nur zahlreiche Betriebe in den Bankrott getrieben; wie Chossudovsky beschreibt, forcierte der IWF im Zusammenhang mit Umschuldungsverhandlungen auch die Privatisie-

[248] Argentinien, Bolivien, Brasilien, Chile, Kolumbien, Elfenbeinküste, Ecuador, Mexiko, Marokko, Nigeria, Peru, Philippinen, Uruguay, Venezuela, Jugoslawien.

rung und den anschließenden Verkauf der noch rentabel wirtschaftenden Betriebe an ausländische Investoren:

> „Die aufgenötigte Strukturanpassung erlaubt es den Gläubigern, das Realvermögen verschuldeter Länder durch Privatisierungsprogramme zu übernehmen und somit Verbindlichkeiten aus dem Schuldendienst einzutreiben. Deshalb geht die Umschuldung eines Landes regelmäßig mit der Privatisierung seiner Staatsunternehmen einher.[...]. Die profitabelsten Staatsunternehmen werden von ausländischem Kapital oder Joint Ventures übernommen, häufig im Tausch gegen Schulden. Die Erlöse aus diesen Verkäufen fließen über das jeweilige Finanzministerium dem Londoner und dem Pariser Club zu.“[249]

Nolte schätzt, dass allein in Lateinamerika zwischen 1985 und 1992 mehr als 2000 staatliche Unternehmen, darunter öffentliche Versorgungsunternehmen, Banken, Telefongesellschaften, Erdölgesellschaften und der Postdienst privatisiert oder in Konzession gegeben wurden.[250]

3.2.3.2 Soziale Polarisierung, Armut und Protest

Wie der einstige Präsident der Inter-Amerikanischen Entwicklungsbank feststellte, verteilten sich die Anpassungslasten sehr ungleich auf die einzelnen Bevölkerungsschichten in den betroffenen Entwicklungsländern, d.h. es kam im Zuge der Umsetzung der Strukturanpassungsprogramme zu einer weiteren Polarisierung der Einkommensverteilung:

> "the bulk of the costs of adjustment fell disproportionately on the middle and low-income groups, while the top five per cent of the population retained or, in some cases, even increased its standard of living."[251]

Walton und Seddon kommen zu dem Ergebnis, dass vor allem die arme Stadtbevölkerung sowie die Arbeiterklasse im Allgemeinen von Preiserhöhungen, Reallohnsenkungen sowie der Einschränkung öffentlicher Dienstleitungen betroffen war. Aber auch große Teile der Mittelschichten (z.B. Angehörige des öffentlichen Dienstes, die um ihre Arbeitsplätze fürchten mussten, sowie Geschäftsleute, deren Einnahmen angesichts sinkender Kaufkraft der Bevölkerung zurückgingen) und selbst Teile der Bourgeoisie (die auf den Import von Industriegütern angewiesen waren oder für den heimischen Markt produzierten) hatten unter den SAP zu leiden. Zu den wenigen Profiteuren der Strukturanpassungsprogramme zählten dagegen die mit der Exportproduktion verbundenen

[249] Vgl. Chossudovsky, Michel (2002): Global Brutal, S. 76.
[250] Vgl. Nolte, Detlev (1997): Neoliberale Revolution und wirtschaftliche Integration in den neunziger Jahren, S. 45.
[251] Vgl. Iglesias, Enrique (1992): Reflections on Economic Development: toward a New Latin American Consensus, S. 103.

Wirtschaftszweige (ausländische Investoren und transnationale Konzerne, Großgrundbesitzer) sowie Teile der staatlichen Bürokratie.[252]

Vor allem in Afrika und Lateinamerika waren die sozialen Folgen der Strukturanpassung verheerend: So lagen die durchschnittlichen Reallöhne in den Ländern Lateinamerikas noch Mitte der neunziger Jahre etwa 40 Prozent unter dem Niveau von 1980,[253] während in Afrika das durchschnittliche Pro-Kopf-Einkommen Ende der achtziger Jahre auf das Niveau der frühen sechziger Jahre zurückgefallen war.[254] In vielen Staaten Lateinamerikas und Afrikas leiden Millionen Menschen an Hunger, weil aufgrund der vom IWF geforderten Importliberalisierung die heimische Landwirtschaft von den hochsubventionierten Agrarexporten der Industrieländer[255] mehr und mehr verdrängt wird, während gleichzeitig auf immer mehr Flächen sogenannte cash-crops für den Export angebaut werden.

Aufgrund der drastischen Kürzung der Staatsausgaben und dem Verfall der Währungen kam es in vielen ärmeren Entwicklungsländern zum Kollaps des öffentlichen Gesundheitswesens infolge drastisch gestiegener Medikamentenpreise.[256] Angesichts schrumpfender Beschäftigungsmöglichkeiten im formellen Sektor ließ sich außerdem in vielen Staaten Afrikas und Lateinamerikas ein Anstieg der Kriminalität beobachten, da viele Menschen sich nur mit illegalen Ge-

---

[252] "The urban poor and the working class are affected by a combination of subsidy cuts, real wage reductions, and price increases stemming from devaluations and the elimination of public services. A reduced share of national income for labor and greater income inequality are frequently documented ill effects. Domestic price increases may benefit rural producers, depending on their size and their degree of dependence on imports. The middle classes are hurt, especially public employees who face the elimination of their jobs. Consumer prices rise, and shopkeepers' sales volume suffers from diminished demand. Finally, certain sectors of the bourgeoisie are adversely affected: business and factories that rely on imports, domestic borrowers, and enterprises that depend on domestic mass consumption. Among the few beneficiaries of austerity programs are the firms and social classes connected with export production, foreign investors and transnational firms, large agricultural interests, and state managers." Vgl. Walton, John; Seddon, David (1994): Free Markets and Food Riots, S. 41f.

[253] Vgl. Inter-American Development Bank (1997): Latin America after a decade of reforms. 1997 Report, Washington, D.C., S. 38, zit. nach: Boris, Dieter (2001): Zur Politischen Ökonomie Lateinamerikas, S. 84.

[254] „Cut off from significant capital flows except aid, battered by plunging commodity prices, wracked by famine and civil war, and squeezed by structural adjustment programs, Africa's per capita income declined by 2,2 per cent per annum in the 1980s. By the end of the decade, it had plunged to its level at the time of independence in the early 1960s." Vgl. Bello, Walden (1999): Dark Victory. The United States and Global Poverty, S. 54.

[255] Laut Kristof (2002) geben die USA, Europa und Japan jährlich 350 Mrd. US$ an Subventinen für die Landwirtschaft aus – das Siebenfache der jährlichen Entwicklungshilfe. Vgl. Kristof, Nicholas D. (2002): Farm subsidies that kill, in: New York Times, 5. Juli 2002.

[256] Vgl. United Nations (1988): Financing Africa's Recovery, S. 17 sowie Bello, Walden (1999): Dark Victory. The United States and Global Poverty, S. 52f.

schäften (Drogenhandel, Prostitution etc.) finanziell über Wasser halten konnten.[257] Schließlich führte der Zwang zur Beschaffung von Devisen für den Schuldendienst in vielen Staaten der Dritten Welt zum verstärkten Raubbau an natürlichen Ressourcen.[258]

Nun wird häufig eingewandt, dass soziale Ungleichheit und Armut auch *ohne* die Strukturanpassungsprogramme in den genannten Ländern angestiegen wären – eine These, die sich empirisch kaum bestätigen oder widerlegen lässt. Jedoch spricht die Tatsache, dass die Umsetzung der SAP in der Regel auf heftige Proteste der Bevölkerung stieß, für die These der *forcierten Liberalisierung* bzw. für die These, dass die in den SAP verankerten Vorgaben nur gegen große Widerstände in den betroffenen Ländern durchgesetzt werden können. So kam es einer Studie von Walton und Ragin zufolge zwischen 1976 und 1989 zu insgesamt 85 Protesten (Generalstreiks, Massendemonstrationen, Plünderungen aufgrund von Preiserhöhungen) gegen die IWF-Politik, die meisten in den Jahren 1983 bis 1985.[259] Dabei wurden diese Proteste in der Regel von der armen bzw. arbeitslosen Bevölkerung in den Städten sowie von den Gewerkschaften getragen, wobei sich häufig auch Teile der Landbevölkerung sowie der Mittelschichten den sozialen Kämpfen anschlossen – vor allem Angehörige des Öffentlichen Dienstes, die im Zuge der Sparpolitik arbeitslos wurden oder drastische Lohnsenkungen hinnehmen mussten.

3.2.4 Auswirkungen der Verschuldungskrise auf die Industrieländer

Das vom Wall Street-Treasury-IMF Complex betriebene Krisenmanagement sicherte zwar die Stabilität des internationalen Bankensystems, hatte aber auch negative Konsequenzen für die US-amerikanische Wirtschaft: So litten die Exporte unter dem hohen Dollarkurs, die Absatzmärkte in Lateinamerika schrumpften angesichts der vom IWF verordneten Importrationierung und

---

[257] Am Beispiel von Kolumbien, Bolivien und Peru beschreiben Chossudovsky (2002) und Bello (1999) etwa, wie die Strukturanpassungsprogramme des IWF zu einer Verarmung der Landbevölkerung sowie zum Aufschwung der Drogenwirtschaft führten (da der Drogenanbau und –export eine der wenigen Möglichkeiten darstellt, genügend Ressourcen für die Bedienung der Auslandsschulden zu erwirtschaften). Vgl. Chossudovsky, Michel (2002): Global Brutal, S. 252 sowie Bello, Walden (1999): Dark Victory. The United States and Global Poverty, S. 52f.

[258] "For instance, most of the top 15 Third World debtors have tripled the rate of exploitation of their forests since the late 1970s, a phenomenon that is undoubtedly related to both the survival imperative of poor, landless people and the pressing need of nations to gain foreign exchange in order to make interest payments. Indonesia and Brazil, two heavily indebted countries that also happen to contain much of the planet's remaining forests, have seen their rates of deforestation increase by 82 per cent and 254 per cent respectively since the late 1970s."Vgl. George, Susan (1992): The Debt Boomerang, S. 11.

[259] Vgl. Walton, John; Ragin, Charles (1990): Global and National Sources of Political Protest: Third World Responses to the Debt Crisis, S. 877.

gleichzeitig machte sich die Exportoffensive der Schuldner in den USA als „Importschwemme" bemerkbar, die hauptsächlich über Kredite finanziert wurde, was die Auslandsverschuldung der USA stark ansteigen ließ. Die hohen Leistungsbilanzdefizite der USA gaben wiederum Anlass zu Handelskonflikten, wobei insbesondere die ostasiatischen Schwellenländer sowie Japan als Konkurrenten ins Visier gerieten. Schließlich war die wachsende Verschuldung der USA und anderer Industrieländer ein wichtiger Faktor, der zur weiteren Expansion sowie zur wachsenden Instabilität der Finanzmärkte beitrug.

3.2.4.1 Wachsende Verschuldung der USA

Die Wirtschaftspolitik der ersten Reagan-Administration, die durch eine Kombination von monetaristischer Hochzinspolitik mit gleichzeitigem keynesianischen „deficit spending" (d.h. Steigerung der staatlichen Ausgaben insbesondere für das Militär) gekennzeichnet war, führte nicht nur zum Ausbruch der internationalen Verschuldungskrise sondern hatte auch zur Folge, dass die US-amerikanische Wirtschaft an Wettbewerbsfähigkeit auf den Weltmärkten einbüßte und in steigendem Maße von Kapitalzuflüssen aus anderen Staaten (insbesondere Japan) abhängig wurde. Wie Schubert beschreibt, lief die

> "Stabilisierung der Hegemonialstellung der USA im monetären Bereich [...] einer Stabilisierung im realen Bereich der Ökonomie zuwider."[260]

So führte der steigende Dollarkurs zu einem stark wachsenden Leistungsbilanzdefizit der Vereinigten Staaten, welches 1986 fast 140 Mrd. US$ erreichte. Gleichzeitig stieg das Haushaltsdefizit der USA aufgrund steigender Rüstungsausgaben bei gleichzeitigen Steuersenkungen stark an und erreichte 1983 den Rekordwert von 6 Prozent des Bruttosozialprodukts:

Abb. 9: Haushaltsdefizit und Militärausgaben der USA, 1978-1990

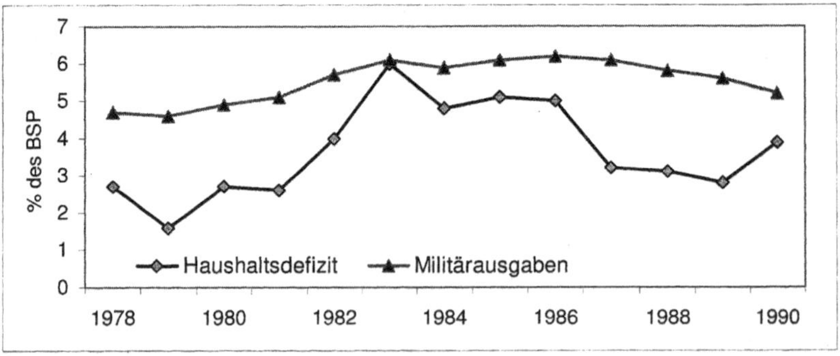

Quelle: Economic Report of the President 2002, Table B79.

---

[260] Vgl. Schubert, Alexander (1985): Die internationale Verschuldung, S. 19.

Um das doppelte Defizit in Leistungsbilanz und Staatshaushalt zu schließen, mußten die USA in großem Umfang Kredite aufnehmen und entwickelten sich innerhalb weniger Jahre vom Gläubigerland zur größten Schuldnernation.[261] Allein zwischen 1984 und 1985 stieg die Auslandsverschuldung der USA um rund 95 Mrd. US$ an, d.h. im Lauf eines Jahres hatten die USA so hohe Auslandsschulden aufgenommen wie Brasilien in eineinhalb Jahrzehnten.[262] Schätzungen zufolge erreichte die Auslandsverschuldung der USA gegen Ende der achtziger Jahre den Wert von einer Billion US$ – eine Entwicklung, die nicht nur in den USA Besorgnis erregte, sondern auch in anderen Staaten Befürchtungen nährte, inwieweit die USA in der Lage oder gewillt sein würden, ihren auf absehbare Zeit hohen Schuldendienst zu bedienen.[263]

3.2.4.2 Zunehmende Handelskonflikte

Um den steigenden Leistungsbilanzdefiziten, die als Hauptursache der wachsenden Auslandsverschuldung erkannt wurden, entgegenzuwirken, setzten sich die USA Mitte der achtziger Jahre für Interventionen an den Devisenmärkten ein mit dem Ziel, den Kurs des US-Dollars zu senken und damit die eigenen Exporte wieder wettbewerbsfähiger zu machen. Das Ergebnis des im September 1985 von den Finanzministern der G5 ausgehandelten Plaza-Abkommens waren drastische Veränderungen im Wechselkurs zwischen US-Dollar und Yen: Bis Anfang des Jahres 1988 wertete der Yen um die Hälfte auf von 240 Yen pro US$ auf 120 Yen pro US$.[264] Wie Clemons beschreibt, führte diese Abwertung des US-Dollars jedoch zu einem steigenden Verkauf von US-amerikanischen Unternehmen und Immobilien an ausländische bzw. japanische Investoren:

> "Der Eingriff in das Dollar-Yen-Verhältnis bewirkte eine gigantische Welle japanischer Investitionen in den USA. Mit anderen Worten: Damit die Reagan-Regierung ihren obsessiven Kampf gegen das sowjetische "Reich des Bösen" fortführen konnte, wandten ihre führenden Köpfe eine politische Strategie an, die auf einen massiven Ausverkauf US-amerikanischer Vermögenswerte hinauslief und bedeutete, dass Washington die Kontrolle über seine Staatsverschuldung weitgehend an eine Satellitenmacht abtreten musste."[265]

---

[261] "Die USA, die in einer achtzigjährigen Periode bis 1982 Auslandsforderungen in Höhe von 830 Mrd. US$, und damit ein Nettoguthaben (Forderungen minus Verbindlichkeiten) gegenüber dem Ausland von 150 Mrd. US$ ansammelten [...], mußten ab 1983 soviel Kapital einführen, dass sie in den drei Jahren bis 1985 zu einer Netto-Schuldnernation wurden." Vgl. Schubert, Alexander (1985): Die internationale Verschuldung, S. 94.

[262] Vgl. Altvater, Elmar; Hübner, Kurt (1988): Ursachen und Verlauf der internationalen Verschuldungskrise, S. 22.

[263] Vgl. Corbridge, Stuart; Thrift, Nigel (1994): Money, Power and Space: Introduction and Overview, S. 9.

[264] Vgl. Leyshon, Andrew (1994): Under Pressure: Finance, Geo-economic Competition and the Rise and Fall of Japan's Postwar Growth Economy, S. 130.

[265] Vgl. Clemons, Steven C. (2001): Trügerischer Triumphalismus, in: Le Monde Diplomatique vom 12. Oktober 2001.

Aus Sicht der USA sollte das Plaza-Abkommen dazu beitragen, die Wettbewerbsfähigkeit US-amerikanischer Exporte wieder herzustellen und das große Außenhandelsdefizit mit Japan zu reduzieren. Tatsächlich gingen sowohl die Exporte als auch das Wirtschaftswachstum in Japan infolge des Plaza-Abkommens deutlich zurück: Das Exportvolumen fiel zwischen 1985 und 1986 um 15,6 Prozent und das Wirtschaftswachstum sank von 4,7 Prozent (1985) auf 2,7 Prozent (1986).[266] Trotzdem gelang es den USA nicht, die eigene Handelsbilanz wesentlich zu verbessern, da japanische Konzerne seit dem Plaza-Abkommen verstärkt dazu übergingen, in den südostasiatischen Schwellenländern zu investieren und ihre Waren von dort zu exportieren.[267]

Doch die Versuche der USA, das wachsende Leistungsbilanzdefizit zu reduzieren, beschränkten sich nicht auf die Manipulation von Wechselkursen. Seit Beginn der achtziger Jahre setzten sich die USA vehement für eine Öffnung des japanischen Marktes für US-amerikanische Banken bzw. Finanzdienstleistungen ein[268] – eine Offensive, die laut Leyshon wesentlich zu der schweren japanischen Bankenkrise beitrug, deren Folgen bis heute nicht überwunden sind:

> "(The) geo-economic offensives conducted against Japan by the United States, which identified the Japanese financial system as a source of "unfair" competitive advantage [...] have served greatly to transform the Japanese financial system, and led directly to a cycle of credit boom and bust in the late 1980s and early 1990s, which promises to have long-term implications for the future of Japanese capitalism."[269]

Vor allem das von den G7 im Jahr 1987 verabschiedete Louvre-Abkommen, welches Japan dazu anhielt, durch künstlich niedrige Zinsen die einheimische Nachfrage zu stimulieren, führte zu einer Welle spekulativer Investitionen, wobei insbesondere die Preise für Immobilien astronomische Höhen erreichten.[270] Als dann die Bank of Japan Ende der achtziger Jahre zu einer Politik der hohen Zinsen überging, platzte die japanische Spekulationsblase mit schwerwiegenden Folgen für die japanischen Banken, welche von 1990 bis 2003 mehr als 630 Mrd. Euro an "faulen Krediten" abschreiben mussten.[271]

---

[266] Vgl. Itoh, Makoto (1990): The World Economic Crisis and Japanese Capitalism, S. 177.

[267] "Before 1985 Japanese FDI to the member countries of ASEAN totalled around US$ 900 million a year. By 1989 the figure was US$ 6,4 billion and a total of US$ 15 billion between 1988 and 1991." Vgl. Berger, Mark T. (1997): The Triumph of the East? The East Asian Miracle and Post-Cold War Capitalism, S. 273.

[268] Vgl. u.a. Cosh, Andrea D.; Hughes, Alan; Singh, Ajit (1992): Openness, Financial Innovation, Changing Patterns of Ownership, and the Structure of Financial Markets, S. 41.

[269] Vgl. Leyshon, Andrew (1994): Under Pressure: Finance, Geo-economic Competition and the Rise and Fall of Japan's Postwar Growth Economy, S. 118.

[270] Ebd., S. 131ff.

[271] Vgl. Bastian, Nicole (2003): In Deutschland herrschen keine japanischen Verhältnisse, Handelsblatt vom 24. Februar 2003.

3.2.4.3 Expansion und Strukturwandel der Finanzmärkte

Zwar führte die internationale Verschuldungskrise zu einer Stagnation des Kapitalexports von den Industrieländern in die Dritte Welt, der Kapitalverkehr zwischen den Industrieländern nahm jedoch seit Anfang der achtziger Jahre enorm zu, wobei vor allem internationale Wertpapierkäufe und –verkäufe sowie Derivatgeschäfte an Bedeutung gewannen, während die relative Bedeutung des Kreditgeschäfts zurückging. So war es angesichts hoher Realzinsen für die potentiellen Kreditnehmer günstiger, sich über die Wertpapiermärkte (d.h. über Aktien und Anleihen) zu finanzieren – eine Entwicklung, die auch als Tendenz zur Verbriefung oder Securitization bezeichnet wird. Für die international tätigen Banken bedeutete dies, dass sie immer weniger als langfristige Geldgeber fungierten, sondern stattdessen als Vermittler von jederzeit liquidierbaren Finanzmitteln auftraten, was für sie insofern vorteilhaft war, als die Erhebung von Provisionen für Käufe und Verkäufe von Aktien und Anleihen weniger Risiken beinhaltete als das klassische Kreditgeschäft (welches auf der Zinsdifferenz zwischen Spareinlagen und Ausleihungen basiert).

Wie die folgende Abbildung zeigt, stieg der Wert internationaler Anleihetransaktionen in den USA, Japan und Deutschland von weniger als 5 Prozent des jeweiligen Bruttoinlandsproduktes in der Periode 1975-1979 auf 25-60 Prozent in den Jahren 1980-89 und erreichte in den neunziger Jahren in den USA und Deutschland einen Wert von weit über 100 Prozent des BIP.

Abb. 10: Internationale Anleihetransaktionen*, 1975-1999

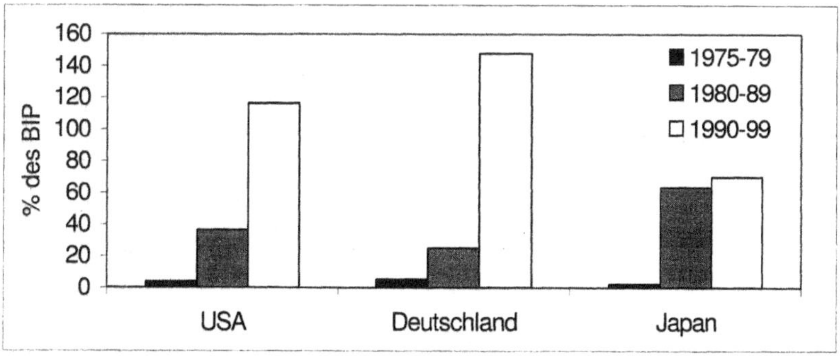

* Bruttowertpapierkäufe und –verkäufe zwischen Gebietsansässigen und Gebietsfremden
Quelle: BIZ (2000): 70. Jahresbericht. Basel, S. 103;

Neben dem internationalen Handel mit Anleihen gewann auch der grenzüberschreitende Aktienhandel stark an Gewicht, der von weniger als 2 Prozent des BIP in den Jahren 1975-1979 auf 14 bis 32 Prozent des BIP in den neunziger Jahren anstieg, wie die folgende Abbildung verdeutlicht, in der das Volumen der

Aktientransaktionen in Relation zum Bruttoinlandsprodukt großer Industrieländer gesetzt wird:

Abb. 11: Internationale Aktientransaktionen*, 1975-1999

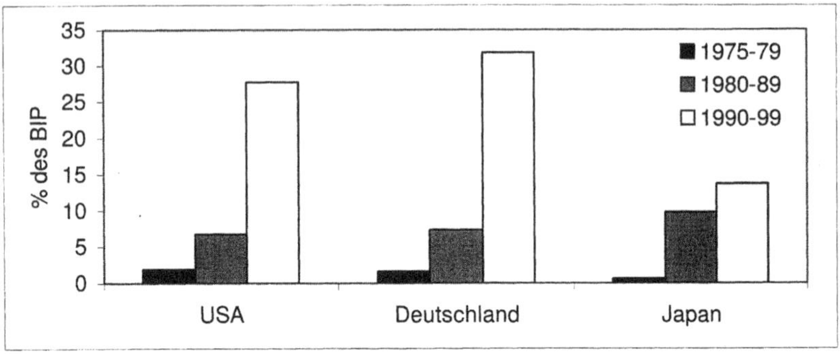

*Bruttowertpapierkäufe und –verkäufe zwischen Gebietsansässigen und Gebietsfremden
Quelle: Bank für Internationalen Zahlungsausgleich (2000): 70. Jahresbericht. Basel, S. 103.

Noch dynamischer als der Handel mit Anleihen und Aktien entwickelte sich in den achtziger Jahren der Handel mit Derivaten, was u.a. auf die starken Schwankungen von Zinsen, Wechselkursen (sowie Preisen für Vermögenstitel allgemein) zurückgeführt werden kann.[272] Derivate dienen einerseits der Absicherung vor Risiken, die mit der steigenden Volatilität von Zinsen, Wechselkursen, Aktien usw. verknüpft sind, auf der anderen Seite eignen sich Derivate für spekulative Geschäfte, da mit relativ geringem Mitteleinsatz große Gewinne erzielt werden können. Da die meisten Derivate nicht an den Terminbörsen, sondern individuell "Over the Counter" verkauft werden, gibt es über das Volumen des Handels mit Derivaten kaum zuverlässige Informationen.[273] Nach Schätzungen der BIZ hat sich der Gesamtumfang der ausstehenden Nominalbeträge (d.h. der Beträge, auf die sich die Derivate beziehen) zwischen 1987 bis 1998 von 1,6 auf 64,5 Billionen Dollar erhöht;[274] pro Tag wurden im Geschäftsjahr 1998 Derivate im Wert von 387,7 Billionen US$ an den Börsen gehandelt, wobei ca. neun Zehntel des Derivatgeschäfts auf Zinsfutures und –optionen entfielen.[275]

[272] Vgl. BIZ (1990): 60. Jahresbericht, S. 183:"The remarkable expansion of markets for derivative products traded on organised exchanges or over the counter is perhaps the most striking development to have occurred in the financial markets during the 1980s [...] all derivative financial products share the feature of not giving rise to an immediate flow of funds from one economic agent to another corresponding to the notional value of the contract. They have all been developed for the purpose of managing the risks associated with changes in asset prices, and the increase in volatility of interest rates, exchange rates and share indices in recent years is the factor which has contributed most to their success."
[273] Vgl. Huffschmid, Jörg (1999): Politische Ökonomie der Finanzmärkte, S. 57.
[274] Ebd., S. 57
[275] Vgl. BIZ (1999): 69. Jahresbericht, S. 149.

Die hier in groben Umrissen beschriebene Expansion der Finanzmärkte und des internationalen Kapitalverkehrs hat vielfältige Ursachen.[276] Zu den wichtigsten zählen:

- Die Anhäufung und Konzentration immer größerer Geldvermögen,[277] die wiederum mit der seit Anfang der achtziger Jahre sich verstärkenden Einkommensumverteilung zugunsten der Gewinn- und Vermögenseinkommen zu tun hat,
- die fortgesetzte Deregulierung der Finanzmärkte in den Industrie- und Entwicklungsländern,
- die hohe und wachsende Staatsverschuldung der Industrieländer,
- das hohe Zinsniveau bzw. die Tatsache, dass spätestens seit Beginn der achtziger Jahre die Realzinsen über den realen Wachstumsraten des BIP liegen, was für die Investoren größere Anreize schafft, ihr Kapital in Finanzanlagen statt in Sachanlagen zu investieren,[278]
- die großen Leistungsbilanzungleichgewichte zwischen den führenden Industrieländern, die entsprechende Kapitalströme zum Ausgleich der Zahlungsbilanzen nach sich ziehen,
- die IT-Revolution und die damit verknüpfte Senkung von Kommunikationskosten, die zur internationalen Expansion und Beschleunigung von Finanztransaktionen beitrug,
- der Strukturwandel großer Industrien, der Ende der achtziger sowie Ende der neunziger Jahre mit einer Welle von grenzüberschreitenden Fusionen und Übernahmen einherging,
- die steigende Volatilität von Zinsen und Wechselkursen, welche zur verstärkten Nutzung von Finanzinnovationen führte,

[276] Laut Filc (1996) lässt sich das „Mengenproblem" auf den Finanzmärkten auf folgende Faktoren zurückführen: Das Wachstum des Welthandels um jährlich 10 Prozent im Durchschnitt, die Ölpreisschocks, die Zunahme von Leistungsbilanzüberschüssen und -defiziten großer Industrieländer, das wachsende Staatsdefizit in manchen großen Industrieländern, das rasche Wachstum des Geldvermögens der Privaten sowie die Deregulierung der Finanzmärkte bzw. die Liberalisierung des internationalen Kapitalverkehrs. Vgl. Filc, Wolfgang (1996): Gefährdungspotentiale an Finanzmärkten, S. 508.

[277] Vgl. Lipp, Ernst-Moritz (2000): Internationale Finanzströme, S. 12:"[I]n den 50 Jahren Friedenswirtschaft sind in den Industrieländern [...] hohe Vermögen entstanden, die durch die Liberalisierung und Globalisierung der Finanzmärkte international hochmobil geworden sind."

[278] Vgl. Deutscher Bundestag (2002) (Hrsg.): Schlussbericht der Enquete Kommission „Globalisierung der Weltwirtschaft", S. 69.

- die fortschreitende Institutionalisierung des Sparens und damit einhergehende Professionalisierung der Vermögensverwaltung, die zur verstärkten internationalen Diversifizierung von Finanzanlagen führte,[279]
- der europäische Integrationsprozess, der innerhalb der EU die Internationalisierung von Produktion und Finanzen vorantrieb.

Dagegen spielte die eigentliche Funktion von Finanzmärkten, die in der Transformation von Ersparnissen privater Haushalte in Investitionen von Unternehmen besteht, bei der Expansion der nationalen und internationalen Finanzmärkte keine Rolle – im Gegenteil: Angesichts steigender Gewinne und/oder sinkender Investitionsmöglichkeiten sind die Unternehmen immer weniger auf externe Finanzierung ihrer Investitionen angewiesen, wie folgende Tabelle verdeutlicht, nach der der Anteil der einbehaltenen Gewinne am gesamten Mittelaufkommen der Unternehmen in den großen Industrieländern von etwa 50 Prozent in der zweiten Hälfte der siebziger Jahre auf fast zwei Drittel (66,2%) in der ersten Hälfte der neunziger Jahre anstieg.

Tab. 11: Herkunft der Unternehmensfinanzierung in fünf G7-Ländern in %

	Einbehaltene Gewinne		Ausgabe von Aktien		Aufnahme von Anleihen		Aufnahme von Krediten	
	1975-80	1990-95	1975-80	1990-95	1975-80	1990-95	1975-80	1990-95
USA	63,5	81,1	4,4	1,0	13,2	10,4	6,6	-1,3
Japan	35,2	54,4	4,9	4,6	2,3	4,3	33,6	39,8
Deutschland	58,8	64,7	2,2	2,0	-0,1	0,7	25,3	23,2
Frankreich	42,6	71,5*	4,0	18,3	-0,0	0,2	12,6	12,2
Kanada	50,2	59,7	7,8	12,1	6,8	-2,8	22,1	17,4
Durchschnitt	50,1	66,2	4,7	7,6	4,2	2,6	20,0	18,3

Quelle: Huffschmid, Jörg (1999), S. 19.

Huffschmid schließt daraus, dass große Investmentbanken und institutionelle Anleger, die auf der Suche nach lukrativen und möglichst risikolosen Anlageformen immer weniger den langfristigen Ertrag von realen Investitionen im Auge haben, sondern auf Preis- und Kursänderungen von Aktien, Anleihen und anderen Wertpapieren spekulieren, auf den Finanzmärkten eine wachsende Rolle spielen.[280] Dagegen sei die eigentliche Funktion der Finanzmärkte, die in der

[279] "Der erheblich gestiegene Anlagebedarf institutioneller Investoren und der auf ihnen lastende Wettbewerbs- und Performance-Druck verstärkten den Wunsch nach internationaler Diversifizierung und erhöhten die Bereitschaft zur Ausnutzung kurzfristig orientierter Gewinnchancen." Vgl. Kollar, Axel (1993): Die Ausweitung des internationalen Kapitalverkehrs: Ursachen - Risiken – Herausforderungen, S. 111.

[280] Vgl. Huffschmid, Jörg (1999): Politische Ökonomie der Finanzmärkte, S. 14ff.

Transformation von Ersparnissen in Investitionen besteht, in den Hintergrund getreten:

> „Die stagnationsgetriebene Finanzakkumulation führt zur Umkehr traditioneller Verhältnisse auf den Finanzmärkten: Dort suchen nicht mehr in erster Linie verschuldungsbereite Unternehmen nach Kreditgebern, sondern Geldbesitzer nach Schuldnern, bei denen sie ihr Geld profitabel anlegen können. Sie treten in der Regel nicht einzeln, sondern in geballter Form als Großbanken, Investmentfonds oder andere institutionelle Anleger auf."[281]

Wie sich dieser Wandel von der Investitionsfinanzierung zum Finanzinvestment auf die Schwellenländer ausgewirkt hat, die in den neunziger Jahren erneut als aufstrebende Märkte ins Visier der institutionellen Anleger und Großbanken gerieten, wird in den folgenden Kapiteln dargestellt und analysiert werden.

3.3 Expansion des Kapitalexports in den neunziger Jahren

In der ersten Hälfte der neunziger Jahre kam es zu einem beispiellosen Aufschwung des privaten Kapitalexports in die Entwicklungs- und Schwellenländer; eine Entwicklung, die in den Wissenschaften zu intensiven Diskussionen über den Prozess der „Globalisierung" führte. Während der Welthandel in jener Zeit um jährlich etwa 5 Prozent zunahm, expandierten die privaten Kapitalströme mit jährlichen Wachstumsraten von 30 Prozent.[282]

Abb. 12: Private Nettokapitalströme in Entwicklungsländer, 1985-2003

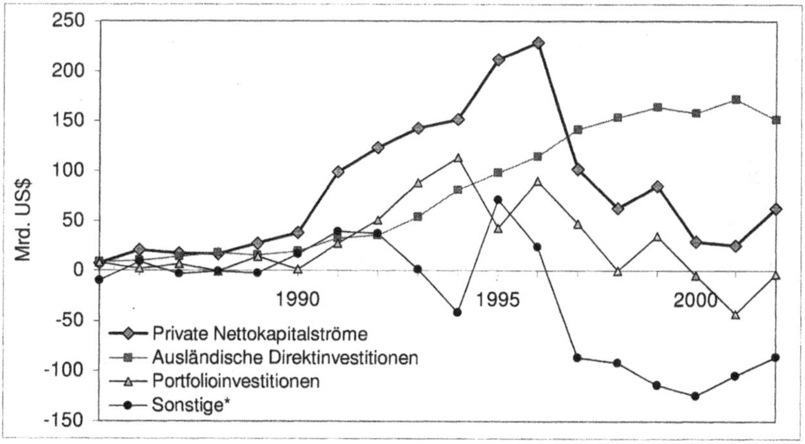

*Überwiegend Bankkredite

Quelle: IWF: World Economic Outlook Database, September 2002

---

[281] Vgl. Huffschmid, Jörg (2002): Politische Ökonomie der Finanzmärkte. Aktualisierte und erweiterte Neuauflage, S. 174.

[282] Vgl. World Bank (1998): East Asia: The Road to Recovery, S. 4.

Wie die Abbildung verdeutlicht, stiegen die gesamten privaten Nettokapitalströme in Entwicklungsländer von 1990 bis zur Asienkrise 1996/97 stark an und fielen dann steil ab. So flossen nach den Statistiken des IWF im Jahr 1996 mehr als 230 Mrd. US$ an privatem Kapital in die Länder der Dritten Welt – das ist etwa sechsmal so viel wie zu Beginn des Jahrzehnts und etwa viermal so viel wie in den Jahren 1978-82, als der private Kreditboom seinen Gipfel erreicht hatte.[283] Dabei liegen die Angaben des IWF noch unter den Angaben der Weltbank, die davon ausgeht, dass die langfristigen privaten Nettokapitalströme in Entwicklungsländer im Jahr 1997 mit über 300 Mrd. US$ ihren Höhepunkt erreichten, wobei mehr als die Hälfte davon (172,5 Mrd. US$) auf ausländische Direktinvestitionen entfiel.[284]

Was waren die Ursachen des gewaltigen Anstiegs der privaten Kapitalströme in die Entwicklungsländer seit Anfang der neunziger Jahre? Abgesehen von der Tatsache, dass die Verschuldungssituation sich in vielen Schwellenländern gegen Ende der achtziger Jahre etwas entspannt hatte, was das Risiko erneuter Zahlungsunfähigkeit verringerte, spielten meines Erachtens fünf Entwicklungen eine zentrale Rolle:

- Das Ende des Kalten Krieges, welches den Kapitaleignern neue Expansionsfelder eröffnete und gleichzeitig eine neue Ära der Nord-Süd-Beziehungen einleitete bzw. zur Etablierung einer "Neuen Weltordnung"[285] führte,
- der neoliberale Politikwechsel in zahlreichen Entwicklungsländern, der einerseits von internationalen Institutionen wie dem IWF und der WTO forciert wurde, zum Teil aber auch auf Bemühungen einzelner Entwicklungsländer zurückging, die sich als attraktive Standorte für ausländische Anleger präsentieren wollten,
- die wirtschaftliche Stagnation in wichtigen Industrieländern, in deren Zuge Investoren aus den USA, der EU und Japan nach höheren Gewinnen in den „emerging markets" Ausschau hielten,
- die wachsende Bedeutung institutioneller Investoren, denen aufgrund der Privatisierung sozialer Sicherungssysteme (insbesondere des Rentensystems) immer mehr anlagesuchendes Kapital zur Verfügung stand,
- die mit dem Aktienboom in den Industrieländern einhergehende Fusionswelle der späten neunziger Jahre, da im Zuge von Konzentrations- und Krisenprozessen auch Konzerne aus den Entwicklungsländern in großem Stil aufgekauft wurden.

---

[283] Vgl. Griffith-Jones, Stephany (1998): Global Capital Flows. Should they be Regulated? S. 41.
[284] Vgl. World Bank (2002): Global Development Finance, S. 32.
[285] Der Begriff der Neuen Weltordnung (New World Order) wurde von Präsident Bush (senior) geprägt vor dem Hintergrund des ersten Golfkriegs gegen den Irak im Jahr 1991.

3.3.1 Das Ende des Kalten Krieges

Analysiert man die politische Dimension der Nord-Süd-Beziehungen, so spricht einiges für die These, dass es für die Entwicklungsländer mit dem Zerfall des Warschauer Paktes immer schwieriger wurde, sich den Forderungen der USA oder des IWF zu widersetzen und die eigene nationale Souveränität zu behaupten, da sie nicht länger die verfeindeten Blöcke gegeneinander ausspielen und daraus Spielräume für einen „Dritten Weg“ gewinnen konnten. Umgekehrt mussten die USA, die als eindeutiger Sieger aus dem Kalten Krieg hervorgegangen waren, bei der Verfolgung ihrer nationalen Interessen immer weniger Rücksicht auf andere Staaten nehmen und konnten die ihnen zur Verfügung stehenden Mittel zur Durchsetzung ihrer Ziele weitaus unbefangener einsetzen. Vergleichbar der Kanonenbootdiplomatie, die im 19. Jahrhundert zur Durchsetzung des „Freihandels“ dienten, werden dabei von den USA und anderen führenden westlichen Staaten in wachsendem Maße auch kriegerische Mittel eingesetzt und Protektorate errichtet, die laut Chossudovsky

> „de facto den Zweck (erfüllen), westlichen Banken und multinationalen Konzernen ungehinderten Zugang zu den betreffenden Märkten zu verschaffen, so dass sie – wie in den Bestimmungen der WTO verlangt – global wie auf einem nationalen Markt agieren können.“[286]

Die Verhandlungsmacht der Entwicklungsländer wurde durch den Wegfall des sozialistischen Lagers also deutlich geschwächt, was sich vor allem in jenen Staaten bemerkbar machte, die einst als Verbündete der USA von der Geoökonomie des Kalten Krieges profitiert hatten.[287]. So ist beispielsweise Walden Bello der Ansicht, dass das Ende des Ost-West-Konflikts mit einer Neuorientierung der US-amerikanischen Außenwirtschaftspolitik einherging, in dessen Zuge vor allem die mit den USA politisch verbündeten Schwellenländer Ostasiens zur Öffnung der Märkte für US-amerikanische Waren und US-amerikanisches Kapital gedrängt wurden.[288] Gleichzeitig hatten die ärmeren Entwicklungsländer unter dem Rückgang der öffentlichen Entwicklungshilfe in den neunziger Jahren

---

[286] Vgl. Chossudovsky, Michel (2002): Global Brutal, S. 34.

[287] So entfiel mit der kommunistischen Bedrohung für die großen Industrieländer auch die Notwendigkeit, den strategisch wichtigen Staaten der Dritten Welt, die an der Schnittstelle der Blöcke lagen (Jugoslawien, diverse ostasiatische Staaten) wirtschaftliche Zugeständnisse zu machen.

[288] "US officials have long regarded the complex of protectionism, mercantilism, industrial policy, and activist state intervention in the economy that envelops most of the East and South-east Asian economies as a system that handicaps US economic interests. Thus as the Cold War wound down beginning in the mid-1980s, Washington began to redefine its economic policy toward East Asia as the creation of a 'level playing field' for its corporations via liberalization, deregulation, and privatization of the Asian economies." Vgl. Bello, Walden (1998): The rise and fall of South-east Asia's economy, S. 15.

zu leiden[289] – ein Rückgang, der einer Studie von Boschini und Olofsgard zufolge ebenfalls auf das Ende des Ost-West-Konflikts und die damit verknüpfte sinkende strategische Bedeutung der Dritten Welt zurückzuführen ist.[290]

Laut Portes hatte das Ende des Kalten Krieges auch starken Einfluss auf die Entwicklungsdebatte, in der neoliberale Ansätze die Hegemonie erringen konnten, während sowohl marxistische Theorieansätze als auch Entwicklungsparadigmen, die dem Staat eine wichtige Rolle im nachholenden Entwicklungsprozess zuerkannt hatten, verdrängt wurden.

> "By the end of the 1980s, the demise of the Soviet bloc gave the final push toward the consolidation of neoclassical theory as the dominant, indeed the only major approach to national development. With the most state-centric of growth strategies (those of the former communist states) thoroughly discredited, the road was clear for the global expansion of capitalism and, along with it, the hegemony of the most market-oriented theoretical school."[291]

Die Ansicht, dass die Entwicklungsländer[292] aufgrund ihrer besonderen Geschichte und der daraus resultierenden gesellschaftlichen Strukturen einen eigenen und selbstbestimmten Entwicklungsweg verfolgen sollten, wich also mehr und mehr der Auffassung, dass

> "certain ideas and policies such as trade protection, extensive regulation by a bureaucratised state, generic restraints on inward foreign investment and the stifling of markets generally are bad for everyone, whether developing or developed."[293]

3.3.2 Deregulierung und Privatisierung in den Entwicklungsländern

Das Ende des Kalten Krieges ging mit einer neoliberalen Offensive einher, die darauf abzielte, bessere Bedingungen für die weltweite Expansion westlicher Großkonzerne und –banken zu schaffen. Ziel dieser in verschiedenen Etappen und von unterschiedlichen Akteuren vorangetriebenen Offensive ist die Schaf-

---

[289] "Aid flows dropped sharply over the last decade in real terms, and by 2000 stood more than 10 percent below the 1990 level. Expressed as a share of donors' gross national product (GNP), aid fell from 0.33 percent in 1990 to 0.22 percent in 2000." Vgl. Weltbank (2002): Global Development Finance, S. 90.

[290] Vgl. Boschini, Anne; Olofsgard, Anders (2001): Foreign Aid: An Instrument for Fighting Poverty or Communism? S. 16f.

[291] Vgl. Portes, Alejandro (1997): Neoliberalism and the Sociology of Development: Emerging Trends and Unanticipated Facts, S. 238.

[292] Mit dem weitgehenden Verschwinden der „Zweiten Welt" der sozialistischen Länder machte auch der Begriff der "Dritten Welt" keinen Sinn mehr.

[293] See Bhagwati, Jagdish (1997): The global age, S. 262.

fung eines liberalen Weltfinanz- *und* Investitionsregimes,[294] d.h. es soll transnationalen Konzernen, Banken und institutionellen Anlegern ermöglicht werden, ihr Kapital zu jeder Zeit in jeder Form und in jedem beliebigen Land/jeder beliebigen Branche zu investieren bzw. von dort wieder abzuziehen.

In den späten achtziger und frühen neunziger Jahren wurden diesbezüglich enorme Erfolge erzielt: Nicht nur in Osteuropa, auch in vielen lateinamerikanischen Ländern kam es zu weitreichenden neoliberalen Reformen der Finanzmärkte und des Kapitalverkehrs – wobei die hohe Auslandsverschuldung häufig als Druckmittel eingesetzt wurde, um Reformen im Interesse der Gläubiger zu erzwingen.

Im Folgenden wird untersucht, inwiefern die Offensive zur Etablierung eines liberalen *Investitionsregimes* in den Entwicklungsländern erfolgreich war und zu wachsenden Zuflüssen ausländischer Direktinvestitionen geführt hat. Ferner wird ein Überblick über den Prozess der Privatisierung von Staatsbetrieben in Entwicklungsländern gegeben, da gezeigt werden kann, dass ein großer Teil der Zuflüsse ausländischer Direktinvestitionen auf den Verkauf einstiger Staatsunternehmen an ausländische Investoren zurückgeführt werden kann.

3.3.2.1 Die Deregulierung des Investitionsregimes

Wie die UNCTAD beschreibt, gingen in den neunziger Jahren mehr und mehr Staaten dazu über, restriktive Bestimmungen über ausländische Direktinvestitionen abzuschaffen bzw. Programme zur Förderung ausländischer Direktinvestitionen aufzulegen. Allein zwischen 1991 und 1996 wurden weltweit insgesamt 599 Gesetze, Verordnungen und andere Regelungen für ausländische Direktinvestitionen geändert, wobei 95 Prozent der Änderungen in Richtung Deregulierung und Liberalisierung gingen.[295]

---

[294] Dies wird auch von liberalen Ökonomen implizit anerkannt, die z.B. schreiben, dass „mit dem Zusammenbruch der Sowjetunion, der Akzeptanz marktwirtschaftlicher Grundsätze in den Entwicklungsländern, dem erfolgreichen Abschluß der Uruguay-Runde und der Gründung der Welthandelsorganisation (WTO) die Weltwirtschaft in eine global-umfassende liberale Phase eingetreten (ist).“ Vgl. Shams, Rasul (1996): Liberalisierung, Globalisierung und Regionalisierung: Neue Ansatzpunkte zur Integration der Entwicklungsländer in die Weltwirtschaft, S. 9.

[295] Vgl. Weltwirtschaft, Ökologie und Entwicklung Weed e.V.; Germanwatch (Hrsg.) (1998): Alles neu macht das MAI? S. 7.

Tab. 12: Die Deregulierung des Investitionsregimes in Entwicklungsländern, 1993-2002

	1993	1994	1995	1996	1997	1998	1999	2000	2001	2002
Anzahl der EL, die ihr Investitionsregime veränderten	57	49	64	65	76	60	63	69	71	70
Anzahl der Gesetzesänderungen	102	110	112	114	151	145	140	150	208	248
davon:										
Vorteilhafter für ausländische Direktinvestitionen*	101	108	106	98	135	136	131	147	194	236
Weniger vorteilhaft für ausländische Direktinvestitionen**	1	2	6	16	16	9	9	3	14	12

*Including liberalizing changes or changes aimed at strengthening market functioning, as well as increased incentives

** Including changes aimed at increasing control as well as reducing incentives

Quelle: UNCTAD (2003): World Investment Report, S. 21.

Dieser Trend zur verstärkten Schaffung von Anreizen für multinationale Konzerne in den neunziger Jahren steht in starkem Kontrast zur Situation in den siebziger Jahren, als die Entwicklungsländer darauf drängten, ein internationales Regelwerk über die Pflichten multinationaler Konzerne zu verabschieden und es parallel dazu zahlreiche Versuche gab, ausländische Niederlassungen transnationaler Konzerne zu verstaatlichen:

Tab. 13: Zeitmuster der Nationalisierung, 1960-1992

	Zahl der Verstaatlichungen	in % aller Verstaatlichungen	Durchschnitt pro Jahr
1960-1964	55	9,6	11,0
1965-1969	81	14,1	16,2
1970-1975	336	58,4	56,0
1976-1979	87	15,1	21,8
1980-1985	15	2,6	2,5
1986-1992	1	0,2	0,2

Quelle: Minor, Michael S. (1994): The Demise of Expropriation as an Instrument of LDC policy, S. 182.

Wie die folgenden Statistiken der UNCTAD verdeutlichen, hat in den späten neunziger Jahren ein Denationalisierungsprozess eingesetzt, d.h. ausländische Investitionen haben gegenüber einheimischen Investitionen deutlich an Bedeutung gewonnen. Dies zeigt sich, wenn man die Bestände ausländischer Direktinvestitionen (ADI) in Relation zum BSP oder die ADI-Zuflüsse in Relation zur Bruttokapitalbildung setzt: So stieg die durchschnittliche Relation zwischen den *ADI-Beständen* in Entwicklungsländern[296] und dem Bruttosozialprodukt der Entwicklungsländer von 14,8 Prozent (1990) auf 36 Prozent (2002). Zwar sind die ADI-Bestände in den Industrieländern niedriger, ihr Anteil am BSP ist aber ebenfalls von 8,2 Prozent (1990) auf 18,7 Prozent (2002) angestiegen.

Abb 13: Die Bedeutung ausländischer Direktinvestitionen in Entwicklungs- und Industrieländern, 1980-2002

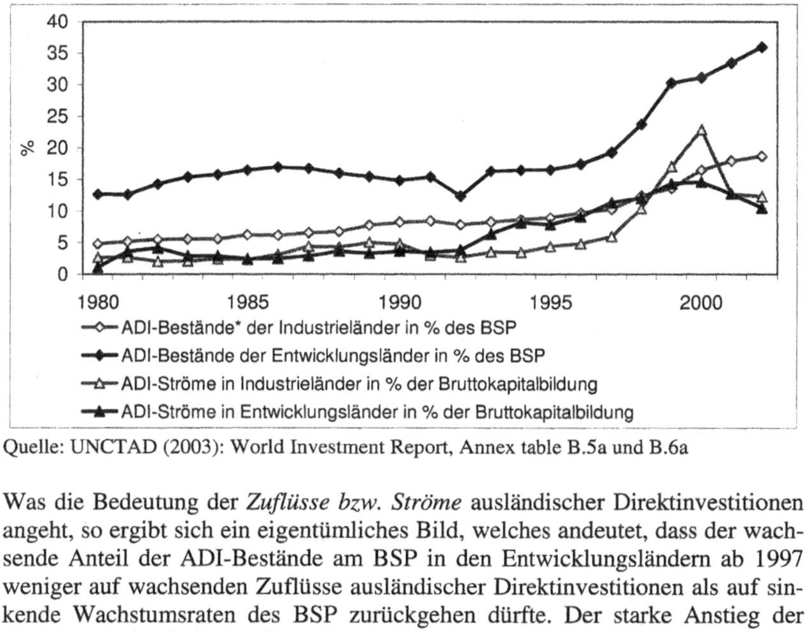

Quelle: UNCTAD (2003): World Investment Report, Annex table B.5a und B.6a

Was die Bedeutung der *Zuflüsse bzw. Ströme* ausländischer Direktinvestitionen angeht, so ergibt sich ein eigentümliches Bild, welches andeutet, dass der wachsende Anteil der ADI-Bestände am BSP in den Entwicklungsländern ab 1997 weniger auf wachsenden Zuflüsse ausländischer Direktinvestitionen als auf sinkende Wachstumsraten des BSP zurückgehen dürfte. Der starke Anstieg der ADI-Ströme in die Industrieländer ab 1997 kann dagegen primär auf den europäischen Integrationsprozess sowie auf die damit zusammenhängende Fusionswelle der späten neunziger Jahre zurückgeführt werden.

3.3.2.2 Die Privatisierung von Staatsbetrieben in Entwicklungsländern

Die Liberalisierung des Kapitalverkehrs und des Investitionsregimes ging in den Entwicklungsländern einher mit der verstärkten Privatisierung von Staatsbetrieben. So stiegen die Privatisierungserlöse der Entwicklungsländer von weniger

[296] Gemeint sind die „Inward Stocks", d.h. aus Sicht der Entwicklungsländer die Bestände an ausländischen Direktinvestitionen, die von den Industrieländern in den Entwicklungsländern investiert wurden.

als 5 Mrd. US$ pro Jahr in den achtziger Jahren auf über 20-30 Mrd. US$ pro Jahr in den Jahren 1991-1996 und auf über 60 Mrd. US$ im Jahr 1997 (vgl. Abb. 14). Dabei spielten große lateinamerikanische Schwellenländer eine Vorreiterrolle bei der Privatisierung großer Staatsbetriebe:[297] Allein Mexiko erzielte in den Jahren 1990 bis 1993 Privatisierungserlöse von über 23 Mrd. US$.[298]

Wie IWF und Weltbank feststellen, gingen viele der privatisierten Betriebe anschließend in die Hände ausländischer Investoren über;[299] beispielsweise lassen sich 80 Prozent aller ausländischen Direktinvestitionen in Argentinien im Jahr 1991 direkt auf den Verkauf von Anteilen privatisierter Firmen zurückführen.[300] Was die Privatisierungserlöse betrifft, so dienten diese oft zur Bedienung des Schuldendienstes der Entwicklungsländer oder waren Bestandteil des 1989 vom US-amerikanischen Finanzminister Nicholas Brady propagierten Umschuldungsprogramms, welches primär darauf abzielte, durch sogenannte „debt for equity swaps“ Altschulden gegen Aktienkapital „einzutauschen“.

Abb. 14: Privatisierungserlöse in Entwicklungsländern, 1990-1999

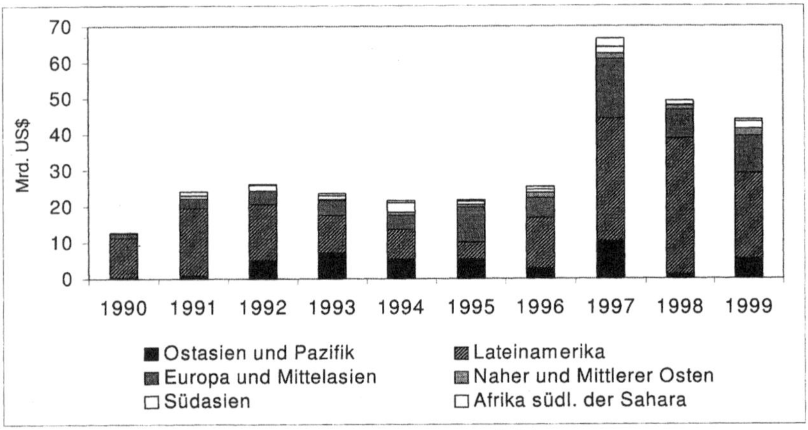

Quelle: World Bank (2001): Global Economic Prospects, S. 84.

[297] Vgl. OECD (1996): Financial Market Trends, No. 64, S. 56.

[298] Vgl. OECD (1997): Financial Market Trends, No. 66, S. 19.

[299] Wie Weltbank und IWF feststellen, besteht ein direkter Zusammenhang zwischen der verstärkten Privatisierung von großen Staatsbetrieben und dem Aufschwung von ausländischen Direktinvestitionen in Entwicklungsländern „.[...].FDI has responded to government decisions on privatization programs; 7 of the 10 largest FDI recipients received more than $1 billion in foreign funds to finance privatization activities in 1999." Vgl. World Bank (2002): Global Development Finance, S. 39. Vgl. hierzu auch Prasad, Eswar et al. (2003): Effects of Financial Globalization on Developing Countries: Some Empirical Evidence, S. 22.

[300] Vgl. OECD (1996): Financial Market Trends, No. 64, S. 56.

Der Schwerpunkt der Privatisierungen lag im Bereich der Dienstleistungen bzw. der Infrastruktur,[301] dabei wurden etwa 12 Prozent aller Erlöse mit der Privatisierung von Banken und anderen Finanzinstituten erzielt.

Tab. 14: Privatisierung in Entwicklungsländern nach Wirtschaftszweigen, 1990-1999, in Mrd. US$

Infrastruktur	154,347
Telekommunikation	76,110
Elektrizität	53,427
Industrie	50,152
Stahl	9,613
Chemie	6,060
Bau	5,812
Andere	27,071
Energie	59,917
Öl und Gas	45,074
Bergbau	9,001
Finanzinstitute	38,008
Banken	34,164
Andere	13,289
Total	315,712

Quelle: World Bank (2001): Global Development Finance. Washington, D.C., S. 189.

3.3.3 Stagnation in den Industrieländern

Wie schon in den siebziger Jahren, so läßt sich auch in den neunziger Jahren der verstärkte Kapitalexport in Schwellenländer auf wirtschaftliche Stagnationstendenzen in den wichtigsten Industrienationen zurückführen. So gingen die durchschnittlichen Wachstumsraten des Bruttosozialprodukts in den Industrieländern von über 4 Prozent 1988 auf unter 2 Prozent in den Jahren 1991-1993 zurück; die Entwicklungsländer konnten dagegen zwischen 1991 und 1996 jährliche Wachstumsraten des BSP von über 5 Prozent erzielen.[302]

Die wirtschaftliche Stagnation bzw. die sinkende Rentabilität der Investitionen in den großen Industrieländern drückte sich in einem niedrigen Zinsniveau

---

[301] Vgl. World Bank (2003): Global Economic Prospects and the Developing Countries, S. 96.

[302] Vgl. die im Internet verfügbaren Statistiken des Internationalen Währungsfonds URL:http://www.imf.org/external/pubs/ft/weo/2002/02/data/growth_a.csv sowie URL:http://www.imf.org/external/pubs/ft/weo/2002/02/data/growth_d.csv (Stand: 10.02.03)

aus.[303] So sanken beispielsweise die kurzfristigen Zinssätze in den USA von 7,5 Prozent im Jahr 1990 auf unter 4 Prozent in den Jahren 1992 und 1993, was dazu beitrug, dass zahlreiche Schwellenländer insbesondere aus dem lateinamerikanischen Raum mit kurzfristigen Portfolioinvestitionen geradezu überschwemmt wurden. Noch dramatischer entwickelten sich allerdings die kurzfristigen Zinssätze in Japan, die noch 1991 bei 7 Prozent gelegen hatten, seit 1995 aber auf weit unter 1 Prozent abgesackt sind.

Tab. 15: Kurzfristige Zinssätze[304] in den G5, 1990-1997

	1990	1991	1992	1993	1994	1995	1996	1997
USA	7.5	5.4	3.4	3.1	4.4	5.7	5.1	5.2
Japan	6.9	7.0	4.1	2.7	1.9	1.0	0.3	0.3
Deutschland	8.4	9.2	9.5	7.2	5.3	4.5	3.3	3.3
Großbritannien	14.8	11.5	9.5	5.9	5.5	6.7	6.0	6.9
Frankreich	10.2	9.7	10.5	8.4	5.8	6.6	3.8	3.3

Quelle: IWF (1998): World Economic Outlook, October 1998, S. 195.

Dieses niedrige Zinsniveau führte wie schon in den siebziger Jahren zur verstärkten Suche nach profitablen Anlagemöglichkeiten in den Entwicklungsländern, wobei hier allerdings differenziert werden muss: So entfielen auf die ärmeren Entwicklungsländer – mit Ausnahme von Indien und China – gerade einmal 3 Prozent der privaten Kapitalströme in Entwicklungsländer, während über die Hälfte des privaten Kapitals im Jahr 1996 in nur sechs Länder floss: nach China, Mexiko, Thailand, Malaysia, Brasilien und Indonesien.[305]

Zudem ist es sinnvoll, in den neunziger Jahren zwischen drei Perioden des Kapitalexports zu unterscheiden:[306] So waren die Jahre 1990-1995 gekennzeichnet durch niedrige Zinsen und einen relativ niedrigen Dollarkurs, was insbesondere US-amerikanische institutionelle Investoren zu massiven Aktien- bzw. Portfolioinvestitionen in (lateinamerikanischen) Schwellenländern veranlaßte – eine Situation, die sich erst mit der Mexikokrise des Jahres 1995 änderte, als der Kapitalexport in Schwellenländer abrupt abbrach.

---

303 „Interest rates in the industrial countries were at historically low levels during the early 1990s." Vgl. Kahler, Miles (1998): Introduction: Capital Flows and Financial Crises in the 1990s, S. 4.

304 For the US, three-month certificates of deposit (CDs) in secondary markets; for Japan, three month CDs; for Germany, France and the United Kingdom, three-month interbank deposits. IMF (1996): World Economic Outlook. May 1996, S. 139.

305 Vgl. Kahler, Miles (1998): Introduction: Capital Flows and Financial Crises in the 1990s, S. 11.

306 Vgl. Kichikawa, M. (1999): Overview of international capital flows in the 1990s, S. 6.

Ab Mitte des Jahres 1995 bis zur Asienkrise 1997 waren es dann vor allem die niedrigen Zinssätze in Japan sowie eine expansivere Geldpolitik in Europa, die zu einer Umlenkung der Kapitalströme in die USA führten, die wiederum einen Teil des Kapitals an aufstrebende Schwellenländer weitergaben:

> „[F]unds in excess of the U.S. current account deficit flowed into the United States from Japan and Europe, where the governments continued easy monetary policy [...] The United States in turn recycled these funds to emerging markets in Asia and Latin America, where currencies were linked to the US dollar."[307]

Seit Beginn der Asienkrise 1997 strömte zunächst das in den ostasiatischen Schwellenländern angelegte Kapital zurück in die Industrieländer, gefolgt von einem generellen Rückzug ausländischen Kapitals aus der Semiperipherie im Zuge der Krise in Russland 1998.

3.3.4 Die wachsende Bedeutung institutioneller Investoren

Bei der ersten Welle des Kapitalexports in den Jahren 1992-1994 spielten Portfolioinvestitionen in (vor allem lateinamerikanische) Schwellenländer eine herausragende Rolle.[308] Das starke Wachstum der Portfolioinvestitionen hing wiederum mit der wachsenden Bedeutung der (vor allem US-amerikanischen) institutionellen Investoren (Pensionsfonds, Investmentfonds, Versicherungen u.a.) zusammen, denen immer größere Ersparnisse zur professionellen Verwaltung anvertraut wurden. Nach Angaben der OECD belief sich das Finanzvermögen der institutionellen Investoren in den Jahren 1999 und 2000 auf über 36 Billionen US$, davon entfielen über 12 Billionen auf Versicherungen und jeweils über 10 Billionen auf Pensionsfonds und Investmentfonds.[309] Wie die folgende Abbildung zeigt, wurde mehr als die Hälfte dieses Anlagevermögens von institutionellen Investoren aus den USA kontrolliert, die im Jahr 2000 Finanzanlagen in Höhe von über 19,5 Billionen US$ verwalteten - wobei hier der gewaltige Anstieg des Vermögens in den Jahren 1994-1999 besonders ins Auge fällt.

---

[307] Vgl. Kichikawa, M. (1999): Overview of international capital flows in the 1990s, S. 14.

[308] Dabei sollte angemerkt werden, dass die Statistiken zu internationalem Kapitalverkehr sehr ungenau sind, sowohl was die Angaben zur Höhe der Portfolioinvestitionen betrifft, als auch was die prinzipielle Frage angeht, ob bzw. nach welchen Kriterien Portfolioinvestitionen von ausländischen Direktinvestitionen unterschieden werden können.

[309] Vgl. OECD (2001): Financial Market Trends, Nr. 80, September 2001, S. 50ff. sowie OECD (2004): Database Institutional Investors. URL: http://www. (Stand: 03.05.04)
Da die Statistiken der OECD für viele Länder unvollständig sind, dürfte es sich bei den Angaben für 1999 und 2000 noch um relativ konservative Schätzungen handeln. Auf der anderen Seite zeigen die Daten der OECD, dass das Vermögen der institutionellen Investoren seit 1999 rückläufig ist, was mit der im Frühjahr 2000 einsetzenden Aktienpreisdeflation zu tun hat, so dass die vorläufige Schätzung der OECD für das Jahr 2001, die das Finanzvermögen von institutionellen Investoren aus 28 OECD-Ländern auf 35,16 Bio. US$ beziffert, wiederum zu hoch gegriffen sein könnte.

Abb. 15: Das Vermögen institutioneller Investoren* aus den G7 (Mrd. US$)

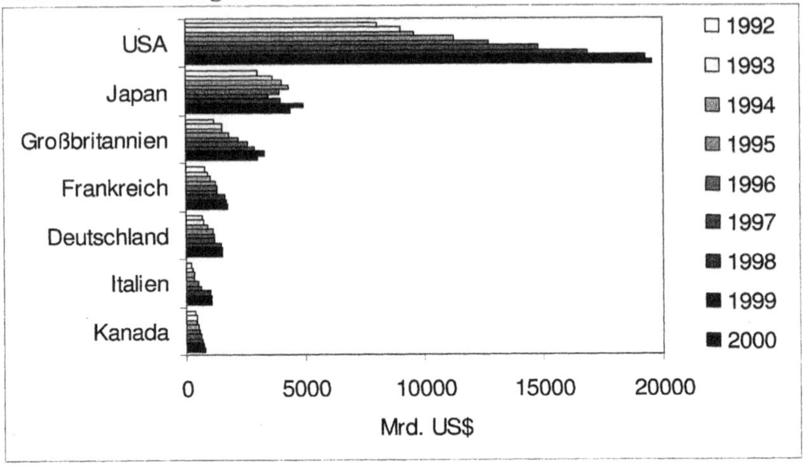

*Financial assets of institutional investors
Quelle: OECD (2004): Institutional Investors Database. (Stand:03.05.04)
URL: http://www.oecd.org/document/23/0,2340,fr_2649_37467_25495063_1_1_1_37467,00.html

Die Dominanz der US-amerikanischen institutionellen Investoren lässt sich in erster Linie auf die Struktur des dortigen Finanzmarktes zurückführen. Im Gegensatz zu den bankenzentrierten Finanzsystemen, die man in Japan, Kontinentaleuropa sowie den meisten Entwicklungs- und Schwellenländern findet, sind die Systeme der Finanzintermediation in den angelsächsischen Ländern (USA, Großbritannien, Australien) sowie in Hongkong und Südafrika börsenzentriert, d.h. Wertpapiergeschäfte spielen dort eine weitaus größere Rolle.[310] Da Banken nicht zu den institutionellen Investoren gezählt werden (obwohl sie natürlich ebenfalls in der Vermögensverwaltung bzw. im Investmentbanking tätig sind), ist der Anteil des Vermögens institutioneller Investoren am Bruttosozialprodukt in den USA oder Großbritannien folglich weitaus höher als in Deutschland oder Japan (vgl. Abbildung 16). Ferner könnte eine Rolle spielen, dass die Privatisierung sozialer Sicherungssysteme in den USA und Großbritannien weiter vorangeschritten ist als in den kontinentaleuropäischen Ländern, d.h. private Pensionsfonds sind dort im Hinblick auf die Alterssicherung der Bevölkerung von größerer Bedeutung.[311]

[310] Vgl. Becker, Joachim et al. (2003): Geld, Finanzmärkte und Krisendynamiken, in: Becker, Joachim et al. (Hrsg.): Geld Macht Krise. Finanzmärkte und neoliberale Herrschaft, S. 9f.
[311] Vgl. Waldow, Peter (2000): Wie funktionieren die internationalen Finanzmärkte? In: Osterhaus, Anja; Mosebach, Kai; Wahl, Peter, Waldow, Peter: Kapital braucht Kontrolle. Die internationalen Finanzmärkte: Funktionsweise – Hintergründe – Alternativen. Bonn, S. 24.

Abb. 16: Das Vermögen institutioneller Investoren aus den G7 (% des BSP)

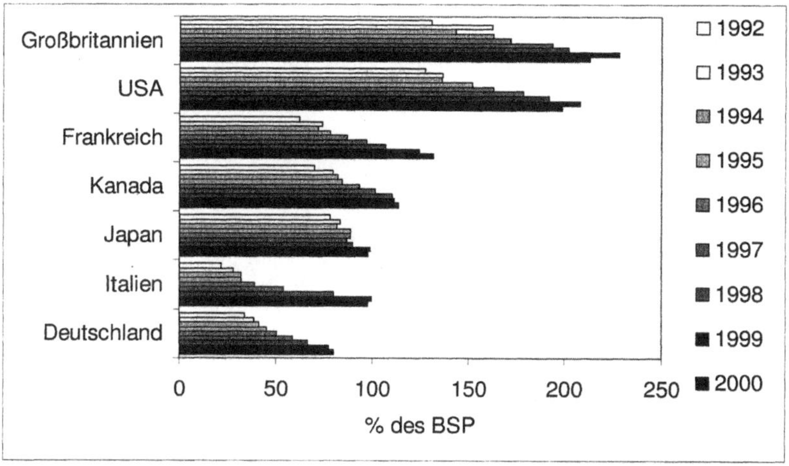

Quelle: OECD (2004): Institutional Investors Database (Stand:03.05.04)
URL: http://www.oecd.org/document/23/0,2340,fr_2649_37467_25495063_1_1_1_37467,00.html

Zwar wurde Mitte der neunziger Jahre lediglich ein knappes Zehntel (9,4%) der weltweiten Vermögen von institutionellen Investoren im Ausland angelegt; es wäre jedoch

> "ein Irrtum, aus diesem relativ geringen Anteil der Auslandsanlage auf eine geringe Bedeutung der institutionellen Anleger für die internationalen Finanzmärkte zu schließen. Denn absolut handelt es sich um sehr große Summen: 10 Prozent von 21 Billionen Dollar sind 2,1 Billionen oder 2100 Mrd. Dollar."[312]

Gegen den Zu- bzw. Abfluß solcher Beträge haben die Zentralbanken der Schwellenländer kaum eine Chance. So schätzt der IWF, dass eine Verlagerung des Anlagevermögens institutioneller Investoren um lediglich ein Prozent einem Kapitalzustrom bzw. -abfluss von 200 Mrd. US$ gleichkommt.[313]

Die Weltbank geht davon aus, dass allein das Vermögen der weltweiten *Pensionsfonds* zwischen 1989 und 1994 von 4,3 Billionen US$ auf 7 Billionen US$ gestiegen ist.[314] Gleichzeitig erhöhte sich der Anteil des im Ausland angelegten Vermögens der Pensionsfonds von 7 auf 11 Prozent, so dass sich die gesamten ausländischen Finanzinvestitionen der Pensionsfonds innerhalb weniger Jahre

---

[312] Vgl. Huffschmid, Jörg (1999): Politische Ökonomie der Finanzmärkte. Hamburg, S. 87.

[313] "The IMF has calculated that a mere 1 percent shift in the assets managed by institutional investors toward emerging markets would represent a capital inflow of $200 billion." Vgl. World Bank (1998): Global Economic Prospects and the Developing Countries, S. 43.

[314] Vgl. World Bank (1997): Private Capital Flows to Emerging Markets, S.14.

verdoppelten: Von 302 Mrd. US$ im Jahr 1989 auf 790 Mrd. US$ im Jahr 1994, wobei auch hier den Fonds aus den USA eine besonders große Rolle zukam:

> "Indeed, U.S. pension fund investments in emerging markets, including investments made on their behalf by mutual funds, have been an important factor in propping up investment flows to emerging markets [...]" [315]

Abb. 17: Das von Pensionsfonds verwaltete Vermögen in ausgewählten Ländern der OECD,* Mrd. US$, 1992-2000

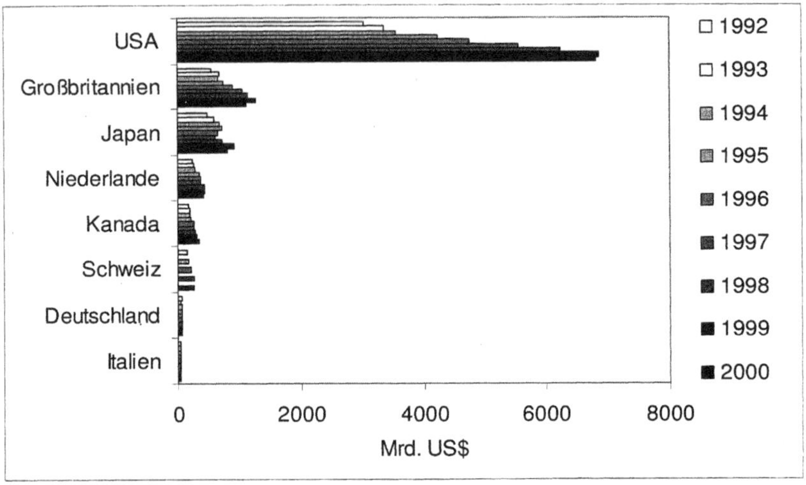

Quelle: OECD (2004): Institutional Investors Database (Stand:03.05.04)
URL:http://www.oecd.org/document/23/0,2340,fr_2649_37467_25495063_1_1_1_37467,00.html

Eine noch größere Rolle im Hinblick auf den Kapitalexport in Schwellenländer spielten jedoch die Investmentfonds (mutual funds), die im Vergleich zu Versicherungen und Pensionsfonds weitaus weniger aufsichtsrechtlichen Vorschriften unterliegen und daher größere Risiken eingehen können. Wie die Weltbank beschreibt, waren diese mutal funds die ersten, die in großem Umfang Wertpapiere aus den Schwellenländern aufkauften:

> "Among institutional investors, mutual funds led the surge in investments in emerging market equities. In 1986 there were 19 emerging market country funds and 9 regional or global emerging market funds. By 1995 there were over 500 country funds and nearly 800 regional and global funds. The combined assets of all closed- and open-end emerging market funds increased from $1,9 billion in 1986 to $10,3 billion in 1989 to $132 billion at the middle of 1996 [...]"[316]

---

[315] Vgl. World Bank (1997): Private Capital Flows to Emerging Markets, S.14ff.
[316] Ebd., S.14.

3.3.5 Die Fusionswelle der späten neunziger Jahre

Der Aktienboom der neunziger Jahre ging mit einem enormen Konzentrationsschub einher, der sich in einer Welle von Großfusionen in zahlreichen Wirtschaftszweigen niederschlug. So hat sich die Zahl der Unternehmenszusammenschlüsse seit Beginn der neunziger Jahre fast verdreifacht und ihr Wert verachtfacht.[317] Auf dem Höhepunkt der Fusionswelle im Jahr 2000 erreichte der Wert der Fusionen und Übernahmen über eine Billion Dollar,[318] mit dem Aktiencrash 2001 ging dann allerdings das Volumen der Fusionen und Übernahmen wieder zurück.

Abb. 18: Fusionen und Übernahmen in Industrieländern, 1987-2001

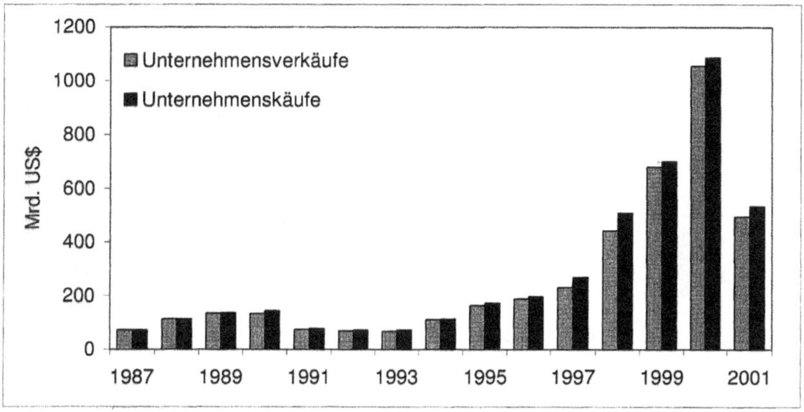

Quelle: UNCTAD (2003): World Investment Report, Annex Table B.7: Cross Border M&A Sales by region / economy of seller, 1987-2002 sowie Annex Table B.8: Cross Border M&A Sales by region / economy of purchaser, 1987-2002.

Vergleicht man die von den Industrieländern getätigten *Käufe* und *Verkäufe* von Unternehmen miteinander, so fällt auf, dass in den Jahren 1997 und 1998 das Volumen der Unternehmenskäufe etwas über dem Umfang der Unternehmensverkäufe liegt, was nichts anderes bedeutet als dass die Industrieländer in jenen Jahren in größerem Umfang Unternehmen aus den Entwicklungsländern aufgekauft haben, während in den anderen Jahren fast ausschließlich die Unternehmen der Industrieländer miteinander fusionierten.

[317] Vgl. Deutscher Bundestag (2002) (Hrsg.): Schlussbericht der Enquete Kommission "Globalisierung der Weltwirtschaft", S. 160.
[318] Zählt man sowohl die Unternehmenskäufe als auch die Unternehmensverkäufe, so ergibt sich ein Volumen von über 2 Billionen US$.

Dass dieser auf der Abbildung relativ unbedeutend erscheinende „Überhang" der Unternehmenskäufe über die Unternehmensverkäufe für die Entwicklungsländer von sehr viel größerer Relevanz war, zeigt die folgende Abbildung, in der die Unternehmenskäufe und –verkäufe der *Entwicklungsländer* einander gegenübergestellt werden. Es lässt sich feststellen, dass die Differenz zwischen Unternehmensverkäufen und –käufen auf dem Höhepunkt der Asienkrise 1998 besonders ausgeprägt war, was als Indiz für die These gelten kann, nach der Finanzkrisen zum verstärkten Verkauf heimischer Unternehmen an ausländische Investoren führen.

Abb. 19: Fusionen und Übernahmen in Entwicklungsländern, 1987-2001

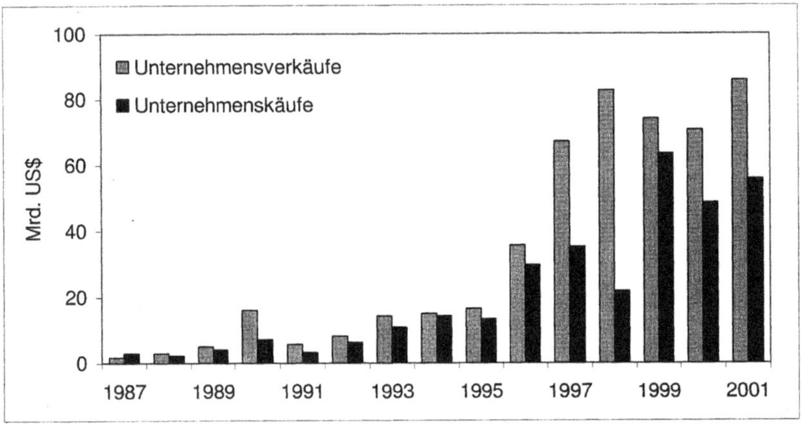

Quelle: UNCTAD (2003): World Investment Report, Annex Table B.7: Cross Border M&A Sales by region / economy of seller, 1987-2002 sowie Anne Table B.8: Cross Border M&A Sales by region / economy of purchaser, 1987-2002.

3.4 Die Finanzkrisen des späten 20. und frühen 21. Jahrhunderts

In den neunziger Jahren florierte nicht nur der Kapitalexport aus den Indusrtrieländern – es war auch ein Jahrzehnt schwerer Finanzkrisen, von denen kaum ein Schwellenland verschont blieb. Wenn man die mit dem Transformationsprozess einhergehenden schweren Wirtschafts- und Bankenkrisen der ehemals sozialistischen Staaten ausblendet, so war Mexiko erneut[319] das erste Glied in der Kette: Vor dem Hintergrund heftiger innenpolitischer Kämpfe und einer Zinserhöhung in den USA wurde seit Juni 1994 Kapital in immer größeren Mengen aus Mexiko abgezogen, was dazu führte, dass die feste Bindung des Pesos an den US-

[319] Bereits die Internationale Verschuldungskrise der achtziger Jahre begann nach Ansicht der meisten Autoren mit der Zahlungsunfähigkeit Mexikos bzw. der Erklärung der mexikanischen Regierung, den Schuldendienst nicht mehr bedienen zu können.

Dollar im Dezember 1994 aufgegeben werden musste, woraufhin der Peso innerhalb von zwei Wochen zwei Drittel seines Wertes einbüßte.[320] Nicht zuletzt aufgrund der umfangreichen Beistandskredite des IWF, der USA und anderer Industrienationen in Höhe von insgesamt 51 Mrd. US$[321] gelang es, einen Bankrott des mexikanischen Bankensystems abzuwenden und eine weitere Ausbreitung der Krise zu verhindern – allerdings nur für kurze Zeit.

Nach vorherrschender Auffassung begann die eigentliche internationale Finanzkrise der neunziger Jahre, die üblicherweise als „Asienkrise" bezeichnet wird, im Juli 1997 mit dem dramatischen Kurssturz der thailändischen Währung. Von Thailand ausgehend griff die Asienkrise dann im Juli und August 1997 auf Indonesien, Malaysia und die Philippinen über. Im Oktober 1997 wurden auch Taiwan und Hongkong, die bislang von der Asienkrise kaum betroffen waren, von einer Spekulationswelle gegen ihre Währungen erfaßt, wobei es diesen Ländern angesichts umfangreicher Devisenreserven jedoch gelang, die Bindung ihrer Währungen an den US-Dollar aufrechtzuerhalten. Ebenfalls im Oktober griffen die Schockwellen auf die Aktienmärkte über: Weltweit waren massive Einbrüche an den Börsen zu verzeichnen[322] – vor allem in Lateinamerika und Russland.[323] Im Oktober 1997 wurde schließlich auch das OECD-Mitglied Südkorea von der Krise „angesteckt" und selbst Japan bekam die Folgen der Krise zu spüren, als das viertgrößte Wertpapierhaus des Landes, Yamaichi, am 24. November 1997 Konkurs anmelden musste.[324]

Das Jahr 1998 startete mit einer weiteren Verschärfung der Krise: Nachdem neue Schätzungen die indonesischen Auslandsschulden auf ca. 55 Mrd. US$ beziffert hatten, geriet die indonesische Rupie im Januar 1998 abermals ins Rutschen. Durch die weitere Zuspitzung der Lage in Indonesien, die am 21. Mai zum Rücktritt des indonesischen Staatspräsidenten Suharto führte, kam es zu einem Vertrauensverlust der internationalen Anleger, der seinen Höhepunkt erreichte, als die russische Regierung vor dem Hintergrund massiver Kapitalflucht, einer drastischen Abwertung des Rubels und dem Zusammenbruch des

[320] Vgl. Brand, Diana; Röhm, Thomas (1995): Ursachen und Konsequenzen der mexikanischen Währungskrise, S. 21

[321] Das Hilfspaket setzte sich zusammen aus Darlehen des Währungsstabilisierungsfonds der USA in Höhe von 20 Mrd. US$, des IWF mit 17,8 Mrd. US$, sowie weiteren 11 Mrd. US$ aus anderen Industrienationen und Darlehen von verschiedenen Geschäftsbanken. Vgl. Brand, Diana; Röhm, Thomas (1995): Ursachen und Konsequenzen der mexikanischen Währungskrise, S.22.

[322] So verloren die Börsen der fünf am stärksten betroffenen Staaten (Thailand, Indonesien, Malaysia, Philippinen, Südkorea) bis zum Ende des Jahres 1997 drei Fünftel ihres Dollarwertes; im Lauf von nur sechs Monaten wurde Kapital in einer Größenordnung von 600 Milliarden US$ vernichtet. Vgl. Kreft, Heinrich (1998) Das 'asiatische Wunder' in der Krise, S. 7.

[323] Vgl. Sachverständigenrat zur Begutachtung der gesamtwirtschaftlichen Entwicklung (SVR) (1998): Jahresgutachten 1998/99, S. 17.

[324] Vgl. Weggel, Oskar (1998): Annum horribile 1997, S. 141.

Marktes für Staatsanleihen am 17. August 1998 den Schuldendienst vorläufig einstellte.

Spätestens jetzt hatte sich die Asienkrise zu einer globalen Finanzkrise ausgeweitet: Fast alle Schwellenländer mussten ihre Zinsen drastisch erhöhen, um der verstärkten Kapitalflucht und dem Verfall ihrer Aktienwerte entgegenzuwirken; weltweit fielen die Preise für zahlreiche Handelsgüter, was Diskussionen über die Risiken einer globalen Deflation auslöste. Selbst in den Industrieländern machte man sich zunehmend Sorgen um die Stabilität des internationalen Finanzsystems – vor allem, als der drohende Kollaps des großen amerikanischen Hedge Funds Long-Term Capital Management (LTCM) im September 1998 die Verwundbarkeit westlicher Finanzinstitutionen drastisch vor Augen führte.[325] Doch während der Zusammenbruch eines der größten Hedge Funds der Welt durch das schnelle Zusammenwirken internationaler Banken im letzten Moment abgewendet werden konnte, hatten große lateinamerikanische Schwellenländer wie Brasilien weniger Glück: Obwohl der IWF an die brasilianische Regierung im November 1998 Kredite in Höhe von 41,5 Mrd. Dollar vergeben hatte, konnte eine Krise nicht verhindert werden. Am 13. Januar 1999 wurde die Bindung des Real an den US-Dollar aufgegeben, die Börse in Sao Paolo brach zusammen und bis Ende des Monats verlor die brasilianische Währung mehr als 40 Prozent ihres Wertes.[326]

In den Jahren 2000 und 2001 gerieten schließlich die Türkei sowie Argentinien in eine schwere Liquiditätskrise und erhielten vom IWF große Beistandskredite,[327] die aber – ähnlich wie in Brasilien – nicht geeignet waren, eine weitere Verschärfung der Krise zu verhindern. Obwohl die argentinische Regierung unter Menem und de la Rua – ebenso wie die türkische Regierung – in den Jahren zuvor all das getan hatte, was vom IWF gefordert wurde, kam es in beiden Ländern zu den schwersten Wirtschaftskrisen seit mindestens 50 Jahren. So schnellte die Arbeitslosenzahl in der Türkei von Mitte 2000 bis Mitte 2001 um eine Million Menschen nach oben; im Februar 2001 musste die türkische Lira um 40 Prozent abgewertet werden und die türkische Regierung sah sich gezwungen, 18 Banken zu verstaatlichen, um einen Zusammenbruch des Finanzsektors zu verhindern.[328] In Argentinien, das sich bereits seit Mitte 1998 in einer Rezession

---

[325] Zur Krise des größten amerikanischen Hedge Fund LTCM siehe auch den Report of The President's Working Group on Financial Markets (1999): Hedge Funds, Leverage, and the Lessons of Long-Term Capital Management, S. 12 f.

[326] Vgl. Chossudovsky, Michel (1999): Die vom IWF gesponsorte wirtschaftliche Katastrophe in Brasilien, S. 1ff.

[327] Insgesamt erhielt Argentinien im Jahr 2002 Kredite vom IWF in Höhe von 40 Mrd. US$.

[328] Vgl. Wolf, Winfried (2001): Arbeitslose, schnallt den Gürtel enger, in: junge welt, 14. September 2001.

befand, spitzte sich die Situation im Dezember 2001 zu einer schweren Finanz- und Staatskrise zu.[329]

Im folgenden Kapitel soll – wie in Kapitel 3.2 – zunächst auf die wichtigsten externen Faktoren eingegangen werden, die zur Zuspitzung der Krisen führten. Anschließend soll ein kurzer Überblick über das Krisenmanagement sowie die wirtschaftlichen und sozialen Folgen von Finanzkrisen in Schwellenländern gegeben werden. Da eine umfassende Darstellung der Krisenursachen, des Krisenmanagements und der Krisenfolgen den Rahmen der Darstellung sprengen würde, da zahlreiche Schwellenländer zu unterschiedlichen Zeitpunkten in die Krise geraten sind, wird sich die folgende Darstellung in erster Linie auf die Asienkrise der Jahre 1997ff. konzentrieren.

3.4.1 Die Zuspitzung der Krisen

Bei der Zuspitzung der Finanzkrisen der neunziger Jahre haben unterschiedliche Faktoren eine Rolle gespielt. Im Folgenden soll auf drei *typische* Auslöser von Finanzkrisen in Schwellenländern eingegangen werden, die teils auch schon in den frühen achtziger Jahren von zentraler Bedeutung waren:

- Schwankungen der Zinsen und Wechselkurse der großen Industrieländer,
- sinkende Exporterlöse und Verschlechterung der terms of trade,
- umfangreiche Kapitalflucht und Währungsspekulation.

Ich wende mich also in erster Linie den *externen* Auslösern für Finanzkrisen in Schwellenländern zu; auf die vielfältigen *internen* Auslöser und Ursachen wird dann im zweiten Teil der Arbeit anhand von einzelnen Fallstudien eingegangen.

3.4.1.1 Zins- und Wechselkursschwankungen

Analysiert man die „erste Finanzkrise des 21. Jahrhunderts“[330] in Mexiko, so läßt sich diese zwar einerseits mit heftigen innenpolitischen Kämpfen in Verbindung bringen,[331] weitaus größeres Gewicht kommt jedoch einer Entwicklung zu, auf die Mexiko keinerlei Einfluss hatte: So führte eine Zinserhöhung in den

---

[329] Vgl. Gaggero, Jorge (2002): Der Musterschüler am Pranger. Argentiniens lang anhaltende Krise, S. 148.

[330] „The crisis in Mexico has been described, by I don't know whom, as the first financial crisis of the 21st century, meaning the first major crisis to hit an emerging market economy in our new world of globalized financial markets.“ Vgl. IMF (1996): Luncheon Remarks by Michel Camdessus, Managing Director of the International Monetary Fund at a Conference on Banking Crises in Latin America, organized by the Inter-American Development Bank and the Group of 30.

[331] Man denke an den Aufstand in Chiapas oder die Ermordung des Präsidentschaftskandidaten der Regierungspartei PRI, Luis Donaldo Colosio, im März 1994.

USA um etwa 3 Prozent innerhalb von 12 Monaten zum verstärkten Abzug kurzfristiger Portfolioinvestitionen aus Mexiko, was die Landeswährung unter Druck setzte, bis sie im Dezember 1994 unter dem Ansturm der Spekulation zusammenbrach.

Abb. 20: Zinsen auf dreimonatige Schatzbriefe (US Treasury Bills), 1990-2002

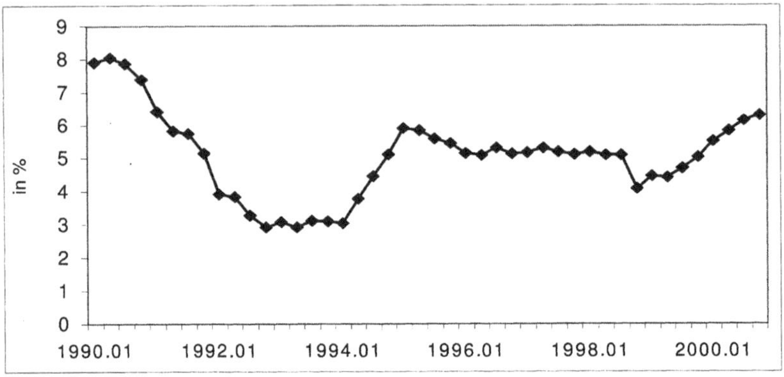

Quelle: Federal Reserve Board of Governors, H 15

Da fast alle Finanzkrisen der neunziger Jahre zunächst die Form einer *Währungskrise* annahmen, wurde im Nachhinein die in vielen Schwellenländern bestehende Wechselkursbindung an den US-Dollar für die Finanzkrisen verantwortlich gemacht.[332] So hatte Mexiko bereits 1989 den Peso an den US-Dollar gekoppelt, was einerseits dabei half, die einheimischen Inflationsraten deutlich zu senken, was aber andererseits angesichts der fortbesetehenden Differenz in den Inflationsraten zwischen Mexiko und den USA zu einer deutlichen Aufwertung des mexikanischen Peso in den Jahren vor der Krise führte.

Auch viele der ostasiatischen Schwellenländer hatten ihre Währung an den US-Dollar gekoppelt, was dazu führte, dass sich ihre Wettbewerbsfähigkeit gegenüber China als auch Japan seit Mitte der neunziger Jahre deutlich verschlechterte. So hatte China bereits im Jahr 1994 seine Währung um 35 Prozent abgewertet; in den Jahren 1995-97 folgte der japanische Yen, der um etwa 60 Prozent gegenüber dem US-Dollar an Wert verlor.[333] Der politischen Hintergrund für die drastische Abwertung des Yen wird von Johnson folgendermaßen beschrieben:

> "In the summer of 1995 [...] the American Treasury and the Japanese Ministry of Finance agreed on a deal intended to help re-elect President Clinton the following

[332] Vgl. u.a. Lamfalussy, Alexandre (2000): Financial Crises in Emerging Markets, S. 30.
[333] Vgl. Johnson, Chalmers (1998): Economic Crisis in East Asia: the Clash of Capitalisms, S. 658.

> year and to allow Japan to grow its way out of its own, post-bubble banking crisis via the usual export drive. Robert Rubin for the Americans and Eisuke Sakakibara for the Japanese decided between themselves that they would depreciate the yen against the dollar, thereby greatly increasing Japan's export competitiveness, in turn for which Japan would continue to supply capital to the United States, thereby keeping American interest rates at politically desirable low levels.“ [334]

In jedem Fall wurden die ostasiatischen Schwellenländer durch die Abwertungen in der Region unter enormen Konkurrenzdruck gesetzt:

> "This sharp decline of the two key currencies in the region put tremendous competitive pressures on the rest of Asia, which had a close peg of their currencies to the U.S. dollar."[335]

Wie Bello beschreibt, lässt sich die Wechselkursbindung von relativ schwachen an relativ starke Währungen als integraler Bestandteil des neoliberalen Politikpakets begreifen, welches darauf abzielte, die Bedingungen für ausländische Investoren durch Minimierung des Wechselkursrisikos zu verbessern:

> "The idea was to eliminate or reduce risks for foreign investors stemming from fluctuations in the value of 'soft currencies' [...] it was often demanded by key foreign investors as a condition for their coming in."[336]

Die Wechselkursfixierung trug also gemeinsam mit der Liberalisierung des Kapitalverkehrs dazu bei, dass die jeweiligen Schwellenländer mit kurzfristigen Investitionen oder Krediten geradezu überschwemmt wurden;[337] die aus der Wechselkursbindung resultierende tendenzielle Überbewertung der Währung verminderte allerdings die Wettbewerbsfähigkeit der Exporte, die Leistungsbilanzdefizite wurden größer – eine Entwicklung, die sich langfristig als nicht tragfähig erwies.

3.4.1.2 Sinkende Exporterlöse

Sei jeher ist es für Entwicklungsländer schwierig gewesen, genügend Exporterlöse zu erwirtschaften, da die Preise für die typischen Exportprodukte von Entwicklungsländern (landwirtschaftliche Produkte sowie Rohstoffe) mit den Prei-

---

[334] Ebd., S. 658..

[335] Vgl. Erber, Georg (1999): The End of the Asian Miracle, S. 79.

[336] Vgl. Bello, Walden (1998): The Rise and Fall of South-east Asia's Economy, S. 6.

[337] Vgl. Reinhart, Carmen M.; Reinhart, Vincent Raymond (1998): Some Lessons for Policy Makers Who Deal with the Mixed Blessing of Capital Inflows, S. 124: „With regard to monetary and exchange rate policy, greater exchange rate flexibility may stem the cycle of foreign exchange intervention and sterilization that appears to act as a magnet for capital flows and leaves countries with „too much of a good thing“.

sen für verarbeitete Produkte nicht mithalten können.[338] Nur wenigen Entwicklungsländern gelang es im Lauf der letzten Jahrzehnte, auch bei Hochtechnologiegütern wettbewerbsfähige Industrien aufzubauen und auf den Weltmärkten entsprechende Exportanteile zu erobern. Bis zur Asienkrise galten die ostasiatischen Schwellenländer als Vorbild für einen solchen erfolgreichen technologisch-wirtschaftlichen Aufholprozess: So wurden 1992 etwa 15 Prozent der Weltexporte von Erzeugnissen der Spitzentechnologie in acht asiatischen Ländern (Südkorea, Taiwan, Hongkong, Singapur, Malaysia, Thailand, Indonesien, China) hergestellt; 1980 waren es erst 5 Prozent. Dabei waren die Weltexportanteile der ostasiatischen Schwellenländer bei Halbleiterbauelementen (33,2 Prozent), Telekommunikationsgeräten (24,9 Prozent) und EDV-Anlagen (23,7 Prozent) besonders groß.[339]

Nichtsdestotrotz wurde es den ostasiatischen Schwellenländern zum Verhängnis, dass sie sich auf die Produktion von High-Tech-Gütern spezialisiert hatten, denn ausgerechnet diese Sektoren (Computer, Halbleiter, andere elektronische Geräte, Telekommunikation) waren spätestens seit Mitte der neunziger Jahre von starker Konkurrenz und Preisverfall gekennzeichnet.[340] Aufgrund der steigenden Überkapazitäten auf den Weltmärkten für die typischen Exportprodukte der ostasiatischen Schwellenländer sowie aufgrund der wechselkursbedingten Verschlechterung der Wettbewerbsfähigkeit dieser Länder ging die jahrzehntelang verfolgte Strategie des „Wachstums durch Export" plötzlich nicht mehr auf – das Exportwachstum kam zum Stillstand:

> „From the first quarter of 1995, when export growth among the East Asia 5 (Thailand, Korea, Indonesia, Malaysia, and the Philippines) and other East Asian countries reached a peak, growth started to decelerate dramatically. By the first quarter of 1996, export growth fell to zero in the East Asia 5 countries and to negative rates for other East Asian countries, including China and the Newly Industrialized Economies (NIEs).“[341]

---

[338] „According to United Nations data, the terms of trade of non-fuel commodities vis-à-vis manufactures fell from 147 in 1980 to 100 in 1985 to 80 in 1990 and 71 in 1992. This sharp 52 per cent fall in terms of trade between 1980 and 1992 had catastrophic effects. A paper by the secretariat of the United Nations Conference on Environment and Development (UNCED) in 1991 showed that for sub-Saharan Africa, a 28 per cent fall in terms of trade between 1980 and 1989 led to an income loss of $16 billion in 1989 alone.“ Vgl. Khor, Martin (2000): Globalization and the South, S. 10.

[339] Vgl. Dieckheuer, Gustav et al. (1996): Wirtschaftliche Integration in Asien und Europa: Die Rolle Japans und der Bundesrepublik Deutschland, S. 21.

[340] Vgl. u.a. World Bank (1998) East Asia: The Road to Recovery. Washington, S. 20.
Südkorea wurde besonders stark getroffen, da der Preis für Computerchips, auf deren Produktion sich viele südkoreanische Unternehmen spezialisiert hatten, innerhalb weniger Jahre auf ein Bruchteil des ursprünglichen Preises absackte: So fielen die Stückpreise für einen 16MB DRAM Computerchip von US$ 150 im Jahr 1993 auf weniger als US$ 10 im Jahr 1997. Vgl. Dieckheuer, Gustav et al. (1996): Wirtschaftliche Integration in Asien und Europa: Die Rolle Japans und der Bundesrepublik Deutschland, S. 22.

[341] Vgl. World Bank (1998) East Asia: The Road to Recovery, S. 20.

Da die Verschuldung vieler ostasiatischer Unternehmen relativ hoch[342] bzw. generell die Abhängigkeit von ausländischem Kapital sehr groß war, gerieten die ostasiatischen Schwellenländer schnell in eine Verschuldungsfalle. Anfang Januar des Jahres 1997, so schätzt die Asian Development Bank, waren beispielsweise sieben der 30 größten koreanischen Konglomerate faktisch bankrott.[343] Der wirtschaftliche Kollaps der ostasiatischen Tigerstaaten, die ihre Importe im Zuge der Krise drastisch einschränken mussten, (vgl. Tab. 16) verstärkte seinerseits die weltweiten deflationären Tendenzen – schließlich war in den Jahren vor der Krise etwa ein Drittel der weltweiten Nachfrage auf die ostasiatischen Schwellenländer und Japan entfallen.[344]

Tab. 16: Exporte und Importe ausgewählter asiatischer Staaten, Änderung 1998 im Vergleich zu 1997

	Export	Import		Export	Import
Südkorea	-2,2	-35,4	Hongkong	-7,4	-11,5
Thailand	-6,4	-35,5	Philippinen	+17,0	-16,4
Indonesien	-8,9	-34,0	China	+0,5	-1,5
Malaysia	-7,0	-25,9	Japan	-0,6	-10,5

Quelle: Handelsblatt: "Asien im Teufelskreis der Exportflaute", 11. Februar 1999, S. 9.

Der Nachfrageausfall in den ostasiatischen Krisenländern löste – zusammen mit der massiven Abwertung der Währungen in Ostasien – einen dramatischen Verfall sowohl der Konsumenten- als auch der Produzentenpreise aus:

> „Commodity prices dropped 11 per cent in the second half of 1997, stabilised, and started to fall again in May 1998. Metal and agricultural commodity prices have fallen a quarter from their 1995 highs, while energy prices are a third down from their 1996 peak.“[345]

Von diesem dramatischen Preisverfall waren vor allem rohstoffexportierende Entwicklungsländer betroffen, wie die Bank für Internationalen Zahlungsausgleich in ihrem Jahresbericht aus dem Jahr 1999 feststellt:

> "Prices of non-fuel commodities exported by developing countries declined by nearly 15% in 1998, the largest drop registered in the last two decades. Although the erosion of commodity prices also implied some relief in the form of falling

[342] Die Unternehmensverschuldung übertraf in den von der Krise am stärksten betroffenen Ländern (Korea, Indonesien, Thailand) den Kapitalstock um das zwei- bis dreifache. Vgl. World Bank (1998): Global Economic Prospects and the Developing Countries, S. 64.

[343] Vgl. Asian Development Bank (1999): Asian Development Outlook, S. 28.

[344] Vgl. World Bank (1998): Global Economic Prospects and the Developing Countries, S. 23. Wie die Financial Times vom 2. Juli 1998 beschreibt, waren die asiatischen Entwicklungsländer zwischen 1992 und 1996 für zwei Drittel des Anstiegs der weltweiten Nachfrage nach Erdöl verantwortlich, ".[...].raising their share of world consumption from 12 to 15 per cent. Base metals, rubber, grains, fats and oils show similar patterns.“ Vgl. o.V. (1998): Anniversary: Asia's ripple effect, in: Financial Times, 2. Juli 1998.

[345] Vgl. o.V. (1998): Anniversary: Asia's ripple effect, in: Financial Times, 2. Juli 1998.

import prices, most developing countries suffered significant terms-of-trade losses last year. These ranged from 5% in Latin America to more than 9% in the Middle East and over 10% in Africa."[346]

Diese deutliche Verschlechterung der terms of trade trug erheblich zur weiteren Verbreitung der Krise bei.

3.4.1.3 Kapitalflucht, Kreditstopp und Währungsspekulation

Ein gemeinsames Merkmal aller Finanzkrisen der neunziger Jahre bestand in der rapiden Umkehrung privater Kapitalströme in den Monaten vor der Krise, d.h. die jeweiligen Währungskrisen lassen sich als unmittelbares Resultat eines Meinungsumschwungs internationaler Investoren begreifen, die ihr Kapital mehr oder weniger fluchtartig aus den Schwellenländern abzogen.

In Mexiko war insbesondere der Umschwung bei den Portfolioinvestitionen sehr ausgeprägt, die zwischen 1993 und 1995 um 37 Mrd. US$ zurückgingen, was einem Anteil von 13 Prozent des mexikanischen Bruttoinlandsprodukts entsprach.[347] Zudem kam es im Lauf des Jahres 1994 zu zwei heftigen Spekulationswellen gegen den Peso: So gingen die Devisenreserven der mexikanischen Zentralbank bereits im April 1994 (im Anschluß an die Ermordung des mexikanischen Präsidentschaftskandidaten Colosio) um 11 Mrd. US$ zurück; seit Ende Oktober schrumpften die Devisenreserven dann um durchschnittlich 1 Mrd. US$ pro Woche, was die Zentralbank am 22. Dezember (nach einem Verlust von 4 Mrd. US$ an Devisenreserven innerhalb von zwei Tagen) dazu veranlaßte, die Bindung des Peso an den US-Dollar aufzugeben, der bis Ende Januar 40 Prozent seines Wertes verlor.[348]

Die Finanzkrisen in den ostasiatischen Schwellenländern wiesen ein ähnliches Muster auf: Während Indonesien, Thailand, Malaysia, die Philippinen und Südkorea im Jahr 1996 noch insgesamt 93 Mrd. US$ an privaten Kapitalzuflüssen verzeichnen konnten, flossen im Jahr 1997 insgesamt 12, 1 Mrd. US$ ab. Die Differenz zwischen 1996 und 1997 betrug also mehr als 105 Mrd. US$ – eine Summe, die 11 Prozent des Bruttosozialprodukts der fünf Länder entsprach.[349]

---

[346] Vgl. BIZ (1999): 69. Jahresbericht, S. 38.

[347] „In Mexico there was a sharp reversal in portfolio inflows, from a peak inflow of $23 billion in 1993 to a net outflow of $14 billion in 1995, a turnaround of $37 billion (13 percent of GDP)." Vgl. IMF (1998): International Capital Markets, September 1998, S. 15.

[348] Vgl. IMF (1995): World Economic Outlook, May 1995, S. 91ff.

[349] Vgl. Wade, Robert (1998): From 'miracle' to 'cronyism': explaining the Great Asian Slump, S. 695: "The swing in one year of $ 105 billion (with most of the outflow concentrated in the last quarter of 1997) equals 11% of the combined GDP of the five countries. Asia's experience was worse even than Latin America's in the 1980s. The swing between 1981 inflows and 1982 outflows in the three biggest debtors (Brazil, Mexico, Argentina) amounted to 8% of their combined GDP."

Dabei ging in Ostasien – anders als in Mexiko – dieser Rückgang primär auf den plötzlichen Kreditstopp der internationalen Banken zurück.

Abb. 21: Private Nettokapitalströme in die ostasiatischen Krisenländer*, 1980-2002

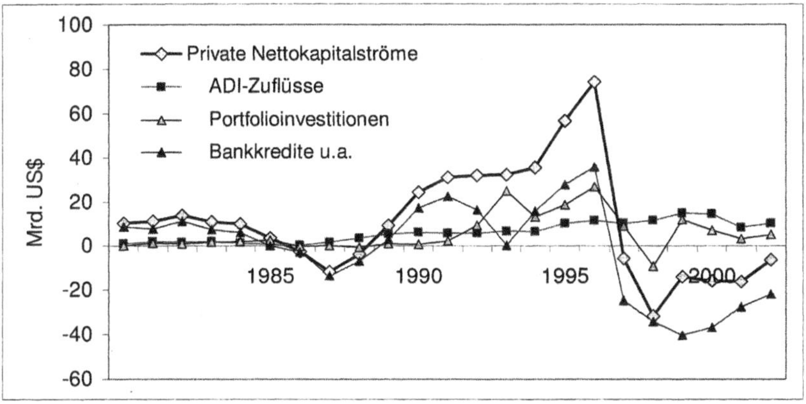

*Thailand, Malaysia, Indonesien, Südkorea und die Philippinnen
Quelle: IMF (2002): World Economic Outlook Database: Net Capital Flows, April 2002.
URL: http://www.imf.org/external/pubs/ft/weo/2002/01/data/capflow.csv (Stand: 20.01.04)

Obwohl die Zentralbanken der verschiedenen Schwellenländer einen Großteil ihrer Devisenreserven verausgabten, um einen Kollaps ihrer Währungen zu verhindern,[350] kam es in den meisten Ländern – mit Ausnahme von Hongkong – zu einem rapiden und ausgeprägten Verfall der jeweiligen Währungen;[351] der seinerseits die Verschuldungs- und Bankenkrisen verschärfte. Gleichzeitig brachen die Aktienmärkte ein: So verloren die Börsen der fünf am stärksten betroffenen Staaten bis zum Ende des Jahres 1997 drei Fünftel ihres Dollarwertes; im Lauf von nur sechs Monaten wurde Kapital in einer Größenordnung von 600 Milliarden US$ vernichtet.[352]

[350] So setzte beispielsweise die thailändische Zentralbank mindestens 9 Mrd. US$ auf dem Devisenmarkt zur Stützung des Baht und weitere 23,4 Mrd. bei Termingeschäften ein - ohne jeden Erfolg: "Als die einst beachtlichen Devisenreserven der thailändischen Zentralbank von fast 40 Mrd. US$ bis auf einen kläglichen Rest verbraucht waren, mußte der Wechselkurs freigegeben werden." Vgl. Dieter, Heribert (1998): Die Asienkrise, S. 70. Brasilien verlor ein Jahr später innerhalb von sechs Monaten 50 Mrd. US$ an Währungsreserven bei dem Versuch, die eigene Währung zu stützen - eine Summe, die 6 Prozent des gesamten Bruttosozialprodukts entspricht. Vgl. Chossudovsky, Michel (1999): Die vom IWF gesponsorte wirtschaftliche Katastrophe in Brasilien, S. 4.

[351] So verlor die indonesische Rupie zwischen Juli 1997 und dem Tiefpunkt im März 1998 fast 85 Prozent ihres Wertes.

[352] Vgl. Kreft, Heinrich (1998): Das 'asiatische Wunder' in der Krise, S. 7.

Tab. 17: Der Verfall der Aktienmärkte in den 'emerging markets'
Prozentuale Änderung von Juni 1997 bis September 1998

Malaysia	-72	Venezuela	-72	Russland	-79
Korea	-59	Argentinien	-55	Ungarn	-24
Thailand	-58	Brasilien	-46	Tschechische Republik	-22
Philippinen	-57	Südafrika	-33	Polen	-22
Indonesien	-53	Mexiko	-29		

Quelle: World Bank (1998): Global Economic Prospects, S. 12.

3.4.2 Das Krisenmanagement des IWF

Wie bereits beschrieben wurde, hat der Einfluss, den der IWF auf die gesellschaftliche Entwicklung der Entwicklungs- und Schwellenländer ausübt, in den letzten dreißig Jahren deutlich zugenommen. Nachdem bereits die Verschuldungskrise der achtziger Jahre zu zahlreichen IWF-gestützten Reformen in weiten Teilen Afrikas, Lateinamerikas und Asiens geführt hatte, dehnte sich das Wirkungsfeld des IWF zu Beginn der neunziger Jahre auf die Länder Osteuropas aus. Dabei trugen die Erfahrungen, die bei der Transformation der ehemals sozialistischen Länder gesammelt wurden, zu einer Verschärfung und Refokussierung der Strukturanpassungsprogramme bei, was sich in einer deutlichen Ausweitung der Konditionalität niederschlug. So wurden den Entwicklungsländern immer mehr grundlegende Strukturreformen verordnet und Vorbedingungen gestellt, wie der IWF selbst beschreibt:

> "While structural measures were rarely an element in Fund-supported programs until the 1980s, by the 1990s almost all programs included some element of structural conditionality. The expansion of structural conditionality was also reflected in increasing numbers of performance criteria, structural benchmarks, and prior actions."[353]

Die folgende Abbildung gibt einen Überblick über das Volumen der Kredite, die im Lauf der letzten dreißig Jahren vom IWF in Form von Stand-By-Arrangements oder Finanzhilfen der Extended Fund Facility (EFF), der Structural Adjustment Facility (SAF) oder der Poverty Reduction and Growth Facility (PRGF) vergeben wurden. Es zeigt sich, dass in den Jahren 1981-83 sowie in den Jahren 1990, 1995/96, 1998-2000 sowie 2002 jeweils Kredite in Höhe von über 10 Mrd. Sonderziehungsrechten (SZR) vereinbart wurden – wobei man anmerken muss, dass der IWF selbst nur einen Teil zu den insgesamt sehr viel umfangreicheren Kreditpaketen beigesteuert hat.

---

[353] Vgl. IMF (2001): Conditionality in Fund-Supported Programs – Overview.

Abb. 22: Vom IWF zugesagte Kredite*, 1972-2002

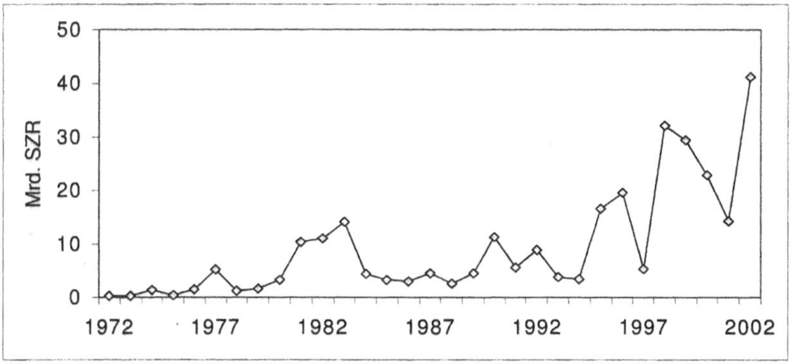

*Amounts Committed under Arrangements (Stand-By, EFF, SAF, PRGF)
Quelle: IWF (2002) Annual Report, S. 100f.

Wie die folgende Abbildung verdeutlicht, erreichte die Zahl der in den Strukturanpassungsprogrammen verankerten „strukturellen Konditionen“ während der Asienkrise 1997 einen vorläufigen Höhepunkt, was die These stützt, nach der der IWF die finanzielle Zwangslage der ostasiatischen Schwellenländer dazu genutzt hat, um zentrale Strukturreformen voranzutreiben.

Abb. 23: Durchschnittliche Anzahl struktureller Konditionen, 1987-1999

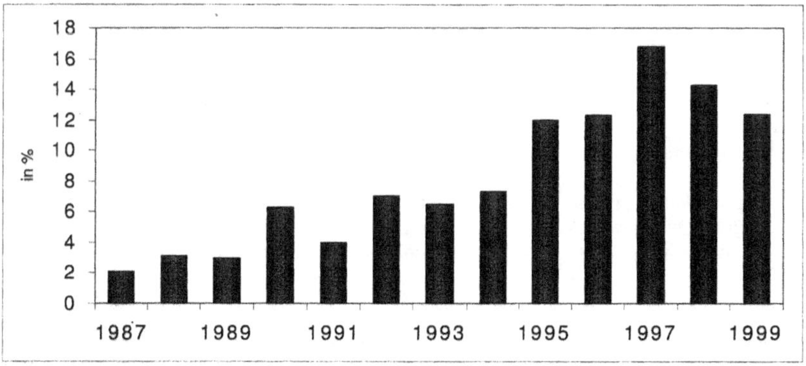

Quelle: Eigene Darstellung, in Anlehnung an: IMF (2001): Conditionality in Fund-Supported Programs – Overview.
URL: http://www.imf.org/external/np/pdr/cond/2001/eng/overview/index.htm
(Stand:16.03.03)

Vergleicht man die Inhalte der Strukturanpassungsprogramme in den achtziger und neunziger Jahren miteinander, so wird deutlich, dass sich die Schwerpunkte der Konditionalität im Zeitverlauf verlagert haben. Dies geht aus der folgenden Abbildung hervor, in der die Verteilung der strukturellen Konditionen auf verschiedene Wirtschaftsbereiche miteinander verglichen wird, wobei die Jahre 1987-1990 den Jahren 1997-1999 gegenübergestellt werden. Aus den Angaben lässt sich ableiten, dass die Strukturanpassungsprogramme Ende der achtziger Jahre stärker darauf abzielten, den Außenhandel der Entwicklungsländer zu liberalisieren, d.h. Zölle und andere Handelsbeschränkungen abzuschaffen; d.h. es standen neben Reformen des Steuer- und Finanzsystems vor allem Reformen des Währungs- und Handelsregimes im Vordergrund. In den späten neunziger Jahren standen dagegen primär Reformen des Finanzsektors und des Steuersystems sowie die verstärkte Privatisierung von Staatsunternehmen auf der Agenda.

Abb. 24: Sektorale Verteilung der strukturellen Konditionen

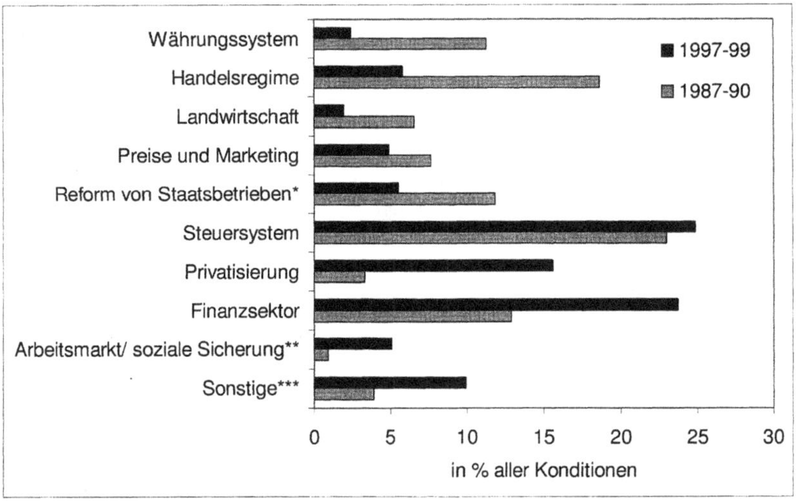

Eigene Darstellung, in Anlehnung an: IMF (2001): Conditionality in Fund-Supported Programs – Overview
URL: http://www.imf.org/external/np/pdr/cond/2001/eng/overview/index.htm (Stand:16.03.03)

3.4.3 Die Folgen von Finanzkrisen und Strukturanpassung

Die Finanzkrisen der neunziger Jahre sind in bezug auf ihre Folgen mit den Finanzkrisen der achtziger Jahre vergleichbar: In vielen Ländern kam es jeweils zu drastischen Einbrüchen des Wirtschaftswachstums, zu massenhaften Bankrotten und langwierigen Bankenkrisen, zu drastischen Kürzungen der Staatsausgaben und Personalabbau und steigender Arbeitslosigkeit bei fallenden Reallöhnen, zu steigender Kriminalität, Armut und damit verknüpft zu Regierungswechseln, politischen Unruhen und Revolten.

Wie die folgende Abbildung zeigt, ist es allerdings schwierig, die „Finanzkrisen des späten 20. und frühen 21. Jahrhunderts auf eine einzige Zeitperiode und eine Region festzulegen, da sehr große Unterschiede bestehen im Hinblick auf Zeitpunkt, Ausmaß und Länge der Krisen. Besonders schwere Einbrüche der Wirtschaftsleistung gab es – wenn man von der russischen Transformationskrise der ersten Hälfte der neunziger Jahre einmal absieht – 1995 in Mexiko, 1998 in Indonesien, Thailand, Malaysia und Südkorea, 2001 in der Türkei und 2002 in Argentinien:

Tab. 18: Durchschnittliches Wirtschaftswachstum in zehn Schwellenländern

	1992	1993	1994	1995	1996	1997	1998	1999	2000	2001	2002
Mexiko	3,6	2,0	4,5	-6.2	5.2	6.8	5.0	3.6	6.6	–0.3	0.9
Thailand	8.2	8.5	8.6	9,2	5.9	–1.4	-10.5	4.4	4.6	1.9	5.2
Malaysia	7.8	8.3	9.2	9.8	10.0	7.3	–7.4	6.1	8.3	0.4	4.2
Philippinen	0,3	2,1	4,4	4,7	5.8	5.2	–0.6	3.4	4.4	3.2	4.6
Indonesien	7.2	7.3	7.5	8.2	8.0	4.5	–13.1	0.8	4.9	3.4	3.7
Südkorea	5.1	5.8	8.6	8.9	6.8	5.0	–6.7	10.9	9.3	3.0	6.1
Russland	-14,5	-8,7	-12,6	-4,2	–1.0	1.8	–4.9	5.4	9.0	5.0	4.3
Brasilien	-0,5	4,9	5,9	4,2	2.7	3.3	0.1	0.8	4.4	1.4	1.5
Türkei	5.0	7.7	–4.7	6,9	6.9	7.6	3.1	–4.7	7.4	–7.5	6.7
Argentinien	10,3	6,3	8,5	-2,8	5.5	8.1	3.8	–3.4	–0.8	–4.4	-11.0
Durchschnitt:	3,25	4,42	3,99	3,87	5,58	4,82	-3,14	2,73	5,81	0,62	2,62

Quelle: Daten 1992-94: IWF (1998): World Economic Outlook, May 1998, S. 145ff.
Daten 1995-2002: IWF (2003) World Economic Outlook, April 2003, S. 172ff.

Im Folgenden soll ein knapper Überblick über die ökonomischen und sozialen Auswirkungen der Finanzkrisen der neunziger Jahre gegeben werden. Dabei beschränke ich mich einerseits auf eine vergleichende Analyse der Kosten, die mit der Rekapitalisierung von Banken im Kontext von Bankenkrisen verbunden sind, zum anderen soll am Beispiel der ostasiatischen Schwellenländer[354] ein Eindruck von den sozialen Folgen vermittelt werden, die mit schweren Finanzkrisen einhergehen.

3.4.3.1 Bankrott der Finanzsysteme und wachsende Staatsverschuldung

In einer Untersuchung von 117 systemischen Bankenkrisen in 93 Ländern seit Ende der siebziger Jahre versuchen Caprio und Klingebiel, die Kosten der Rekapitalisierung von Geschäftsbanken zu quantifizieren: Demnach musste Indo-

[354] Indonesien, Malaysia, Südkorea, Thailand.

nesien infolge der Finanzkrise von 1997/98 mehr als die Hälfte seines Sozialproduktes zur Sanierung des Bankensystems verwenden – ein Wert, der lediglich von Argentinien in den frühen achtziger Jahren übertroffen wird, wobei selbst die genannten Zahlen noch untertrieben sein dürften.[355]

Tab. 19: Kosten der Rekapitalisierung von Banken in Schwellenländern

Zeitperiode	Land	Kosten in Prozent des BSP
1980-82	Argentinien	58
1997-	Indonesien	55
1982-85	Chile	42
1997-	Thailand	34,8
2000-	Türkei	30,5
1997-	Südkorea	28
1982-85	Uruguay	24
1994-97	Mexiko	19,3
1997-	Malaysia	16,4

Quelle: Caprio, Gerard; Klingebiel, Daniela (2003): Episodes of Systemic and Borderline Financial Crises, Weltbank, Manuskript, Januar 2003.

Wie schon in den achtziger Jahren in Lateinamerika trug dabei die Auflagenpolitik des IWF auch in den neunziger Jahren in Asien dazu bei, dass die Kosten der Sanierung des Bankensystems auf die Allgemeinheit bzw. den Staat abgewälzt wurden:

> „The IMF transformed a financial crisis into an economic and social crisis not only by demanding tight macroeconomic policy but also by ensuring that the cost of financial sector restructuring was transferred from predominantly private institutions to the public purse. Private debt became public debt.“[356]

So wuchs die Staatsverschuldung in den ostasiatischen Schwellenländern im Zuge der Krise rapide an: Lag der Anteil der öffentlichen Verschuldung am Bruttosozialprodukt in Thailand und Indonesien vor der Krise noch bei 15,7 bzw. 23 Prozent, war dieser Anteil bis April 2000 auf knapp 52 Prozent (Thai-

---

[355] "The data on losses and costs should be treated with caution. Some of the data include corporate restructuring, while others relate only to the restructuring and recapitalization of the financial system. Moreover, we are not able to include the burden borne by depositors and borrowers in the form of wider interest rate spreads resulting from bad loans left on bank's balance sheets. Finally, most of the data on costs do not include costs resulting from indirect methods of bailing out banks. For example, a government may subsidize a borrower by granting it monopoly privilege or other means to improve profits and so repay loans." Vgl. Caprio, Gerard; Klingebiel, Daniela (2003): Episodes of Systemic and Borderline Financial Crises, S.1.

[356] Vgl. Chomthongdi, Jacques-chai (2000): Debt and Impoverishment: The IMF Legacy in Asia, S.33.

land) bzw. 93 Prozent (Indonesien) angestiegen.[357] Entsprechend muss ein wachsender Teil des Staatshaushaltes zur Bedienung des Schuldendienstes verwendet werden, was wiederum dazu führt, dass für den Ausbau sozialer Infrastruktur und andere öffentliche Aufgaben immer weniger Geld zur Verfügung steht.

Die hohen Kosten der Rekapitalisierung von Bankensystemen wird verständlich, wenn man bedenkt, dass bis zum Ende des Jahrtausends insgesamt 70 Banken und weitere 250 Finanzinstitute allein in den ostasiatischen Schwellenländern aufgrund der Krise ihren Betrieb einstellen mussten,[358] wobei auch diese Zahl eher untertrieben sein dürfte.[359] Einer Studie von Bongini, Claessens und Ferri zufolge, der ein Sample von 186 Banken und 97 anderen Finanzinstitutionen zugrundeliegt, wurden etwa 13 Prozent aller Finanzinstitutionen, die noch im Juli 1997 in Indonesien, Südkorea, Malaysia, den Philippinen und Thailand existierten, innerhalb von zwei Jahren geschlossen,[360] wobei angemerkt werden muss, dass der Restrukturierungsprozess im Bankensektor nach zwei Jahren noch längst nicht abgeschlossen war.

3.4.3.2 Wachsende Arbeitslosigkeit und Armut

Sowohl die Arbeitslosigkeit als auch die Armut nahm in den krisenbetroffenen Ländern stark zu, wobei in der Regel die unteren Einkommensschichten sowie die Einwohner der Städte überproportional von der Krise getroffen wurden.[361] So stieg die Arbeitslosigkeit, die in den meisten ostasiatischen Ländern vor der Krise sehr gering war, insbesondere in Südkorea und Thailand im Zuge der Krise 1998 deutlich an. Zwar scheint eine Arbeitslosenquote von 7 Prozent (Südkorea 1998) noch immer gering zu sein, dabei sollte man aber berücksichtigen, dass nationale Statistiken das Ausmass der Arbeitslosigkeit in der Regel systematisch unterschätzen.[362]

---

[357] Ebd., S.33.

[358] Vgl. World Bank (2000): East Asia. Recovery and Beyond, S. 71. Auch diese Zahl ist aus heutiger Sicht allerdings viel zu niedrig gegriffen. Laut Caprio und Klingebiel (2003) mussten allein in Indonesien bis Mai 2002 70 Banken geschlossen werden, vgl. Caprio, Gerard; Klingebiel, Daniela (2003): Episodes of Systemic and Borderline Financial Crises, S. 2.

[359] So mussten laut Caprio und Klingebiel allein in Indonesien bis zum Mai 2002 70 Banken geschlossen werden, vgl. Caprio, Gerard; Klingebiel, Daniela (2003): Episodes of Systemic and Borderline Financial Crises, S. 2.

[360] Bongini, Paola; Claessens, Stijn; Ferri, Giovanni (2001): The Political Economy of Distress in East Asian Financial Institutions, S. 6.

[361] Vgl. World Bank (2000): East Asia. Recovery and Beyond, S. 12.

[362] Luther zufolge galt eine Person in Südkorea, sofern sie mindestens eine Stunde pro Woche arbeitet, nicht als arbeitslos. Vgl. Luther, Hans Ulrich (1981) Südkorea. (K)ein Modell für die Dritte Welt? S. 85ff.

Abb 25: Arbeitslosigkeit in vier ostasiatischen Schwellenländern, 1997-2000

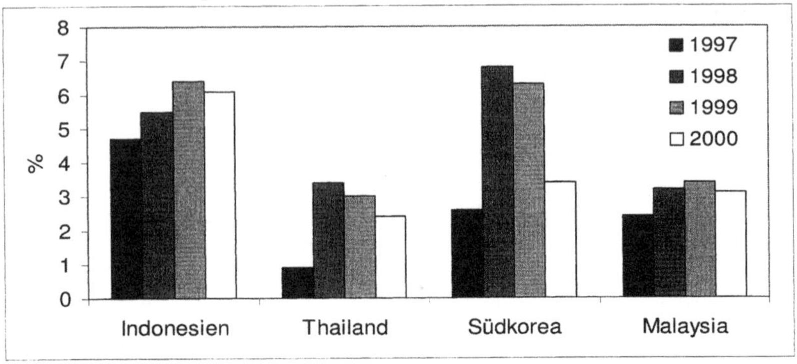

Quelle: Asian Development Bank (2002): Key Indicators of Developing Asian and Pacific Countries 2002.

Die gravierendste Folge der Asienkrise war jedoch das rapide und drastische Absinken der Realeinkommen der Menschen, was neben der hohen Inflation darauf zurückgeführt werden kann, dass die Menschen in diesen Ländern angesichts fehlender Systeme der sozialen Sicherung[363] im informellen Sektor bzw. in der Landwirtschaft nach Arbeit suchten, was auch die dortigen Löhne nach unten drückte.[364] Wie die folgende Tabelle verdeutlicht, sind die Reallöhne in Indonesien, dem von der Krise am schwersten betroffenen Land, nach Schätzungen der Weltbank um etwa 40 Prozent gefallen.[365]

Tab. 20: Entwicklung der Reallöhne* während der Krise, jährliche Änderung in Prozent

	Indonesien		Malaysia		Südkorea		Thailand	
	1997	1998	1997	1998	1997	1998	1997	1998
Gesamt (total)	+8,6	-41,0	-	-	-	-	+5,7	-1,5
Landwirtschaft	+4,1	-35,0	-	-	-	-	+10,0	-8,9
Industrie	+11,1	-44,0	+6,0	-2,4	+0,7	-10,6	+7,1	-4,5
Bauwirtschaft	+8,5	-42,0	-	-	+3,3	-14,7	+3,8	-2,2

*Real consumption wage

[363] Mit Ausnahme Südkoreas besaß beispielsweise keines der Länder ein System der Arbeitslosenversicherung.

[364] Vgl. Development Policy Analysis Section, ESCAP secretariat (2003): A note on unemployment in the wake of the Asian economic crisis and some responses, S. 39ff.

[365] Vgl. World Bank (1999): Global Economic Prospects and the Developing Countries, S. 57.

Quelle: World Bank (1999): Global Economic Prospects, S. 57.

Die wachsende Arbeitslosigkeit bei sinkenden Löhnen bzw. rapide steigenden Preisen führte zu einem drastischen Anstieg der Armut in der Region. So sanken allein im Jahr 1998 zusätzliche 20 Prozent der indonesischen Bevölkerung und 12 Prozent der südkoreanischen und thailändischen Bevölkerung unter die offizielle Armutsgrenze herab.[366] Dies bedeutet, dass in Indonesien wieder die Hälfte der über 200 Millionen Einwohner unterhalb der Armutsgrenze leben wird und da das durchschnittliche Haushaltseinkommen dramatisch gesunken ist, laufen 20 Millionen Kinder Gefahr, von der Schule genommen zu werden, da sie als Mitverdiener gebraucht werden.[367] Auch in Thailand

> "sollen 300.000 Kinder aus dem Schulsystem 'verschwunden' sein und verbotenerweise auf Reisfeldern oder in kleinen Fabriken arbeiten. Damit gerät mit der Alphabetisierung eine wesentliche Errungenschaft der letzten Jahrzehnte in Gefahr, was sich zudem als schwere Hypothek für die Zukunft erweisen könnte."[368]

Zwar sind die Ärmsten von der Krise am schwersten betroffen, indem ihre physische Existenz durch Hunger[369], fehlende Medikamente[370] sowie Mangel an Gesundheitseinrichtungen[371] unmittelbar bedroht ist, doch hat die Krise auch Asiens Mittelschicht gewaltig dezimiert:

> "Die Kaufkraft der ehemaligen Aufsteiger ist drastisch gesunken. Viele sind wieder dort gelandet, wo sie zu Beginn des langen Booms angefangen hatten, oder fallen sogar in die Armut zurück. In Hongkong und Thailand sind die Immobilienpreise innerhalb kürzester Zeit so stark eingebrochen, daß für Hunderttausende von Menschen die verbleibende Kreditschuld nun größer ist als der Marktwert der erworbenen Wohnungen und Häuser."[372]

---

[366] Vgl. ILO (1998): Asian Labour Market Woes Deepening.
URL: http://www.ilo.org/public/english/235press/pr/1998/42.htm (Stand: 03.01.99)

[367] Vgl. Kreft, Heinrich (1998): Das 'asiatische Wunder' in der Krise, S. 9.

[368] Ebd., S. 9.

[369] "It has been reported that in 1998 malnutrition in Indonesia was rising rapidly as families could no longer afford rice, sugar, flour, vegetables and cooking oil, prices of all of which doubled. Severe malnutrition was beginning to show up among children in remote villages.[...]." Vgl. UNESCAP (1999): Social impact of the economic crisis, S. 24.

[370] "The cost of imported drugs and other accessories, which constituted a substantial portion of the cost of medical services in most countries, escalated substantially due to the depreciation of national currencies.[...]. In Thailand, by January 1998 wholesale price of imported drugs increased by 20-25 per cent." Vgl. UNESCAP (1999): Social impact of the economic crisis, S. 18 ff.

[371] In Indonesien beispielsweise, "a system of 250,000 local health and welfare centres were no longer working well as many of the volunteers, numbering more than one million, had to engage in work to feed their own families. As a result, child health deteriorated severely. In the third quarter of 1998, 65 per cent of children under three years of age were anaemic and 50 per cent under two were suffering from lack of micronutrients. According to one estimate, infant mortality in Indonesia could rise by 30 per cent after being reduced by two thirds in the last 25 years." Vgl. UNESCAP (1999): Social impact of the economic crisis, S. 24.

[372] Vgl. Kreft, Heinrich (1998): Das 'asiatische Wunder' in der Krise, S. 9.

Nach Angaben der Asian Development Bank hat das Pro-Kopf-Einkommen in Staaten wie Indonesien oder Thailand selbst fünf Jahre nach der Krise noch nicht wieder den Stand von 1996 erreicht,[373] d.h. diese Länder wurden in ihrer Entwicklung um mehrere Jahre zurückgeworfen.

3.5. Ein Vergleich der Krisenperioden

Welche Schlüsse lassen sich ziehen aus dem Vergleich der zwei Krisenperioden? Hat die Deregulierung der Finanzmärkte und des Kapitalverkehrs zur Entstehung von Finanzkrisen geführt oder waren andere Faktoren von größerer Bedeutung? Welche Gemeinsamkeiten und Unterschiede existieren im Hinblick auf die Ursachen der Krisen sowie das verfolgte Krisenmanagement? Diesen Fragen soll im Folgenden nachgegangen werden, indem die wichtigsten Gemeinsamkeiten der Finanzkrisen der achtziger und neunziger Jahre sowie die wichtigsten Unterschiede zwischen ihnen noch einmal zusammengefasst werden.

3.5.1 Gemeinsamkeiten

Sowohl die Verschuldungskrise der achtziger Jahre als auch die Finanzkrisen der neunziger Jahre in Mexiko und Ostasien lassen sich als „Krisen infolge des Erfolgs" begreifen, d.h. ihre Dynamik erfasste vor allem die industriell bereits weiter entwickelten *Schwellenländer,* die aufgrund ihrer wirtschaftlichen Dynamik für ausländische Investoren sehr attraktiv waren. So konnte gezeigt werden, dass den schweren Finanzkrisen, die in den Jahren 1982-1984 und 1997-1999 gehäuft autraten, jeweils ein starker Aufschwung des privaten Kapitalexports in die Entwicklungs- bzw. Schwellenländer vorausging[374], d.h. man hat es sowohl in den siebziger / achtziger Jahren als auch in den neunziger Jahren mit einem boom-bust-Zyklus des privaten Kapitalexports in Schwellenländer zu tun.

3.5.1.1 Die Ursachen der Krise

Was die Erklärung der Boom-Phase angeht, so lässt sich der Anstieg des Kapitalexports in Schwellenländern jeweils auf Stagnationstendenzen in den Industrieländern zurückführen, die angesichts niedriger Renditen im Inland verstärkt versuchten, ihr Kapital im Ausland anzulegen (vgl. Kapitel 3.1.1 und 3.3.3). Damit zusammenhängend spielte die Deregulierung der Finanzmärkte und des Kapitalverkehrs in den Industrie- und Schwellenländern eine Rolle: So wurde der Kapitalexport in den siebziger Jahren durch die Expansion freier Bankzonen sowie die Deregulierung des Kapitalverkehrs in den Industrieländern begünstigt, während in den neunziger Jahren vor allem die Deregulierung der Finanzmärkte

[373] Vgl. Asian Development Bank (2003): Income Per Capita Index.
[374] Vgl. Lamfalussy, Alexandre (2000): Financial Crises in Emerging Markets, S. 52.

und des Kapitalverkehrs in den Schwellenländern dazu führte, dass grosse Mengen kurzfristigen Kapitals dort angelegt wurden (vgl. Kapitel 3.1.2 und 3.3.2).

Die starken Zuflüsse ausländischen Kapitals erhöhten die Auslandsverschuldung der Schwellenländer und verminderten deren Wettbewerbsfähigkeit. Die Jahre vor der Krise waren in den Schwellenländern also fast immer gekennzeichnet durch steigende Leistungsbilanzdefizite[375] und eine stark wachsende Auslandsverschuldung, wobei sowohl in den achtziger Jahren in Lateinamerika als auch in den neunziger Jahren in Ostasien der *kurzfristigen* Verschuldung eine besondere Rolle zukam.

Die wachsende kurzfristige Verschuldung bzw. die wachsende Abhängigkeit von Portfolioinvestitionen erhöhten das Krisenpotential, da die Schwellenländer einerseits gezwungen waren, einen wachsenen Teil ihrer Exporteinnahmen für den Schuldendienst abzuzweigen, andererseits die Fähigkeit zur Erwirtschaftung von Exporterlösen durch die mit den Kapitalzuflüssen verbundene Aufwertungstendenz der Währungen beeinträchtigt wurde.

Die auslösenden Faktoren, die jeweils zum Ausbruch der Krise führten, lassen sich weniger exakt definieren, da hier neben weltwirtschaftlichen Einflussfaktoren auch interne politische und wirtschaftliche Entwicklungen in den Schwellenländern eine Rolle spielten. Allerdings lässt sich die These vertreten, dass im Hinblick auf die Zuspitzung der Krise sowohl in den frühen achtziger als auch in den neunziger Jahren externe Faktoren, auf welche die Schwellenländer keinen Einfluss hatten, von primärer Bedeutung waren: So trugen Zinserhöhungen und/oder eine Aufwertung des US-Dollars zu einer Umlenkung der Kapitalströme in die Industrieländer bei (pull-Faktoren), während auf der anderen Seite die Verschlechterung der terms of trade und damit verknüpfte sinkende Exporterlöse der Schwellenländer dazu führten, dass ausländische Investoren ihr Kapital aus den Schwellenländern abzogen (push-Faktoren), was diese Länder angesichts der Abhängigkeit von kontinuierlichen Kapitalzuflüssen aus dem Ausland in eine schwere Finanzkrise stürzen musste.

Im folgenden Modell sind die wichtigsten Ursachen von Finanzkrisen in Schwellenländern noch einmal zusammengefasst, wobei zwischen zwei Phasen unterschieden wird.

---

[375] Eine Ausnahme sind Russland (1998) und einige ostasiatische Schwellenländer (Malaysia, Südkoea, Philippinen), wo Leistungsbilanzüberschüsse erwirtschaftet wurden bzw. nur geringe Leistungsbilanzdefizite existierten. Vgl. Lamfalussy (2000): Financial Crises in Emerging Markets, S. 59.

Abb. 26: Typisches Modell von Finanzkrisen in Schwellenländern

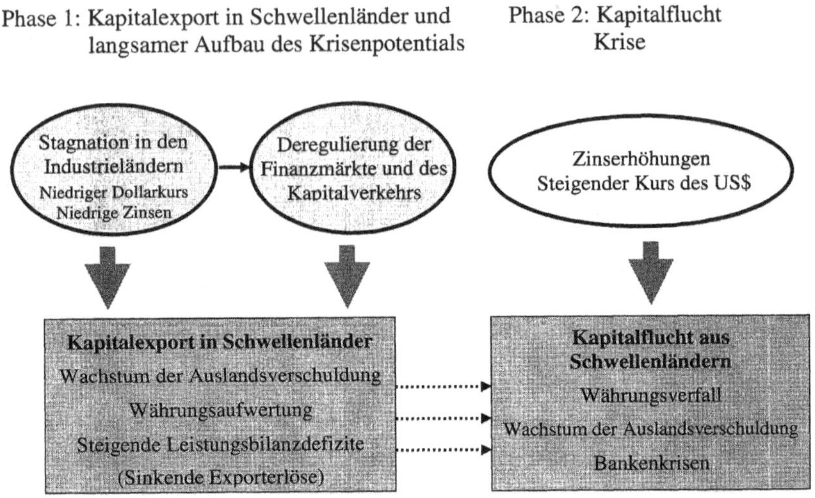

3.5.1.2 Das Krisenmanagement

Eine weitere Gemeinsamkeit zwischen den beiden untersuchten Zeitperioden betrifft das Krisenmanagement: So spricht vieles für die These, nach der die Finanzkrisen in den Schwellenländern sowohl in den achtziger als auch in den neunziger Jahren vom IWF zum Anlaß genommen wurden, um neoliberale Reformen durchzusetzen, die ihrerseits zur Deindustrialisierung der Schwellenländer sowie zu wachsender Armut und Arbeitslosigkeit und einer Polarisierung der Einkommensverteilung beitrugen.

Abb. 27: Finanzkrisen und Strukturanpassung

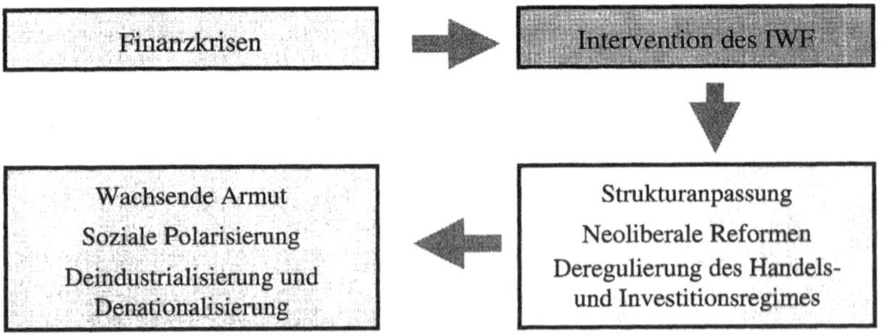

Die Frage, ob es *in erster Linie* der IWF war, der *gegen den Willen und das Interesse* der krisenbetroffenen Entwicklungs- und Schwellenländern neoliberale Reformen erzwungen hat, lässt sich allerdings noch nicht entscheiden. Zwar kam es in den vergangenen Jahrzehnten zu so häufigen Protesten gegen die SAP,[376] dass sich daraus ableiten lässt, dass die überwiegende Mehrzahl der neoliberalen Reformen gegen den Willen der *Bevölkerung* in den Schwellenländern durchgesetzt wurden. Ob und inwiefern der IWF jedoch auch die jeweiligen *Regierungen* unter Druck gesetzt bzw. gezwungen hat, die SAP durchzusetzen, lässt sich nicht eindeutig entscheiden, da davon auszugehen ist, dass zumindest Teile der Eliten selbst ein Interesse an den vom IWF verordneten Massnahmen hatten.

Zur Klärung dieser Frage ist es nötig, die Ergebnisse der Fallstudien heranzuziehen, welche die widersprüchlichen Beziehungen zwischen den gesellschaftlichen Eliten aus dem Norden und dem Süden genauer unter die Lupe nehmen.

3.5.2 Unterschiede

Ein wichtiger Unterschied zwischen der internationalen Verschuldungskrise und den Finanzkrisen an der Schwelle zum 21. Jahrhundert kann zunächst darin gesehen werden, dass sich das Spektrum der krisenbetroffenen Länder im Zeitverlauf deutlich erweitert hat. So betraf die internationale Finanzkrise der achtziger Jahre – abgesehen von zahlreichen Entwicklungsländern – vor allem die *lateinamerikanischen Schwellenländer*, während von der Krise der neunziger Jahre sowohl die lateinamerikanischen Schwellenländer, als auch die ostasiatischen Schwellenländer sowie Russland und die Türkei erfasst wurden.

3.5.2.1 Die Ursachen der Krisen

Im Gegensatz zu den achtziger Jahren, als die Finanzkrisen noch mit einer expansiven Geld- und Fiskalpolitik der lateinamerikanischen Regierungen in Verbindung gebracht werden konnten,[377] spielten diese Faktoren in den neunziger Jahren – zumindest in Mexiko und den ostasiatischen Schwellenländern – keine Rolle. So lag das zentrale Problem der neunziger Jahre in der übermäßigen Verschuldung *privater Akteure*, während in den siebziger/achtziger Jahren vor allem die Auslandsverschuldung der *Staaten* stark angestiegen war.[378]

---

[376] Vgl. u.a. Chossudovsky (1998): The Globalization of Poverty, S. 36 sowie Walton, John; Seddon, David (1994): Free Markets and Food Riots, S. 41ff.

[377] In der Logik dieser "Krisenmodelle der ersten Generation" führen hohe Haushaltsdefizite zu hoher Inflation und damit bei festen Wechselkursen zu steigenden Leistungsbilanzdefiziten sowie einer zunehmenden Erschöpfung der Devisenreserven, vgl. Reichel, Richard (1999): Sind internationale Finanz- und Wirtschaftskrisen prognostizierbar? S. 368.

[378] Vgl. Wade, Robert (1998): The Asian Debt-and-development Crisis of 1997-? S. 1536.

Doch nicht nur die wichtigsten Kreditnehmer, sondern auch die wichtigsten Gläubiger unterschieden sich voneinander: Waren es in den siebziger Jahren primär private Geschäftsbanken, die Kredite an die Regierungen aufstrebender Schwellenländer vergeben hatten, so gewannen in den frühen neunziger Jahren institutionelle Investoren, die ihr Geld in Aktien und Anleihen verschiedener Schwellenländer anlegten, an Bedeutung. Ferner spielten ausländische Direktinvestitionen in den neunziger Jahren eine weitaus größere Rolle als in den vorangegangenen Jahrzehnten.

Tab. 21: Vergleich der Akteure und Formen des Kapitalexports

Krisenregionen und -perioden:	Lateinamerika (1982-83)	Mexiko (1994-95)	Ostasien (1997-98)
Die wichtigsten Kreditgeber bzw. Investoren:	Banken	Investmentfonds, Institutionelle Investoren, Unternehmen (ADI), Banken	Banken, Investmentfonds, Institutionelle Investoren, Unternehmen (ADI)
Die wichtigsten Kreditnehmer:	Regierungen	Private Unternehmen, Banken, Regierungen	Private Unternehmen, Banken
Dominante Form des Kapitalexports:	Kredite	Investitionen in Aktien und Anleihen, ADI	Kredite, Investitionen in Aktien und Anleihen, ADI

Quelle: Eigene Darstellung in Anlehnung an Lamfalussy (2000), S.48.

Dabei lassen sich diese Unterschiede primär auf die institutionelle Struktur der Finanzsysteme in den Krisenländern zurückführen: So überwogen Portfolioinvestitionen in jenen Staaten, die über ein liberales Investitionsregime und weitreichend deregulierte Finanzmärkte verfügten, während in allen anderen Staaten die Kreditvergabe die dominante Rolle spielte.

Form und Verlauf der Krise wiesen ebenfalls bedeutende Unterschiede auf, was sich auch in den Begrifflichkeiten niederschlägt: Der internationalen *Verschuldungskrise* der achtziger Jahre stehen die *Währungskrisen* der neunziger Jahre gegenüber. So ließe sich argumentieren, dass *Devisenspekulation* und damit verknüpfte *Schwankungen der Wechselkurse* in den neunziger Jahren von größerer Bedeutung waren als in den achtziger Jahren, was wiederum auf das „Mengenproblem" bzw. das phänomenale Wachstum der Umsätze auf den Devisenmärkten zurückgeführt werden kann.[379] Zwar haben sich die Finanzflüsse nicht

[379] Dieses Argument wird von den Befürwortern einer Steuer auf Devisenumsätze (Tobin Tax) verwendet. Demnach erhöht die Überliquidität auf den Devisenmärkten die Volatilität der Wechselkurse und trägt dazu bei, dass kurzfristige Kredite attraktiver werden als langfristige. Vgl. Wahl, Peter; Waldow, Peter (2001): Devisenumsatzsteuer. Ein Konzept mit Zukunft, S. 6f.

völlig von der realwirtschaftlichen Grundlage abgelöst, wie mitunter behauptet wird - es kann allerdings die These vertreten werden, dass in den neunziger Jahren viel geringere Anlässe für eine krisenhafte Zuspitzung der Situation in den Schwellenländern ausreichten. So kommt eine empirische Studie der Deutschen Bundesbank zur Bedeutung von Fundamentalfaktoren für die Entstehung von Währungskrisen in 12 Schwellenländern, die zu dem Ergebnis, dass

> „Marktteilnehmer [...] auf makroökonomische Ungleichgewichte [in den Schwellenländern] nunmehr sensibler reagieren als beispielsweise noch vor Ausbruch der internationalen Verschuldungskrise zu Beginn der achtziger Jahre."[380]

Ein weiterer bedeutender Unterschied zwischen beiden Krisenperioden kann darin gesehen werden, dass die internationale Verschuldungskrise auf eine schwere Rezession in den Industrieländern *folgte*, während sich die Krise in den neunziger Jahren *zuerst* in den meisten Schwellenländern (sowie Japan) bemerkbar machte und erst 2001/02 auch die westlichen Industrieländer in eine Rezession gerieten.

3.5.2.2 Das Krisenmanagement

Ein Vergleich des Krisenmanagements ist insofern schwierig, als Zeitpunkt und Intensität, mit der die vom IWF geforderten Reformen umgesetzt wurden, von Land zu Land sehr unterschiedlich sind. So dauerte es nach Ausbruch der internationalen Verschuldungskrise im Sommer 1982 noch fast ein Jahrzehnt, bis große lateinamerikanische Schwellenländer umfassende neoliberale Reformen in die Praxis umsetzten. Eine kurze Zeit lang wurden die lateinamerikanischen Länder dann als Vorzeigemodelle neoliberaler Strukturanpassung gefeiert – hatten sie doch ihre Märkte am weitesten für ausländische Investoren geöffnet, umfangreiche Privatisierungen vorgenommen und – wie im Falle Argentiniens oder Mexikos – den Kapitalverkehr liberalisiert. Dass diese umfassenden neoliberalen Reformen jedoch keineswegs zu einer krisenfreien und dynamischen wirtschaftlichen Entwicklung beitrugen, wie von der Weltbank vermutet,[381] demonstrierten die schweren Finanzkrisen in Mexiko (1994/95) und Argentinien (2001/02).

Wie in Kapitel 3.3.1 und 3.3.2 gezeigt wurde, fanden die neoliberalen Reformen der Finanzmärkte, des Kapitalverkehrs und des Investitionsregimes, die in zahlreichen Entwicklungs- und Schwellenländern seit Ende der achtziger Jahre durchgeführt wurden, vor dem Hintergrund der Erosion des sozialistischen Lagers statt. Demnach hat sich der Druck, die eigenen Märkte für Waren und Kapital zu öffnen, durch den Wegfall der Systemkonkurrenz bedeutend erhöht, wobei mehr und mehr auch die ostasiatischen Schwellenländer, die lange Zeit eine ver-

---

[380] Vgl. Deutsche Bundesbank (1999): Zur Bedeutung von Fundamentalfaktoren für die Entstehung von Währungskrisen in Entwicklungs- und Schwellenländern, S. 25.
[381] Vgl. World Bank (2000): East Asia. Recovery and Beyond, S. 148.

gleichsweise protektionistische Politik betrieben hatten, ins Visier der USA bzw. des Wall Street-Treasury-IMF Complex gerieten.[382]

Allerdings gelang es dem Wall Street-Treasury-IMF Complex erst im Zuge der Asienkrise, den Widerstand der ostasiatischen Schwellenländer gegen die Deregulierung ihrer Finanzmärkte und ihres Investitionsregimes zu brechen, wobei die Strukturanpassungsprogramme des IWF diesbezüglich eine zentrale Rolle spielten: So musste beispielsweise Thailand auf Druck des IWF ein Gesetz abschaffen, welches den Anteil, den ausländische Investoren an thailändischen Finanzinstitutionen halten dürfen, auf 25 Prozent beschränkt hatte.[383] Auch Südkorea und Indonesien wurden vom IWF dazu aufgefordert, den Kapitalverkehr zu liberalisieren und ausländische Übernahmen im Bankensektor zu ermöglichen. Darüber hinaus verlangte der IWF von der indonesischen Regierung:

- 12 Megaprojekte einzustellen - darunter das ambitionierte Automobilprojekt PT Timor Putra Nasional, welches in Kooperation mit japanischen und koreanischen Firmen Autos für den indonesischen Markt produzieren sollte;
- den Handel mit Agrarprodukten (u.a. Cashewnüsse, Nelken, Orangen, Vanille) zu liberalisieren;
- Importzölle auf Nahrungsmittel und nichtagrarische Erzeugnisse bis 2003 um fünf bzw. zehn Prozent zu senken;
- das Haushaltsdefizit zu reduzieren bzw. ein ausgeglichenes Budget zu realisieren;
- die Inflationsrate nicht über 20 Prozent steigen zu lassen.[384]

Insgesamt kann die These vertreten werden, dass sich das Krisenmanagement des IWF im Zusammenhang mit der Asienkrise verschärft hat, was sich in einer wachsenden Zahl der Konditionen ebenso niederschlug wie in der Ausweitung sogenannter struktureller Auflagen, die zentrale Kernbereiche der Wirtschaft berühren (vgl. Kapitel 3.4.2).

---

[382] Vgl. u.a. Bello, Walden (1999): Dark Victory. The United States and Global Poverty, S. 15f.

[383] Vgl. Kristof, Nicholas D. (1998): Asia's Doors Now Wide Open to American Business, in: New York Times, 1. Februar 1998.

[384] Vgl. Werning, Rainer (2000): Düsteres Ende einer Dienstfahrt, S. 123.

4. Fallstudien

Das Ziel des dritten Kapitels bestand in erster Linie darin, die wichtigsten Entwicklungen nachzuzeichnen, die in den letzten dreißig Jahren zu zahlreichen Finanzkrisen in Schwellenländern geführt haben. Im Gegensatz zu den dominanten ökonomischen Ansätzen, welche die längerfristigen und sozio-politischen Dimensionen des Aufbaus von Verschuldungsproblemen häufig vernachlässigen,[385] wurde dabei versucht, die komplexen Wechselwirkungen zwischen ökonomischen, politischen und gesellschaftlichen Entwicklungen nachzuzeichnen, wobei die Beziehungen zwischen Zentrum und (Semi)peripherie im Mittelpunkt der Analyse standen.

Dabei konnte die These bestätigt werden, nach der man Finanzkrisen in Schwellenländern nicht begreifen kann, ohne die ökonomischen und politischen Entwicklungen in den großen Industrienationen zu analysieren. So ließ sich vor allem am Beispiel der internationalen Verschuldungskrise deutlich zeigen, dass krisenhafte Entwicklungen in den Industrieländern zur Verschärfung der Situation in den Schwellenländern beitrugen, wobei der neoliberalen Wende in den Industrieländern bzw. der Hochzinspolitik der USA eine besondere Rolle zukam. Es war sogar möglich, ein Modell von Finanzkrisen in Schwellenländern zu entwickeln, welches für beide Krisenperioden Gültigkeit beansprucht.

Allerdings wurden auch die Grenzen einer Analysemethode deutlich, die von den spezifischen sozioökonomischen Strukturen und Entwicklungen *innerhalb* von Nationalstaaten abstrahiert. Dies betrifft insbesondere die politische Frage des Krisenmanagements und der neoliberalen Reformen. Schließlich standen, wie Boris beschreibt

> "keineswegs überall [...] sofort interne gesellschaftliche Kräfte bereit bzw. waren diese stark genug, die Strukturanpassungs-Vorstellungen des IWF in "vorbildlicher" Weise umzusetzen."[386]

Entsprechend soll im folgenden Kapitel der Zusammenhang zwischen neoliberalen Reformen, Finanzkrisen und dem Vordringen ausländischer Konzerne in Schwellenländer anhand von einzelnen Fallstudien untersucht werden. Im Mittelpunkt steht dabei die Frage, unter welchen Umständen und von welchen politischen Kräften neoliberale Reformen in den einzelnen Ländern durchgesetzt wurden und inwiefern externer Druck bei der Umsetzung neoliberaler Reformen eine Rolle spielte. Dabei werde ich mich im Hinblick auf die Reformen auf die Deregulierung der Finanzmärkte, des Kapitalverkehrs sowie die Liberalisierung des Investitionsregimes konzentrieren, allerdings auch auf andere neoliberale

---

[385] Vgl. Stamm, Hanspeter (1992): Krise und Anpassung in Mexiko, S. 15.

[386] Vgl. Boris, Dieter (2001): Zur Politischen Ökonomie Lateinamerikas, S. 82.

Reformen eingehen, sofern diese mit den Finanzkrisen in Verbindung gebracht werden können.

Parallel zu dieser Analyse der jeweiligen Umstände und Voraussetzungen für die konkrete Umsetzung neoliberaler Reformen soll in den Fallstudien außerdem auf die *Folgen* dieser Reformen eingegangen werden, wobei hier ebenfalls wieder zwei Fragen im Vordergrund stehen werden:

- Inwiefern trug die Deregulierung der Finanzmärkte und des Kapitalverkehrs zur Entstehung von Finanzkrisen bei?
- Inwiefern trug die Liberalisierung des Investitionsregimes zum Verkauf heimischer Banken und Konzerne an ausländische Investoren bei?

Bevor diese Fragen in den einzelnen Fallstudien erörtert werden, soll allerdings das Untersuchungskonzept erläutert, d.h. dargestellt werden, auf welche Institutionen und Entwicklungen sich der Ländervergleich in erster Linie beziehen wird.

4.1 Das Untersuchungskonzept

Will man die Ursachen und Folgen neoliberaler Reformen in verschiedenen Ländern miteinander vergleichen, so stösst man schnell auf schwerwiegende methodologische Probleme, die mit der unterschiedlichen Ausgangslage, Geschichte, institutionellen Struktur etc. der einzelnen Länder zu tun haben. So kann beispielweise dasselbe „Reformpaket" sehr unterschiedliche Auswirkungen haben, je nachdem von welchen Akteuren und unter welchen historisch-kulturellen sowie sozioökonomischen Bedingungen es umgesetzt wird. Wie Hosono beschreibt:

> „Due to the historical, cultural, social and other differences that exist between any pair of countries, one cannot make a very precise comparative analysis between them, so one should not expect to reach very straightforward conclusions. This also means that no set of policy measures, even if effective and successful in one country, can be applied directly to the other country."[387]

So wie dieselben Reformen unterschiedliche Auswirkungen nach sich ziehen können, ist es auch möglich, dass dieselben Ereignisse bzw. Entwicklungen in verschiedenen Ländern (beispielsweise Finanzkrisen) auf jeweils sehr unterschiedliche Ursachen zurückgeführt werden können: So lassen sich theoretisch Krisen, die auf eine Verschlechterung der Außenhandelsbeziehungen (sinkende Exporterlöse) zurückgehen, von spekulativen Finanzkrisen unterscheiden, bei denen der Abzug kurzfristiger Kapitalanlagen eine Hauptrolle spielte, wobei es

---

[387] Vgl. Hosono, Akio (1998): Successful Models of East Asia and Latin America: Malaysia and Chile, S. 212.

nicht immer leicht ist, zwischen beiden zu differenzieren, da zwischen hohen Kapital- und hohen Warenimporten eine enge Beziehung besteht.

Schließlich muss berücksichtigt werden, dass jedem Vergleich immer auch normative Kriterien zugrunde liegen. So muss geklärt werden, an welchen Maßstäben der Entwicklungserfolg eines Landes gemessen wird bzw. welches Konzept der „Entwicklung“ dem Vergleich zugrunde liegt. So zeichnen sich beispielsweise die meisten Analysen der Anhänger des Washingtoner Consensus dadurch aus, dass sie die „performance“[388] eines Landes in erster Linie an der Höhe des Wirtschaftswachstums sowie an makroökonomischer Stabilität, ausgedrückt in Indikatoren wie der Zahlungsbilanz, der Inflationsrate sowie dem Haushaltsdefizit, messen.[389] Dagegen weist der u.a. vom Entwicklungsprogramm der Vereinten Nationen (UNDP) geprägte Ansatz der nachhaltigen menschlichen Entwicklung (SHD) den diversen sozialen Indikatoren weitaus größeres Gewicht zu, d.h. Fragen der Armutsreduktion und der Verteilung gesellschaftlichen Reichtums stehen hier im Vordergrund. Allerdings ergibt sich bei den sozialen Indikatoren das Problem, dass Daten zur Einkommens- und Vermögensverteilung oder zu Armut und Arbeitslosigkeit in den jeweiligen Ländern weitaus seltener erhoben werden als makroökonomische Indikatoren. Ein weiteres Problem betrifft die Vergleichbarkeit von Indikatoren, da davon ausgegangen werden kann, dass viele Daten – z.B. zur Bestimmung der Arbeitslosenquote – in den einzelnen Ländern auf unterschiedliche Weise erhoben werden.

Das womöglich größte Problem bei einem empirisch gestützten Ländervergleich dürfte jedoch darin bestehen, dass theoretische Konstrukte wie „neoliberale Reformen“ oder „Einfluss des Internationalen Währungsfonds auf (wirtschafts)politische Entscheidungen der Schwellenländer“ nur schwer quantifizierbar sind, handelt es sich hierbei doch um die Erfassung komplexer politischer Prozesse, die eine qualitative Analyse erfordern. Aus diesem Grund habe ich mich in der vorliegenden Arbeit dazu entschieden, anhand von *einzelnen Fallstudien* die Zusammenhänge zwischen IWF-gestützten neoliberalen Reformen, Krisen und dem Phänomen der Denationalisierung zu erfassen. So ermöglichen es Fallstudien – im Gegensatz zu Analysen, die Entwicklungen in zahlreichen Ländern anhand von rein quantitativen Daten zu erfassen suchen – auf die sozioökonomischen und politischen Ursachen von Finanzkrisen, neoliberalen Reformen und Denationalisierungsprozessen detaillierter einzugehen.

---

388 Wie Charles Gore beschreibt: „[...] the key word in the discourse propagated by international development agencies since the start of the 1980s has been „performance“ [...] countries have been partitioned into good and bad performers, and ranked according to their performance in various new leagues of nations.“ Vgl. Gore, Charles (2000): The Rise and Fall of the Washington Consensus as a Pardigma for Developing Countries, S. 794.

389 Vgl. Gore, Charles (2000): The Rise and Fall of the Washington Consensus as a Pardigma for Developing Countries, in: World Development, S. 794, S. 798.

4.1.1 Begründung der Länderauswahl

Fragt man, welche Gründe mich dazu bewogen haben, Argentinien und Südkorea als Fallstudien auszuwählen, so lassen sich folgende vier Überlegungen anführen:

Zum einen sollten beide Länder im Hinblick auf das *Entwicklungsniveau* sowie die *Größe* ungefähr miteinander vergleichbar sein, da es wenig Sinn macht, bevölkerungsreiche Entwicklungsländer wie Indonesien oder China mit kleineren Schwellenländern wie Singapur oder Chile auf eine Stufe zu stellen. Zwar ist Argentinien mit 2.780.400 qkm deutlich größer als Südkorea (99,260 qkm), in Bezug auf die Größe der Bevölkerung (Argentinien: 37,93 Mio. Einwohner, Südkorea: 47,64 Mio. Einwohner)[390] sind beide Länder jedoch durchaus vergleichbar. Was das sozioökonomische Entwicklungsniveau angeht, so liegt die Gemeinsamkeit darin, dass beide Länder seit mindestens zwanzig Jahren zu den fortgeschrittenen Schwellenländern gezählt werden, wobei sich im Fall Südkoreas ein langanhaltender Aufstiegsprozess im Weltsystem, in Argentinien dagegen ein Stagnations- bzw. relativer Abstiegsprozess verzeichnen lässt, wie man anhand von zahlreichen Daten belegen kann.

Abb 28: Argentinien und Südkorea: Vergleich des Pro-Kopf-Einkommens

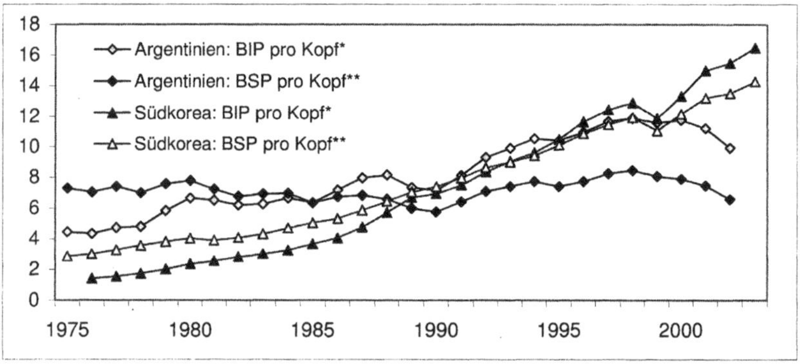

*zu laufenden US$ **zu konstanten Preisen (US$ 1995)
Quelle: World Bank (2003): World Development Indicators

Der zweite gemeinsame Bezugspunkt ergibt sich aus der Tatsache, dass beide Länder in den letzten zehn Jahren mit schwerwiegenden *Finanzkrisen* zu kämpfen hatten, die u.a. durch eine Welle der Kapitalflucht, massive Währungsabwertungen, den Bankrott zahlreicher Unternehmen und Banken sowie die Verschärfung sozialer Probleme und Kämpfe gekennzeichnet waren, woraus sich die

---

390 Vgl. World Bank (2002): World Development Indicators: Population (total), Surface area (sq km).

Frage ergibt, ob diese zwei Krisen sich auf gemeinsame externe oder interne Ursachen zurückführen lassen. Um einen Vergleich zu vereinfachen, orientiert sich die Gliederung der Fallstudien an den einzelnen Krisenphasen, d.h. auf eine Darstellung der neoliberalen Reformen im Vorfeld der Krise folgt die Beschreibung des Krisenverlaufs, gefolgt von einer Darstellung des Krisenmanagements. Im Gegensatz zur argentinischen Fallstudie, wo der Prozess der Denationalisierung zusammen mit den neoliberalen Reformen beschrieben wird, die im Vorfeld der großen Krise von 2001 durchgeführt wurden, bildet eine Analyse des Denationalisierungsprozesses den Abschluss der Fallstudie zu Südkorea, da dort der Verkauf von Banken und Unternehmen an ausländische Investoren erst nach der Krise an Fahrt gewann.

Die dritte und wichtigste Überlegung bestand darin, den Vergleich in Bezug auf die Folgen *neoliberaler Reformen* insofern zu vereinfachen als Länder ausgewählt wurden, die sich im Hinblick auf die Dauer und Intensität neoliberaler Strukturanpassung deutlich voneinander unterscheiden. So wurde in Argentinien bereits Ende der siebziger Jahre ein umfassendes Programm der Deregulierung der Finanzmärkte und des Kapitalverkehrs umgesetzt; in den frühen neunziger Jahren kam es dann unter Präsident Carlos Menem zu einer Wiederauflage dieser neoliberalen Öffnungspolitik, die bis zum Kollaps der argentinischen Wirtschaft 2001 von den internationalen Finanzorganisationen gelobt und unterstützt wurde. Kennzeichen dieser Öffnungspolitik war einerseits die vollständige Liberalisierung des Kapitalverkehrs, andererseits die sehr weitreichende Deregulierung des Investitionsregimes bei gleichzeitiger Privatisierung zahlreicher Staatsunternehmen. Im Vergleich dazu war die koreanische Wirtschaft bis in die neunziger Jahre hinein durch ein sehr restriktives Investitionsregime gekennzeichnet. Zwar geriet das koreanische Entwicklungsmodell seit Mitte der achtziger Jahre unter wachsenden Druck, so dass vor allem ab 1993 eine Politik der begrenzten Liberalisierung der Finanzmärkte und des Kapitalverkehrs verfolgt wurde; eine umfassende Deregulierung des Kapitalverkehrs sowie des Investitionsregimes wurde jedoch erst im Zuge der Finanzkrise von 1997 durchgesetzt.

Um trotz der Beschränkung auf lediglich zwei Fallstudien zu möglichst verallgemeinerungsfähigen Aussagen über die Gruppe der Schwellenländer zu gelangen, habe ich mich schließlich dazu entschieden, Länder aus *unterschiedlichen Regionen* miteinander zu vergleichen, wobei ich die argentinische Entwicklung als in gewisser Hinsicht typisch für die Länder Lateinamerikas, die südkoreanische Entwicklung als typisch für ostasiatische Schwellenländer ansehen werde. Entsprechend kann man aus dem Vergleich beider Länder auch Schlüsse ziehen im Hinblick auf die Debatte über Gemeinsamkeiten und Unterschiede zwischen dem „ostasiatischen“ und dem „lateinamerikanischen“ Entwicklungsmodell.

4.1.2 Hypothesen

Wie in der Begründung der Auswahl der Fallstudien bereits angedeutet wurde, sollen die zwei Länder primär im Hinblick auf die Intensität sowie die Folgen neoliberaler Reformen im Bereich der Finanzmärkte und des Investitionsregimes miteinander verglichen werden; hinzu kommt die Frage nach der Rolle des IWF sowie des Wall Street-Treasury Complex bei der Durchsetzung neoliberaler Reformen in Schwellenländern. Im Mittelpunkt stehen die Thesen, nach der neoliberale Reformen im Bereich der Finanzmärkte, des Kapitalverkehrs und des Investitionsregimes

- zu schwerwiegenden Finanzkrisen geführt,
- zur Deindustrialisierung der Wirtschaft und zur Senkung des Lebensstandards der Bevölkerung beigetragen, und
- zur Denationalisierung der Wirtschaft geführt haben.

Tab. 22: Übersicht über die unabhängigen und abhängigen Variablen

Unabhängige Variablen		Abhängige Variablen
Einfluss des IWF Einfluss des Wall Street-Treasury Complex	Neoliberale Reformen - Deregulierung der Finanzmärkte - Liberalisierung des Kapitalverkehrs - Deregulierung des Investitionsregimes	Häufigkeit und Schwere von Finanzkrisen Sozioökonomische Entwicklung der Schwellenländer Ausmaß der Denationalisierung

4.1.3 Verwendete Indikatoren und Datenquellen

Die folgende Tabelle gibt einen ersten Überblick über die Operationalisierung der Indikatoren. Dabei sollen die mit „Krise" gekennzeichneten Indikatoren dabei helfen, das Vorhandensein einer Krisensituation zu identifizieren (bzw. den spezifischen Verlauf der Krise zu dokumentieren); dagegen dienen die mit „Denat" bezeichneten Indikatoren zur Fassung des theoretischen Konstrukts der Denationalisierung, welches den Einfluss ausländischer Investoren in der Wirtschaft im Allgemeinen sowie im Bankensektor im Speziellen darstellen soll. Dabei ist allerdings anzumerken, dass die Tabelle lediglich jene Indikatoren umfasst, die sowohl für Argentinien als auch für Südkorea dargestellt und analysiert werden.

Wie die Tabelle verdeutlicht, werde ich zur Erfassung der „Krisenvariablen" in erster Linie auf die „World Development Indicators" der Weltbank zurückgreifen. Hierbei handelt es sich um die Datengrundlage der von der Weltbank herausgebrachten Entwicklungsberichte, wobei die Quellen für die einzelnen Indikatoren jeweils unterschiedlich sind, d.h. zum Teil auf Erhebungen der Weltbank, des IWF und anderer multilateraler Institutionen zurückgehen, zum Teil von den einzelnen Staaten selbst erhoben und bereitgestellt werden. Die Daten der Weltbank zur Auslandsverschuldung, privatem Kapitalverkehr und Inflationsraten umfassen in der Regel den Zeitraum von 1970-2002; ebenso die der ILO entnommenen Daten zu Arbeitslosigkeit und Unterbeschäftigung, wobei hier zur Ergänzung auf Daten der nationalen Statistikämter zurückgegriffen wird, da diese eine detailliertere Darstellung erlauben.

Tab. 23: Liste der verwendeten Indikatoren

	Indikatoren	Zeitraum	Quelle
Krise	Wachstumsrate des BSP pro Kopf	1970-2002	Weltbank
	Exporte und Importe in Mrd. US$		
	Jährliche Inflationsrate in Prozent		
	Auslandsverschuldung und Schuldendienst: - Auslandsverschuldung in Mrd. US$ - Wachstumsrate der Auslandsverschuldung - Kurzfristige Verschuldung in Prozent der gesamten Auslandsverschuldung - Private Verschuldung in Prozent der gesamten Auslandsverschuldung - Wachstumsrate der kurzfristigen Auslandsverschuldung - Schuldendienst in Mrd. US$ - Schuldendienstquote und Schuldenquote		
	Private Nettokapitalzuflüsse in Mrd. US$		
	Arbeitslosenquote	1970-2002	ILO*
Denat	Nettoströme ausländischer Direktinvestitionen: - in Mrd. US$ - in Prozent der Bruttokapitalbildung - in Prozent aller Direktinvestitionen	1990-2002	UNTAD
	Fusionen und Übernahmen: - in Mrd. US$ - in Prozent der Bruttokapitalbildung - in Prozent aller Fusionen und Übernahmen von Unternehmen aus Entwicklungsländern		
	Fusionen und Übernahmen im Bankensektor	Diverse Zeitpunkte	Diverse Quellen
	Ausländische Beteiligung am Bankensystem		

*ergänzt durch nationale Statistiken

Ich habe mich für die World Development Indicators (WDI) der Weltbank als primäre Datenquelle entschieden, will an dieser Stelle aber darauf hinweisen, dass diese Daten oft nur grobe Schätzungen sind. Begründen lässt sich meine Entscheidung durch den Fokus der empirischen Analyse auf Auslandsverschuldung und Schuldendienst – ein Feld, in dem die Weltbank als Datensammlungs- und Auswertungsstelle führend ist.

Neben den World Development Indicators der Weltbank zählt der von der UNCTAD herausgegebene World Investment Report zu meinen zentralen Datenquellen. So werde ich bei der Darstellung des Prozesses der Denationalisierung auf die UNCTAD-Datenbank zu ausländischen Direktinvestitionen sowie Fusionen und Übernahmen zurückgreifen, welche im Falle der Direktinvestitionen die Zeitperiode 1980-2002, im Falle der Fusionen und Übernahmen die Zeitperiode 1988-2002 erfasst. Da mit diesen Daten eine branchenspezifische Untersuchung (Bankensektor) nicht möglich ist und auch die Frage, welche Unternehmen in den Schwellenländern jeweils investiert haben, nicht beantwortet werden kann, wird zur Erfassung des Prozesses der Denationalisierung im Bankensektor zusätzlich auf die Finanzpresse (Financial Times, Economist) sowie auf wissenschaftliche Aufsätze zurückgegriffen.

Was die Qualität des verwendeten Datenmaterials angeht, so muss man sich natürlich der Defizite bewusst sein, die mit der Konzeption der Variablen und den Methoden der Erhebung oft verbunden sind. So verweist Tandon am Beispiel der afrikanischen Staaten auf gravierende Defizite in der UNCTAD-Statistik zu ausländischen Direktinvestitionen. Demnach sei die verwendete Definition der *Eigentümerschaft* von transnationalen Konzernen höchst problematisch – gerade im Hinblick auf Konzerne, die in Entwicklungsländern tätig sind:

> „[T]he definition of nationality and ownership of enterprises in the WIRs is seriously problematic. The source and quantities of FDI flows into African countries are based on the most spurious data based on the most indulgent definition of terms. In other words, "analytical" statements, such as country comparisons based on the putative nationalities of the TNCs that are presumed to "belong" to those countries are statements that must be seriously questioned.“[391]

Ferner kritisiert er, dass einbehaltene Gewinne der Filialen transnationaler Konzerne ebenso wie Kredite des Mutterkonzerns an die Tochtergesellschaft zu den „Zuflüssen ausländischer Direktinvestitionen“ gezählt werden:

> „From a national rather than TNC point of view, should not "reinvested earnings" be considered as "domestic savings" rather than as fresh FDI? It is no wonder that the savings rate of African countries is always described, in neo-liberal economic literature, as "too low". *It has to be, purely from a definitional logic,* if the bulk of it is reclassified by an accounting convention as "fresh FDIs" (as if they are from outside the country) rather than as part of domestic savings. [...] Furthermore, how does one describe "intra-company" loans as FDIs when these are transactions

[391] Vgl. Tandon, Yash (2000): The Role of Foreign Direct Investments in Africa's Human Development. URL: http://rorg.no/rorg/dok/arkiv/ytfdi1.htm (Stand: 13.06.04)

> from within the company? These loans finally retire to the parent companies, with interest added on to them. [...] Any reasonable accounting of capital flows must take into account what flows in and what flows out of a country, whether these are definitionally obscured by certain conventional usage as "FDIs", portfolio investments, dividend payments, debt payments, or whatever."[392]

Nicht nur die theoretische Fragestellung, sondern auch die geringe Qualität des zur Verfügung stehenden Datenmaterials erzwingt demnach eine *qualitativ-historische Analyse* der Entwicklung in Argentinien und Südkorea, die Gegenstand der folgenden Kapitel sein wird.

Der qualitative Charakter der Untersuchung kommt u.a. in meiner Konzeption der *unabhängigen* Variable „neoliberale Reformen" zum Ausdruck – eine Variable, die sich nur schwer auf eine Zahl reduzieren lässt. Um die neoliberalen Reformen in den verschiedenen Ländern besser mitienander vergleichen zu können, werde ich hier differenzieren zwischen:

- der Liberalisierung des Außenhandels,
- der Liberalisierung des Kapitalverkehrs,
- der Deregulierung der Finanzmärkte.

Ferner wird vor allem in der argentinischen Fallstudie auf den Prozess der Privatisierung von Staatsunternehmen und sozialer Sicherungssysteme eingegangen, während in Südkorea der Aspekt der Strukturreformen im Finanz- und Unternehmenssektor eine spezielle Analyse erfordert. Im Kontext der Darstellung der neoliberalen Reformen wird jeweils auch der Einfluss des IWF und des Wall Street-Treasury Complex auf den Inhalt und die Umsetzung der Reformen erörtert werden.

4.1.4 Aufbau des Kapitels

Der Aufbau des vierten Kapitels orientiert sich an der Struktur des dritten Kapitels, d.h. es soll jeweils zwischen Entwicklungen im Vorfeld der Krisen, dem Verlauf der Krisen und dem Krisenmanagement unterschieden werden. Da Argentinien im betrachteten Untersuchungszeitraum mit drei (bzw. vier), Südkorea dagegen nur mit einer Finanzkrise konfrontiert war, ergeben sich dennoch zahlreiche Unterschiede in der Kapitelstruktur. So setzt die argentinische Fallstudie mit einer Analyse der neoliberalen Reformen ein, die unter der Militärdiktatur Videlas Ende der siebziger Jahre in Angriff genommen wurden, während zu Beginn der südkoreanische Fallstudie auf spezifische Strukturmerkmale des koreanischen Entwicklungsmodells eingegangen wird, die für die – im Gegensatz zu

392 Vgl. Tandon, Yash (2000): The Role of Foreign Direct Investments in Africa's Human Development. URL: http://rorg.no/rorg/dok/arkiv/ytfdi1.htm (Stand: 13.06.04).

Argentinien – weitgehend krisenfreie und dynamische wirtschaftliche Entwicklung verantwortlich sein könnten.

Tab. 24: Überblick über die Kapitelstruktur des vierten Kapitels

Argentinien		Südkorea	
Entwicklungen im Vorfeld der Krise	*Krisenmanagement*	*Entwicklungen im Vorfeld der Krise*	*Krisenmanagement*
1) Die neoliberalen Reformen der Jahre 1976-82	2) Verschuldungskrise und Krisenmanagement (1981-89)	1) Das koreanische Entwicklungsmodell (bis 89-93)	
3) Die neoliberalen Reformen unter Menem und Cavallo (1989-95 / 2001)	4) Auswirkungen der Mexikokrise (1995ff) 5) Zuspitzung der Krise und Krisenmanagement (1998ff.)	2) Neoliberale Reformen unter Kim Young Sam (1993-1997)	3) Zuspitzung der Krise und Krisenmanagement (1997ff.)

Wie aus der Tabelle hervorgeht, nimmt die Frage, inwiefern neoliberale Reformen in den Schwellenländern zu den anschließenden Finanzkrisen beigetragen haben, breiten Raum ein, wobei den Reformen, die in den neunziger Jahren durchgeführt wurden, besondere Aufmerksamkeit gewidmet wird.

Allerdings wird auch der Frage nach dem Zusammenhang zwischen der Deregulierung des Investitionsregimes und dem Verkauf heimischer Banken und Unternehmen an ausländische Investoren intensiv behandelt – allerdings finden sich diese Analysen jeweils an unterschiedlicher Stelle: In Kapitel 4.2.4.4 (Privatisierung und Denationalisierung) sowie in Kapitel 4.2.5.4 (Ausländische Banken als Profiteure der Krise) bei der argentinischen Fallstudie und in Kapitel 4.3.6.4 (Forcierte Retsrukturierung des Bankensektors) sowie in Kapitel 4.3.6.5 (Reform der Chaebol) bei der südkoreanischen Fallstudie. Dieser Unterschied in der Gliederungsstruktur lässt sich darauf zurückführen, dass sowohl die Deregulierung des Investitionsregimes als auch der Prozess der Denationalisierung in Argentinien bereits Anfang bis Mitte der neunziger Jahre (also noch vor der großen Krise von 2001ff.) seinen Höhepunkt erreichte, während in Südkorea sowohl die Deregulierung des Investitionsregimes als auch der Prozess der Denationalisierung erst im Zuge des Krisenmanagements der Jahre 1997ff. an Fahrt gewann.

4.2 Argentinien

Der Name República Argentina (die silberne Republik) geht auf den von den spanischen Kolonisten vermuteten Reichtum durch das Silber des Río de la Plata (Silberfluss) zurück. Zwar wurden die Hoffnungen auf umfangreiche Gold- und Silberfunde enttäuscht; dennoch verfügt Argentinien, welches am 9. Juli 1818 seine Unabhängigkeit von Spanien erklärte, seit jeher über einen enormen Reichtum an natürlichen Ressourcen, was die Frage aufwirft, wie es dazu kommen konnte, dass

> „[...] in einem einstmals reichen Land im Jahr 2001 vier Millionen Menschen vom Hunger bedroht waren [und] die Kinder in einigen Provinzen aufgrund von Mangelernährung nicht die ihrem Alter entsprechende Körpergröße erreichten."[393]

Der Kontrast zwischen der aktuellen Misere Argentiniens und seiner Entwicklung zu Beginn des 20. Jahrhunderts könnte tatsächlich kaum größer sein: So war Argentinien damals ein wirtschaftlich aufstrebendes Land, gekennzeichnet durch schnell wachsende Exporte, steigende Investitionen und eine aufstrebende und – im Vergleich zu den anderen lateinamerikanischen Ländern relativ große – Mittelschicht sowie ein steigendes Bruttosozialprodukt pro Kopf, welches dasjenige der Schweiz, Österreichs, Spaniens, Italiens oder Norwegens übertraf.[394] Und während sich im Zuge der Krise 2002 lange Schlangen von ausreisewilligen Argentiniern vor den Konsulaten bildeten,[395] zog Argentinien zu Beginn des 20. Jahrhunderts Millionen von europäischen Einwanderern vor allem aus Spanien und Italien an,[396] die das Land zum „europäischsten Land Lateinamerikas" werden ließen.[397]

Das folgende Kapitel wird sich der Frage widmen, welche Faktoren für die relative Abwärtsmobilität Argentiniens im Weltsystem verantwortlich sein könnten, wobei den Folgen der verschiedenen neoliberalen Reformen der neunziger Jahre besondere Aufmerksamkeit zukommen wird. Um die Entwicklung Argentiniens

---

[393] Vgl. Birle, Peter; Carreras, Sandra (2002): Einleitung, S. 7.

[394] „Beispielsweise wuchs das Schienennetz von dem Zeitraum 1865-1969 bis zur Periode 1910-1914 von 503 km auf 31.104 km [...] Der Export wuchs in exponentieller Weise von der ersten zur zweiten Periode von 19,6 Millionen Pesos auf 413,1 Millionen Pesos [...]. [Das Pro-Kopf-Einkommen] übertraf das Österreichs, Spaniens, Norwegens sowie das der Schweiz [...] und ermöglichte das Wachstum der argentinischen Mittelschicht von 10,6 Prozent der Bevölkerung auf 30,4 Prozent im Zeitraum zwischen 1869 und 1914." Vgl. Escudé, Carlos (2002): Argentinien – Land frustrierter Perspektiven? S. 42.

[395] Vgl. u.a. Altvater, Elmar (2002): Auch Pleitegeier können leer ausgehen, in: Freitag, 11. Januar 2002.

[396] „Zwischen 1869 und 1914 siedelten sich etwa sechs Millionen Immigranten in einem Land an, das eine Bevölkerung von etwas mehr als 1,2 Mio. Menschen besessen hatte." Vgl. Escudé, Carlos (2002): Argentinien – Land frustrierter Perspektiven? S. 43.

[397] Vgl. Moses, Carl (2003): Populismus gepaart mit ökonomischer Rationalität, in FAZ, 2. Juni 2003, S. 14.

in den neunziger Jahren besser einordnen und analysieren zu können, soll jedoch zunächst auf einige grundlegende Strukturmerkmale des wirtschaftlichen und politischen Systems Argentiniens eingegangen werden. Anschließend soll die Geschichte Argentiniens seit Mitte der siebziger Jahre in groben Zügen nachgezeichnet werden, wobei folgende Fragen im Vordergrund stehen werden:

1) Was waren die wichtigsten internen Ursachen der schweren Finanzkrise 1981/82? Inwiefern hat die unter der Militärdiktatur forcierte Liberalisierung der Finanzmärkte und des Kapitalverkehrs zur schweren Krise beigetragen?

2) Wie verlief das Krisenmanagement in Argentinien und warum mündeten die Stabilisierungsversuche der Regierung Alfonsin Ende der achtziger Jahre in einer Hyperinflation?

4.2.1 Merkmale des politischen und wirtschaftlichen Systems

Argentinien ist seit 1853 eine föderative Bundesrepublik mit einer an das nordamerikanische Vorbild angelehnten Verfassung, die sich durch eine starke Stellung des Präsidenten auszeichnet, der gleichzeitig Regierungschef ist. Als einflußreichste Partei Argentiniens kann nach wie vor die *Partido Justicialista* (PJ) gelten, deren Vorgängerorganisation *Partido Laborista* in den vierziger Jahren des 20. Jahrhunderts als Partei der Anhänger *Peróns* entstand.[398] Wichtigster Konkurrent der peronistischen Partei (PJ) ist die vor allem im liberalen Bürgertum verankerte Traditionspartei *Unión Cívica Radical (UCR)*. Neben den politischen Parteien spielt(e) das *Militär* eine wichtige Rolle in der argentinischen Politik.[399] Erst im Zuge der schweren Krise der frühen achtziger Jahre, für die das Militärregime der Jahre (1976-83) verantwortlich gemacht werden konnte, gelang es, ein ziviles Regierungssystem dauerhaft in Argentinien zu etablieren.[400]

---

[398] Dabei ist der Charakter der peronistischen Bewegung bis heute umstritten. So wurde der Peronismus als faschistisches Regime, als bürgerlicher Nationalismus, als eine Form des Bonapartismus, als Entwicklungsdiktatur und als Inbegriff des lateinamerikanischen Populismus interpretiert, wobei diese Vielfalt an Erklärungsversuchen darauf zurückzuführen sein dürfte, dass Perón jeweils verschiedene Taktiken verfolgte, um die Unterstützung diverser gesellschaftlicher Gruppen für sich zu gewinnen. Dabei versuchte Perón in erster Linie, der aufstrebenden Arbeiterbewegung den Wind aus den Segeln zu nehmen durch eine Kombination aus offener Repression gegenüber Kommunisten und linken Gewerkschaften mit einer Politik der Kooperation mit den rechten Gewerkschaftsverbänden bei weitreichenden Zugeständnissen an die Forderungen der Arbeiterschaft. Vgl. u.a. Carreras, Sandra (2002): Instabilität als Konstante? S. 42.

[399] Vgl. Carreras, Sandra (2002): Instabilität als Konstante? S. 36f.

[400] Allerdings fanden Mitte der achtziger Jahre drei (erfolglose) Putschversuche der Streitkräfte statt; die vorerst letzte Erhebung der Streitkräfte vollzog sich 1990, vgl. Diamint, Rut (2002): Streitkräfte und Demokratie, S. 313.

Markantes Merkmal der politischen Entwicklung Argentiniens war (und ist?) die *chronische Instabilität*, die sich bis zu Beginn der achtziger Jahre u.a. in häufigen Wechseln zwischen Zivil- und Militärregierungen manifestiert hat. Wie Boris beschreibt, lässt sich diese Diskontinuität der politischen Entwicklung Argentiniens mit ökonomischen Zyklen in Verbindung bringen, die *entweder* durch Exportwachstum bei gleichzeitiger Vernachlässigung des Binnenmarktes *oder* durch eine dynamische Binnenmarktentwicklung bei gleichzeitiger Stagnation der Exportproduktion gekennzeichnet waren. Diese Besonderheit der argentinischen Wirtschaftsentwicklung

> „[...] war auf den Umstand zurückzuführen, dass Weizen und Fleisch Produkte waren, die sowohl die Hauptsegmente des Exportes bildeten als auch gleichzeitig lange Zeit für die breite Masse der argentinischen Arbeitnehmer wichtige Bestandteile ihrer Nachfrage darstellten. Aus diesem Grund bewegte sich die Binnenwirtschaft und Exportwirtschaft seit geraumer Zeit in einem gewissen Gegensatz zueinander. Dies war auch der Rahmen dafür, dass sich die agrarischen Exporte und die industrielle Binnenwirtschaft mehr oder weniger entgegengesetzt entwickelten und sich häufig wechselseitig blockierten.“[401]

Die häufigen Brüche in der wirtschaftlichen und politischen Entwicklung Argentiniens lassen sich demnach auf den jeweils unterschiedlichen Ausgang von Machtkämpfen zwischen den zwei „traditionellen Polen der Gesellschaft“ zurückführen: der Agrar- und Finanzoligarchie auf der einen Seite sowie der primär für den Binnenmarkt produzierenden industriellen Bourgeoisie und der Arbeiterklasse auf der anderen Seite.[402]

Auch heute noch zählt die Produktion und Verarbeitung von landwirtschaftlichen Erzeugnissen sowie die Viehzucht zu den wichtigsten Wirtschaftszweigen Argentiniens, wobei ein Großteil der Agrarprodukte exportiert wird. Die industrielle Produktion hat dagegen zwischen 1982 und 2001 von 41 Prozent auf 27 Prozent des BSP abgenommen[403] und der Anteil der Industrieprodukte am Export lag 1999 bei weniger als 30 Prozent.[404] Obwohl die Industrialisierung Argentiniens vergleichsweise früh begann

> „blieb die industrielle Struktur Argentiniens bis heute fragmentarisch und darauf angewiesen, den größten Teil der benötigten Investitionsgüter zu importieren.“[405]

Wie schon angedeutet wurde, hat die blockierte Industrialisierung des Landes wiederum mit der bedeutenden Macht der Großgrundbesitzer in der argentinischen Gesellschaft zu tun. So fand in Argentinien eine vergleichbare Entwicklung wie in den USA, wo im Zuge des amerikanischen Bürgerkriegs die Vor-

---

[401] Vgl. Boris, Dieter (2002): Die argentinische Tragödie, S. 3f.
[402] Vgl. Simon, Gabriela (1988): Argentinien. Das bittere Erbe des „süßen Geldes“, S. 156f.
[403] Vgl. World Bank (2002): Argentina at a glance, S. 1.
[404] Vgl. Sangmeister, Hartmut (2002): Von der Binnenorientierung zur selektiven Weltmarktintegration, S. 189
[405] Vgl. Simon, Gabriela (1988): Argentinien. Das bittere Erbe des „süßen Geldes“, S. 157.

machtstellung der Plantagenbesitzer in den Südstaaten gebrochen wurde, nicht statt. Und da sich auf den fruchtbaren Böden der Pampa auch ohne großen Kapitalaufwand hohe Gewinne erzielen lassen, besaß die Agraroligarchie Argentiniens kein besonders großes Interesse an der technisch-industriellen Weiterentwicklung des Landes, sondern tendierte eher dazu, die akkumulierten Überschüsse durch spekulative Geschäfte zu mehren und/oder im Ausland anzulegen. So entstand Ende der siebziger Jahre im Zuge der wirtschaftlichen Liberalisierung eine mächtige Finanzoligarchie in Argentinien, die überwiegend aus Teilen der Agraroligarchie sowie Angehörigen der damaligen Militärdiktatur bestand.

Bevor auf die Wirtschaftspolitik eingegangen wird, die von dieser Oligarchie in den Zeiten der Militärdiktatur (1976-1983) betrieben wurde, soll aber zunächst ein Überblick über die politische Situation gegeben werden, die in Argentinien 1976 zu einem Militärputsch führte.

4.2.2 Neoliberale Schocktherapie unter der Militärdiktatur 1976-83

Zu Beginn der siebziger Jahre erschöpfte sich das an der Produktion für den Binnenmarkt orientierte Entwicklungsmodell der Importsubstitution bzw. des peripheren Fordismus und es kam in vielen Staaten Lateinamerikas zu heftigen Konflikten über den weiteren Entwicklungsweg.[406] Wie in Chile,[407] so kam es auch in Argentinien Anfang der siebziger Jahre zunächst zu einer Linkswende, die in den deutlichen Wahlsiegen der Peronisten vom 11. März 1973 sowie vom 23. September 1973 ihren Ausdruck fand. Wie Boris und Hiedl beschreiben, wird diese Wende jedoch schon mit dem erzwungenen Rücktritt Cámporas im Juli 1973 und der darauf folgenden Präsidentschaft Pérons gestoppt und es setzt eine Rechtsentwicklung ein, die nach dem Tod Peróns und der Übernahme der Regierungsgeschäfte durch Isabel Perón im Jahr 1974 noch forciert wird.[408] So stützte sich die Regierung Isabel Perón in wachsendem Masse auf rechtsextreme Kräfte, die – allen voran die Alianza Anticomunista Argentina – einen blutigen Bürgerkrieg schürten.[409] Gleichzeitig schwenkte die peronistische Regierung ab Mitte der siebziger Jahre auf einen orthodoxen Stabilisierungskurs ein in dem verzweifelten Bemühen, vom Internationalen Währungsfonds Kredite zu erhal-

[406] Die in mehrere Fraktionen gespaltene Linke forderte eine Vertiefung der nationalstaatszentrierten Industrialisierung, Kräfte der Rechten widersetzten sich dem und konnten den Konflikt durch einen Militärputsch für sich entscheiden. Vgl. Becker, Joachim; Jäger, Johannes et al. (2002): Finanzsystem und Krise in Argentinien und Chile, S. 32.

[407] Im Nachbarland Chile war im Jahr 1970 mit Salvador Allende ein Sozialist zum Präsident gewählt worden – ein Wahlergebnis, welches von den USA allerdings nicht toleriert wurde. 1973 fiel Allende einem Putsch zum Opfer (an dessen Planungen die CIA ihren Anteil hatte), und die Diktatur Pinochets übernahm die Macht, die - wie die argentinische Militärdiktatur ab 1976 – radikale neoliberale Reformen vorantrieb.

[408] Vgl. Boris, Dieter; Hiedl, Peter (1978): Argentinien. Geschichte und politische Gegenwart, S. 162ff.

[409] Vgl. Knoblauch, Rudolf (1980): Der Peronismus, S. 276f.

ten – eine Strategie, die allerdings weitgehend fehlschlug.[410] Als das argentinische Militär am 24. März 1976 die Macht übernahm, war das Ansehen der Regierung Isabel Peróns bereits stark gesunken – schließlich hatten die orthodoxen Stabilisierungsmaßnahmen nur noch wenig mit dem ursprünglichen Programm der peronistischen Regierung gemein, die bei ihrem Amtsantritt 1973 vor allem eine an den Interessen der ärmeren Schichten orientierte Sozialpolitik versprochen hatte.[411]

Nach dem erfolgreichen Militärputsch wurde zunächst die Verfassung außer Kraft gesetzt und eine Militärjunta, angeführt von Generalleutnant Jorge Videla übernahm die Macht. Den Gewerkschaften, die seit der ersten Amtszeit Peróns über starken Einfluß verfügten, wurden jegliche Aktivitäten verboten; zahlreiche Gewerkschafter,[412] Journalisten, Studenten, Intellektuelle sowie sozial engagierte Priester wurden verfolgt, gefoltert und ermordet. Schätzungen zufolge wurden in den Jahren 1976 bis 1982 zwischen 15000 und 30000 Menschen vom argentinischen Militär umgebracht[413] – eine selbst für lateinamerikanische Verhältnisse äußerst hohe Zahl. Im Mittelpunkt der folgenden Betrachtung steht nichtsdestotrotz die *Wirtschaftspolitik* der Militärregierung, die nach Meinung von Carreras

> „nur in einem Kontext brutaler Repression durchgeführt werden (konnte)".[414]

4.2.2.1 Eckpfeiler der neuen Wirtschaftspolitik unter Martínez de Hoz

Das Wirtschaftsministerium wurde nach dem Staatsstreich dem Zivilisten José A. Martínez de Hoz anvertraut – einem engen Freund Rockefellers und Eton-Schüler, der damals Präsident des zweitgrößten argentinischen Industriekonzerns ACINDAR (an dem US-Kapital zu 30 Prozent beteiligt war) sowie Eigentümer großer Bodenflächen war.[415] Chef der Zentralbank wurde Domingo Cavallo, laut Becker et. al. eine „Schlüsselfigur der rentierfreundlichen Wirt-

---

[410] Zwar sagte der IWF Kredite in Höhe von 825 Mio. US$ zu, als die Inflationsrate 1975 jedoch 300 Prozent anstatt der vorgesehenen 100 Prozent erreichte und das Bruttosozialprodukt rückläufig war statt wie geplant zu steigen, weigerte sich der IWF, die Kreditzusage zu ratifizieren. Vgl. Knoblauch, Rudolf (1980): Der Peronismus, S. 270ff.

[411] Vgl. u.a. Boris, Dieter; Hiedl, Peter (1978): Argentinien. Geschichte und politische Gegenwart, S. 171f.

[412] Z.B. wurde im Januar 1977 eine Gruppe von oppositionellen Gewerkschaftern des Mercedes-Benz-Werkes in Gonzales Catan, nahe der Hauptstadt Buenos Aires, verhaftet und in das berüchtigte Folterzentrum »Campo de Mayo« verschleppt. Nach Aussage des damaligen Betriebsratsmitglieds Hector Ratto war die Werksleitung des deutschen Automobilkonzerns [...] maßgeblich an seiner Verhaftung, Entführung und Folterung beteiligt. Vgl. Kanzleiter, Boris; Kron, Stefanie (2000): Blut am Daimler Stern. Berliner Anwalt: Mercedes-Benz ließ in Argentinien Gewerkschafter entführen und ermorden, in: junge welt, 04. Juli 2000.

[413] Vgl. o.V. (2003): Argentinien: Parlament hebt Amnestiegesetze auf, in: Süddeutsche Zeitung, 13. August 2003.

[414] Vgl. Carreras, Sandra (2002): Instabilität als Konstante? S. 29.

[415] Vgl. Boris, Dieter; Hiedl, Peter (1978): Argentinien. Geschichte und politische Gegenwart, S. 174.

schaftspolitik"[416] mit guten Kontakten zu den USA und zum Internationalen Währungsfonds, der zwölf Jahre später erneut eine zentrale Rolle spielen sollte.

Im April 1976 legte Martínez de Hoz einen Sanierungsplan vor, der sich an jenen ultraliberalen Maßnahmen orientierte, die einige Jahre vorher bereits in Chile unter Pinochet erprobt worden waren. Hauptziele des Sanierungsplans waren die Bekämpfung der Inflation durch Einschränkung der Staatsausgaben, das Erreichen einer positiven Handelsbilanz über Drosselung des Binnenkonsums und Begünstigung des Agrarexports sowie die breite Öffnung der argentinischen Wirtschaft für ausländisches Kapital.[417]

Um diese Ziele zu erreichen, wurden zunächst die Reallöhne eingefroren bei gleichzeitiger Freigabe der Preise; parallel dazu wurden die Rechte der Arbeitnehmer durch eine Neufassung zahlreicher Arbeitsgesetze im Jahr 1976 drastisch eingeschränkt.[418] Des Weiteren wurde der argentinische Peso um 80 Prozent abgewertet und die Integration der argentinischen Ökonomie in die internationalen Märkte vorangetrieben, indem Schutzzölle abgebaut, die Zinssätze dereguliert und Kapitalverkehrskontrollen beseitigt wurden.[419]

Allerdings kam es entgegen der offiziellen Rhetorik nicht zu einer Verkleinerung des öffentlichen Sektors, sondern zu dessen Ausweitung, wobei die steigenden Staatsausgaben primär auf höhere Militärausgaben, höhere Ausgaben für die Infrastruktur in den Grenzgebieten sowie für die Energiepolitik zurückzuführen waren.[420] So wurden in Argentinien zwischen 1976 und 1982 etwa 10 Mrd. US$ für den Kauf von Rüstungsgütern ausgegeben – eine Summe, die höher ist als die gesamte argentinische Auslandsverschuldung vor der Machtübernahme des Militärs, die sich auf etwa 8,3 Mrd. US$ (1976) belief.[421] Dabei stehen die hohen Militärausgaben in engem Zusammenhang mit der aggressiven Außenpolitik: So wurde 1982 der Falklandkrieg gegen Großbritannien begonnen. Dagegen wurden staatliche Ausgaben im Sozialbereich reduziert und mehrere hunderttausend Beschäftigte aus dem öffentlichen Dienst entlassen.

[416] Vgl. Becker, Joachim; Jäger, Johannes et al. (2002): Finanzsystem und Krise in Argentinien und Chile, S. 33.
[417] Vgl. Boris, Dieter; Hiedl, Peter (1978): Argentinien. Geschichte und politische Gegenwart, S. 174.
[418] Vgl. Marshall, Adriana (1997): State labour market intervention in Argentina, Chile and Uruguay, S. 10.
[419] Vgl. Simon, Gabriela (1988): Argentinien. Das bittere Erbe des „süßen Geldes", S. 158.
[420] Vgl. Carreras, Sandra (2002): Instabilität als Konstante? S. 28.
[421] Vgl. Schröder, Susanne (1990): Die Anpassungspolitik in Argentinien seit 1985 vor dem Hintergrund der Auslandsverschuldung und des Demokratisierungsprozesses, S. 37, S. 182.

4.2.2.1.1 Neoliberale Reformen der Finanzmärkte und des Kapitalverkehrs

Ab 1977 führte das Militärregime eine breite Reform des Finanzsektors durch, in deren Zuge freie Kapitalbewegungen mit dem Ausland erlaubt und der einheimische Finanzsektor dereguliert wurde. Ergänzend verfolgte man eine Währungspolitik, bei der die Geldmenge durch den Devisenzufluss oder –abfluss bestimmt werden sollte (der „enfoque monetario del balance de payos") – kurz danach wurde die Währung durch die so genannte „Tablita" eng an den US$ gebunden.[422]

Sowohl die Freigabe der Zinsen, die zu exorbitant hohen Zinssätzen von über 50 Prozent führte[423] als auch die Liberalisierung des Kapitalverkehrs, die einen unkontrollierten Zustrom ausländischen Geldkapitals ermöglichte, hatten ideale Voraussetzungen für spekulative Finanzgeschäfte geschaffen. Durch die Garantie des argentinischen Wechselkurses, der in einem festen Rhythmus in kleinen Schritten („tablita") abgewertet wurde, reduzierte sich das *kurzfristige* Wechselkursrisiko auf Null. Dies lies die Devisenspekulation aufgrund der Differenz zwischen der Abwertungs- und der Inflationsrate zu einem sicheren und äußerst lukrativen Geschäft werden, wie Simon beschreibt:

> „[…] wer seine auf den internationalen Märkten erworbenen Dollars in auf argentinische Pesos lautende Finanzanlagen umwandelte, die – wegen der hohen Inflationsrate – eine über 100%ige Nominalverzinsung boten, um sie dann – nur geringfügig abgewertet – wieder in Dollars zurückzutauschen, konnte sein Geld innerhalb kürzester Frist vervielfachen. Aus diesen traumhaften Spekulationsgeschäften sprudelte das „plata dulce", das „süße Geld", an dem sich die Finanzbourgeoisie in diesen Jahren auf Kosten aller übrigen Teile der Gesellschaft bereicherte."[424]

Begründet wurde die Tablita mit der Notwendigkeit der Inflationsbekämpfung, real trug sie durch eine künstliche Aufwertung des Pesos dazu bei, dass eine kleine Minderheit ungeahnte Möglichkeiten der Bereicherung nutzen konnte.[425] Wem es gelang, im Ausland in großem Umfang Kredite zu vergleichsweise niedrigen Zinsen zu erhalten, konnte dieses Kapital zu hohen Zinsen in Argentinien anlegen und enorm profitieren – wenn er die damit erzielten Gewinne vor

---

[422] Vgl. Becker, Joachim; Jäger, Johannes et al. (2002): Finanzsystem und Krise in Argentinien und Chile, S. 32f.

[423] "Excessively high real interest rates were observed in the countries of the Southern Cone of Latin America [...] On a quarterly basis, ex post real interest rates reached 53,3 percent in Argentina in the fourth quarter of 1979." Vgl. Balassa, Bela (1990/91): Financial Liberalization in Developing Countries, S. 66.

[424] Vgl. Simon, Gabriela (1988): Argentinien. Das bittere Erbe des „süßen Geldes", S. 160.

[425] Vgl. Becker, Joachim; Jäger, Johannes et al. (2002): Finanzsystem und Krise in Argentinien und Chile, S. 33.

dem Zusammenbruch des Wechselkursregimes in US$ zurücktauschte,[426] was für die wichtigsten Finanzkonzerne dank ihrer engen Beziehungen zur Regierung kaum ein Problem war.[427]

4.2.2.1.2 Rapides Wachstum der Auslandsverschuldung

Die ökonomische Kehrseite der Strategie lag in dem enormen Wachstum der Auslandsverschuldung, die sich innerhalb weniger Jahre von ca. 9,3 Mrd. US$ (1976) auf knapp 46 Mrd. US$ (1983) verfünffachte. Dabei fiel die Wachstumsrate der Auslandsverschuldung im Jahr 1979 mit knapp 60 Prozent besonders hoch aus, wie die folgende Abbildung verdeutlicht:

Abb. 29: Durchschnittliche jährliche Wachstumsrate der Auslandsverschuldung Argentiniens, 1971-2001

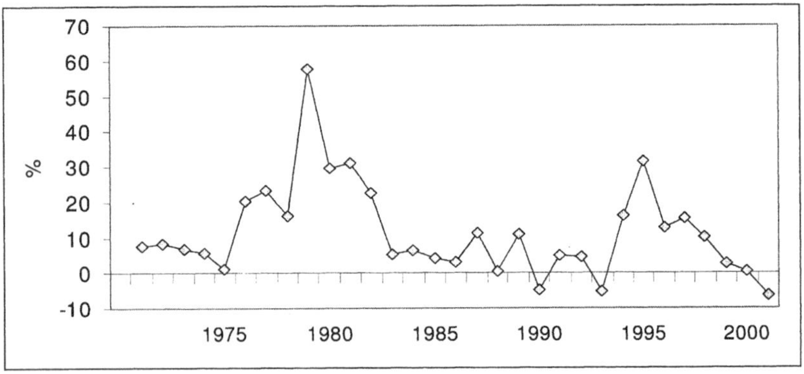

Quelle: World Bank (2003): World Development Indicators, eigene Berechnung

Für die These, nach der die Militärregierung mehr an kurzfristiger persönlicher Bereicherung als an der Mobilisierung von Ressourcen für langfristig angelegte Investitionen interessiert war, spricht dabei die Tatsache, dass in immer größerem Umfang kurzfristige Kredite auf den internationalen Kapitalmärkten aufgenommen wurden. So stieg der Anteil der kurzfristigen Verschuldung an der Ge-

[426] Wie das Urteil des Bundesrichters Ballestero feststellt, das eine über 18 Jahre gerichtlich geführte Untersuchung zur Verschuldungspolitik unter der Militärdiktatur zusammenfasst, flossen ungefähr 90 Prozent der Mittel, die die privaten und öffentlichen Unternehmen sowie der Staat über die Aufnahme von Krediten ins Land herein holten, sofort wieder zurück ins Ausland. Vgl. Bundesrichter Ballestero (Juzgado Nacional en lo Criminal y Correccional Federal Nr. 2 de la Capital Federal), Urteil vom 13. Juli 2001, in der Sache No. 14.467, S. 102, zit. nach Toussaint, Eric (2001): Argentinien: Schwaches Glied in der weltweiten Schuldenkette? S. 5f.

[427] Vgl. Becker, Joachim; Jäger, Johannes et al. (2002): Finanzsystem und Krise in Argentinien und Chile, S. 33.

samtverschuldung während der Regierungszeit von Videla (1976-1981) von 11 auf knapp 40 Prozent.

Abb. 30: Kurzfristige Auslandsverschuldung* in Prozent der gesamten Auslandsverschuldung, 1970-2001

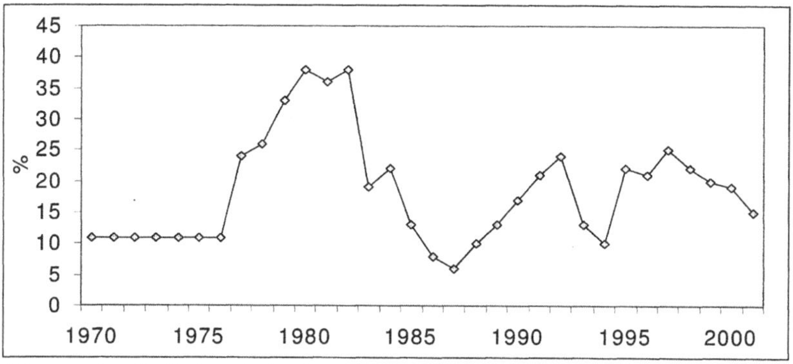

*Hierzu zählen alle Kredite mit einer Laufzeit unter einem Jahr sowie Zins- und Tilgungsrückstände
Quelle: World Bank (2003): World Development Indicators.

Dabei nahm nicht nur der Staat in großem Umfang Kredite auf, sondern auch die privaten und öffentlichen Unternehmen wurden dazu ermuntert bzw. gedrängt, sich im Ausland zu verschulden.[428] Damit zusammenhängend wurde unter de Hoz eine Privatisierungspolitik verfolgt, die darin bestand, einige große Betriebe zu zergliedern und in Teilen zu verkaufen, während andere Betriebe einfach aufgelöst wurden. Laut Carreras waren die Einnahmen des Staates bei diesen Transaktionen sehr gering, wenn nicht sogar negativ, da der Staat in vielen Fällen die Schulden der transferierten Unternehmen übernahm.[429]

4.2.2.2 Wirtschaftliche und soziale Folgen der neoliberalen Schocktherapie

Bereits im ersten Amtsjahr der Militärregierung führte die Freigabe der Preise bei gleichzeitigem Einfrieren von Löhnen und Gehältern angesichts hoher Inflationsraten zu Reallohnverlusten von etwa 40 Prozent, was eine beträchtliche Umverteilung der Einkommen zugunsten der Oberschichten und der nicht-lohnabhängigen Sektoren bewirkte – zumal die Reallöhne in den folgenden Jah-

[428] „So wurde zum Beispiel das grösste öffentliche Unternehmen Argentiniens, die im Erdölbereich tätige YPF (Yacimientons Petroliferos Fiscales), dazu gezwungen, im Ausland Schulden aufzunehmen, obschon es über genügend Eigenmittel verfügte. Am 24. März 1976, dem Tag des Militärputsches, lag die Außenschuld von YPF bei 372 Millionen Dollar. Sieben Jahre später, am Ende der Diktatur, war diese Zahl um das Sechzehnfache auf ca. 6000 Millionen Dollar angestiegen." Vgl. Toussaint, Eric (2001): Argentinien: Schwaches Glied in der weltweiten Schuldenkette? S. 3.

[429] Vgl. Carreras, Sandra (2002): Instabilität als Konstante? S. 28.

ren auf dem niedrigeren Niveau verblieben.[430] Auch die offizielle Arbeitslosigkeit stieg seit 1980 wieder an, was sowohl auf Entlassungen im öffentlichen Dienst als auch auf den Einbruch der Industrieproduktion zurückzuführen war.[431] So litt die heimische Industrie einerseits unter der plötzlich ungebrochen wirkenden internationalen Konkurrenz, was ganze Industriezweige wie die textil- und lederverarbeitende Industrie zusammenbrechen ließ, zum anderen machten die abrupt gestiegenen Zinssätze rentables Produzieren immer schwieriger. Wie Simon beschreibt, wurde Argentinien

> „zum Modellfall einer schonungslos betriebenen Politik der De-Industrialisierung. Zwischen 1975 und 1982 sank die industrielle Produktion um 20 Prozent, die Beschäftigung in der Industrie ging um 40 Prozent zurück. Krise und Massenarbeitslosigkeit ließen den Anteil der Löhne am Volkseinkommen von 49 Prozent auf 32,5 Prozent absinken."[432]

Noch gravierendere Folgen zog jedoch die exzessive Verschuldungspolitik der Militärregierung nach sich, zumal das Regime Ende der siebziger Jahre verstärkt dazu überging, das angehäufte Kapital außer Landes in Sicherheit zu bringen. So wird geschätzt, dass allein in der Kapitalfluchtwelle 1980/81 Schulden in Höhe von 23,3 Mrd. US$ entstanden sind, was 30 Prozent des damaligen argentinischen Sozialprodukts entsprach.[433]

Die enorme Kapitalflucht zu Beginn der achtziger Jahre lässt sich darauf zurückführen, dass der Militärregierung deutlich wurde, dass die argentinische Wirtschaft auf eine schwere Krise zusteuerte: So machte sich die Hochzinspolitik der USA und die dortige Rezession auch in Argentinien bemerkbar, wo die Defizite in der Handelsbilanz immer größer wurden und mehrere Bankzusammenbrüche das Land erschütterten. Vor diesem Hintergrund wurde am 24. März 1981 die Regierungsmannschaft, die nach dem Staatsstreich von 1976 von der Militärjunta eingesetzt war, ausgewechselt und Feldmarschall Robert Viola wurde zum Präsidenten ernannt, der wiederum kurz darauf von Oberbefehlshaber General Leopoldo Galtieri abgesetzt wurde.[434] Noch kurz vor dem Regierungswechsel im März 1981 gelang es der Militärjunta unter Videla, sich auf Kosten der ar-

---

[430] Vgl. Carreras, Sandra (2002): Instabilität als Konstante? S. 28.

[431] Allerdings stieg die Arbeitslosigkeit während der Militärdiktatur nie über 5 Prozent, was Marshall folgendermaßen erklärt: "The wage employment fall that resulted from deindustrialization and state employment cutbacks was offset by declining labour force participation rates (owing to the increase in retirement and inactivity of males and the stagnation of women's participation), reduction of in-migration to large urban centres, as well as growth of self employment [...]." Vgl. Marshall, Adriana (1997): State labour market intervention in Argentina, S. 14.

[432] Vgl. Simon, Gabriela (1988): Argentinien. Das bittere Erbe des „süßen Geldes", S. 158.

[433] Ebd., S. 161.

[434] Vgl. Schvarzer, Jorge (2002): Die lange Krise der Verschuldung in Lateinamerika, S. 71 sowie Carreras, Sandra (2002): Instabilität als Konstante? S. 33.

gentinischen Gesellschaft enorm zu bereichern. Wie Schvarzer beschreibt, hinterließ die Regierung Videla

> „das Land ohne Rücklagen und mit kurzfristig fälligen Schulden in einer bis dahin unbekannten Höhe, deren Bedienung durch die nationale Ökonomie praktisch unmöglich war. [...] Der neu bestellte Wirtschaftsminister musste zur Kenntnis nehmen, dass im Zeitraum von sechs Monaten nach seinem Amtsantritt US$ 11,6 Mrd. „kurzfristiger Schuldrückzahlungen" fällig wurden."[435]

Zu allem Überfluss beschloss Zentralbankpräsident Domingo Cavallo im Juni 1982, als sich das Militärregime infolge der Niederlage im Falklandkrieg schon im Auflösungsprozess befand, eine Ausweitung des geltenden Systems der Wechselkursgarantien, wodurch die argentinische Regierung praktisch die Garantie für die Zahlung aller Schulden an ausländische Gläubiger übernahm:

> „Auf diese Art und Weise wurden aus vielen privaten Schulden staatliche Verpflichtungen, deren Rückzahlung der nachfolgenden demokratischen Regierung ebenso wie der gesamten Nation aufgebürdet wurde."[436]

Die folgende Abbildung verdeutlicht diesen Prozess der Übernahme privater Kreditrisiken durch den argentinischen Staat. So sank der Anteil der privaten, vom Staat nicht garantierten Auslandsverschuldung von knapp 60 Prozent zu Beginn der siebziger Jahre (bzw. von über 30 Prozent im Jahr 1981) auf nur noch 3 Prozent im Jahr 1987.

Abb. 31: Private Verschuldung* in Prozent der gesamten argentinischen Auslandsverschuldung, 1970-2001

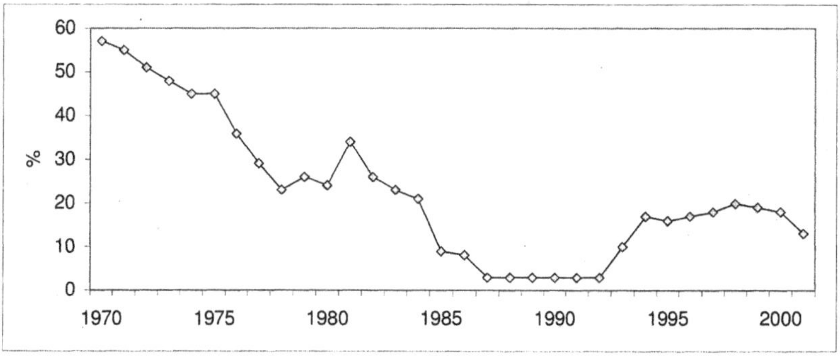

*private, nonguaranteed debt
Quelle: World Bank (2003): World Development Indicators, eigene Berechnung

[435] Vgl. Schvarzer, Jorge (2002): Die lange Krise der Verschuldung in Lateinamerika, S. 71.
[436] Vgl. Carreras, Sandra (2002): Instabilität als Konstante? S. 29.

4.2.2.3 Die Rolle des Internationalen Währungsfonds

Sowohl der Internationale Währungsfonds als auch die US-Regierung tragen eine gewisse Verantwortung für die katastrophale Verschuldungssituation Argentiniens, welche die wirtschaftliche Entwicklung des Landes bis heute schwer belastet. Diese Verantwortung bezieht sich nicht nur auf die Periode *nach* der Verschuldungskrise 1982, als die zivile Regierung Alfonsín dazu genötigt wurde, den Schuldendienst für die unter der Militärdiktatur aufgenommenen privaten und öffentlichen Kredite zu garantieren; es lassen sich auch Hinweise dafür finden, dass das Verschuldungswachstum *während* der Zeit der Militärdiktatur von den genannten Institutionen aktiv gefördert wurde.

Dies wird einerseits aus der Kreditpolitik des Internationalen Währungsfonds ersichtlich, die gegenüber der Militärregierung weitaus großzügiger ausfiel als gegenüber den ihr vorausgehenden und folgenden Zivilregierungen. Während der IWF sich noch kurz vor dem Militärputsch strikt geweigert hatte, der zivilen Regierung einen Überbrückungskredit von 127 Mio US$ zu gewähren, erhielt Argentinien sechs Monate nach dem Militärputsch Kredite in Höhe von 1,3 Mrd. US$, welche sowohl vom IWF als auch von zahlreichen privaten Banken stammten und der Junta bei der Absicherung ihrer Außenverpflichtungen halfen.[437] Auch in der Übergangsphase zur Demokratie zeigte der IWF gegenüber der Militärregierung sein Entgegenkommen: So stellte der IWF Argentinien im Januar 1983 einen Kredit in Höhe von 1,5 Mrd. Dollar zur Verfügung, obwohl die Auflagen des Stabilisierungsprogramms von der argentinischen Regierung de facto nicht erfüllt wurden – im Vergleich dazu erwies sich die Verhandlungsposition der zivilen Regierung Alfonsín gegenüber dem IWF als deutlich schwächer.[438]

Doch der IWF leistete noch direktere Unterstützung, indem er der argentinischen Militärjunta einen seiner hohen Funktionäre zur Seite stellte: Dante Simone, der vom IWF für sechs Jahre beurlaubt wurde und in jener Zeit an der Seite von Zentralbankchef Domingo Cavallo für die Erschließung ausländischer Finanzquellen sorgte.[439] Wie auf Seite 31 des Urteils von Ballestero vermerkt wird, hat Dante Simone in jener Zeit einen Bericht an Zentralbankchef Cavallo verfasst, in dem versichert wird, dass es bezüglich der Verschuldung einen großen Spielraum gebe, bevor es zu wesentlichen Gefahren kommen würde – eine Kopie dieses internen Berichts wurde interessanterweise auch beim IWF aufgefunden.[440]

---

[437] Vgl. Boris, Dieter; Hiedl, Peter (1978): Argentinien. Geschichte und politische Gegenwart, S. 174, S. 176.
[438] Vgl. Schvarzer, Jorge (2002): Die lange Krise der Verschuldung in Lateinamerika, S. 78 f.
[439] Vgl. Zacharie, Arnaud (2001): Die Ursachen der argentinischen Krise, S. 2.
[440] Ebd., S. 2.

Neben dem IWF förderten auch die USA die Kreditvergabe an die argentinische Militärdiktatur: So übernahm die Federal Reserve Bürgschaften für argentinische Kredite gegenüber den US-amerikanischen Banken, um diese zu ermuntern, der argentinischen Diktatur Geld auszuleihen; dabei spielte die Federal Reserve in manchen Transaktionen der argentinischen Zentralbank eine direkte Vermittlerrolle.[441] Es kann daher kaum verwundern, dass die finanzielle Abhängigkeit des argentinischen Militärregimes von den USA sehr ausgeprägt war; laut Schvarzer stammten etwa 57 Prozent des gesamten argentinischen Kreditvolumens im Jahr 1978 von amerikanischen Privatbanken, die vorwiegend kurzfristige Kredite vergeben hatten.[442]

4.2.3 Verschuldungskrise und Krisenmanagement 1982-1989

Nachdem die Militärjunta nicht zuletzt aufgrund der Niederlage im Falklandkrieg schon 1982 ihren Rücktritt angekündigt hatte, kam es im Dezember 1983 zu freien Wahlen, in denen der Kandidat der radikalen Bürgerunion UCR, Raul Alfonsín, zum Präsidenten gewählt wurde. Von Beginn an wurde der Präsident von zwei Seiten unter Druck gesetzt: Auf der einen Seite hoffte die argentinische Bevölkerung, deren soziale Lage sich unter der Militärdiktatur deutlich verschlechtert hatte, auf eine Verbesserung ihres Lebensstandards; auf der anderen Seite verlangten die Gläubiger eine Garantie, dass die Auslandsschulden der Militärregierung ohne Verzug und in vollem Umfang zurückbezahlt würden. Die Zahlungsrückstände Argentiniens wurden zu jener Zeit auf 2,9 Mrd. US$ geschätzt – eine Mrd. mehr als ursprünglich angenommen;[443] zudem waren 1984 weitere 5 Mrd. US$ Zinsen und 14 Mrd. US$ Tilgungen fällig – eine Summe, die selbst bei einem großen Handelsbilanzüberschuss nicht bezahlbar sein würde.[444]

---

[441] Vgl. Bundesrichter Ballestero (Juzgado Nacional en lo Criminal y Correccional Federal Nr. 2 de la Capital Federal), Urteil vom 13. Juli 2001, in der Sache No. 14.467, S. 127, zit. nach Toussaint, Eric (2001): Argentinien: Schwaches Glied in der weltweiten Schuldenkette? S. 5.

[442] Vgl. Schvarzer, Jorge (2002): Die lange Krise der Verschuldung in Lateinamerika, S. 69.

[443] Zu erwähnen wäre hier, dass die argentinische Zentralbank nach Ende der Diktatur über kein Verzeichnis der staatlichen Außenschuld verfügte, so dass sich die nachfolgenden Regierungen auf Angaben der ausländischen Gläubiger stützen mussten sowie auf Verträge, die von Verantwortlichen der Diktatur unterzeichnet worden waren, ohne die Unterschrift der Zentralbank einzuholen. Es besteht daher die Möglichkeit, dass Schulden nur auf dem Papier geschaffen wurden in der Hoffnung auf Rückzahlung durch den argentinischen Staat. Vgl. Toussaint, Eric (2001): Argentinien: Schwaches Glied in der weltweiten Schuldenkette? S. 4.

[444] Vgl. Aggarwal, Vinod K. (1996): Debt Games. Strategic Interaction in International Debt Rescheduling, S. 417.

4.2.3.1 Argentinien auf „Konfrontationskurs" 1983-85

Obwohl angesichts der exorbitanten Auslandsverschuldung Argentiniens klar war, dass es nicht gelingen würde, sowohl die einheimische Bevölkerung als auch die internationalen Gläubiger zufriedenzustellen, versuchte Präsident Alfonsín zunächst, beiden Seiten entgegenzukommen. So bestand eine der ersten Maßnahmen der neuen Regierung in der Anhebung der Mindestlöhne um 70 Prozent, verknüpft mit dem Versprechen, die Reallöhne ab jetzt jährlich um 6 bis 8 Prozent zu erhöhen.[445] Auf der anderen Seite beruhigte Alfonsín die internationalen Banken, indem er seine prinzipielle Bereitschaft deutlich machte, die aus der Militärdiktatur stammenden Schulden zu bedienen, wobei er jedoch gleichzeitig um ein sechsmonatiges Moratorium bat und darauf hoffte, dass man Argentinien in den anstehenden Umschuldungsverhandlungen entgegenkommen würde.[446]

Der „Demokratie-Bonus", auf den Alfonsín gesetzt hatte, erwies sich allerdings als Illusion. So waren die Banken nicht bereit, das Zinsmoratorium zu akzeptieren[447] und weigerten sich, mit dem argentinischen Wirtschaftsminister in Verhandlungen zu treten, solange dieser kein Abkommen mit dem Internationalen Währungsfonds unterzeichnet hatte. Auch die Vertreter der Washingtoner Finanzadministration forderten Argentinien dazu auf, ein Stabilisierungsprogramm mit dem IWF zu unterzeichnen und unterstützten die damit verbundenen harten Bedingungen.[448]

Folgt man der Darstellung von Schröder, die für die Sichtweise des neoliberalen Mainstream repräsentativ sein dürfte, so begab sich der argentinische Wirtschaftsminister Grinspun auf einen kontraproduktiven Konfrontationskurs zu den internationalen Gläubigern, da er zunächst nicht bereit war, seine Wirtschaftspolitik an den Vorstellungen der internationalen Kreditgeber auszurichten.[449] Dieser „Konfrontationskurs" geht nicht zuletzt auf das Versprechen der argentinischen Regierung zurück, die Löhne der Arbeitnehmer zu erhöhen – so wurde eine im Juni 1984 von einem verzweifelten Präsidenten Alfonsín dem IWF übermittelte Absichtserklärung (letter of intent) vom IWF nicht akzeptiert,

---

[445] Vgl. Simon, Gabriela (1988): Argentinien. Das bittere Erbe des „süßen Geldes", S. 161.

[446] Vgl. Aggarwal, Vinod K. (1996): Debt Games. Strategic Interaction in International Debt Rescheduling, S. 417.

[447] Wie Aggarwal beschreibt: „Bankers generally agreed a delay in interest payments was unacceptable. One banker complained, ‚we expected to get facts and figures [during the talks with Argentina]. All we got were platitudes about Argentina's new democracy.'" Vgl. Aggarwal, Vinod K. (1996): Debt Games. Strategic Interaction in International Debt Rescheduling, S. 417.

[448] Vgl. Schvarzer, Jorge (2002): Die lange Krise der Verschuldung in Lateinamerika, S. 79.

[449] Vgl. Schröder, Susanne (1990): Die Anpassungspolitik in Argentinien seit 1985 vor dem Hintergrund der Auslandsverschuldung und des Demokratisierungsprozesses, S. 73f.

da dieser mit den argentinischen Vorstellungen zur Lohnpolitik nicht einverstanden war.[450]

Im Dezember 1984 gab die argentinische Regierung nach und formulierte eine neue Absichtserklärung, woraufhin der IWF einen Bereitschaftskredit von 1,42 Mrd. US$ und das US-Finanzministerium einen Überbrückungskredit von 500 Mio. US$ zusagte.[451] Allerdings gelang es auch mit den vom IWF vorgeschriebenen Instrumenten (positive Realzinsen, Abwertung, Erhöhung der öffentlichen Tarife u.a.) nicht, die Inflation wirksam zu bekämpfen – im Gegenteil. So trugen die IWF-Rezepte laut Simon zu einer Erhöhung der Produktionskosten bei, was die Inflation weiter anheizte.

> „Statt in die wirtschaftliche Stabilisierung führte das IWF-Programm Argentinien ins finanzielle Chaos: Hyperinflation und rasanter Währungsverfall kennzeichneten die wirtschaftliche Situation zu Beginn des Jahres 1985.“[452]

Inwiefern die IWF-Rezepte zur Zuspitzung der Lage beitrugen, ist selbstverständlich umstritten – so führen die meisten Autoren die hohe Inflation auf die expansive Wirtschaftspolitik der Regierung zurück, die versucht hatte, über eine Stärkung der Binnennachfrage die Wirtschaft wieder zu reaktivieren.

Als Reaktion auf das Scheitern des erst Ende 1984 ratifizierten Stand-by Abkommens[453] trat Wirtschaftsminister Grinspun im Februar 1985 zurück, war es ihm doch nicht gelungen, die Inflation unter Kontrolle zu bringen, was neben den IWF-Auflagen vor allem darauf zurückzuführen ist, dass es der Privatwirtschaft gelang, sich den vom Staat auferlegten Anpassungslasten (durch Kapitalflucht, Zurückhaltung von Deviseneinnahmen und Steuern, Nichtbeachtung von Preiskontrollen etc.) zu entziehen.

4.2.3.2 Vom Plan Austral zur Hyperinflation 1985-1989

Im Juni 1985 schnellte die Inflation in Argentinien auf knapp 1000 Prozent hoch. Vor diesem Hintergrund schwenkte Alfonsín und sein neuer Wirtschaftsminister Sourrouille auf einen neuen wirtschaftspolitischen Kurs ein, der neben einer Währungsreform eine Reihe strenger Konsolidierungsmaßnahmen vorsah, welche primär die hohe Inflation bekämpfen und das Vertrauen in die Währung

---

[450] Vgl. Aggarwal, Vinod K. (1996): Debt Games. Strategic Interaction in International Debt Rescheduling, S. 419.

[451] Ebd., S. 424.

[452] Vgl. Simon, Gabriela (1988): Argentinien. Das bittere Erbe des „süßen Geldes“, S. 162..

[453] Aufgrund der hohen Inflationsraten hatte der IWF seinen Bereitschaftskredit im März 1985 ausgesetzt. Im selben Monat besuchte Alfonsín die USA, um wenigstens den Überbrückungskredit von 500 Mio. US$ zu sichern, doch die US-Administration weigerte sich, den Kredit zu gewähren, bis Argentinien seine Differenzen mit dem IWF beseitigt haben würde. Vgl. Aggarwal, Vinod K. (1996): Debt Games. Strategic Interaction in International Debt Rescheduling, S. 424f.

wiederherstellen sollten. Wie schon die Kennzeichnung des Austral Planes als „heterodox" andeutet, blieb die Zielrichtung des Maßnahmenpakets umstritten, da die Regierung gegenüber der eigenen Bevölkerung bestrebt war, sich vom IWF abzugrenzen,[454] während man gegenüber dem Ausland die Gemeinsamkeiten mit der Doktrin des IWF hervorhob, um endlich eine Lösung mit den Gläubigern zu erzielen.

Zu den zentralen Massnahmen des Plan Austral, der am 14. Juni 1985 verabschiedet wurde, zählten:

1. Eine Währungsreform: So wurde der Peso (nach einer starken Abwertung) durch den Austral ersetzt, der wiederum an den Wert des US-Dollars gekoppelt wurde;

2. Ein Lohn- und Preisstopp: Löhne und Preise sollten auf dem Stand vom 13. Juni 1985 eingefroren werden, wobei der Lohnstopp de facto einer Lohnsenkung gleichkam, da sich die monatliche Lohnanpassung auf 90 Prozent des Inflationsausgleichs beschränkte;[455]

3. Sanierung der öffentlichen Haushalte: So sollten Privatisierungen und Lohnkürzungen im öffentlichen Dienst dazu beitragen, den Staatshaushalt zu entlasten; auf der anderen Seite wurde versucht, mehr Staatseinnahmen zu erzielen, u.a. mittels einer Erhöhung der Tarife für öffentliche Dienstleistungen, einer Erhöhung der Exportabgaben und Senkung der Exportbeihilfen, einer Anhebung der Importzölle um 10 Prozent, der Verbesserung der Steuereintreibung sowie ein befristetes Zwangssparen für Besserverdienende.[456]

Im Hinblick auf die Verbesserung der Beziehung zu den Gläubigern erzielte man sowohl mit dem Plan Austral als auch durch die Versicherung Alfonsíns, dass es keine Ideen im Hinblick auf ein Schuldnerkartell gebe, einige Erfolge. So wurde schon am 11. Juni 1985 das Bereitschaftsabkommen, welches im März vom IWF abgebrochen worden war, wieder in Kraft gesetzt und im August 1985 erhielt Argentinien die erste Kredittranche vom IWF, gefolgt von Krediten privater Banken in Höhe von 2,2 Mrd. US$ im September sowie weiteren 800 Mio. US$ im November.[457] Auch bei der argentinischen Bevölkerung konnte der Plan Austral trotz seiner rezessiven Wirkungen zunächst mit Unterstützung rechnen, da er zum Einen als Akt der Verteidigung der nationalen Sou-

---

[454] Vgl. Schröder, Susanne (1990): Die Anpassungspolitik in Argentinien seit 1985 vor dem Hintergrund der Auslandsverschuldung und des Demokratisierungsprozesses, S. 77.

[455] Vgl. Simon, Gabriela (1988): Argentinien. Das bittere Erbe des „süßen Geldes", S. 163.

[456] Schröder, Susanne (1990): Die Anpassungspolitik in Argentinien seit 1985 vor dem Hintergrund der Auslandsverschuldung und des Demokratisierungsprozesses, S. 79.

[457] Vgl. Aggarwal, Vinod K. (1996): Debt Games. Strategic Interaction in International Debt Rescheduling. Cambridge, S. 425ff. Dabei wurden die Kredite in erster Linie dazu verwendet, die aufgelaufenen Zinsrückstände zu bezahlen.

veränität gelten konnte, da er unabhängig vom IWF ausgearbeitet worden war[458] und es ihm gelang, die Inflation zumindest für kurze Zeit deutlich zu reduzieren. Doch schon 1986 wurde die Stabilität des Austral durch den rasanten Verfall der Exporteinnahmen untergraben, so dass eine Abwertung des Austral erforderlich wurde, die wiederum die Inflationsrate ansteigen ließ.[459] Vor dem Hintergrund der wieder hochschnellenden Inflation versuchte Argentinien im Februar 1987, die Schockpolitik von Juni 1985 zu wiederholen – diesmal jedoch erfolglos.[460]

Abb. 32: Jährliche Inflationsrate Argentiniens*, 1970-2002

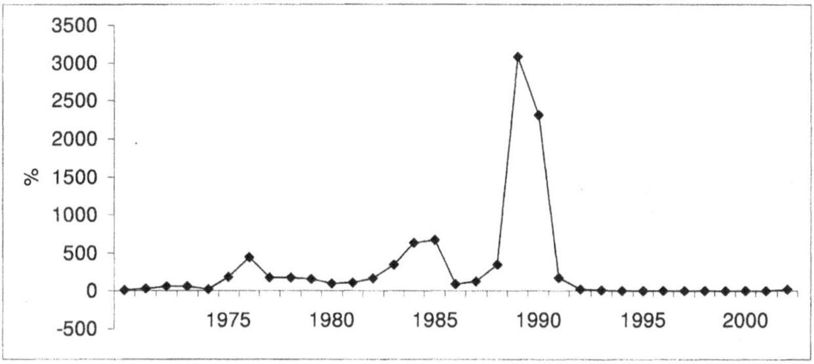

*consumer prices
Quelle: Weltbank (2003): World Development Indicators

Zur erneuten Zuspitzung der Situation trug die Geldpolitik der argentinischen Regierung bei, die zu einem unkontrollierten Wachstum der Inlandsverschuldung führte, da versucht wurde, die – mit dem Erwerb von Devisen für den Schuldendienst verbundene – Expansion der Geldmenge durch Ausgabe von Wertpapieren zu sterilisieren. Dies setzte in der zweiten Hälfte der achtziger Jahre eine neue Spekulationswelle (diesmal mit Wertpapieren) in Gang und führte zu einem starken Anstieg des Zinsniveaus, was wiederum die Haushaltsdefizite anschwellen ließ.[461]

Mit der sich verschlechternden wirtschaftlichen Lage geriet die argentinische Regierung unter wachsenden Druck – sowohl von Seiten der peronistischen Partei und der mit ihr verbündeten Gewerkschaften als auch von Seiten des Interna-

[458] Vgl. Simon, Gabriela (1988): Argentinien. Das bittere Erbe des „süßen Geldes", S. 163.
[459] Laut Simon reichten die Deviseneinnahmen 1986 gerade noch aus, um 49 Prozent der fälligen Zinsen zu bezahlen. 1985 waren es immerhin noch 85 Prozent gewesen. Vgl. Simon, Gabriela (1988): Argentinien. Das bittere Erbe des „süßen Geldes", S. 164.
[460] Vgl. Schröder, Susanne (1990): Die Anpassungspolitik in Argentinien seit 1985 vor dem Hintergrund der Auslandsverschuldung und des Demokratisierungsprozesses, S. 89f.
[461] Vgl. Becker, Joachim; Jäger, Johannes et al. (2002): Finanzsystem und Krise in Argentinien und Chile, S. 33.

tionalen Währungsfonds. So standen die argentinischen Gewerkschaften dem Plan Austral ablehnend gegenüber und reagierten auf die steigende Arbeitslosigkeit und die deutlichen Reallohnverluste mit zahlreichen Streiks.[462] Allein im Lauf des Jahres 1986 rief der Gewerkschaftsverband CGT zu insgesamt vier Generalstreiks auf, wobei es ihm gelang, zahlreiche Argentinier für die Forderung nach völliger Einstellung des Schuldendienstes zu mobilisieren.[463]

Die argentinische Regierung hielt jedoch an Verhandlungen mit den Gläubigern fest und es gelang ihr im folgenden Jahr, im Zusammenhang mit der Baker-Initiative ein Abkommen mit den privaten Banken zu erzielen. So wurden im August 1987 erstmals argentinische Schulden in größerem Umfang (32,8 Mrd. US$ Bankschulden) restrukturiert, d.h. Rückzahlungsfristen für die Schulden gestreckt und die Höhe des Zinsaufschlags reduziert; zudem erhielt Argentinien einen neuen Kredit in Höhe von 1,95 Mrd. US$.[464] Dabei profitierte Argentinien von der Zielsetzung der Banken, das brasilianische Moratorium von Februar 1987 nicht zu einem Präzedenzfall werden zu lassen.[465] Ungeachtet dessen war Argentinien bereits im nächsten Jahr nicht in der Lage, den Schuldendienst in Höhe von 4,7 Mrd. US$ aufzubringen – trotz eines Weltbankkredits über 1 Mrd. US$ und weiteren 500 Mio. US$, die durch debt-equity swaps erzielt werden sollten.[466] So kam es im April 1988 zu einem de facto Moratorium Argentiniens, was die Beziehung zu den Banken sowie zum IWF verschlechterte, die angesichts der Zahlungsrückstände sowie anhaltend hoher Haushaltsdefizite in den folgenden Verhandlungen des Jahres 1988 nicht bereit waren, Argentinien weitere Kredite zur Verfügung zu stellen.[467]

Im Lauf des Jahres 1989 geriet die argentinische Ökonomie mehr und mehr außer Kontrolle. So brachte der Wahlkampf zwischen Alfonsín und dem führenden Oppositionskandidaten Menem politische und gesellschaftliche Ungewissheit mit sich – zumal Menem, der ein populistisches Programm und eine harte Haltung gegenüber den externen Gläubigern versprach, in den Umfragen an Zustimmung gewann. Anfang Februar 1989 kam es zu einem Run auf den US-Dollar, dessen Wert sich gegenüber dem Austral innerhalb von vier Monaten um

---

[462] Vgl. o.V (1985): Drastische Wirtschaftsreformen in Argentinien, in: Neue Zürcher Zeitung, 18. Juni.1985 sowie o.V. (1985): Alfonsin tackles second stage of economic reform, in: Financial Times, 03. Dezember 1985.

[463] Vgl. Aggarwal, Vinod K. (1996): Debt Games. Strategic Interaction in International Debt Rescheduling, S. 428ff.

[464] Ebd., S. 433.

[465] Brasilien hatte im Februar 1987 ein offizielles Moratorium auf alle Zahlungen mittel- und langfristiger Bankschulden erklärt. Faktische Moratorien gab es schon davor, doch neu war, dass Brasilien bei intakten Währungsreserven nicht zahlen wollte. Vgl. Kroll, J. Markus (1991): Schweizer Banken und die internationale Schuldenkrise 1982-1990, S. 143.

[466] Vgl. Aggarwal, Vinod K. (1996): Debt Games. Strategic Interaction in International Debt Rescheduling, S. 437f.

[467] Ebd., S. 440f.

das 45fache steigerte.[468] Die wirtschaftliche Situation im Land verschlechterte sich rapide. Die Kaufkraft der Lohn- und Gehaltsempfänger war im Juni 1989 zum Vorjahresvergleich um 70 Prozent gesunken; die Arbeitslosigkeit hatte sich angesichts der Rezession auf mehr als 12 Prozent erhöht und die Inflation betrug 3 Prozent täglich.[469] Wie schon acht Jahre zuvor befand sich die argentinische Wirtschaft und Gesellschaft in einer tiefen Krise, was die Regierung Alfonsín dazu brachte, ihr Amt vorzeitig an den Wahlsieger der peronistischen Partei, Carlos Menem, abzugeben.

4.2.3.3 Argentinien in der Schuldenfalle

Im Vergleich zu den Schwellenländern Ostasiens war die wirtschaftliche Entwicklung Argentiniens in den achtziger Jahren durch geringe Wachstumsraten, hohe Inflationsraten, sinkende Realeinkommen der Bevölkerung und wachsende Armut und Arbeitslosigkeit gekennzeichnet. Als zentrale Ursache der relativen Abwärtsmobilität Argentiniens im Weltsystem in den achtziger Jahren kann die hohe Auslandsverschuldung gelten, die unter der Militärdiktatur (1976-82) entstanden war und deren vollständige Rückzahlung von den privaten Banken, dem IWF sowie der US-Regierung eingefordert wurde. Dabei kommt die hohe Belastung Argentiniens durch den Schuldendienst u.a. in der Schuldendienstquote zum Ausdruck, die 1986 einen Wert von 83 Prozent erreichte - eine selbst im Vergleich zu anderen hochverschuldeten Ländern einzigartig hohe Zahl.

Abb. 33: Die Schuldendienstquote Argentiniens im Vergleich, 1976-2002

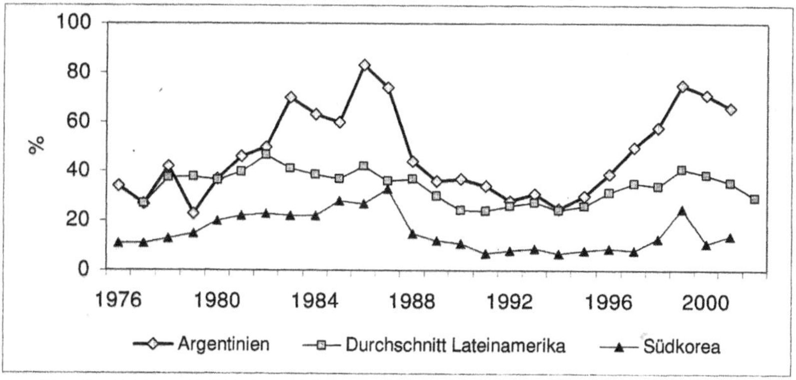

Quelle: World Bank (2003): World Development Indicators.

[468] Vgl. Schvarzer, Jorge (2002): Die lange Krise der Verschuldung in Lateinamerika, S. 84.
[469] Vgl. o.V. (1989): Unruhen in Argentinien, in: FAZ vom 01. Juni 1989.

Insgesamt zahlte Argentinien zwischen 1983 und 1989 mehr als 42 Mrd. US$ an die Gläubiger zurück, aufgrund der Zinsen stieg die Auslandsverschuldung im selben Zeitraum dennoch von knapp 46 Mrd. US$ auf über 65 Mrd. US$ an.[470] Dabei wurde die Fähigkeit zur Erwirtschaftung von Exporterlösen für den Schuldendienst durch den Protektionismus der Industrieländer zusätzlich erschwert.

Die These, nach der die Belastung der Länder Lateinamerikas im Allgemeinen und Argentiniens im Besonderen durch den Schuldendienst zu hoch war, wurde von den Anhängern des Washington Consensus selbstverständlich nicht geteilt. Stattdessen führte man das Scheitern der „heterodoxen“ Wirtschaftspolitik auf die fehlende Reformbereitschaft der argentinischen Regierung und Bevölkerung zurück, die wiederum an den hohen Haushaltsdefiziten festgemacht wurde. Gefordert wurden von Argentinien härtere Sparmaßnahmen sowie – seit dem Baker und Brady Plan – tiefgreifende Strukturreformen, wobei in diesem Zusammenhang dem Verkauf der Staatsbetriebe eine besondere Rolle zukam, wurde hierin doch eine Möglichkeit gesehen, Ressourcen für den Schuldendienst freizusetzen bzw. die hohe Auslandsschuld durch debt-equity swaps zu reduzieren.

4.2.4 Neoliberale Strukturreformen unter Menem und Cavallo

Mit der Wahl des Peronisten Carlos Menem zum Präsidenten 1989 begann – entgegen seinen programmatischen Ankündigungen – in Argentinien eine Periode intensiver neoliberaler Strukturreformen, die im Hinblick auf die forcierte Öffnung der Wirtschaft für ausländisches Kapital und die damit einhergehende Verschuldungsexpansion an die Wirtschaftspolitik der Militärregierung 1976-82 anknüpfte, wobei der 1991 ernannte Wirtschafts- und Finanzminister Domingo Cavallo, der schon unter der Militärdiktatur Zentralbankpräsident gewesen war, eine wichtige personelle Klammer bildete.[471]

Im Vergleich zu Alfonsín war Menem erfolgreicher darin, die Unterstützung zentraler gesellschaftlicher Akteure für seine Politik zu gewinnen und gleichzeitig die potentiellen Gegner neoliberaler Strukturreformen zu schwächen. Wie Teichmann beschreibt, pflegte Menem enge Kontakte zur Unternehmerschaft, die ihrerseits versuchten, auf die Regierung durch hohe Wahlkampfspenden und Bestechungsgelder Einfluss zu nehmen:

> „Politically, the conglomerates were closely linked to Menem [...] They made heavy campaign contributions to the Peronist party: officially the top six conglomerates are reported to have contributed $700,000 each to Menem's 1989 campaign, while Bunge and Born claims that its actual contribution was $3 million ($US). [...] Numerous allegations and charges of corruption have been brought

---

[470] Vgl. World Bank (2003): World Development Indicators.

[471] Vgl. Boris, Dieter (2002): Argentinien: Wie das Steak auf den Tisch kommt. Und wer es verdaut, in: Schweizer Wochenzeitung WoZ vom 13. Juni 2002.

against top level officials accused of taking kickbacks from the private sector. In short, close personal ties between the executives of the country's big conglomerates and the political elite had produced a policy outcome which was both corrupt and inordinately beneficial to the country's powerful conglomerates."[472]

Ferner gelang es Menem im Gegensatz zu Alfonsín,[473] die sich traditionell an der Peronistischen Partei orientierenden Gewerkschaften zu disziplinieren, wobei er auf eine Strategie des "Teile und Herrsche" zurückgegriff, indem er die internen Konflikte im Gewerkschaftsdachverband CGT, der sich im Oktober 1989 spaltete, für sich ausnutzte.[474] Eventuellen Widerständen im Parlament begegnete Menem, indem er den Handlungsspielraum der Exekutive in der Wirtschaftspolitik durch eine umfassende Verwaltungsreform sowie das „Gesetz über den wirtschaftlichen Notstand" von September 1989 erweiterte und verstärkt auf präsidentielle Dekrete und „Notverordnungen" (*decretos de necesidad y urgencia*) zurückgriff, die keine Zustimmung des Kongresses erforderlich machten.[475]

Trotz dieser Zentralisierung der politischen Entscheidungsgewalt, der Schwächung der Gewerkschaften sowie der anfänglich starken Unterstützung Menems war dieser in den ersten zwei Jahren seiner Präsidentschaft nicht in der Lage, die argentinische Hyperinflationskrise zu überwinden. Erst nachdem Domingo Cavallo 1991 das Amt des Wirtschaftsministers übernommen und die argentinische Währung mit Hilfe eines Currency Board eng an den US-Dollar gekoppelt hatte, sanken die Inflationsraten deutlich ab und die argentinische Wirtschaft erzielte Wachstumsraten, wie sie seit den Jahren des Nachkriegsbooms 1946/47 nicht mehr erreicht worden waren.[476]

---

[472] Vgl. Teichmann, Judith (2002): Latin America in the Era of Globalization: Facing the Challenges of Second Stage Reform. URL: http://www.isanet.org/noarchive/teichman.html (Stand: 01.11.03)

[473] So organisierte die Gewerkschaft CGT insgesamt 13 Generalstreiks gegen die Regierung von Alfonsín; dagegen gab es nur einen während der ersten Präsidentschaft von Menem. Vgl. Nolte, Detlef (1996): Ein neuer Perón? Eine Bilanz der ersten Präsidentschaft von Carlos Menem, S. 8.

[474] Vgl. Nolte, Detlef (1996): Ein neuer Perón? Eine Bilanz der ersten Präsidentschaft von Carlos Menem, S. 8.

[475] Laut Muno und Wagner gilt Argentinien als „Paradebeispiel einer „delegativen Demokratie", in der ökonomische Reformen über Dekrete in autokratischer Manier von Menem bei Missachtung repräsentativer demokratischer Institutionen und Prozeduren exekutiert wurden." Vgl. Muno, Wolfgang; Wagner, Christian (2000): Marktwirtschaft versus Demokratie? Wirtschaftliche Reformen und politische Entwicklung in Argentinien und Uruguay, S. 75.

[476] Vgl. Boris, Dieter (2002): Die argentinische Tragödie, S. 6.

4.2.4.1 Das Scheitern der ersten Reformphase 1989-91

Zu den ersten Stabilisierungsmaßnahmen Menems zählten eine starke Abwertung und Vereinheitlichung des Wechselkurses, eine Erhöhung der öffentlichen Preise, ein Preisstopp für Konsumentenpreise in Verbindung mit Preisabsprachen mit führenden Unternehmen, ein staatliches Sparprogramm sowie ein einmaliger Lohnzuschuss.[477]

Zur Erreichung der langfristigen Ziele (Sanierung des Staatshaushaltes, Deregulierung der Märkte, Privatisierung von Staatsunternehmen, Erhöhung der Wettbewerbsfähigkeit) wurden zwischen August und Oktober 1989 drei Gesetze verabschiedet:[478]

- Das ökonomische Notstandsgesetz (Ley de Emergencia Económica), welches sowohl außenwirtschaftliche Maßnahmen enthielt (z.B. eine Aufhebung der Genehmigungspflicht für ausländische Investitionen) als auch den Staatshaushalt entlasten sollte durch eine zeitlich begrenzte Einstellung sämtlicher Subventionen, die Kürzung von Steuervergünstigungen für Industrie und Bergbau, einen Einstellungsstopp im öffentlichen Dienst und den Verkauf staatlicher Immobilien.
- Das Gesetz zur Staatsreform (Ley de Reforma del Estado), das vor allem das Problem der defizitären öffentlichen Unternehmen angehen sowie die staatliche Verwaltung straffen sollte, wobei der Regierung weitreichende Kompetenzen zur Umstrukturierung und Privatisierung von Staatsunternehmen gewährt wurden.
- Das Gesetz zur Steuerreform, welches die Steuerquote von 16 auf 24 Prozent des BIP steigern sollte durch eine Anhebung und Verallgemeinerung der Mehrwertsteuer und der Einkommenssteuer, einer Vereinfachung des Steuersystems und einer Verbesserung der Kontrollen, wobei die Gewinnsteuern jedoch anfangs von 33 Prozent auf 20 Prozent gesenkt wurden.

Die drastischen Maßnahmen der neuen Regierung wurden vom Internationalen Währungsfonds positiv aufgenommen, so dass bereits im September 1989 eine Einigung zwischen dem IWF und Argentinien erzielt und ein Bereitschaftskredit in Höhe von 1,4 Mrd. US$ vergeben wurde, der hauptsächlich dazu dienen sollte, den Schuldendienst zu bezahlen.[479] In Argentinien selbst stießen die Reformen dagegen schon bald auf große Widerstände, wobei vor allem die Unternehmer gegen die Steuerpläne der Regierung protestierten, wie Coralles beschreibt:

---

[477] Vgl. Hujo, Katja (2002): Die Wirtschaftspolitik der Regierung Menem, S. 89.

[478] Ebd, S. 89f.

[479] Vgl. o.V. (1989): Ehrgeizige Ziele für Argentiniens Wirtschaft, in: FAZ, 19. Oktober 1989.

„Business pressures against the reforms [...] continued to grow after August 1989. The ruling party, the labor unions, the opposition, the Congress, the Church, and the military increasingly challenged the government's economic programs. [...] The result was a major cabinet crisis in December 1989, triggered precisely by societal noncooperation, especially business refusal to accept the govermnment`s tax proposals.“[480]

Knapp sechs Monate nach Amtsantritt Menems geriet Argentinien in eine zweite Hyperinflationskrise (Dezember 1989 - Februar 1990), in deren Zuge die argentinische Währung erneut drastisch abgewertet wurde.[481] Der im Dezember neu ernannte Wirtschaftsminister González verschärfte den neoliberalen Kurs seines Vorgängers und kündigte sofort drakonische Sparmassnahmen sowie die Entlassung von 30.000 Staatsangestellten an.[482] Mit dem Plan Bonex von Januar 1990 versuchte Gonzalez, einen weiteren Abzug von Bankeinlagen zu stoppen, indem die Depositen „eingefroren" bzw. durch Anleihen mit längerer Laufzeit ersetzt wurden. Wie Hujo beschreibt, wurde mit dem Plan Bonex die gesamte interne Staatsschuld in auf Dollar lautende Anleihen mit zehnjähriger Laufzeit umgewandelt, wodurch zwar eine Streckung der Schuldenlast sowie eine kurzfristige Härtung der Währung gelang, gleichzeitig aber eine weitere Dollarisierung der argentinischen Wirtschaft gefördert wurde.[483]

Kaum war die Gefahr einer zweiten Hyperinflation gebannt, geriet Argentinien in eine schwere Rezession, die vor allem auf den Zusammenbruch der Nachfrage aufgrund von Massenentlassungen und Lohnsenkungen im öffentlichen Dienst zurückzuführen war.[484] Die politische Lage blieb 1990 ebenfalls sehr instabil, was sich in einer Zunahme von Arbeitskonflikten, heftigen Auseinandersetzungen innerhalb der peronistischen Partei und im Kongress sowie einem Putschversuch des Militärs ausdrückte.[485] Schon im Dezember 1990 kam es daher zu einer erneuten Flucht in den Dollar, was einen Kursverfall des Austral und die bislang schwerste politische Krise der Regierung auslöste, die nahe daran war, die neoliberale Reformpolitik aufzugeben und einen anderen wirtschafts- und außenpolitischen Kurs einzuschlagen – zumal die USA im Januar 1990 hohe argentinische Beamte der Korruption bezichtigt hatte.[486]

---

[480] Vgl. Corrales, Javier (1998): Do Economic Crises Contribute to Economic Reform? S.629.
[481] Der Austral wurde im Dezember 1989 um 40 Prozent und im Januar 1990 um weitere 65 Prozent abgewertet. Vgl. Gester, Martin (1990): Verblassender Glanz. Ist der „Wundermann" Menem in Argentinien schon am Ende? In: FAZ, 03. Februar 1990.
[482] Vgl. Aggarwal, Vinod K. (1996): Debt games. Strategic interaction in international debt rescheduling, S. 449.
[483] Vgl. Hujo, Katja (2002): Die Wirtschaftspolitik der Regierung Menem, S. 90ff.
[484] Ebd., S. 91.
[485] Vgl. Corrales, Javier (1998): Do Economic Crises Contribute to Economic Reform? S.629.
[486] Vgl. Hujo, Katja (2002): Die Wirtschaftspolitik der Regierung Menem, S. 91. sowie Corrales, Javier (1998): Do Economic Crises Contribute to Economic Reform? S. 629f.

4.2.4.2 Der Stabilisierungsplan von Cavallo

Im Februar 1991 war die Zustimmung zur Politik Menems auf ihren tiefsten Stand gefallen: Nur noch 35 Prozent der argentinischen Bevölkerung unterstützten seinen Kurs – im Juli 1989 waren es noch 70 Prozent gewesen.[487] Vor dem Hintergrund einer drohenden dritten Hyperinflation wurde der Harvard-Ökonom und ehemalige Zentralbankpräsident Domingo Cavallo zum Wirtschaftsminister ernannt und am 1. April 1991 trat der von ihm konzipierte Stabilisierungsplan in Kraft, der als zentrale Maßnahme die Einführung eines sogenannten Currency Boards vorsah, mit dem die freie Konvertierbarkeit der argentinischen Währung in US$ zu einem fixen Wechselkurs gesetzlich garantiert wurde.

4.2.4.2.1 Einführung eines Currency Board-Systems

Im Gegensatz zu einer „normalen" Zentralbank, die unabhängig eigenes Geld ausgeben und daher in Krisenzeiten als „lender of last resort" agieren kann, handelt es sich bei einem Currency Board um ein System, bei dem Geld nur im Austausch gegen ausländische Devisen geschaffen werden kann.[488] Ein Currency Board setzt daher freien internationalen Güter- und Kapitalverkehr voraus, da die nötigen Devisen nur über Exporterlöse oder ausländische Investitionen und Kredite der Zentralbank gutgeschrieben werden können. Gleichzeitig werden mit einem Currency Board die Spielräume der Geld- und Fiskalpolitik drastisch eingeschränkt, da eine antizyklische und aktive Geldpolitik, die über kurzfristige Kreditvergabe an den Geschäftsbankensektor die Liquidität erhöht, ebenso unmöglich wird wie die Finanzierung großer Haushaltsdefizite.

Mit dem Konvertibilitätsgesetz vom 1. April 1991, welches die argentinische Zentralbank einem Currency-Board angleichen sollte,[489] wurde der paradoxe Versuch unternommen, die mit der Hyperinflation verknüpfte Dollarisierung der argentinischen Ökonomie zu vermeiden, indem man sie praktisch legalisierte: So wurde nicht nur der argentinische Peso im Verhältnis 1:1 fest an den US-Dollar gekoppelt, sondern auch per Gesetzesänderung Kredite und Einlagen in Fremdwährung legalisiert, d.h. der Dollar als zweites legales Zahlungsmittel eingeführt,[490] was dazu beitragen sollte, die Bevölkerung und die internationalen

---

[487] Vgl. Corrales, Javier (1998): Do Economic Crises Contribute to Economic Reform? S.630.

[488] Vgl. Aschinger, Gerhard (2002): Währungskrise in Agentinien trotz „Currency Board", S. 242.

[489] Im argentinischen Fall war die Geldbasis durch Devisen und Gold sowie auf Dollar lautende Staatsanleihen gedeckt, wobei letztere maximal 20 Prozent der gesamten Reserven ausmachen durften – es handelte sich also um kein „reines" Currency Board-System mit 100prozentiger Devisendeckung; entsprechend blieb auch die argentinische Zentralbank bestehen.

[490] So konnte man an den Bankautomaten in Buenos Aires auswählen, ob man Bargeld in Dollar oder Peso ausbezahlt haben wollte, vgl. Franko, Patrice (2003): The Puzzle of Latin American Economic Development, S. 135.

Gläubiger und Investoren von der Gleichwertigkeit der Währungen zu überzeugen.[491] Von all diesen Massnahmen erhoffte man sich primär eine

> „erhöhte Nachfrage nach heimischer Währung, eine rasche Senkung von Inflations- und Zinsraten auf US-amerikanisches Niveau sowie eine Erhöhung der Glaubwürdigkeit der Wirtschaftspolitik gegenüber internationalen Kapitalgebern."[492]

Tatsächlich führte das Konvertibilitätsgesetz zu einer raschen Senkung der Inflationsrate: Schon im Mai 1991 lag sie unter 3 Prozent; 1994 betrug sie nur noch 4 Prozent bezogen auf das ganze Jahr.[493] Nichtsdestotrotz blieb die Preissteigerungsrate bis 1996 über dem Niveau der USA, was zur realen Aufwertung des Pesos gegenüber der Ankerwährung des US-Dollars beitrug, was wiederum die Wettbewerbsfähigkeit argentinischer Exporte verminderte.[494]

Was das Ziel der Senkung von Zinssätzen betrifft, so war der Stabilitätsplan weniger erfolgreich. Zwar gelang es, sowohl die Kreditzinsen als auch die Zinsen auf Bankeinlagen zu senken, von einer Angleichung an das Niveau der Industrieländer konnte jedoch keine Rede sein. Dabei trug die fortbestehende Differenz zwischen dem Zinsniveau im In- und Ausland unter der Voraussetzung deregulierter Finanzmärkte zu einem Prozess der „adversen Selektion" bei, der sich darin ausdrückte, dass große Konzerne fortan zu günstigeren Konditionen im Ausland Kredit aufnahmen, wodurch das Kreditportfolio der einheimischen Finanzinstitute weiter verschlechtert wurde, wie Calcagno beschreibt:

> „Interest rates on loans remained far above international levels and this had various repercussions on the banking system. Thus, for reasons of both cost and maturities, firms with direct access to foreign credit have generally preferred it to that offered by the local financial system, thus depriving the banks of part of their first-line clients, while other borrowers (typically small and medium-sized firms) have been put under heavy pressure by the economic openness and restructuring process, all of which has tended to adversely affect the quality of loan portfolios."[495]

---

[491] Um die Glaubwürdigkeit des neuen Währungssystems zu unterstreichen, wurde gleichzeitig mit der Ersetzung des Austral durch den Peso am 1. Januar 1992 die Unabhängigkeit der argentinischen Zentralbank erklärt. Vgl. Calcagno, Alfredo F. (1997): Convertibility and the Banking System in Argentina, S. 66.

[492] Vgl. Hujo, Katja (2002): Die Wirtschaftspolitik der Regierung Menem, S. 92

[493] Vgl. Pastor, Manuel; Wise, Carol (1998): Stabilization and It's Discontents: Argentina's Economic Restructuring in the 1990s, S. 7.

[494] Vgl. Sangmeister, Hartmut (2002): Von der Binnenorientierung zur selektiven Weltmarktintegration, S. 203.

[495] Vgl. Calcagno, Alfredo F. (1997): Convertibility and the Banking System in Argentina, S.71f.

4.2.4.2.2 Deregulierung des Investitions- und Handelsregimes

Um der realen Aufwertung der argentinischen Währung entgegenzuwirken, beschloss die argentinische Regierung, die Deregulierung zu vertiefen, damit sich die heimische Preisentwicklung an das Preisniveau auf den Weltmärkten schneller anpasst: So wurden im November 1991 per Dekret auf den internen Märkten für Güter und Dienstleistungen sämtliche Beschränkungen wie Angebots-, Zutritts- und Preisregulierungen aufgehoben.[496] Um Zuflüsse ausländischer Direktinvestitionen zu fördern, wurde ferner das Gesetz über ausländische Direktinvestitionen (Foreign Investment Act) abgeändert: Nachdem man schon 1989 die Gleichbehandlung ausländischer und einheimischer Investoren garantiert hatte, ging man 1993 noch einen Schritt weiter, indem man die bis dahin geltende Bestimmung, nach der ausländische Investitionen von der Regierung genehmigt werden müssen und eine Rückführung der Gewinne erst nach dreijähriger Wartezeit möglich ist, fallen ließ.[497] Lediglich im Finanzsektor mussten ausländische Investoren bei der entsprechenden Regulierungsbehörde weiterhin eine Lizenz beantragen; allerdings war es den Investoren auch hier gestattet, bis zu 100 Prozent der Aktien einer argentinischen Bank oder Versicherung zu erwerben und damit die Kontrolle über das Unternehmen auszuüben.[498]

Parallel zur Deregulierung des Investitionsregimes wurde auch die Liberalisierung des Außenhandels weiter vorangetrieben. Nachdem bereits im Oktober 1989 die maximalen Zollsätze von 90 auf 40 Prozent gesenkt wurden, kam es im Rahmen des Stabilisierungsplans von Cavallo zu zahlreichen weiteren Zollreformen, in deren Zuge quantitative Einfuhrbeschränkungen aufgehoben, die Exportbesteuerung abgeschafft sowie einheitliche Zollsätze von 11 Prozent für Halbfertigwaren und 22 Prozent für Fertigwaren (ausgenommen Kraftfahrzeuge und Elektronikgeräte mit 35 Prozent) eingeführt wurden, während nicht im Land hergestellte Grundstoffe, Kapitalgüter sowie Nahrungsmittel zollfrei importiert werden konnten.[499] Die wirtschaftliche Öffnung und Liberalisierung wurde durch regionale Integrationsbestrebungen ergänzt: So unterzeichneten die Präsidenten Argentiniens, Brasiliens, Paraguays und Urugays 1991 den Tratado de Asunción, der die Schaffung eines gemeinsamen Marktes (Mercado Común del Sur oder MERCOSUR) bis zum 31. Dezember 1994 vorsah.[500] Dabei wurde die nationale Wirtschaft Argentiniens auf die verschärfte Konkurrenz aus dem Aus-

---

[496] Vgl. Hujo, Katja (2002): Die Wirtschaftspolitik der Regierung Menem, S. 94.
[497] Vgl. Dobson, Wendy; Jacquet, Pierre (1998): Financial Services Liberalization in the WTO, S. 135.
[498] Ebd., S. 135.
[499] Vgl. Hujo, Katja (2002): Die Wirtschaftspolitik der Regierung Menem, S. 100.
[500] Vgl. Muno, Wolfgang; Wagner, Christian (2000): Marktwirtschaft versus Demokratie? Wirtschaftliche Reformen und politische Entwicklung in Argentinien und Uruguay, S. 80.

land kaum vorbereitet, was zu einer massiven Pleitewelle beitrug, von der überwiegend kleine bzw. mittelständische Firmen betroffen waren.[501]

4.2.4.3 Der Brady-Plan und die Entwicklung der Auslandsverschuldung

Aufgrund des seit 1988 bestehenden Moratoriums war die akkumulierte Zinsschuld Argentiniens bis 1992 auf ca. 8 Mrd. US$ angewachsen.[502] Zwar hatte Menem seit seinem Amtsantritt versucht, die Beziehungen zu den externen Gläubigern zu normalisieren – angesichts eines Haushaltsdefizits von 12 Prozent wurde der im Oktober 1989 mit dem IWF ausgehandelte Beistandskredit jedoch bereits im Februar 1990 ausgesetzt.[503] Erst im Juli 1991, als der Stabilisierungsplan Cavallos erste Erfolge im Hinblick auf sinkende Inflationsraten und Zinsen vorweisen konnte, gewährte der IWF einen weiteren Beistandskredit von 1 Mrd. US$; im September 1991 wurden dann im Rahmen des Pariser Clubs etwa 6,5 Mrd. argentinischer Schulden restrukturiert.[504]

Im November 1991 begannen die Verhandlungen über eine Schuldenreduzierung nach den Vorgaben des Brady-Plans; um die Beziehung zu den Gläubigern zu verbessern, wurde parallel mit dem IWF über weitere Kredite verhandelt. Im März 1992 gelang es der Regierung Menem, ein dreijähriges Abkommen über erweiterte Fazilitäten (EFF-Extended Fund Facility über ca. 3,5 Mrd. US$) mit dem IWF zu erzielen; im Juli/August 1992 folgte eine Übereinkunft mit dem Pariser Club zur Refinanzierung eines Teils der Zinsverbindlichkeiten und der gesamten Tilgungsverpflichtung zwischen 1992-95 mit einer neuen Laufzeit von 16 Jahren – die längste, die bislang einem Schuldnerland gewährt worden war.[505] Die Verhandlungen mit den privaten Banken gestalteten sich schwieriger, da diese die von der argentinischen Regierung gewünschte Reduzierung des Schuldenbestandes um 40 Prozent ablehnten und darauf bestanden, dass Argentinien vorab mindestens 1 Mrd. US$ überfälliger Zinszahlungen bezahlen sollte. Im April 1992 konnte dennoch eine erste Vereinbarung mit den Banken über die Restrukturierung von 23 Mrd. US$ Schulden und weiteren 8 Mrd. US$ Zinsrückständen erzielt werden, die ein Jahr später offiziell unterzeichnet wurde. Die Restrukturierung beinhaltete in erster Linie die Umwandlung von Krediten in Anleihen, wobei sich mehr als zwei Drittel der Banken dafür entschied, Schulden mit einem Abschlag von 35 Prozent in Anleihen mit einer 30jährigen Lauf-

---

[501] Vgl. Boris, Dieter; Malcher, Ingo (2001): Argentinien am Ende der neoliberalen Sackgasse, S. 49.
[502] Vgl. World Bank (1993): Argentina. From Insolvency to Growth, S. 18.
[503] Vgl. Aggarwal, Vinod K. (1996): Debt Games. Strategic Interaction in International Debt Rescheduling, S. 447f.
[504] Ebd., S. 452.
[505] Vgl. Hujo, Katja (2002): Die Wirtschaftspolitik der Regierung Menem, S. 99 sowie Aggarwal, Vinod K. (1996): Debt Games. Strategic Interaction in International Debt Rescheduling, S. 454.

zeit und einer Verzinsung von 13/16 Prozent über LIBOR zu tauschen, während nur knapp ein Drittel der Banken die Option bevorzugte, die Schulden ohne Abschlag in niedriger verzinste Anleihen umzuwandeln.[506]

Nach Angaben der Weltbank konnte die Belastung Argentiniens durch den Schuldendienst durch die im Zusammenhang mit dem Brady Plan erfolgte Umstrukturierung der Auslandsverschuldung um 3,3 Mrd. US$ 1993, um knapp 400 Mio. US$ 1994 und um knapp 900 Mio. US$ 1995 verringert werden.[507]

Abb. 34: Schuldendienstzahlungen Argentiniens, 1970-2001

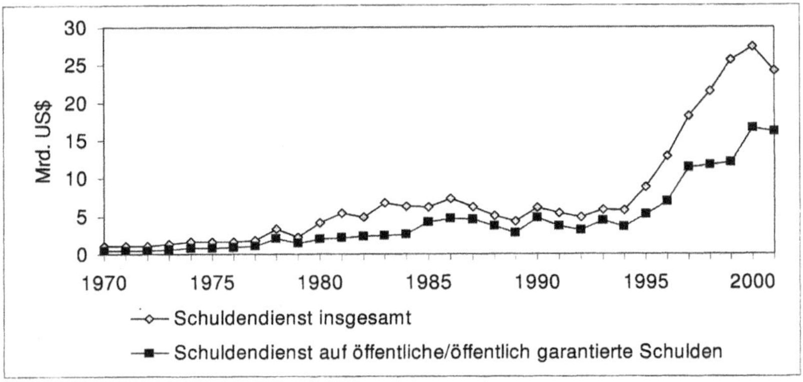

Quelle: World Bank (2003): World Development Indicators

Lembeck (1996) ist dennoch der Ansicht, dass die auf den Brady-Plan zurückzuführende Schuldenreduzierung der Entwicklungsländer insgesamt sehr gering ausfiel. So hatten zwölf Länder mit einer Gesamtverschuldung von 192 Milliarden bis Ende September 1994 ein Brady-Programm verabschiedet, wodurch sich ihre gesamte Auslandsverschuldung jedoch um lediglich 16 Prozent auf 162 Mrd. US$ reduzierte.[508]

In Argentinien trug die Umwandlung der Auslandsschulden in Wertpapiere zu hohen Kapitalzuflüssen bei, die 1993 einen Wert von 13 Mrd. US$ erreichten, wovon ca. 50 Prozent auf Privatisierungen und Finanzinvestitionen entfielen, 15,8 Prozent auf Kredite multilateraler Organisationen, 15,8 Prozent auf Außenhandelsfinanzierung, 5,8 Prozent auf Emissionen neuer Staatstitel und 5,8 Pro-

---

[506] Vgl. Aggarwal, Vinod K. (1996): Debt Games. Strategic Interaction in International Debt Rescheduling. Cambridge, S. 453f.

[507] Vgl. World Bank (1999): Global Development Finance, Vol. II: Country Tables, S. 605.

[508] Vgl. Lembeck, Andreas (1996): Secondary Market and Debt Equity Swaps: ein Ausweg aus der ‚Schuldenkrise'? S. 215.

zent auf Direktinvestitionen.[509] Im Dezember 1996 waren von den 100 Mrd. US$ Auslandsschulden Argentiniens 60 Prozent in Schuldtiteln verbrieft; weitere 15 Prozent waren Verpflichtungen gegenüber multilateralen Institutionen und nur noch 3 Prozent waren direkte Ansprüche von Banken.[510] Damit hatte sich das Kreditrisiko der Banken enorm reduziert bzw. war erfolgreich auf die Halter von argentinischen Staatspapieren sowie öffentliche Kreditgeber verlagert worden. Für Argentinien war diese Umstrukturierung über den Brady-Plan jedoch allenfalls kurzfristig mit einem Rückgang der Auslandsverschuldung und des Schuldendienstes verbunden – schon ab 1993 stieg die Auslandsverschuldung wieder stark an, um sich innerhalb von nur vier Jahren von knapp 65 Mrd. US$ (1993) auf über 128 Mrd. US$ (1997) zu verdoppeln.[511]

Eine wichtige Rolle bei dieser erneuten Explosion der Auslandsverschuldung spielte der Zinsanstieg bzw. der Risikoaufschlag auf argentinische Staatspapiere, der seit der Mexikokrise von den Kapitalgebern in Rechnung gestellt wurde. So lag die Differenz zwischen dem argentinischen Zinsniveau und den Referenzzinssätzen des britischen Libor oder des US-amerikanischen Prime Rate in den Prosperitätsperioden der frühen neunziger Jahre bei etwa vier Prozentpunkten, um nach der mexikanischen Finanzkrise 1994/95 rasch auf zweistellige Zahlen zu steigen.[512] Ende 2001 lag das so genannte Länderrisiko bei 3440 Punkten, was einem Zinsdifferential von 34,4 Prozent entspricht,[513] was de facto den Ausschluss vom internationalen Finanzmarkt bedeutet.

Vor dem Hintergrund dieser Entwicklung kann argumentiert werden, dass Argentinien für den „Schuldenerlass", der im Rahmen des Brady-Plans gewährt wurde, teuer bezahlen musste. So stellte der IWF im Global Financial Stability Report des Jahres 2003 fest, dass die Umstrukturierung der Auslandsverschuldung über den Brady Plan (d.h. die Umwandlung von Krediten in Anleihen bzw. Brady-Bonds) für die Schuldner eine relativ teure Angelegenheit war, so dass viele Staaten im Lauf der neunziger Jahre verzweifelt versuchten, ihre Brady-Bonds wieder loszuwerden:

> „Brady bonds became more expensive to the issuers and less liquid over time.... In most cases, Bradys became the most expensive liability a country could have.

[509] Vgl. Fundación Cedeal 1993, Nr. 18, S. 16, zit. nach Hujo, Katja (2002): Die Wirtschaftspolitik der Regierung Menem, S. 100.

[510] Vgl. Morazán, Pedro (2002): Die Rolle des IWF und der institutionellen Anleger, S. 15, S. 20.

[511] Vgl. World Bank (2003): World Development Indicators: External debt, total (current US$).

[512] Vgl. Becker, Joachim; Musacchio, Andrés (2003): Argentinien: Wiederholungen der Verschuldungsgeschichte, S. 77.

[513] Vgl. Heymann, Daniel (2000): Politícas de reforma y comportamiento macroeconómico, in: Heymann, Daniel; Kosacoff, Bernardo (Hg): La Argentina de los novento. Desempeno económico en un contexto de reformas, Bd. I, Buenos Aires, S. 91, zit. nach Becker, Joachim; Musacchio, Andrés (2003): Argentinien: Wiederholungen der Verschuldungsgeschichte, S.77.

Since 1995, led by Argentina, many countries that issued Brady bonds started to retire them through exchanges for cheaper Eurobonds, buybacks, calls, and warrant exercises."[514]

Abb. 35: Die Entwicklung der argentinischen Auslandsverschuldung

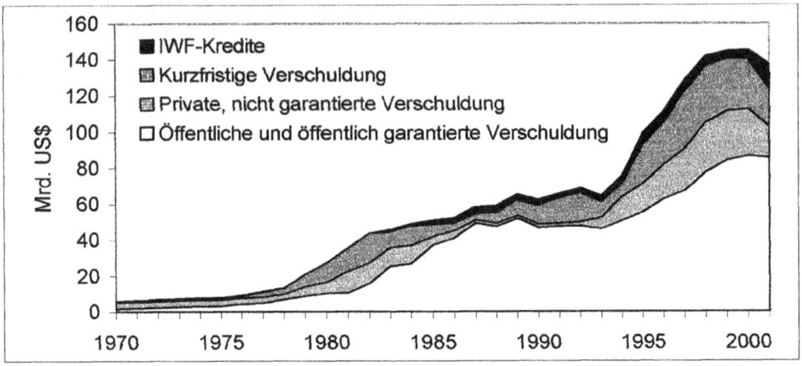

Quelle: World Bank (2003): World Development Indicators, eigene Berechnung

4.2.4.4 Privatisierung und Denationalisierung

Das Privatisierungsprogramm der Regierung Menem galt als ein Kernpunkt ihrer Wirtschaftsstrategie[515] und überraschte sowohl durch den Umfang der Entstaatlichung als auch durch das Tempo, mit dem der Prozess vorangetrieben wurde – waren doch die vergleichsweise zaghaften Privatisierungsversuche der Regierung Alfonsín noch auf heftigen Widerrstand gestoßen.[516] So wurden bis 1994 etwa 90 Prozent der argentinischen Staatsbetriebe für ca. 24 Mrd. US$ verkauft,[517] was zur Entlastung des Staatshaushalts sowie zu hohen ausländischen Kapitalzuflüssen beitrug und damit den unbestreitbaren Erfolg des Stabilisierungsplans von Cavallo in jener Zeit erklären kann.[518]

---

[514] Vgl. IMF (2003): Global Financial Stability Report, S. 107.
[515] Vgl. Birle, Peter (1991): Vom ‚Plan Bunge y Born' zum ‚Plan Cavallo', S. 11.
[516] Vgl. Hujo, Katja (2002): Die Wirtschaftspolitik der Regierung Menem, S. 94.
[517] Vgl. Aschinger, Gerhard (2002): Währungskrise in Agentinien trotz „Currency Board", S. 243 sowie Muno, Wolfgang; Wagner, Christian (2000): Marktwirtschaft versus Demokratie? Wirtschaftliche Reformen und politische Entwicklung in Argentinien und Uruguay, S. 80.
[518] Wie Hujo beschreibt, betrugen die Privatisierungseinnahmen „in den letzten neun Monaten von 1991 [...] fast 80 Prozent der staatlichen Gesamteinnahmen und stellten somit ein unverzichtbares Element des fiskalischen Ausgleichs im Rahmen des Konvertibilitätsplans dar." Vgl. Hujo, Katja (2002): Die Wirtschaftspolitik der Regierung Menem, S. 95.

Die mit dem „Verkauf des Tafelsilbers" verbundenen positiven Effekte auf die argentinische Wirtschaft waren jedoch nur kurzfristiger Natur,[519] während die langfristigen Entwicklungsperspektiven der argentinischen Wirtschaft dadurch deutlich verschlechtert wurden. Zum einen verlor der argentinische Staat durch die Privatisierung den Zugriff auf erwirtschaftete Ressourcen – mit negativen Konsequenzen für den argentinischen Staatshaushalt und die Fähigkeit zur Bedienung des Schuldendienstes. Zum anderen galten die meisten Kapitalzuflüsse den privatisierten *Dienstleistungsbereichen* der argentinischen Ökonomie (Telefon, Elektrizität, Banken, Fluglinien etc.), die ihre Produkte bzw. Dienstleistungen vor allem in Argentinien verkauften und daher kaum Devisenerlöse erzielten. Da andererseits jedoch die Zinsen für die aufgenommenen Kredite bei der Übernahme von argentinischen Unternehmen sowie die Gewinne und Royalties etc. in *Dollarform* an die Zentralen der ausländischen Konzerne transferiert werden mussten, geriet der argentinische Staat unter immer höheren Druck, Devisen (in Form von ausländischen Krediten und auf Dollar lautende Staatsanleihen) zu mobilisieren, um diese Übertragungen zu garantieren.[520] Es lässt sich daher die These vertreten, dass Form und Richtung des argentinischen Privatisierungs- und Liberalisierungsprogramms für Hauptprobleme der argentinischen Ökonomie (Haushaltsdefizit und wachsende Auslandsverschuldung) direkt verantwortlich sind.[521]

Im Folgenden soll der Prozess der Privatisierung in Argentinien bis zur Mexikokrise 1994/95 nachgezeichnet werden, wobei die Frage im Mittelpunkt stehen wird, welchen Akteuren es auf welche Weise gelang, sich die mit der Privatisierung verknüpften Vorteile oder „Renten" anzueignen und wer jeweils den Preis dafür zu zahlen hatte. In gewisser Hinsicht wird dabei an den Begriff des „rent-seeking" angeknüpft, der seit dem 1974 erschienenen Aufsatz der IWF-Ökonomin Anne O. Krueger[522] eine zentrale Rolle in der entwicklungstheoretischen Debatte spielt. Im Gegensatz zur üblichen Verwendung des Begriffs, der primär den *Gewerkschaften* und dem *Staat* vorwirft, sich auf illegitime und für die Wirtschaft und Gesellschaft nachteilige Weise „Renten" anzueignen, soll dabei jedoch in erster Linie analysiert werden, auf welche Weise die *ökonomischen Eliten einschließlich der transnationalen Konzerne* versuchen, sich auf Kosten der Allgemeinheit ökonomische Vorteile zu verschaffen.

---

[519] Vgl. InfoAmericas (2001): Foreign Direct Investment in Latin America – What to do after the family jewels are sold, S. 1ff.

[520] Vgl. Boris, Dieter (2002): Die argentinische Tragödie, S. 12.

[521] Ebd., S. 12.

[522] Krueger, Anne O. (1974): The Political Economy of the Rent-seeking Society, in: American Economic Review, Vol. 64, S. 291-303.

4.2.4.4.1 Die ersten Debt-Equity Swaps (ENTel und Aerolineas Argentinas)

Wie Edwards beschreibt, zählt es zu den interessantesten Merkmalen der neuen Wirtschaftslandschaft in Lateinamerika, dass

> „[...] foreign companies now own (or control) companies in sectors that, until very recently, were considered to be out-of-bounds and strategic, including telecommunications and air transport.“[523]

So begann die Regierung Menem gleich zu Beginn ihrer Amtsübernahme mit dem Verkauf von zwei Schlüsselunternehmen: der nationalen Fluggesellschaft Aerolinas Argentinas sowie der nationalen Telefongesellschaft Entel, was laut Schvarzer vor allem auf den großen Druck der Banken zurückzuführen ist, die angesichts der Zahlungsrückstände Argentiniens auf Zugeständnisse drängten.[524] Hierfür spricht auch, dass beide Unternehmensverkäufe als Debt-Equity Swaps durchgeführt wurden, also primär dazu dienten, die hohe Auslandsverschuldung zu reduzieren bzw. den Gläubigern entgegenzukommen.

Das typische Verfahren bei diesen Debt-Equity Swaps lässt sich in Anlehnung an Giersberg folgendermassen darstellen:[525]

Abb. 36: Typischer Ablauf eines Debt-Equity Swap

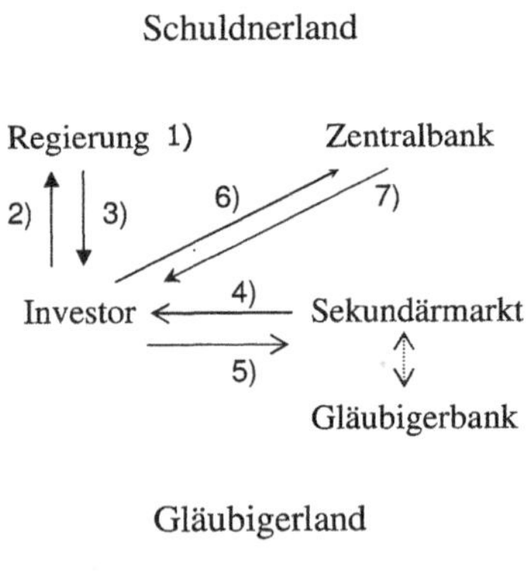

1) Die Regierung des Landes legt ein Debt-Equity-Programm auf.

2) Ein ausländischer Investor beantragt bei der Regierung eine entsprechende Genehmigung.

3) Der Investor erhält die Genehmigung.

4) Der Investor erwirbt (über den Sekundärmarkt oder direkt bei der Gläubigerbank) Forderungen an das Schuldnerland, z.B. von nominal 100 Mio. US$.

5) Nach Berücksichtigung eines Abschlages zahlt er dafür z.B. nur 60 Mio. US$.

6) Die nominalen Forderungen präsentiert der Investor der Zentralbank.

7) Die Zentralbank tauscht die Forderungen mit einem Abschlag von z.B. 10% um, d.h. der Investor erhält Inlandswährung für einen Gegenwert von 90 Mio. US$ und erwirbt damit Anteile am Unternehmen.

---

[523] Vgl. Edwards, Sebastian (1995): Crisis and Reform in Latin America, S. 179.

[524] Vgl. Schvarzer, Jorge (2002): Die lange Krise der Verschuldung in Lateinamerika, S. 85.

[525] Vgl. Giersberg, Karl-Wilhelm (1991): Innovative Lösungen der Schuldenkrise, S. 50f.

Wie Lembeck beschreibt, wurde die argentinische Fluggesellschaft Aerolinas Argentinas im Jahr 1990 für 260 Mio. US$ an die spanische Fluggesellschaft Iberia verkauft; gleichzeitig wurden die argentinischen Staatsschulden um 2 Mrd. US$ reduziert.[526] Ebenfalls 1990 wurden 60 Prozent der Anteile an der argentinischen Telefongesellschaft Entel an zwei Konsortien für 214 Mio. US$ Bargeld sowie 5 Mrd. US$ Auslandsschulden veräußert.[527] Hujo zufolge waren diese Deals jedoch wenig vorteilhaft für den argentinischen Staat. So wurden die Unternehmen

> „vor allem in der ersten Privatisierungsphase unter ihrem geschätzten Realwert verkauft, zweitens musste der Staat als Konsument der nun privatisierten Güter und Dienstleistungen höhere Preise und Tarife zahlen, und drittens hatte die Regierung teilweise Altschulden der zu privatisierenden Unternehmen übernommen, den Käufern Steuererleichterungen gewährt, um die Attraktivität der Unternehmen zu erhöhen und Kosten der Personalrationalisierung (Abfindungszahlungen) übernommen."[528]

4.2.4.4.2 Profiteure der Privatisierung

Toussaint schätzt, dass durch die mit den Privatisierungen verknüpfte Korruption dem argentinischen Staat Einnahmen in Höhe von etwa 60 Mrd. US$ verlorengingen.[529] Auf welche Weise diese Verschleuderung von Staatseigentum erfolgte, schildert er am Beispiel des Verkaufs der Erdölgesellschaft YPF:

> „Menem vertraute die Aufgabe, den Wert des Unternehmens YPF zu schätzen, der U.S.-amerikanischen Investmentbank Merrill Lynch an. Diese verminderte die Erdöl-Reserven des Unternehmens auf dem Papier kurzerhand um 30 Prozent, um den Wert von YPF im Hinblick auf die Privatisierung absichtlich tief zu schätzen. Nach der Privatisierung sind diese unterschlagenen Reserven dann plötzlich wieder in den Statistiken des Unternehmens aufgetaucht. Jene Financiers, die das Unternehmen dank tiefer Aktienkurse günstig gekauft hatten, kassierten dann eine schöne Prämie, als auf Grund dieser „neuen" Reserven die Kurse von YPF in die Höhe schnellten."[530]

Von der häufig beschworenen Erhöhung der Effizienz durch mehr Wettbewerb konnte bei den Privatisierungen ebenfalls kaum die Rede sein, da in vielen Fäl-

---

[526] Vgl. Lembeck, Andreas (1996): Secondary Market and Debt Equity Swaps: ein Ausweg aus der ‚Schuldenkrise'? S. 218.

[527] Vgl. Edwards, Sebastian (1995): Crisis and Reform in Latin America, S. 197 sowie Lembeck, Andreas (1996): Secondary Market and Debt Equity Swaps: ein Ausweg aus der ‚Schuldenkrise'? S. 218. Die Konsortien bestanden aus den Konzernen Citicorp und Telephonica de Espana einerseits, J.P. Morgan, der italienischen Telefongesellschaft STET sowie France Cable and Radio andererseits.

[528] Vgl. Hujo, Katja (2002): Die Wirtschaftspolitik der Regierung Menem, S. 95.

[529] Vgl. Toussaint, Eric (2001): Argentinien: Schwaches Glied in der weltweiten Schuldenkette? S. 5

[530] Ebd., S. 5.

len staatliche Monopole durch private Monopole ersetzt wurden.[531] Beispielweise sicherte man beim Verkauf der staatlichen Telefongesellschaft den künftigen Eigenümern für ein weiteres Jahrzehnt das Monopol zu.[532] Um die Investition für die ausländischen Kapitalgeber noch schmackhafter zu machen, wurde ferner im Vorfeld der Privatisierung eine 700prozentige Gebührenerhöhung gestattet;[533] zudem lag der Kaufpreis für die Telefongesellschaft nach Meinung zahlreicher Experten weit unter dem Wert des Unternehmens.[534]

Die ILO kommt zu dem Schluss, dass das Privatisierungsprogramm der argentinischen Regierung primär an den Ansprüchen und Forderungen ausländischer Investoren orientiert war, während der Aufbau von entsprechenden Regulierungsbehörden und Kontrollmechanismen versäumt wurde.[535] Aber auch argentinische Großkonzerne wie die Techint Group, die Pérez-Companc Group oder Comercial del Plata profitierten von den Privatisierungen,[536] da sie in den Konsortien ausländischer Banken und Konzerne vertreten waren, die sich um den Kauf der Staatsunternehmen bewarben und mitunter sogar direkt an der Formulierung der Ausschreibungen beteiligt waren.[537] Entsprechend gelang es diesen Konzernen, viele der privatisierten Firmen zu übernehmen.

Den Widerständen der Arbeitnehmer begegnete Menem 1990 mit einem Gesetz, welches Streiks in zentralen Dienstleistungsbereichen untersagte.[538] Auf der anderen Seite gelang es Menem, Teile der peronistischen Gewerkschaften in den

---

[531] Vgl. Muno, Wolfgang; Wagner, Christian (2000): Marktwirtschaft versus Demokratie? Wirtschaftliche Reformen und politische Entwicklung in Argentinien und Uruguay, S. 81.

[532] Vgl. Schvarzer, Jorge (2002): Die lange Krise der Verschuldung in Lateinamerika, S. 84f.

[533] Vgl. Azpiazu, Daniel (1999): Las Privatizaciones en la Argentina y la Concentración del Poder Económico. In Seminario Nacional 1999. Buenos Aires: Escuela Nacional de Formación Política, S. 366, zit. nach: Loftus, Alex; McDonald, David E. (2001): Lessons from Argentina: The Buenos Aires Water Concession.

[534] Vgl. ILO (2001): Multinational Enterprises and Social Policy, S.ix.

[535] „There is a widespread consensus to the effect that the government paid more attention to how to ensure that the privatisation transactions were attractive and successful for foreign capital than to the challenge of laying down appropriate regulatory rules and creating specific institutions." Vgl. ILO (2001): Multinational Enterprises and Social Policy, S.ix.

[536] „Menem also had to appease the private sector, whose investment and support was essential to sustain the market reform effort. Big players in the market made out especially well with privatization, which early on became clouded by charges of corruption." Vgl. Pastor, Manuel; Wise, Carol (2001): From Poster Child to Basket Case, S. 66.

[537] Vgl. Teichmann, Judith (2001-2): Latin America in the Era of Globalization: Inequality, Poverty and Questionable Democracies, S. 5.

[538] „In Argentina, a 1990 law prohibiting strikes in essential services [...] became instrumental in handling workers in public companies subject or privatization, such as electricity, gas, water and health. A group of anti Menemist striking telephone workers saw their leaders fired, their organization forcefully dissolved and their facilities taken over by police." Vgl. Teichmann, Judith (2001-2): Latin America in the Era of Globalization: Inequality, Poverty and Questionable Democracies, S. 6.

Privatisierungsprozess einzubinden, indem ihnen gestattet wurde, über sogenannte Programma Propiedad Participada (PPP) 10 Prozent der Aktien der privatisierten Unternehmen zu verwalten – eine Strategie, die dazu beitrug, den Widerstand der Gewerkschaften gegen die Privatisierungen zu brechen.[539]

4.2.4.4.3 Gesamtumfang der Privatisierungen und Unternehmensverkäufe

Die folgende Tabelle gibt einen Überblick über die Erlöse aus der Privatisierung von Staatsunternehmen in den Jahren 1990-1994.

Tab. 25: Ergebnis des argentinischen Privatisierungsprogramms, 1990-94 in Mio. US$

Sektor	Bareinnahmen	Schuldtitel*	Schuldentransfer	Gesamt
Telefon	2270,9	5000		7270,9
Fluglinien	260	1610		1870
Eisenbahn	-	-	-	-
Elektrizität	866,9	3769	1556,4	6192,3
Häfen	9,8	-	-	9,8
Seetransport	14,6	-	-	14,6
Straßen	-	-	-	-
Fernsehen / Radio	-	-	-	-
Öl	2060,2	-	-	2060,2
Y.P.F. (Öl)	3040	1271.1	-	4311,1
Gas	820,6	3082,1	1110	5012,8
Wasser	-	-	-	-
Fleischverarbeitung	1,9	-	-	1,9
Petrochemie	55,7	133,6	-	189,3
Werftindustrie	59,8	-	-	59,8
Stahl	143,3	41,8	-	185,1
Stromversorger	12,4	3,5	-	15,9
Militär. Unternehmen	11,3	-	-	11,3
Finanzsektor	86,3	-	-	86,3
Staatsimmobilien	202,5	-	-	202,5
Sonstige	3,7	12	-	15,7
Gesamt:	**9920**	**14923,1**	**2666,4**	**27509,5**

*nominal

Quelle: Wirtschaftsministerium MEOSP (1995): Argentina. A Country for Investment and Growth. Buenos Aires, S. 42, zit. nach Hujo, Katja (2002): Die Wirtschaftspolitik der Regierung Menem, S. 96.

539 Vgl. Loftus, Alex; McDonald, David E. (2001): Lessons from Argentina: The Buenos Aires Water Concession.

Nach dieser Tabelle wurden insgesamt 27,5 Mrd. US$ Privatisierungserlöse erzielt; wobei über 90 Prozent der Erlöse auf die (Teil-)privatisierung der Telefongesellschaft, der Elektrizitäts- und Gaswerke sowie der Ölindustrie entfallen. Dabei lässt sich der enge Zusammenhang zwischen der Umschuldung Argentiniens und dem Privatisierungsprozess daraus erschließen, dass fast zwei Drittel der Privatisierungserlöse auf die Reduktion der Schuldenlast entfielen, während nur knapp 10 Mrd. US$ in bar eingenommen wurden.

Die Frage, in welchem Umfang ausländische Investoren sich die privatisierten Unternehmen angeeignet haben, ist nicht exakt zu beantworten. Zwar existieren Statistiken zum Volumen grenzüberschreitender Unternehmensverkäufe (Mergers&Acquisitions); diese sind jedoch insofern unvollständig als Verkäufe von kleineren Aktienpaketen an ausländische Investoren darin nicht erfasst werden.[540] So taucht beispielsweise der in mehreren Schritten erfolgte Verkauf von 58 Prozent der Aktien an der Ölgesellschaft YPF an ausländische Investoren im Jahr 1993 nicht in den Statistiken der UNCTAD zum Volumen der grenzüberschreitenden Fusionen & Übernahmen auf und es ist auch nicht bekannt, von wem diese Aktien gekauft wurden.[541] Das Volumen der gesamten Unternehmensverkäufe wird, sofern man sich nur auf Daten zu Fusionen und Übernahmen konzentriert, also unterschätzt – dennoch lässt sich anhand der Daten ein ungefähres Bild des Denationalisierungsprozesses zeichnen.

Die folgende Abbildung gibt zunächst einen Überblick über das Volumen der grenzüberschreitenden Fusionen und Übernahmen und vergleicht dieses mit dem Gesamtvolumen der Zuflüsse an ausländischen Direktinvestitionen (ADI).[542] Es zeigt sich, dass das Volumen der Fusionen und Übernahmen 1990 einen ersten Höhepunkt erreichte, was primär auf den Verkauf von Entel und Aerolinas Argentinas in jenem Jahr zurückgeführt werden kann. Weitere Spitzenwerte erreichte das Volumen der Unternehmensverkäufe in den Jahren vor der Finanzkrise 1998 und 1999.

[540] Vgl. UNCTAD (2003): World Investment Report, S. 248.
[541] Vgl. Chudnovsky, Daniel; López, Andrés (2000): Industrial Restructuring through Mergers and Acquisitions, S. 37.
[542] Zwar sind Mergers & Acquisitions ein Bestandteil ausländischer Direktinvestitionen – da die Fusionen und Übernahmen jedoch auf andere Weise berechnet werden als die ausländischen Direktinvestitionen kann es vorkommen, dass der Wert der Fusionen und Übernahmen den Wert der ADI-Zuflüsse übersteigt. Vgl. UNCTAD (2003): World Investment Report, S. 248.

Abb. 37: Zuflüsse ausländischer Direktinvestitionen nach Argentinien und argentinische Unternehmensverkäufe* im Vergleich, 1988-2002

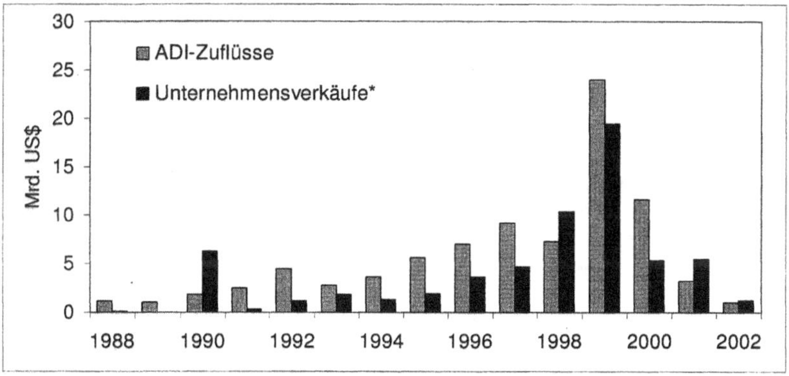

*Mergers & Acquisitions by Economy of Seller
Quelle: UNCTAD (2003): World Investment Report: Annex Table B.7.

Die relative Bedeutung der Unternehmensverkäufe wird in folgender Abbildung angedeutet, in der die Erlöse aus den Verkäufen argentinischer Unternehmen in Relation gesetzt werden zur Rate der einheimischen Bruttokapitalbildung sowie zum Volumen der Unternehmensverkäufe aller Entwicklungsländer zusammengenommen. Danach entsprach das Volumen der in Argentinien durchgeführten Mergers& Acquisitions im Jahr 1990 fast 40 Prozent des Volumens aller in Entwicklungsländern durchgeführten M&A – ein erstaunlich hoher Wert:

Abb. 38: Verkäufe argentinischer Unternehmen* im Vergleich, 1988-2002

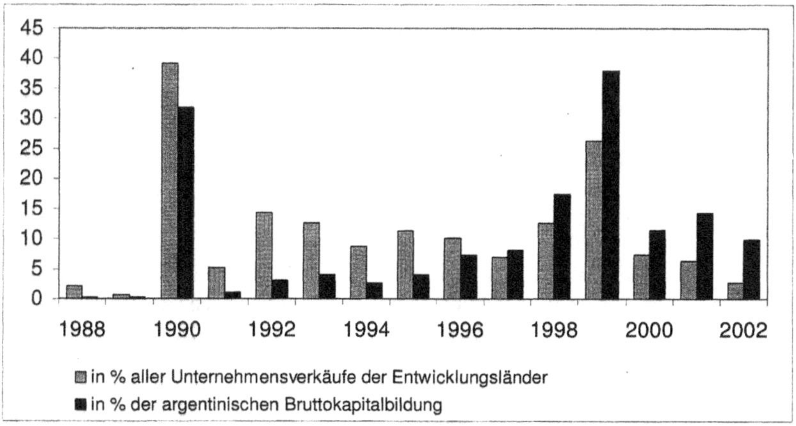

Quelle: UNCTAD (2003): World Investment Report: Annex Table B.7, eigene Berechnung

Was die Bedeutung der Unternehmensverkäufe für die argentinische Wirtschaft betrifft, so wurde 1999 durch den Verkauf des größten Unternehmens YPF ein Spitzenwert erzielt: In jenem Jahr entsprach das Volumen der Unternehmensverkäufe etwa 40 Prozent der argentinischen Bruttokapitalbildung.

Die Frage, wer von dem Denationalisierungsprozess der argentinischen Wirtschaft in den neunziger Jahren am meisten profitiert hat, geht aus folgender Tabelle hervor. Danach entfallen auf US-amerikanische und spanische Konzerne drei Viertel der zwischen 1990 und 1999 getätigten Fusionen und Übernahmen, wobei angemerkt werden muss, dass nur 50 Prozent der US-amerikanischen Investitionen (sowie 77 Prozent aller spanischen Investitionen) in Argentinien in der Form von Fusionen und Übernahmen getätigt wurden.[543]

Tab. 26: Grenzüberschreitende Fusionen und Übernahmen in Argentinien nach Land des Käufers, 1990-99

Land	Mrd. US$	In Prozent
USA	24,578	37,9
Spanien	23,567	36,3
Frankreich	4,332	6,7
Chile	3,035	4,7
Großbritannien	2,726	4,2
Gesamt:	64,85	100,0

Quelle: Vgl. Chudnovsky, Daniel; López, Andrés (2000): Industrial Restructuring through Mergers and Acquisitions, S. 45.

Chudnovsky und López zufolge stieg der Anteil ausländischer Firmen am Umsatz der tausend größten in Argentinien tätigen Unternehmen innerhalb von sieben Jahren von 34 Prozent (1990) auf 56 Prozent (1997); der Anteil der Exporte ausländischer Unternehmen an den Gesamtexporten der tausend größten Unternehmen wuchs im gleichen Zeitraum von 31 Prozent auf 50 Prozent. Betrachtet man lediglich die fünfhundert größten Unternehmen, so stieg der Anteil der ausländischen Unternehmen an den Investitionen innerhalb von vier Jahren von 77 Prozent (1993) auf 86 Prozent (1997) und ihr Anteil an der Beschäftigung von 40 Prozent (1993) auf 56 Prozent (1997).[544]

Die ökonomische Macht der transnationalen Konzerne ist im Zuge der neoliberalen Reformen der neunziger Jahre also deutlich gewachsen, wie auch eine Studie der UN-Wirtschaftskommission für Lateinamerika (CEPAL) belegt, nach der sich die Anzahl ausländischer Unternehmen unter den fünfhundert größten

[543] Vgl. Chudnovsky, Daniel; López, Andrés (2000): Industrial Restructuring through Mergers and Acquisitions, S. 45.
[544] Ebd., S. 43.

Unternehmen des Landes von 116 (1990) auf mehr als 300 im Jahr 2000 knapp verdoppelt hat. Im gleichen Zeitraum erhöhte sich der Anteil der ausländischen Unternehmen an den Umsätzen der 500 größten Unternehmen von 33,6 Prozent auf mehr als 70 Prozent.[545]

4.2.4.4.4 Die (Teil-)Privatisierung des Rentensystems

Nachdem der Prozess der Privatisierung von Staatsunternehmen weitgehend abgeschlossen war, unternahm die Regierung Menem einen weiteren folgenschweren Schritt: So wurde im Juli 1994 ein neues Rentengesetz verabschiedet, mit dem das Renteneintrittsalter um fünf Jahre angehoben[546] und das bisherige staatliche Rentensystem, welches auf dem Prinzip der Umlagefinanzierung beruhte, durch ein gemischtes Modell ersetzt wurde, welches eine staatliche Grundrente mit privaten oder öffentlichen Rentenfonds auf individueller Kapitaldeckungsbasis kombinierte.[547] Ziel dieser Rentenreform, die von der Weltbank massiv unterstützt wurde,[548] war einerseits die Entlastung des Staatshaushalts; zum anderen sollten mit der Einführung privater Rentenfonds (Administradoras de Fondos de Jubilaciones y Pensiones; AFJP) die privaten Kapitalmärkte gefördert und die Sparquote der Bevölkerung erhöht werden.[549] Diese Rechnung ging allerdings nur zur Hälfte auf. Zwar entwickelten sich die privaten Rentenfonds sehr vielversprechend und konnten 1995 Renditen von 17,9 Prozent erzielen,[550] das Ziel einer Entlastung des Staatshaushalts ging jedoch nicht auf – im Gegenteil. So musste die staatliche Rentenversicherung weiterhin für den größten Teil der Rentenleistungen aufkommen; gleichzeitig musste der argentinischen Staat auf Beitragszahlungen von ca. 3 Mio. Arbeitnehmern sowie auf Beiträge der Unternehmer verzichten, da die Regierung mit dem Ziel der Senkung der Lohnnebenkosten gleichzeitig die Beiträge der Unternehmer zur Sozialversicherung gesenkt hatte.[551]

Nach Schätzungen des IWF gingen dem argentinischen Staat durch die Teilprivatisierung der sozialen Sicherungssysteme Einnahmen in Höhe von einem Prozent des jährlichen Bruttosozialprodukts verloren.[552] Auf der Basis dieser Anga-

---

[545] Vgl. Muchnik, Daniel (2001): Plata fácil. Los empresarios y el poder en la Argentina. Buenos Aires, S. 239, zit nach Birle, Peter (2002): Gewerkschaften, Unternehmerverbände und Staat: Der schwierige Abschied vom Klassenkampf durch Mittelsmann, S. 175.

[546] Vgl. Hujo, Katja (1997): Die Reform der Rentenversicherung in Argentinien, S. 72.

[547] Ebd., S. 72 und S. 96.

[548] Vgl. Baker, Dean; Weisbrot, Mark (2002): The Role of Social Security Privatization in Argentina's Economic Crisis, S. 1.

[549] Vgl. Sottoli, Susana (2002): Sozialpolitische Reformen und soziale Entwicklung, S. 139f.

[550] „Die Rentenfonds [...] akkumulierten 1995 2,5 Mrd. US$ bzw. 0,9 Prozent des BIP bei einer hohen Rentabilitätsrate von 17,9 Prozent.." Vgl. Sottoli, Susana (2002): Sozialpolitische Reformen und soziale Entwicklung, S. 141.

[551] Vgl. Hujo, Katja (2002): Die Wirtschaftspolitik der Regierung Menem, S. 97.

[552] Vgl. IMF (1998): Argentina: Recent Economic Developments, S. 9.

be errechneten Baker und Weisbrot, wie sich ein Einnahmeverlust in dieser Größenordnung (ceteris paribus) auf das Haushaltsdefizit und die Auslandsverschuldung auswirkt. Dabei kommen sie zu dem Ergebnis, dass Argentinien ohne die (Teil)Privatisierung des Sozialsystems das vom IWF immer wieder geforderte Ziel eines ausgeglichenen Haushalts erreicht hätte.[553] Anders ausgedrückt:

> „[T]he deficit created by Social Security privatization is almost exactly equal to the government budget deficits that Argentina ran in these years."[554]

Tab. 27: Der Einfluss der Privatisierung der sozialen Sicherungssysteme auf den argentinischen Staatshaushalt (in % des BSP), 1994-2001

	1994	1995	1996	1997	1998	1999	2000	2001
Durch Privatisierung verlorene Einnahmen	-0,5	-1,0	-1,0	-1,0	-1,0	-1,0	-1,0	-1,0
Zinssatz in Prozent	10%	10%	10%	10%	14%	14%	20%	20%
Zusätzliches Budgetdefizit	-0,51	-1,10	-1,20	-1,30	-1,59	-1,86	-2,59	-3,16
Zusätzliche Verschuldung (kumulativ)	-0,51	-1,62	-2,72	-3,83	-5,35	-7,50	-10,05	-13,49
Tatsächliches Budgetdefizit	*-0,11*	*-0,53*	*-1,93*	*-1,46*	*-1,36*	*-1,68*	*-2,39*	*-3,02*

Quelle: Baker; Weisbrot (2002), S. 2f.

Nachdem das argentinische Haushaltsdefizit 2001 die Schwelle von 3 Prozent zu überschreiten drohte, verlangte der IWF von der argentinischen Regierung u.a. eine Kürzung der Renten um 13 Prozent,[555] was von Baker und Weisbrot folgendermaßen kommentiert wurde:

> „The irony of this action is that Argentina's decision to privatize Social security in 1994 helped to touch off a financial crisis, which ultimately forced much more draconian cuts in Social Security than ever would have been contemplated in 1994."[556]

---

[553] Dem Einwand, dass durch die Privatisierung der sozialen Sicherungssysteme lediglich eine *implizite* Verschuldung (in Form einer Verpflichtung des Staates zur Zahlung künftiger Rentenansprüche) gegen eine *explizite* Verschuldung (die durch den Verlust der Einnahmen aus der Rentenversicherung entstand) getauscht wurde, begegnen Baker und Weisbrot, indem sie darauf verweisen, dass weder der IWF noch die Finanzmärkte eine solche Gleichsetzung vornahmen: „The IMF insisted that Argentina balance its budget as a condition of new loans. Had it accepted that the explicit debt and implicit debt of the pension fund were equivalent, it would have allowed for a deficit equal to the amount of lost revenue from privatizing its Social Security system." Vgl. Baker, Dean; Weisbrot, Mark (2002): The Role of Social Security Privatization in Argentina's Economic Crisis, S. 3.

[554] Ebd., S. 2.

[555] Vgl. IMF (2001): IMF Augments Argentina Stand-By Credit to $21.57 Billion, and Completes Fourth Review.

[556] Vgl. Baker, Dean; Weisbrot, Mark (2002): The Role of Social Security Privatization in Argentina's Economic Crisis, S. 3.

4.2.4.5 Widersprüche der neoliberalen Reformpolitik

Obwohl auch in Argentinien die neoliberale Transformation mit hohen sozialen Kosten verbunden war, brachten die Wahlen vom 14. Mai 1995 einen triumphalen Erfolg für Carlos Menem, der mit 49,9 Prozent der Wählerstimmen bereits im ersten Wahlgang wiedergewählt wurde.[557] Zwar war die argentinische Wirtschaft infolge der Mexikokrise 1995 erneut in eine Krise geraten, das Vertrauen in die Regierung Menem war jedoch noch groß, hatte sie doch dazu beigetragen, die Hyperinflationskrise zu überwinden. So war es Menem und Cavallo mit dem radikalen Stabilisierungsplan gelungen, die Inflation drastisch zu reduzieren und einen dynamischen Wirtschaftsaufschwung in Gang zu setzen, dessen einzelne Elemente sich gegenseitig unterstützten: So ging die Reduzierung der hohen Inflationsrate mit Reallohnsteigerungen einher, durch die wiederum die Binnennachfrage angekurbelt wurde.[558] Noch entscheidender war allerdings der verbesserte Zugang zu Konsumentenkrediten (in US$), der mit der Liberalisierung des Kapitalverkehrs und den hohen Kapitalzuflüssen der Jahre 1991-1994 einherging und den Konsum der Mittel- und Oberschicht anregte,[559] was ebenfalls zu einem Aufschwung der industriellen Produktion und der Investitionen beitrug.

Abb. 39: Jährliche Wachstumsrate des argentinischen BSP, 1970-2002

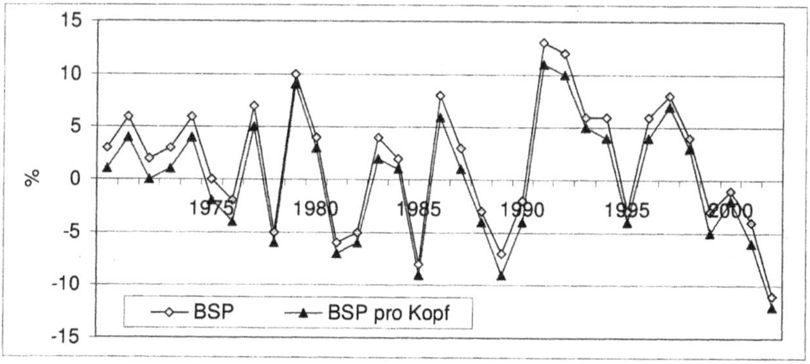

Quelle: World Bank (2003): World Development Indicators

[557] Menems Hauptkonkurrenten, José Octavio Bordón vom Mitte-Links-Bündnis FREPASO (*Frente para un País Solidario* = Front für ein solidarisches Land) und Horacio Massaccesi von der Radikalen Partei, endeten mit 29,3 Prozent und 17 Prozent deutlich abgeschlagen. Vgl. Nolte, Detlef (1996): Ein neuer Perón? Eine Bilanz der ersten Präsidentschaft von Carlos Menem, S. 2.

[558] Laut Kosacoff stiegen die Reallöhne in der Industrie zwischen 1991 und 1994 um gut 30 Prozent. Vgl. Kosacoff, B. (1995): Argentina: El desafio industrial, unveröffentlichtes Manuskript, CEPAL, Buenos Aires, S. 5, zit. nach: Messner, Dirk (1998): Wirtschaft und Entwicklung in Argentinien in den neunziger Jahren, S. 62.

[559] Vgl. Becker, Joachim; Jäger, Johannes et al. (2002): Finanzsystem und Krise in Argentinien und Chile, S. 35.

Im Zuge der wirtschaftlichen Erholung sowie aufgrund der Anhebung der Mehrwertsteuer und verbesserter Kontrollmaßnahmen konnten auch die Steuereinnahmen erhöht werden,[560] was – zusammen mit den hohen Privatisierungserlösen – dazu beitrug, dass 1992 und 1993 erstmals Haushaltsüberschüsse erwirtschaftet wurden, was wiederum vom IWF und den externen Gläubigern positiv aufgenommen wurde.

Abb. 40: Das argentinische Haushaltsdefizit (in % des BSP), 1970-2001

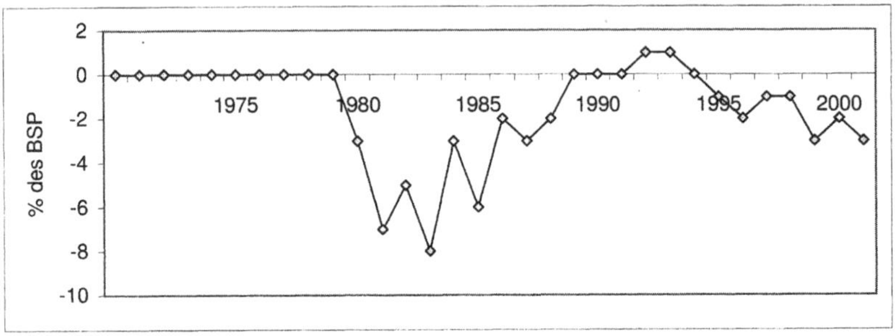

Quelle: World Bank (2003): World Development Indicators

Bereits im Vorfeld der Mexikokrise wurden allerdings erste Widersprüche und Schattenseiten des neoliberalen Entwicklungsmodells deutlich: So hatten die Investitionen lediglich in einigen Branchen (z.B. in der Automobilindustrie) zugenommen, während

> „[...] Branchen mit Orientierung auf den Massenkonsum oder starker auswärtiger Konkurrenz entweder stagnierten oder wie die Kapitalgüterindustrie weitgehend verschwanden. Die Wirtschaftsstruktur wurde „reprimitivisiert", die Importabhängigkeit stieg, die soziale Ungleichheit nahm zu."[561]

Sowohl die Überbewertung des Peso als auch die radikale Öffnung der Wirtschaft hatten zu steigenden Handels- und Leistungsbilanzdefiziten geführt; Arbeitslosigkeit und Unterbeschäftigung hatten deutlich zugenommen und auch die fiskalischen Ziele konnten 1994 angesichts rückläufiger Privatisierungseinnahmen nicht mehr erreicht werden, was zu Konflikten mit dem IWF führte, woraufhin Cavallo im September 1994 auf die Auszahlung der letzten Kredittranche verzichtete.[562]

---

[560] Vgl. Messner, Dirk (1998): Wirtschaft und Entwicklung in Argentinien in den neunziger Jahren, S. 62.

[561] Vgl. Becker, Joachim; Jäger, Johannes et al. (2002): Finanzsystem und Krise in Argentinien und Chile, S. 35.

[562] Vgl. Hujo, Katja (2002): Die Wirtschaftspolitik der Regierung Menem, S. 105f.

4.2.4.5.1 Steigende Leistungsbilanzdefizite und Kapitalimporte

Wie Messner beschreibt, führte die Strategie der Inflationsbekämpfung durch Überbewertung der Währung bei gleichzeitiger radikaler Außenhandelsliberalisierung zu einer deutlichen Verschlechterung der argentinischen Handels- und Leistungsbilanz.[563] So stieg der Dollarwert der Importe zwischen 1990 und 1994 um über 400 Prozent; die Handelsbilanz, die 1990 noch einen Überschuss von 8,6 Mrd. US$ aufwies, verzeichnete 1994 ein Defizit von 4,2 Mrd. US$ – ein Umschwung, der 7 Prozent des argentinischen Bruttosozialprodukts entsprach.[564]

Abb. 41: Exporte, Importe und Handelsbilanz Argentiniens 1970-2001

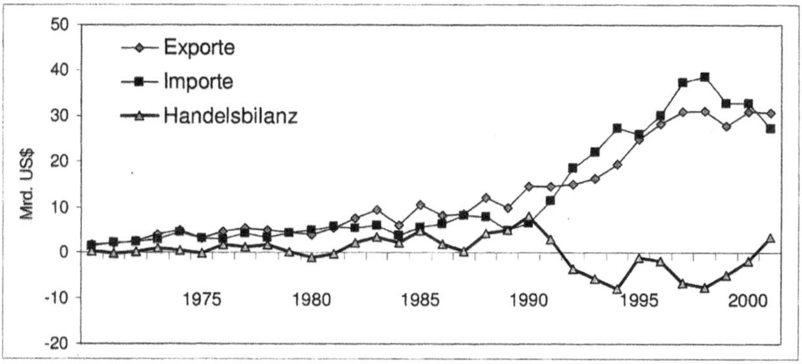

Quelle: World Bank (2003): World Development Indicators.

Hier wird bereits ein zentraler Widerspruch der argentinischen Wirtschaftsstrategie deutlich: So implizierte die Wechselkursfixierung, die zur Bekämpfung der Inflation als nötig erachtet wurde, eine schleichende Aufwertung der argentinischen Währung, die sich jedoch negativ auf die argentinische Handels- und Leistungsbilanz auswirkte. Dies stellte wiederum das Wechselkursregime in Frage, welches darauf basierte, dass über Exporte genügend Devisen zur Deckung der Geldbasis erwirtschaftet werden. Theoretisch gab es nur zwei Möglichkeiten, dieses Dilemma zu lösen: Man konnte entweder das Currency Board-Regime aufgeben und durch eine Währungsabwertung die Exporte stimulieren, was jedoch u.a. die Gefahr einer neuen Hyperinflation mit sich gebracht hätte – oder man konnte darauf hoffen, dass die zur Aufrechterhaltung des Currency Boards nötigen Devisen durch hohe Kapitalzuflüsse aus dem Ausland aufgebracht würden. In Argentinien entschied man sich für die zweite Option, d.h. man begab sich in steigende Abhängigkeit von ausländischen Kapitalgebern und

[563] Vgl. Messner, Dirk (1998): Wirtschaft und Entwicklung in Argentinien in den neunziger Jahren, S. 63.

[564] Vgl. Pastor, Manuel; Wise, Carol: Stabilization and It's Discontents, S. 8.

nahm sowohl den Ausverkauf großer Teile der heimischen Wirtschaft sowie – nachdem die meisten Staatsunternehmen verkauft worden waren – hohe Zinsen[565] und eine rapide steigende Auslandsverschuldung in Kauf.

In gewisser Hinsicht wurden damit die wirtschaftspolitischen Fehler der Militärdiktatur wiederholt: Wie schon in den Jahren 1978-1981 schuf man durch die Wechselkursfixierung bei gleichzeitiger Liberalisierung des Kapitalverkehrs starke Anreize für kurzfristige Finanzinvestitionen,[566] da einerseits das Wechselkursrisiko minimiert wurde, gleichzeitig aber das argentinische Zinsniveau nach wie vor über dem Zinsniveau der Industrieländer lag. Die Folgen dieser Strategie lassen sich ebenfalls miteinander vergleichen: So trugen sowohl die hohen Zinsen, die (seit 1979 sowie seit 1994) zur Attraktion ausländischen Kapitals erforderlich waren als auch die Liberalisierung des Außenhandels in beiden Fällen zum massenhaften Bankrott einheimischer Betriebe und zur Deindustrialisierung des Landes bei – von den Folgen der aus dieser Strategie resultierenden Finanz- und Schuldenkrisen ganz zu schweigen.

Laut Becker und Musacchio waren die Ausstiegskosten aus dem rentierfreundlichen Wirtschaftsmodell[567] in den neunziger Jahren sogar absehbar höher, da die Dollarisierung der Wirtschaft weiter vorangetrieben wurde. So wurden beachtliche Schulden in Dollar angehäuft und zahlreiche Preise für Güter und Dienstleistungen in Dollar fixiert, während Löhne und Staatseinnahmen grundsätzlich „pesofiziert" blieben.[568]

4.2.4.5.2 Wachsende Arbeitslosigkeit und Armut

Ein zweiter Widerspruch der neoliberalen Wirtschaftsstrategie kann darin gesehen werden, dass zur Erhöhung der Wettbewerbsfähigkeit argentinischer Unternehmen[569] sowie zur Entlastung des Staatshaushalts zahlreiche Arbeitskräfte „freigesetzt" werden mussten – mit negativen Rückwirkungen sowohl auf die einheimische Nachfrage (bzw. die für den Binnenmarkt produzierende Wirtschaft) als auch auf die politische und gesellschaftliche Stabilität. So wurde die

---

[565] Nach Angaben der Weltbank stiegen die Realzinsen in Argentinien innerhalb eines Jahres von 7 Prozent (1994) auf 14 Prozent (1995) an. Vgl. World Bank (2003): World Development Indicators: real interest rate.

[566] „Die Möglichkeit, Gelder im Inland zu höheren Zinssätzen als im Ausland anlegen zu können, führt bei einem Currency Board zu einem starken Kapitalzufluss." Vgl. Aschinger, Gerhard (2000): Währungs- und Finanzkrisen, S. 131.

[567] Der Begriff bezieht sich auf ein Modell der hohen Zinsen und hohen Kapitalimporte bei überbewerteter Währung.

[568] Vgl. Becker, Joachim; Jäger, Johannes et al. (2002): Finanzsystem und Krise in Argentinien und Chile, S. 34.

[569] Laut Chudnovsky stieg die Arbeitsproduktivität in der Industrie zwischen 1990 und 1997 um 52 Prozent; vgl. Chudnovsky, Daniel; López, Andrés (2000): Industrial Restructuring through Mergers and Acquisitions, S. 42.

Zahl der Beschäftigten in der Zentralregierung zwischen November 1990 und Ende 1993 von 671.000 auf 284.000 reduziert; dabei kam es zu 103.000 Entlassungen, während 284.000 ehemalige Lehrer und Angestellte im Gesundheitswesen auf die einzelnen Provinzen verteilt wurden.[570] Insgesamt wurden zwischen 1991 und 1994 ca. 350.000 Arbeitsplätze abgebaut;[571] etwa 200.000 Arbeitsplätze gingen durch die Privatisierung von Staatsunternehmen verloren, wobei allein die Privatisierung der Eisenbahn den Verlust von 90.000 Arbeitsplätzen mit sich brachte.[572] Alles in allem führte der mit der Außenhandelsliberalisierung verbundene Niedergang arbeitsintensiver Industriebranchen in Verbindung mit den massiven Entlassungen im Zuge der Rationalisierung der öffentlichen Verwaltung und der Privatisierung der Staatsbetriebe zu einem rapiden Anstieg der Arbeitslosenquote, die 1995 mit ca. 20 Prozent einen (ersten) Höhepunkt erreichte, wie die folgende Abbildung verdeutlicht:

Abb. 42: Arbeitslosigkeit und Unterbeschäftigung in Argentinien

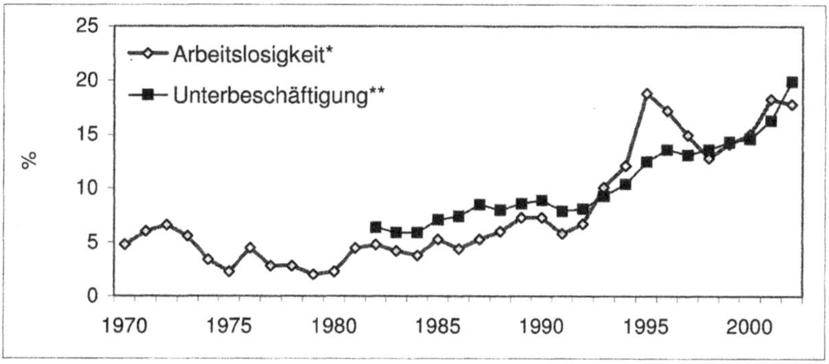

*Quelle: ILO (2003): LABORSTA, Labour Statistics Database
**Quelle: MECON

Mit der wachsenden Arbeitslosigkeit stieg auch die Armut an – zumal sich die Einkommensverteilung zwischen 1975 und 1995 deutlich verschlechtert hatte. Laut Messner sank der Anteil der unteren 40 Prozent der Einkommenspyramide in dieser Zeit um 28 Prozent, der der untersten 10 Prozent gar um 42 Prozent, während der Anteil der oberen 20 Prozent um 24,4 Prozent zunahm.[573]

[570] Vgl. World Bank (1993): Argentina's Privatization Programm, S. 18.
[571] Vgl. Hujo, Katja (2002): Die Wirtschaftspolitik der Regierung Menem, S. 118f.
[572] Vgl. Edwards, Sebastian (1995): Crisis and Reform in Latin America. From Despair to Hope, S. 199.
[573] Vgl. Messner, Dirk (1998): Wirtschaft und Entwicklung in Argentinien in den neunziger Jahren, S. 55.

4.2.5 Die Mexiko-Krise und ihre Folgen für Argentinien

Spätestens mit der Mexiko-Krise 1994/95 und dem damit verknüpften Rückgang ausländischer Kapitalzuflüsse war auch das „argentinische Wunder" der frühen neunziger Jahre endgültig beendet. Zwar gelang es Argentinien in den Jahren 1996 und 1997, erneut hohe Wachstumsraten zu erzielen und das Vertrauen ausländischer Investoren wiederzugewinnen – nichtsdestotrotz lässt sich die These vertreten, dass der Grundstein der schweren Krise, die aufgrund verschiedener Faktoren erst 2001/02 offen „ausbrach", spätestens Mitte der neunziger Jahre gelegt wurde, als man sich trotz veränderter externer Rahmenbedingungen dazu entschloss, am Currency Board festzuhalten.

4.2.5.1 Der Abzug spekulativen Kapitals

Argentinien, welches aufgrund seines Wechselkursregimes von kontinuierlichen Kapitalzuflüssen besonders abhängig war, bekam die Folgen der Mexiko-Krise als erstes Land zu spüren:[574] Zwischen Januar und April 1995 wurde kurzfristiges Kapital in Höhe von ca. 8,7 Mrd. US$ aus Argentinien abgezogen; bis Mai 1995 hatten sich die Devisenreserven der argentinischen Zentralbank um 6 Mrd. US$ auf nur noch 11 Mrd. US$ verringert.[575] In relativen Zahlen ausgedrückt gingen die Dollarreserven im Finanzsektor zwischen dem 23. Dezember 1994 und dem 31. März 1995 um 35 Prozent zurück, die argentinische Zentralbank verlor 37 Prozent ihrer Devisenreserven und die Einlagen bei argentinischen Banken schrumpften um 15 Prozent.[576]

Verantwortlich für die verstärkte Kapitalflucht war zum einen die Befürchtung, dass sich die mexikanische Währungskrise in Argentinien wiederholen und das Currency Board aufgegeben werden könnte, zum anderen fürchteten viele Sparer um die Sicherheit ihrer Einlagen – zumal eine Einlagenversicherung 1991/2 abgeschafft worden war.[577] Dabei wurde der Druck auf die Banken durch das Currency-Board-Regime noch verschärft, welches es der argentinischen Zentralbank untersagte, den Geschäftsbankensektor in Krisenzeiten mit zusätzlicher Liquidität zu versorgen.

---

[574] „Argentina was the first country to feel the pressure of the financial markets, probably because it had some of the same macroeconomic features as Mexico, including a fixed exchange rate, a low rate of domestic saving, a weak banking system, and a significant current account deficit." Vgl. IMF (1995): International Capital Markets, September 1995, S. 64.

[575] Vgl. Messner, Dirk (1998): Wirtschaft und Entwicklung in Argentinien in den neunziger Jahren, S. 63.

[576] Vgl. Vgl. Hujo, Katja (2002): Die Wirtschaftspolitik der Regierung Menem, S. 107.

[577] 1991 beschränkte die argentinische Regierung die Einlageversicherung auf Beträge von maximal 1000 US$; ein Jahr später wurde die Einlageversicherung ganz abgeschafft. Vgl. Gruben, William C (1998): Banking Structures, Market Forces, and Economic Freedom: Lessons From Argentina and Mexico, S. 266.

4.2.5.2 Das Krisenmanagement von IWF und Weltbank

Im März 1995 hatte die argentinische Finanzkrise mit einem Depositenverlust von 4,2 Mrd. US$ und extrem hohen Zinsraten ihren Höhepunkt erreicht[578] und es stellte sich die Frage, wie lange das argentinische Currency Board noch Bestand haben würde. Dank eines umfangreichen IWF-Kredits im April 1995 gelang es schließlich, den Abzug von Devisenreserven zu bremsen und den argentinischen Wechselkurs zu stabilisieren; ferner trug die Wiederwahl von Präsident Menem im Mai 1995 zu einer Beruhigung der Situation auf den Kapitalmärkten bei.[579]

Unterstützung erhielt die argentinische Regierung jedoch nicht nur vom IWF, sondern auch von der Weltbank, die Ende März 1995 einen Kredit in Höhe von 2,6 Mrd. US$ zur Verfügung stellte, mit dem der Bank Capitalization Trust Fund ausgestattet wurde, dem die Aufgabe zukam, die Stabilität des argentinischen Finanzsystems durch Privatisierungen, Verkäufe bzw. Zusammenschlüsse von Finanzinstitutionen wiederherzustellen. Ferner gewährten die Weltbank sowie die Inter-American Development Bank (IDB) Kredite in Höhe von insgesamt 2,25 Mrd. US$ zur finanziellen Ausstattung des Provincial Development Trust Fund, der die Privatisierung der Provinzbanken vorantreiben und unterstützen sollte – wobei die argentinische Regierung die in Staatbesitz befindlichen Aktien der Ölgesellschaft YPF als Sicherheit hinterlegen musste.[580]

Nach Meinung von Hujo trugen vor allem die internationalen Liquiditätszuschüsse von IWF, Weltbank und IDB zur Entschärfung der argentinischen Finanzkrise bei; die Kehrseite dieses Rettungsversuchs bestand jedoch in einer drastischen Erhöhung der Auslandsverschuldung Argentiniens, die allein im Krisenjahr 1995 um insgesamt 7,3 Mrd. US$ anstieg.[581]

4.2.5.3 Die Liquiditätskrise des Bankensystems

Da der Handlungsspielraum der argentinischen Zentralbank aufgrund des Konvertibilitätsgesetzes begrenzt war, sahen sich die Banken angesichts der Liquiditätskrise gezwungen, ihre Kredit- und Einlagezinsen drastisch anzuheben. So stiegen die Zinsen auf Peso-Einlagen von 9 Prozent (November 1994) auf 20

---

[578] Vgl. Hujo, Katja (2002): Die Wirtschaftspolitik der Regierung Menem, S. 107

[579] „The loss of reserves was stopped through the agreement with the International Monetary Fund: in April 1995 the Fund deposited US$ 1,64 billion and pledged a further US$ 1,2 billion, to be disbursed in several quotas [...] The outflow of bank deposits persisted for a little longer, more or less up to the Presidential elections in May 1995.“ Vgl. Calcagno, Alfredo F. (1997): Convertibility and the Banking System in Argentina, S. 81.

[580] Vgl. Calcagno, Alfredo F. (1997): Convertibility and the Banking System in Argentina, S. 80.

[581] Vgl. Hujo, Katja (2002): Die Wirtschaftspolitik der Regierung Menem, S. 108

Prozent (April 1995) an; die Zinsen für Dollar-Einlagen stiegen im gleichen Zeitraum von 6 auf 11 Prozent.[582] Gleichzeitig wurden die Kreditzinsen im Zuge der Krise auf über 50 Prozent angehoben – im Landesinneren erreichten sie gar 80 Prozent,[583] d.h. mehr und mehr Unternehmen wurden vom Kreditmarkt praktisch abgeschnitten.[584] Die hohen Zinsen sowie die Einschränkung der Kreditvergabe trugen zu einer Kette von Unternehmenszusammenbrüchen bei, was seinerseits das Portfolio der Banken belastete, da diese einen immer größeren Anteil ihrer Kredite abschreiben mussten. Hiervon besonders betroffen waren die Stadt- und Kreissparkassen, die in weitaus größerem Ausmaß Kredite an kleine und mittlere Unternehmen vergeben hatten.

Tab. 28: Der Anteil fauler Kredite im argentinischen Bankensystem, 1994 und 1995

	In Mio. Pesos		In % aller Kredite	
	Nov. 1994	Nov. 1995	Nov. 1994	Nov. 1995
Einheimische öffentliche Banken*	3200	3812	26,1	28,3
Banco de la Provincia de Buenos Aires	1532	1614	21,8	21,3
Andere Provinzbanken und Stadtsparkassen**	4454	4999	41,6	49,2
Einheimische Privatbanken	2042	3037	8,4	12,9
Ausländische Privatbanken	868	1263	6,9	9,1
Genossenschaftsbanken	845	730	14,7	23,3

*Domestically-owned public banks **Other provincial and municipal banks
Quelle: Calcagno, Alfredo (1997): Convertibility and the Banking System in Argentina, S. 75.

Die kleineren Banken waren es auch, die von dem Abzug der Einlagen in besonderem Maße betroffen waren: So sank beispielsweise der Anteil der Bankeinlagen, den die Genossenschaftsbanken hielten, von 10,3 Prozent (November 1994) auf 5,3 Prozent (November 1995), wohingegen es den ausländischen

[582] Vgl. Calcagno, Alfredo (1997): Convertibility and the Banking System in Argentina, S. 74.
[583] Ebd., S. 74.
[584] „The problems of illiquidity [of the banks] resulted in the almost complete disappearance of private credit. Financial institutions began to renew loans for periods between one and seven days, at rates reaching 70% per year in pesos and 55% in dollars.[...]..Small and medium-sized enterprises, which had obtained credit the year before at rates of a minimum of 4% per month, had to renegotiate their debts at rates of a minimum of 8-9% per month, while they had practically no access at all to new lines of credit.“ Vgl. FIEL (Foundation for Latin American Economic Research) (1995): Indicadores de coyuntura, No. 343. Buenos Aires, zit. nach Calcagno, Alfredo F. (1997): Convertibility and the banking system in Argentina, S. 79. Laut Messner stiegen die Zinssätze für Kredite mit einer Laufzeit von 6 Monaten an Großunternehmen zwischen November 1994 bis April 1995 von 8% auf 24%, während es für kleine und mittlere Unternehmen ohnehin kaum möglich war, Kapital aufzunehmen, vgl. Messner, Dirk (1998): Wirtschaft und Entwicklung in Argentinien in den neunziger Jahren, S. 63.

Banken gelang, den Anteil der Bankeinlagen im selben Zeitraum von 16,1 auf 21,2 Prozent zu steigern. Neben ausländischen Banken wie der Citibank oder der Bank of Boston gelang es allerdings auch großen einheimischen Banken wie der Banco de la Nación sowie der Banco de la Provincia de Buenos Aires, ihren Anteil an den Bankeinlagen auf Kosten der kleineren öffentlichen Banken zu erhöhen.[585]

Tab. 29: Auswirkungen der Finanzkrise auf verschiedene Typen von Banken

	Anzahl der Finanzinstitute		Anzahl der Zweigstellen		Anteil an den Bankeinlagen in %	
	Nov. 94	Nov. 95	Nov. 94	Nov. 95	Nov. 94	Nov. 95
Einheimische öffentliche Banken*	4	4	594	578	13,9	14,9
Banco de la Provincia de Buenos Aires	1	1	306	306	9,5	11,2
Andere Provinzbanken und Stadtsparkassen**	28	25	810	697	15,6	13,3
Einheimische Privatbanken	66	56	1255	1491	33,4	33,5
Ausländische Privatbanken	31	31	397	419	16,1	21,2
Genossenschaftsbanken	38	11	877	479	10,3	5,2

*Domestically-owned public banks **Other provincial and municipal banks
Quelle: Calcagno, Alfredo (1997): Convertibility and the banking system in Argentina, S. 82.

Durch die Liquiditätskrise wurde der Konzentrationsprozess im argentinischen Finanzsystem vorangetrieben: Zwischen Januar und April 1995 verringerte sich die Zahl der Banken von 205 auf 167 (bis April 1998 auf 135), wobei vor allem kleinere Institute über Fusionen absorbiert wurden, so dass Mitte des Jahres 1995 auf die 30 größten Banken ca. 80 Prozent des Depositenvolumens entfielen.[586]

4.2.5.4 Ausländische Banken als Profiteure der Krise

Laut Calcagno zählen die ausländischen Banken zu den größten Gewinnern der argentinischen Bankenkrise, da sie – unter der Voraussetzung eines liberalen Kapitalverkehrsregimes – von der Umschichtung von Einlagen im Bankensystem sowie der Kapitalflucht profitieren konnten:

> „The foreign banks emerged from the crisis as the main winners. Their growing share in banking activity seems to be a reflection of the advantages they enjoy in a system of convertibility and openness to capital movements [...] As far as the 1995 crisis was concerned, not only were they not affected by the withdrawal of deposits (between November 1994 and the same month in 1995 their deposits increased

[585] Vgl. Calcagno, Alfredo (1997): Convertibility and the banking system in Argentina, S. 82f.
[586] Vgl. Hujo, Katja (2002): Die Wirtschaftspolitik der Regierung Menem, S. 108.

by 23,7% and their financing by 9,4%) but the big foreign banks were indirectly favoured by the flight of deposits from other institutions, as they were the main recipients abroad of the money fleeing the country.“ [587]

Ferner gelang es den ausländischen Banken, ihren Marktanteil in Argentinien über Fusionen und Übernahmen deutlich zu steigern, so dass sich Ende 1997 unter den zehn größten *privaten* Banken nur noch eine argentinische Bank befand.[588] Vor allem spanische Banken wie die Banco Santander, die Banco Bilbao Vizcaya oder die Banco Central Hispano[589] haben seit der Peso-Krise 1995 führende Positionen im lateinamerikanischen Markt erobert[590] – in Argentinien übernahmen sie mit der Banco Río de la Plata (1997) sowie der Banco Francés (1996) die zweit- und drittgrößte Privatbank Argentiniens und erwarben einen 10prozentigen Anteil an der größten Privatbank Banco de Galicia y Buenos Aires (1998), die gleichzeitig die einzige bedeutende private Bank ist, die noch nicht von ausländischen Investoren kontrolliert wird.[591]

Aber auch Großbanken aus Grossbritannien (HSBC), Frankreich (Crédit Agricole), und Kanada (Nova Scotia) ergriffen die günstige Gelegenheit, um in Argentinien Fuß zu fassen – neben den bereits etablierten „Playern“ auf dem argentinischen Finanzmarkt wie der Citibank, die 1998 mit einem Schlag die 106 Filialen der Banco Mayo Cooperativo erwarb[592] oder der Bank Boston, die 1997 das Filialnetz der Deutschen Bank in Argentinien übernahm und 1998 weitere 64 Filialen eröffnete.[593]

---

[587] Vgl. Calcagno, Alfredo (1997): Convertibility and the banking system in Argentina, S. 83.

[588] Vgl. Warn, Kern (1998): Survey – Argentina 98: Banking: Underbanked should not mean undervalued, in: Financial Times, 26. Juli 1998 sowie Calcagno, Alfredo F. (1997): Convertibility and the banking system in Argentina, S. 83.

[589] Die Banco Santander fusionierte 1999 mit der Banco Central Hispano (BCH) zur Banco Santander Central Hispano (BSCH); Die Banco Bilbao Vizcaya (BBV) fusionierte 1999 mit der Banco Argentaria zur Banco Bilbao Vizcaya Argentaria (BBVA).

[590] „Since 1995, three Spanish Banks – Banco Santander (Santander), Banco Bilbao Vizcaya (BBV) and Banco Central Hispano (BCH) – have become the largest foreign banks in Latin America. [...] These banks have spent over $ 7 billion to acquire large stakes in 30 major banks located in more than 10 different countries.“ Vgl. Guillén, Mauro F.; Tschoegl, Adrian E. (2000): The internationalization of retail banking: the case of the Spanish banks in Latin America, S. 64.

[591] Vgl. Warn, Kern (1998): Survey – Argentina 98: Banking: Underbanked should not mean undervalued, in: Financial Times, 26. Juli 1998.

[592] Vgl. Chossudovsky, Michel (2002): Global Brutal, S. 322.

[593] Da es sich hierbei um die Übernahme einer ausländischen Bank durch eine ausländische Bank handelt, ist sie in der Tabelle nicht aufgeführt; die Information entstammt folgender Quelle: Fundación Invertir Argentina (Hrsg.) (2002): Foreign Investment in Argentina 1994-2001, S. 23.

Tab. 30: Fusionen und Akquisitionen im argentinischen Bankensektor,[594] 1990-2000

Jahr*	Käufer (Land)	Argentinische Bank	Anteile (in %)**	Kaufpreis (Mio. US$)**
1996	Banco Bilbao Vizcaya (Spanien)	Banco Francés del Río de la Plata	60	300
1996	O'Higgins Central Hispano-americano (OHCH) (Spanien)	Banco Tornquist	100	75
1996	Bank of Nova Scotia (Kanada)	Banco Quilmes	95	245
1996	Crédit Agricole (Frankreich)	Banco Bisel	64-68	131
1996	Hongkong and Shanghai Banking Corporation (HSBC) (Großbritannien)	Banco Roberts	70	668
1997	Banco Bilbao Vizcaya (Spanien)	Banco de Crédito Argentino	100	466
1997	Banco Santander (Spanien)	Banco Río de la Plata	53	1068
1998	Banco Central Hispano (Spanien)	Banco de Galicia y Buenos Aires	10	200
1998	Citibank (USA)	Banco Mayo Cooperativo	100	(325)***
1999	Banco Santander (Spanien)	Banco de Rio Tercero	...	6
1999	Banco Bilbao Vizcaya (Spanien)	CorpBanca	100	84

*Jahr, in dem die ersten Anteile gekauft wurden (falls in folgenden Jahren weitere Anteile gekauft wurden) **kumulativ bis 2000 *** Angabe aus: Fundación Invertir Argentina (Hrsg.) (2002): Foreign Investment in Argentina 1994-2001.

Quelle: Guillén, Mauro F.; Tschoegl, Adrian E. (2000): The Internationalization of Retail Banking: the Case of the Spanish Banks in Latin America S. 65, S. 75.

Zu den größten Banken Argentiniens zählen allerdings immer noch zwei öffentliche Banken: Die Banco de la Nación Argentina sowie die Banco de la Provincia de Buenos Aires, wie die folgende Tabelle verdeutlicht, in der die zehn bzw. elf größten Banken Argentiniens (im Vorfeld sowie nach der Finanzkrise von 2001) aufgelistet sind.

[594] Leider fehlen in der Auflistung von Guillén und Tschoegl verschiedene Übernahmen argentinischer Banken, z.B. der Verkauf von BanSud an Banamex, der Banco Popular Argentino an HSBC u.a. vgl. Fundación Invertir Argentina (Hrsg.) (2002): Foreign Investment in Argentina 1994-2001.

Tab. 31: Übersicht über die größten Banken Argentiniens, Dezember 2000 (2002)

Rang*	Name der Bank	Gesamte Aktiva Mio. US$	Kredite Mio. US$	Einlagen Mio. US
1 (1)	Banco de la Nación Argentina	17868,1 (8720,0)	9945,1 (3975,0)	13215,6 (4738,2)
2 (3)	Banco de Galicia y Buenos Aires	15316,0 (6344,0)	7748,7 (2694,1)	8738,9 (988,0)
3 (2)	Banco de la Provincia de Buenos Aires	14459,5 (7451,7)	8322,9 (2248,9)	8826,3 (2178,4)
4 (4)	Banco Río de la Plata	14093,3 (4345,9)	6213,3 (1822,1)	7025,9 (1749,5)
5 (5)	BBV Banco Francés	12001,4 (4291,8)	5850,7 (2016,0)	7422,3 (1876,2)
6 (6)	BankBoston	11128,5 (2690,0)	4914,3 (784,2)	4990,3 (1210,2)
7 (9)	Citibank	10347,8 (2196,1)	4602,6 (1051,7)	4618,0 (1329,6)
8 (8)	HSBC Bank Argentina	6670,8 (2369,1)	2155,8 (784,4)	2976,3 (1051,0)
9 (7)	Banco Hipotecario	5199,9 (2396,0)	2998,3 (855,7)	425,7 (38,7)
10 (11)	Banca Nazionale del Lavoro	4990,4 (1385,0)	2772,3 (472,7)	2630,9 (679,3)
11 (10)	Banco de la Ciudad de Buenos Aires	4076,0 (1560,3)	1226,6 (1031,8)	2805,3 (1087,2)

*gemessen am Wert der Aktiva in Mio. US$
Quelle: Eigene Erstellung in Anlehnung an: o.V. (2003): Top 100 banks, in: Latin Trade, September 2003 und : o.V. (2002): Top 100 banks, in: Latin Trade, September 2002.

Diese beiden öffentlichen Banken expandierten allerdings auf Kosten vieler anderer – so ging die Zahl der öffentlichen Banken von 32 (1994) auf 15 (2000) zurück, was den aggressiven Privatisierungsprozess vor allem bei den Provinzbanken widerspiegelt.[595] Entsprechend reduzierte sich der Anteil, den öffentliche Banken an den gesamten Vermögensbeständen (Banking Assets) des Bankensystems halten, zwischen 1995 und 2000 um 17 Prozent; der Anteil der privaten argentinischen Banken reduzierte sich im gleichen Zeitraum um 15 Prozent, während der Anteil der ausländischen Banken um 32 Prozent gesteigert werden konnte.[596]

Auf den ersten Blick scheint das Gesamtvolumen der ausländischen Investitionen im Bankensektor Argentiniens dennoch relativ gering zu sein – lediglich spanische und britische Banken haben in den Jahren 1994 bis 2001 mehr als eine Mrd. US$ in Argentinien investiert. Selbst wenn man die Investitionen im Ver-

---

595 Vgl. Schmukler, Sergio et al. (2002): Argentina's Financial Crisis, S. 23.
596 Vgl. Crystal, Jennifer S. et al. (2001): Does Foreign Ownership Contribute to Sounder Banks? S. 221.

sicherungssektor sowie die Investitionen im Telekommunikations- und IT-Bereich (die für die Funktionsweise von Finanzmärkten zentral sind) hinzuzählt, tätigten lediglich die USA zwischen 1994 bis 2001 Investitionen in Höhe von mehr als 8 Mrd. US$ in Argentinien[597]

Abb. 43: Ausländische Investitionen im Bankensektor Argentiniens, 1994-2001

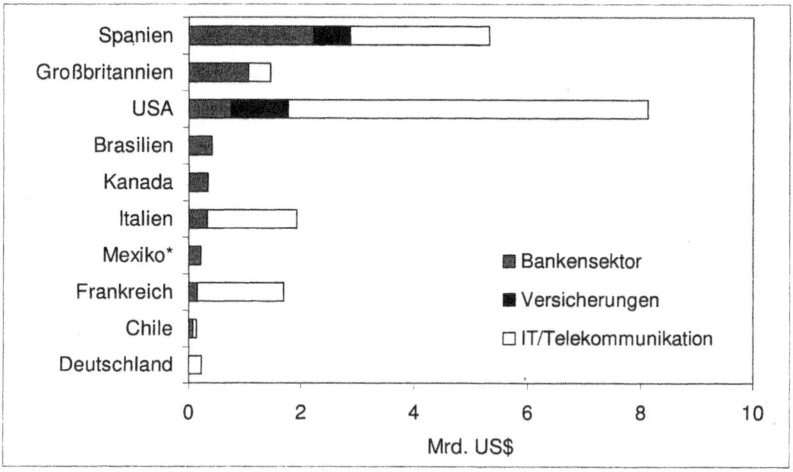

* Da die einstige mexikanische Bank Banamex mittlerweile von der Citigroup kontrolliert wird, müsste man die unter Mexiko aufgeführten Investitionen eigentlich den USA zurechnen.
Quelle: Eigene Erstellung aus: Fundación Invertir Argentina (Hrsg.) (2002): Foreign Investment in Argentina 1994-2001, URL: http://www.invertir.com/ctrfdipr.pdf

Doch während die Investitionen im Bankensektor in einem Industrieland wie Italien kaum ausreichen dürften, um auch nur 1 Prozent des Marktes zu erobern,[598] gelang es den ausländischen Banken in Argentinien, ihren Anteil an den gesamten Einlagen des Bankensystems von 16,9 Prozent (November 1994) auf über 40 Prozent (2002) zu erhöhen[599] und die Zahl ihrer Filialen in Argentinien von 391 (1994) auf 1863 (2000) nahezu zu verfünffachen.[600]

---

[597] Vgl. Fundación Invertir Argentina (Hrsg.) (2002): Foreign Investment in Argentina 1994-2001.

[598] „As the Deputy Chairperson of BBV once pointed out, the $3 billion that BBV had invested in all of Latin America until the late 1990s would not have brought them even 1 per cent of the market in a major European country, such as Italy." Vgl. Guillén, Mauro F.; Tschoegl, Adrian E. (2000): The internationalization of retail banking: the case of the Spanish banks in Latin America, S. 71.

[599] Betrachtet man lediglich die privaten Banken, sind es über 65 Prozent. Vgl. US Department of Commerce (2002): Argentina 2002.

[600] Schmukler, Sergio L. et al. (2002): Argentina's Financial Crisis, S. 23.

In einer gemeinsamen Studie von IWF, Weltbank sowie der Brookings Institution versuchen Mathieson und Roldós, die wachsende Bedeutung ausländischer Banken in verschiedenen Schwellenländern zu quantifizieren, wobei sie zwischen ausländischer Beteiligung und ausländischer Kontrolle unterscheiden.[601] Es zeigt sich dabei, dass sowohl Chile als auch Argentinien zu den Staaten Lateinamerikas zählen, in denen die Dominanz ausländischer Banken besonders ausgeprägt ist, sowohl was die Beteiligung als auch was die Kontrolle angeht.

Abb. 44: Ausländische Beteiligung am Bankensystem lateinamerikanischer Schwellenländer, Dezember 1994 und Dezember 1999

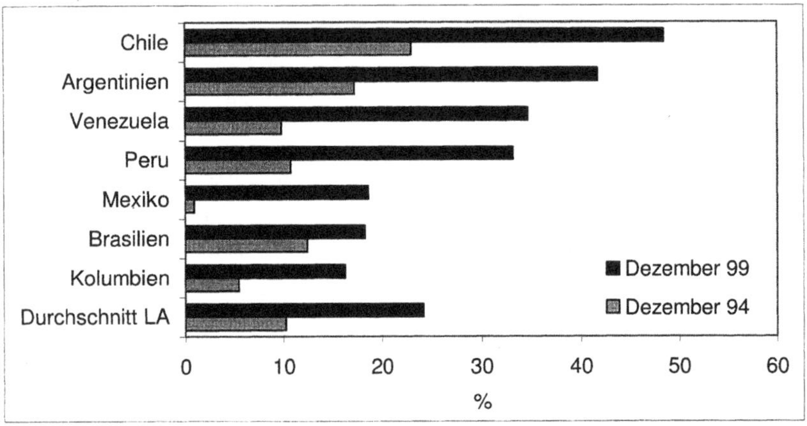

Quelle: Mathieson, Donald J.; Roldós, Jorge (2001): Foreign Banks in Emerging Markets, S.18.

[601] Dabei errechnen sie die ausländische *Beteiligung* am Bankensystem, indem sie den Anteil der Bankaktien, der von ausländischen Investoren gehalten wird, in Relation setzen zum Gesamtvolumen der Aktiva des Bankensystems - wobei sie der Höhe der jeweiligen Aktieninvestitionen keine Bedeutung zumessen. Die ausländische *Kontrolle* der Bankensysteme von Schwellenländern wird dagegen ermittelt, indem die Aktiva aller Banken, an denen ausländische Investoren mit mehr als 40 oder 50 Prozent beteiligt sind, in Relation gesetzt werden zum Gesamtvolumen der Bankaktiva. Vgl. Mathieson, Donald J.; Roldós, Jorge (2001): Foreign Banks in Emerging Markets, S. 17.

Abb. 45: Ausländische Kontrolle* des Bankensystem lateinamerikanischer Schwellenländer, Dezember 1994 und Dezember 1999

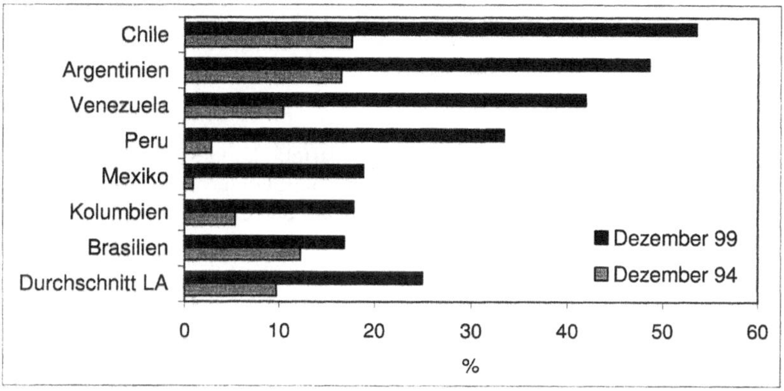

*Das Ausmaß der „ausländischen Kontrolle" ergibt sich hier aus der Relation der Aktiva aller Banken, an denen ausländische Investoren mehr als 50 Prozent der Anteile halten zu den gesamten Aktiva des Bankensystems.
Quelle: Mathieson, Donald J.; Roldós, Jorge (2001): Foreign Banks in Emerging Markets, S.18.

Nach Meinung der argentinischen Zentralbank haben die ausländischen Investitionen im argentinischen Bankensektor, die laut Financial Times im Jahr 1997 mit Investitionen in Höhe von 2,2 Mrd. US$ ihren Höhepunkt erreichten, wesentlich zur Stabilisierung des argentinischen Bankensystems beigetragen:

> „The wave of foreign investment has done much to fortify the banking system, according to central bank officials, making it much better prepared to confront a run such as occurred during the 1995 Tequila crisis. International banks are less exposed to any shocks that might hit the Argentine economy and are likely to have better access to capital in the event of a crisis."[602]

Derselben Ansicht war auch der Economist, der ein Jahr vor dem argentinischen Staatsbankrott noch davon ausging, dass das argentinische Bankensystem von allen Bankensystemen in Schwellenländern das „sicherste" sei:

> „Argentina now has one of the safest banking systems among emerging markets, with widespread foreign ownership and high levels of liquidity and capital."[603]

Diese auch von der Weltbank[604] gepriesene Effizienz, Produktivität und Stabilität des argentinischen Bankensystems erwies sich allerdings als trügerisch. Schließlich hatte sich das Volumen der Problemkredite durch die Bankenkrise und die damit verknüpfte Rezession deutlich erhöht, was eine restriktive Kredit-

---

[602] Vgl. Warn, Kern (1998): Survey – Argentina 98: Banking: Underbanked should not mean undervalued, in: Financial Times, 26. Juli 1998.
[603] o.V. (2000): Let the good times roll, in: Economist, 15. April 2002, S. 83.
[604] Vgl. World Bank (2003): World Development Report, S. 85f.

vergabepraxis bzw. hohe Zinsen nach sich zog – eine Entwicklung, die durch den Bankrott und/oder die Privatisierung zahlreicher Genossenschaftsbanken, Provinz- und Stadtsparkassen noch verschärft wurde.[605] Entsprechend schwierig war es, auch bei den kleinen und mittleren Unternehmen sowie in den Provinzen wieder eine wirtschaftliche Dynamik in Gang zu setzen und damit der Beschäftigungskrise entgegenzuwirken.

Wie die Financial Times vom 21. Mai 2001 feststellt, konnten die in Argentinien tätigen Banken im Jahr 2000 zwar Rekordprofite erzielen – allerdings nur, indem die Kreditvergabe enorm verteuert bzw. die Zinsen für argentinische Staatsanleihen künstlich in die Höhe getrieben wurden.[606] Die Stabilisierung des argentinischen Bankensektors ging demnach auf Kosten des Staates, der immer höhere Zinsen auf argentinische Staatsanleihen akzeptieren musste.

4.2.5.5 Rezession und Aufschwung (1995-98)

Die mexikanische Peso-Krise, die zu einem Abzug ausländischen Kapitals aus Argentinien und einer drastischen Erhöhung der Zinssätze führte, trug 1995 zu einer schweren Rezession bei, in deren Zuge sich die Arbeitslosigkeit von 9,6 Prozent (Mitte 1994) auf 18,6 (Ende 1995) erhöhte.[607] Vor diesem Hintergrund kam es im Verlauf des Jahres 1996 zu

> „wachsenden Protesten und Streiks, als im Rahmen einer „zweiten Staatsreform" weitere Einsparungen und ein Stellenabbau im öffentlichen Sektor beschlossen wurden und nach der Entlassung Cavallos im Juli der neue Wirtschaftsminister Roque B. Fernández ein weiteres Sparpaket ankündigte."[608]

Dank hoher Kredite von IWF und Weltbank konnte allerdings das Vertrauen ausländischer Investoren in den Finanzplatz Argentinien wiederhergestellt werden, so dass Argentinien in den Jahren 1996-1999 private Nettokapitalzuflüsse in Rekordhöhe für sich verbuchen konnte.

---

[605] Vgl. Calcagno, Alfredo (1997): Convertibility and the banking system in Argentina, S. 84.

[606] „[...] the banks are helping prolong the recession by keeping rates high, feeding doubts about the government's ability to meet its debt payments and starving local companies of affordable credit. If that was not enough, some of the same banks that lend to the government have reportedly helped drive up the interest on that debt by shorting government bonds." Vgl. Hudson, Peter (2001): Shareholders cheer and ministers glare as Argentina's banks enjoy boom times: Some suspect they take advantage of government weakness to charge high rates, in: Financial Times, 21. Mai 2001.

[607] Vgl. Boris, Dieter (2002): Die argentinische Tragödie, S. 7.

[608] Vgl. Hujo, Katja (2002): Die Wirtschaftspolitik der Regierung Menem, S. 109.

Abb. 46: Private Nettokapitalströme nach Argentinien 1970-2001

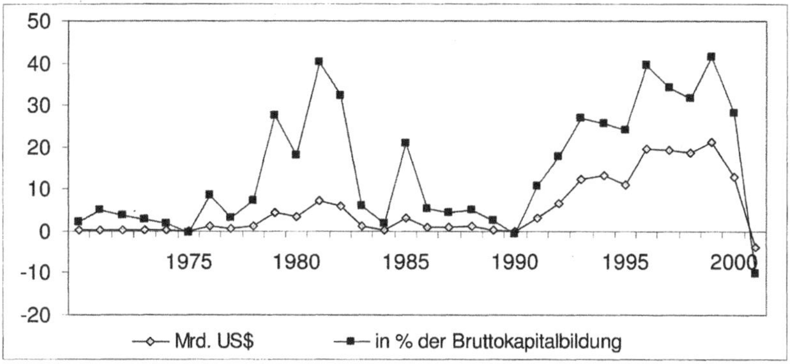

Quelle: World Bank (2003): World Development Indicators.

Ferner trugen günstige externe Rahmenbedingungen zu einem Aufschwung der Exporte (vor allem nach Brasilien) bei, so dass es Argentinien gelang, die Rezession von 1995 rasch zu überwinden und in den Jahren 1996 und 1997 erneut Wachstumsraten des BSP pro Kopf von 4-7 Prozent zu erzielen.

Noch stärker als das Wirtschaftswachstum stieg allerdings die Auslandsverschuldung, was die Wahrscheinlichkeit einer neuen Schuldenkrise erhöhte; zudem hatte sich die Bankenkrise negativ auf die Solvenz des Bankensystems ausgewirkt und die Finanzierungsmöglichkeiten für kleine und mittelständische Unternehmen drastisch reduziert,[609] so dass die Arbeitslosigkeit nur unwesentlich verringert werden konnte. Im Zusammenhang mit der Währungskrise in Brasilien 1998/99 wurde dann auch die letzte Stütze der argentinischen Wirtschaft, die Exportproduktion, empfindlich getroffen und es kam zu einer mehrjährigen Rezession, in dessen Verlauf sich die krisenhaften Entwicklungen mehr und mehr zuspitzten.

4.2.6 Zuspitzung der Krise und Krisenmanagement 1998-2003

In der zweiten Jahreshälfte 1997 begann eine Kette von Finanzkrisen, die nacheinander die ostasiatischen Schwellenländer, Russland (1998) und Brasilien (1998/99) erfasste und in deren Zuge auch Argentinien 1998 in eine Rezession glitt, die sich in den folgenden Jahren vertiefte. Dabei wurde die argentinische Wirtschaft über zwei Übertragungskanäle von den krisenhaften Entwicklungen in anderen Schwellenländern angesteckt: Zum Einen trugen die Krisen in anderen Schwellenländern dazu bei, den argentinischen Schuldendienst in die Höhe zu treiben, da die ausländischen Anleger für das gestiegene Risiko ihrer Investi-

[609] Vgl. Calcagno, Alfredo (1997): Convertibility and the Banking System in Argentina, S. 84.

tionen in Schwellenländern in Form von höheren Zinsen entschädigt werden wollten. Laut Poth (2002) belief sich die Risikoprämie, d.h. der für argentinische Schuldtitel geforderte Aufschlag, zwischen 1996 und Ende 2000 auf durchschnittlich 6,6 Prozent, was Zinssätze von etwa 12 Prozent bedeutete.[610]

Dagegen wirkte sich die Krise in Brasilien vor allem über den Handel aus. So zählen Brasilien und die EU zu den Haupthandelspartnern Argentiniens, während nur etwa 12 Prozent aller argentinischen Exporte in die USA gehen.[611] Die relative Aufwertung des US-Dollars gegenüber den Haupthandelspartnern Argentiniens führte 1999 zu einem deutlichen Rückgang der argentinischen Exporte,[612] so dass sich der Reformdruck in Argentinien radikal verschärfte.

Um diesem Reformdruck zu begegnen, versuchte die argentinische Regierung – wie schon zu Beginn der neunziger Jahre – ihre Finanzlage durch umfangreiche Privatisierungen und Unternehmensverkäufe aufzubessern. So verkaufte die argentinische Regierung im Januar 1999 erneut Anteile an der Ölgesellschaft YPF in Höhe von 2 Mrd. US$;[613] wenige Monate später ging der größte Konzern des Landes in die Hände der spanischen Ölgesellschaft Repsol über. Insgesamt erzielte Argentinien in den Jahren 1998 und 1999 Rekordeinnahmen aus Fusionen und Übernahmen in Höhe von 10,4 Mrd. US$ bzw. 19,4 Mrd. US$, was einem Anteil von knapp 20 bzw. knapp 40 Prozent an der argentinischen Bruttokapitalbildung entsprach[614] – im Jahr 2000 waren dann allerdings kaum noch große argentinische Unternehmen übriggeblieben, die man hätte privatisieren bzw. an ausländische Investoren verkaufen können.[615]

Am 24. Oktober 1999 trat Fernando de la Rua von der radikalen Bürgerunion UCR die Nachfolge von Präsident Menem an; die Anbindung des argentinischen Peso an den US$ wurde jedoch auch von der neuen Regierung nicht in Frage gestellt, da die Kosten der Aufgabe des Currency Board als zu hoch eingeschätzt wurden, wie Hujo beschreibt:

> „Eine Abwertung bedeutete die Aufwertung der Schulden (und Guthaben) in US$ und einen entsprechenden Wertverlust der Positionen in heimischer Währung: Für Banken, deren Dollareinlagen ihre Kreditvergabe in Peso überstieg, wäre eine

---

[610] Der gesamte Schuldendienst erreichte 2000 24 Mrd. US$ bzw. mehr als 8 Prozent des BIP. Vgl. Poth, Robert (2002): Talfahrt ohne Ende. URL: http://www.oneworld.at/suedwind.magazin/magazin/inhalt.asp?ID=1646 (Stand: 15.01.02)

[611] Vgl. Pastor, Manuel; Wise, Carol (2001): From Poster Child to Basket Case, S. 63.

[612] So gingen die argentinischen Exporte nach Brasilien 1999 um 30 Prozent zurück, vgl. Pastor, Manuel; Wise, Carol (2001): From Poster Child to Basket Case, S. 64.

[613] Vgl. White, David (1999): Bold moves push Repsol into big league: Spanish oil group sets sights on rest of YPF of Argentina, in: Financial Times, 4. Mai 1999.

[614] Vgl. UNCTAD (2003): World Investment Report, Annex Table B.7.

[615] Vgl. InfoAmericas (2001): Regional Trends: Foreign Direct Investment in Latin America – What to do after the family jewels are sold, sowie Pastor, Manuel; Wise, Carol (2001): From Poster Child to Basket Case, S. 69.

> Abwertung eine Entwertung der Forderungen im Vergleich zu ihren Verbindlichkeiten. Für Unternehmen, die für den Binnenmarkt produzierten, jedoch in Dollar verschuldet waren, würde es ebenfalls zu einer Aufwertung der Schuldenbestände bei sinkenden Einnahmen [...] kommen. [...] Für den Staat, der in erster Linie über das Steuersystem Einnahmen in heimischer Währung hatte, dessen Verschuldung aber zum größten Teil in US$ abgeschlossen war, hätte eine Abwertung ähnlich prekäre Konsequenzen gehabt. Auch ein Großteil der Bevölkerung hatte sich in der Vergangenheit über großzügige Konsumentenkredite in Dollar verschuldet."[616]

Stattdessen versuchte de la Rua, den Anforderungen der internationalen Gläubigergemeinschaft zu genügen, indem er versprach, bis 2003 einen ausgeglichenen Haushalt vorzulegen und die Ausgaben der argentinischen Provinzen zu begrenzen, was jedoch die Rezession weiter verschärfte und zu Konflikten mit dem linken Koalitionspartner FREPASO führte.[617] Dass es dennoch bis zum Winter 2001 dauerte, bis das Currency Board aufgegeben und der argentinische Staat seinen Bankrott erklären musste, ist in erster Linie auf die umfangreichen Kredite des IWF zurückzuführen, durch welche die Erklärung der Zahlungsunfähigkeit um ein Jahr aufgeschoben werden konnte.

4.2.6.1 Am Tropf des IWF

Im November 2000 wurde Argentinien in der Skala der Länderrisiken von einigen Rating-Agenturen abgestuft, was die Kreditzinsen in die Höhe trieb und eine akute Verschuldungskrise heraufbeschwor. Vor diesem Hintergrund wurden im Dezember 2000 intensive Verhandlungen mit dem IWF geführt, die kurz vor Weihnachten das Ergebnis eines Unterstützungskredits in Rekordhöhe von 40 Mrd. US$ annahmen, der 2001 ausgeschüttet wurde – davon stammten 13,7 Mrd. US$ vom IWF, der Rest von der Interamerikanischen Entwicklungsbank, der Weltbank, dem spanischen Staat, von argentinischen Pensionsfonds und von lokalen Banken.[618] Boris zufolge diente der IWF-Kredit primär den Gläubigern des argentinischen Staates, während mittelfristig die Belastung des Staatshaushalts noch erhöht wurde.

> „Es wird geschätzt, dass von dieser Summe ca. 5 Mrd. gleich wieder ausgegeben werden mussten, um akuten Zahlungsverpflichtungen nachzukommen. Man nimmt an, dass auch in mittlerer Perspektive knapp 90 Prozent des Kreditpakets zur Bedienung von Auslandsschulden eingesetzt werden sollen."[619]

---

[616] Vgl. Hujo, Katja (2002): Die Wirtschaftspolitik der Regierung Menem, S. 113.

[617] Im März 2001 stieg FREPASO aus der Regierungskoalition aus, nachdem der neu ernannte Wirtschaftsminister Ricardo Lopez Murphy ein weiteres drastisches Sparprogramm angekündigt hatte. Vgl. Pastor, Manuel; Wise, Carol (2001): From Poster Child to Basket Case, S. 67f.

[618] Vgl. Boris, Dieter (2002): Die argentinische Tragödie, S. 13.

[619] Ebd., S. 13.

Die folgende Abbildung deutet auf einige interessante Zusammenhänge hin: Ab 1992, dem Jahr der Einführung des Currency Board, stieg die private, nicht-garantierte Verschuldung deutlich an, gefolgt von einem Anstieg des gesamten Schuldendienstes ab 1994 – eine Entwicklung, die man diesbezüglich mit der neoliberalen Schocktherapie der Militärdiktatur vergleichen kann, als die private, nicht garantierte Auslandsverschuldung ebenfalls stark anstieg. Ferner kann man aus der Abbildung schließen, dass ein großer Teil der IWF-Kreditpakete zur Reduzierung der privaten, nicht-garantierten Verschuldung verwendet wurde, die von knapp 26 Mrd. US$ 2000 auf etwa 17 Mrd. US$ 2001 zurückging, nachdem sie seit 1998 rückläufig war.

Abb. 47: Kreditauszahlungen des IWF, private (nicht garantierte) Verschuldung und Schuldendienst Argentiniens, 1970-2001

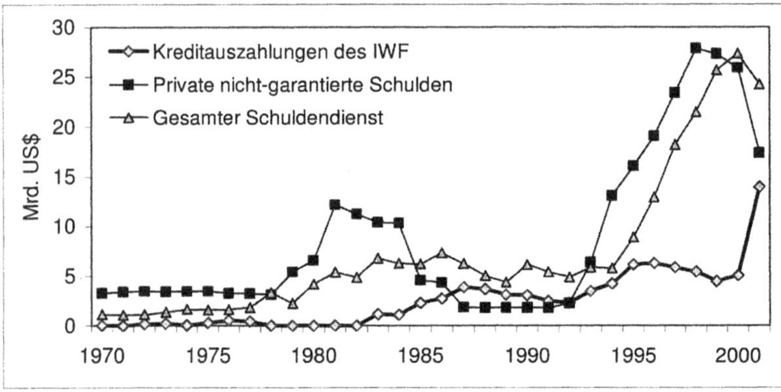

Quelle: Worldbank (2003): World Development Indicators

Dabei war das Kreditpaket des IWF an eine Reihe von Auflagen gekoppelt, darunter die Verpflichtung zur Reform des Rentensystems in Form einer Absenkung der Rentenzahlungen, der weitgehenden Privatisierung der Sozialversicherung, der Anhebung des Rentenalters für Frauen auf 65 Jahre sowie der Verringerung der staatlichen Mindestrente.[620] Ferner unterwarf sich Argentinien strengen Regeln zur Begrenzung des Haushaltsdefizits, die allerdings nicht eingehalten werden konnten, was bereits im Sommer 2001 zu Konflikten mit dem IWF führte.[621]

[620] Boris, Dieter (2002): Die argentinische Tragödie, S. 14. Interessant ist in diesem Zusammenhang, dass im Jahr 2001 der Anteil, den die privatisierten argentinischen Rentenkassen AFJP in Staatsanleihen halten durften, von 50 auf 65 Prozent angehoben wurde. Daraus könnte man schließen, dass es nicht zuletzt die argentinischen Rentner sind, die durch den argentinischen Staatsbankrott schwer getroffen wurden.

[621] Vgl. Pastor, Manuel; Wise, Carol (2001): From Poster Child to Basket Case, S. 68f.

Dass Argentinien unter dem Berg seiner Zahlungsverpflichtungen kollabieren würde, war bereits im Juli 2001 klar, als der Aktienmarkt um 20 Prozent nachgab[622] und argentinische Sparer begannen, ihre Einlagen von den Banken abzuziehen – allerdings gelang es dank eines IWF-Kredits von 8 Mrd. US$ im August 2001, die Krise erneut hinauszuzögern.[623] Allerdings kam es bei dieser Entscheidung bereits zu Konflikten innerhalb des IWF: Während die USA auf eine weitere Kreditvergabe des IWF drängten, war IWF-Präsident Horst Köhler der Meinung

> „dass das argentinische Wechselkursregime auch mit neuer internationaler Unterstützung kaum dem Druck des Marktes standhält."[624]

Ende November kam es dann zu einer zweiten Welle der Kapitalflucht,[625] die nur durch drastische Maßnahmen unterbunden werden konnte: So ließ Wirtschaftsminister Cavallo am 1. Dezember durch ein neues Bankengesetz die Bargeldauszahlungen einschränken, so dass von privaten Konten fortan nur noch 250 US$ wöchentlich abgehoben werden konnten.[626] Dieses, in Argentinien spöttisch als „Laufstall" (corralito) bezeichnete Gesetz führte nicht nur zu heftigen Protesten der argentinischen Bevölkerung, sondern auch zu Auseinandersetzungen mit dem IWF, der am 6. Dezember 2001 bekanntgab, dass er eine fällige Kredittranche von 1,3 Mrd. US$ nicht auszahlen würde, was das Fass zum Überlaufen brachte. Angesichts heftiger Streiks, Proteste und Plünderungen, die insgesamt etwa 40 Todesopfer forderten,[627] sah sich Präsident de la Rua gezwungen, seinen Rücktritt einzureichen; unter dem Ansturm einer wütenden Menschenmenge floh er am 20. Dezember 2001 per Hubschrauber von seinem Regierungssitz. Am 23. Dezember stellte Präsident Rodriguez Sáa von der peronistischen Partei PJ die Schuldenrückzahlung an private Gläubiger ein.

---

[622] Vgl. Pastor, Manuel; Wise, Carol (2001): From Poster Child to Basket Case, S. 61, S. 70.

[623] Vgl. Catan, Thomas (2001): Argentina's banks see return of savings after IMF loan, in: Financial Times, 6. September 2001.

[624] Vgl. die argentinische Zeitung Folha de Sao Paulo vom 11.08. 2001, S. B 6, zit. nach Becker, Joachim; Jäger, Johannes et al. (2002): Finanzsystem und Krise in Argentinien und Chile, S. 36.

[625] Am 31. November 2001 stürmten die Argentinier die Bankschalter, weil sie um ihre Ersparnisse fürchteten und hoben an einem einzigen Tag rund 1,5 Mrd. Euro ab, vgl. Endres, Alexandra (2002): Hoffnungslos im gelobten Land, in: Die Zeit, URL: http://www.zeit.de/2002/02/Wirtschaft/print_200202_argentinien.html (Stand: 03.01.03)

[626] Vgl. Catan, Thomas (2001): Argentina bank curbs to staunch cash exodus, in: Financial Times, 3. December 2001.

[627] Vgl. Boris, Dieter (2002): Die argentinische Tragödie, S. 22. Dabei ergaben nachträgliche Recherchen, dass zumindest Teile der Unruhen, Plünderungen, Überfälle durch peronistische Politiker und Aktivisten initiiert und durchgeführt worden waren.

4.2.6.2 Staatsbankrott und politische Krise

Nachdem es drei Übergangspräsidenten (Ramón Puerta, Rodriguez Sáa und Eduardo Camano) nicht gelungen war, die innenpolitische Situation unter Kontrolle zu bringen, wurden die Regierungsgeschäfte zum Jahreswechsel 2001/02 an den ehemaligen Gouverneur der Provinz Buenos Aires, Eduardo Duhalde, übertragen.[628] Zwar dauerten die Proteste der argentinischen Bevölkerung, die am 20. Dezember ihren Höhepunkt erreicht hatten, noch Monate an; es gelang jedoch nicht, das große Protestpotential, das sich u.a. in zahlreichen Straßenblockaden der Arbeitslosen äußerte,[629] in eine politische Organisation zu transformieren, die zur Überwindung des Peronismus fähig gewesen wäre. Dies lässt sich auf die ausgeprägte soziale und politische Fragmentierung der Opposition zurückführen, die von Becker, Jäger und Musacchio folgendermaßen beschrieben wird:

> „Die mit den Kochtöpfen protestierende Mittelklasse wünscht Zugang zu Dollars. Der Arbeiterinnenschaft und Marginalbevölkerung geht es um weitergehende Maßnahmen. Die sozialen Klassen demonstrieren in der Regel getrennt. Die Gewerkschaftsbewegung ist in zwei peronistische Verbände und eine unabhängige Zentrale, die CTA gespalten. Bei einer offenen Arbeitslosigkeit von 25 Prozent ist die Streikfähigkeit begrenzt, die peronistischen Gewerkschaften nehmen außerdem Rücksicht auf die peronistische Regierung. Die CTA arbeitet auch mit Arbeitsloseninitiativen zusammen. Immer wieder unterbrechen Arbeitslose als „Piqueteros" die Straßenverbindungen. Aber auch die Piquetero-Bewegung ist in mehrere Flügel gespalten. Ein parteipolitischer Transmissionsriemen für die Proteste fehlt. So ist trotz katastrophaler politischer Lage keine politische Alternative in Sicht."[630]

Angesichts fehlender parteipolitischer Alternativen verlagerten sich die Auseinandersetzungen um den künftigen wirtschaftspolitischen Kurs in die peronistische Partei hinein, die sich ebenfalls in mehrere Flügel aufspaltete. Dabei setzte sich mit Duhalde, Wirtschaftsminister Lavagna und dem späteren Präsident Nestor Kirchner ein Flügel durch, der sich von der Politik und Person Menems deutlich distanzierte und sowohl wirtschafts- als auch außenpolitisch andere Akzente setzte.

4.2.6.3 Das Krisenmanagement

Zentraler politischer Konfliktpunkt war neben der Währungspolitik die Frage, wie mit den eingefrorenen Konten umzugehen sei bzw. wie die Forderungen und Guthaben zu bewerten seien. Diesbezüglich verfolgten sowohl der IWF als auch

---

[628] So gelang es Duhalde, der als Erzfeind des ehemaligen Präsidenten Menem gilt, sich gegen seinen innerparteilichen Gegner Rodríguez Sáa von der PJ durchzusetzen.

[629] Vgl. Fiorentino, Marcelo Ariel (2002): Arbeitslose als Motor der Proteste, in: junge welt, 16. April 2002.

[630] Vgl. Becker, Joachim; Jäger, Johannes et al. (2002): Finanzsystem und Krise in Argentinien und Chile, S. 38.

die argentinische Regierung das Ziel, die Banken vor dem Totalkollaps zu bewahren, wobei es dem IWF allerdings in erster Linie um die Wahrung der Rechte *ausländischer* Banken ging.[631]

Was die Währungspolitik angeht, so wurde zunächst die Dollarparität aufgegeben, wobei der neue Wechselkurs für den Außenhandel und für Kapitaltransaktionen auf 1,4 Pesos pro US$ festgelegt und eine „Pesofizierung" des Bankensystems vorangetrieben wurde, indem Dollarkredite unter 100.000 US$ zum Wechselkurs von 1:1 in Pesokredite konvertiert wurden, was angesichts der Abwertung des Peso die (Dollar-) Schuldner auf Kosten der Sparer bzw. der Banken entlastete.[632]

Wenige Wochen nach seinem Amtsantritt am 1. Januar 2002 signalisierte Präsident Duhalde seine Bereitschaft zur Kooperation mit dem Internationalen Währungsfonds und berief mit Mario Bleier einen IWF-Ökonom zum Zentralbankpräsidenten,[633] der allerdings bereits im Juni desselben Jahres von seinem Posten zurücktrat.[634] Die ersten Kreditverhandlungen mit dem IWF scheiterten Mitte April 2002,

> „weil der Währungsfonds die Sparanstrengungen im zentralen Haushalt, die Defizitreduktion in den Provinzhaushalten um 60 Prozent, die Sanierung der Banken (überwiegend auf Kosten der Sparer) sowie die Flexibilisierung des Pesokurses gegenüber dem US-Dollar als nicht weitgehend genug qualifiziert hat[te]."[635]

In der Folge kam es vor dem Hintergrund wieder aufflackernder Proteste beinahe zu einer neuen Staatskrise, die erst nach intensiven Verhandlungen der Regierung Duhalde mit 16 der mächtigsten Provinzgouverneure und der Ernennung des neuen Wirtschaftsministers Lavagna in der zweiten Aprilhälfte 2002 überwunden werden konnte.

Aus Furcht vor einer noch größeren sozialen Polarisierung und damit verknüpften politischen und sozialen Unruhen blieb die argentinische Regierung in den folgenden Verhandlungen mit dem IWF sowie den privaten ausländischen Gläubigern vergleichsweise unbeweglich. Nachdem argentinische Politiker im August 2002 in der Presse beschuldigt worden waren, für die Verhinderung eines Bankengesetzes Bestechungsgelder von ausländischen Banken einzufor-

---

[631] Vgl. Becker, Joachim; Jäger, Johannes et al. (2002): Finanzsystem und Krise in Argentinien und Chile, S. 37f.

[632] Vgl. Mackintosh, James (2002): Banks tot up cost of Argentina's troubles, in: Financial Times, 12. Januar 2002.

[633] Vgl. Catan, Thomas (2002): Argentina brings in international help to solve banking crisis, in: Financial Times, 22. Januar 2002.

[634] Vgl. Mitchell, Jason (2002): Young bank chief for Argentina, in: Financial Times, 11. Dezember 2002.

[635] Vgl. Boris, Dieter (2002): Die argentinische Tragödie, S. 23.

dern,[636] durchsuchten Polizisten im September 2002 die Hauptquartiere von verschiedenen ausländischen Banken und beschlagnahmten Computer und Tagebücher – ein Akt, der unter den Bankern mit Empörung aufgenommen wurde.[637] Frustriert von der harten Haltung des IWF setzte Argentinien im November 2002 sogar die Schuldendienstzahlungen an die internationalen Finanzinstitutionen IWF und Weltbank aus.[638]

Nachdem der erneut zu den Wahlen angetretene ehemalige Präsident Menem auf eine für ihn aussichtlose Stichwahl verzichtet hatte, wurde der von Duhalde prädestinierte Nachfolger Nestor Kirchner, der den gemäßigt linken Parteiflügel repräsentiert, am 25. Mai 2003 zum Präsidenten Argentiniens gekürt. Kirchner, der in der ersten Runde der Präsidentschaftswahlen lediglich 22,8 Prozent der Stimmen erhalten hatte, verfolgt laut FAZ vom 2. Juni 2003 das Ziel, durch öffentliche Investitionen Beschäftigung zu schaffen und damit die Nachfrage zu beleben. Ferner strebt er an, die staatlichen Einnahmen durch stärkere Bekämpfung der Steuerflucht zu erhöhen und der ungleichen Einkommensverteilung durch eine stärker progressive Ausgestaltung des Steuersystems entgegenzuwirken.[639] Ob es Kirchner gelingen kann, diese vom Washington Consensus abweichende Strategie gegen die Widerstände im In- und Ausland durchzusetzen, ist fraglich; allerdings haben sich die Handlungsspielräume Kirchners durch den Wahlsieg Lulas in Brasilien deutlich erweitert, was sich in einem gewachsenen Selbstbewusstsein niederzuschlagen scheint. So wollen Lula und Kirchner laut FAZ vom 14. Mai 2003

> „[…] den Zusammenhalt der südamerikanischen Länder und vor allem das Staatenbündnis Mercosur stärken, um so gemeinsam eine bessere Position gegenüber den vereinigten Staaten bei den Verhandlungen über die Freihandelszone Alca zu haben."[640]

Inwiefern es sich bei diesen Aussagen nur um Rhetorik handelt, ist schwer zu entscheiden,[641] allerdings kann die These vertreten werden, dass sich die Ver-

---

636 Vgl. Catýn, Thomas (2002): Foreign banks angry over IMF-Argentina deal, in: Financial Times, 19. August 2002.

637 Vgl o.V. (2002): Police raid on foreign banks in Argentina, in: Financial Times, September 27, 2002.

638 Vgl. Beattie, Alan (2002): Argentina defaults on World Bank loan, in: Financial Times, 15. November 2002.

639 Vgl. Moses, Carl (2003): Populismus gepaart mit ökonomischer Rationalität, in: FAZ, 02. Juni 2003.

640 Vgl. o.V. (2003): Die Zauberkraft des Magiers versiegt, in: FAZ, 14. Mai 2003.

641 Was den Präsidenten Duhalde angeht, so kommen Becker, Jäger und Musacchio zu dem Schluss, dass er in der Regel das Gegenteil dessen verkündete, was er praktisch betrieb: "Duhalde sprach von der Stärkung des produktiven Sektors, suchte aber die Finanzwelt zu schützen. Er suchte verbal den Schulterschluss mit dem Mercosur, real aber die Unterstützung der USA, um erneut Kredite vom IWF zu bekommen." Vgl. Becker, Joachim; Jäger, Johannes et al. (2002): Finanzsystem und Krise in Argentinien und Chile, S. 37.

handlungsposition der argentinischen Regierung seit Eintritt der Krise und Abwertung des Pesos verbessert hat.

> „Argentinien hat schon gezeigt, dass es auch ohne IWF-Abkommen leben kann“,[642]

verkündete Kirchner, der gleichwohl in Finanzkreisen als Pragmatiker gilt[643] und offene Konflikte mit der internationalen Gläubigergemeinschaft zu vermeiden trachtet, was ihm das Lob des einstigen IWF-Chefs Horst Köhler eintrug.[644] So scheint er mit der Bankenreform auch den Wünschen des IWF Genüge zu tun, indem er versucht, die politische Unabhängigkeit der Zentralbank zu stärken und damit den Prozess der Restrukturierung des Bankensystems und der Schließung insolventer Banken voranzutreiben.[645]

Im September 2003 unterzeichnete Kirchner schließlich ein dreijähriges Abkommen mit dem IWF, das die Refinanzierung von 27 Mrd. anstehender Zahlungen an internationale Kreditgeber wie IWF, Weltbank oder Inter-Amerikanische Entwicklungsbank regeln soll. Demnach verpflichtete sich Kirchner zur Rückzahlung von Zinsen in Höhe von 2,1 Mrd. US$ über drei Jahre.[646] Auf der anderen Seite war die Regierung Kirchner nicht bereit, den Forderungen des IWF nach weiteren Haushaltskürzungen und Preiserhöhungen für öffentliche Dienstleistungen nachzugeben und offen ist auch noch immer die Frage, wann und in welchem Umfang der Schuldendienst an die privaten Gläubiger bzw. die ausländischen Halter argentinischer Staatsanleihen wieder aufgenommen wird.[647]

4.2.6.4 Wirtschaftliche und soziale Folgen der Krise

Die im Zuge der Krise erfolgte Abkopplung vom US-Dollar, gefolgt von einer Abwertung des Pesos um 70 Prozent, hatte nach fast neun Jahren Dollarisierung fatale Folgen für die argentinische Wirtschaft. Laut Boris

---

642 So Nestor Kirchner, zit. nach Moses, Carl (2003): Populismus gepaart mit ökonomischer Rationalität, in: FAZ, 02. Juni 2003.

643 „Kirchners „rationaler“ Populismus erkenne die Notwendigkeit eines Mindestrespekts für monetäre und fiskalische Zwänge an, kommentiert der Ökonom Vladimir Werning von JP Morgan.“ Vgl. Moses, Carl (2003): Populismus gepaart mit ökonomischer Rationalität, in: FAZ, 02. Juni 2003.

644 Vgl. o.V. (2003): IWF lobt argentinische Reformen, in: taz, 26. Juni 2003.

645 „The most important aspect of the bill is that it grants central bank directors immunity from prosecution in their decision over whether to declare financial institutions insolvent – and therefore to order their closure. Until now, directors have been wary of making such decisions because they can lead to legal claims against them. That, in turn, can slow down the process of restructuring.“ Vgl. Thomson, Adam (2003): Argentina takes first step in banking reform, in: Financial Times, 2. Juni 2003.

646 Vgl. o.V. (2003): IWF-Einigung nur bedingt Hoffnung für Argentinien-Gläubiger, in: FAZ, 11. September 2003.

647 Ebd.

„fiel die Industrieproduktion in den ersten Monaten des Jahres 2002 um weitere zwanzig Prozent gegenüber den Vorjahreswerten. Die Arbeitslosenquote liegt im Landesdurchschnitt offiziell bei 25 Prozent. Die Inflationsrate steigt an, im Grossraum Buenos Aires leben 40 bis 50 Prozent der Bevölkerung in Armut.“[648]

In den ersten vier Monaten des Jahres 2002 verteuerten sich Lebensmittel um etwa 42 Prozent,[649] was das Problem des Hungers und der Unterernährung verschärfte. Nach zehn Jahren neoliberaler Reformen befand sich Argentinien in der schwersten Wirtschaftskrise seiner Geschichte: 2002 brach das Bruttoinlandsprodukt um etwa 11 Prozent ein, die Realeinkommen gingen gar um weitere 20 bis 30 Prozent zurück.[650] Damit zählte Argentinien – traditionell das wohlhabendste Land Lateinamerikas – im Jahr 2002 zu den sechs ärmsten Ländern des Kontinents.[651] Vor allem im Vergleich zu Ländern wie Mexiko oder Brasilien hat Argentinien deutlich an Boden verloren, was sich auch in der größten lateinamerikanischen Akquisition des Jahres 2002 ausdrückt, bei der die argentinische Pérez Compac Group für 1,1 Mrd US$ an das brasilianische Staatsunternehmen Petrobras veräußert wurde.[652]

Doch auch zahlreiche andere Indikatoren verdeutlichen die Abwärtsmobilität Argentiniens seit den ersten neoliberalen Reformen der späten siebziger Jahre: So ist die Analphabetenquote seit den siebziger Jahren von 2 auf 12 Prozent gestiegen, der funktionale Analphabetismus von 5 auf 32 Prozent.[653] Auch die Zerrüttung der gesellschaftlichen Verhältnisse ist nach zehn Jahren neoliberaler Sparpolitik offenkundig und äußert sich u.a. in einer deutlich gestiegenen Selbstmordrate, einer exorbitant um sich greifenden Gewaltkriminalität sowie erheblich angewachsenen Auswanderungsströmen.[654] Zwar konnte die ökonomische Abwärtsspirale im September 2002 gestoppt werden und die Industrieproduktion stieg in den ersten Monaten des Jahres 2003 wieder um 19 Prozent ge-

---

[648] Vgl. Boris, Dieter (2002): Wie das Steak auf den Tisch kommt. Und wer es verdaut, in: Schweizer Wochenzeitung (WoZ), 13. Juni 2002.
[649] Vgl. Grüttner, Anne (2002): Pistole am Hals, in: Handelsblatt, 17. Juni 2002.
[650] Vgl. Moses, Carl (2003): Populismus gepaart mit ökonomischer Rationalität, in FAZ, 02. Juni 2003.
[651] Vgl. Karnofsky, Eva (2002): Verarmtes Argentinien, in: Süddeutsche Zeitung, 24. Juni 2002.
[652] Vgl. UNCTAD (2003): World Investment Report, S. 55.
[653] Vgl. Gabetta, Carlos (2001): Ökonomischer GAU in Argentinien. Ein weiteres IWF-Modell ist gescheitert, in: Le Monde Diplomatique Nr. 6647, 11. Januar 2002.
[654] Vgl. Boris, Dieter (2002): Neoliberaler Extremismus. Wirtschaftspolitische Thesen zur Argentinien-Krise, in: junge welt, 19. Januar 2002.

genüber dem Vorjahr an,[655] dennoch werden die Folgen der Krise noch lange spürbar sein, da Beschäftigung und Einkommen der Bevölkerung sich nur langsam erholen werden und eine exorbitante Staatsverschuldung von 165 Mrd. U$ auf Argentinien lastet – eine Summe, die 133 Prozent des argentinischen Bruttoinlandsproduktes gleichkommt.[656]

4.2.7 Zusammenfassung der Ergebnisse der Fallstudie

Angesichts der schweren Krise Argentiniens gestehen mittlerweile auch zahlreiche Anhänger des Washington Consensus ein, dass die neoliberalen Reformen in Argentinien verheerende Folgen nach sich gezogen haben, was in der Regel jedoch nicht auf die Reformen selbst, sondern auf die korrupte politische Klasse Argentiniens zurückgeführt wird.[657] Tatsächlich war Korruption ein hervorstechendes Merkmal der neoliberalen Reformperioden in Argentinien – allerdings lässt sich in diesem Zusammenhang die These vertreten, dass das Ausmass der Korruption mit der Politik der Privatisierung großer Staatsunternehmen bzw. der neoliberalen Politik im Allgemeinen eng zusammenhing.[658]

Neben der verbreiteten Korruption und der zu langen Wechselkursfixierung, die in zahllosen Artikeln als Ursachen der argentinischen Finanzkrise erwähnt werden, verweisen IWF und Finanzpresse gern auf die unzureichende Sparpolitik der argentinischen Provinzen, die dazu beitrug, dass der angestrebte „Null-Defizit-Haushalt" nicht erreicht werden konnte – allerdings mutet diese These angesichts der Ausbreitung von Armut und sogar Hunger auch und gerade in den Provinzen sowie angesichts der Tatsache, dass Argentinien sich mehr als andere Länder darum bemühte, die Vorgaben des IWF zu erfüllen, eher zynisch an. Plausibler scheint hier die u.a. von Boris vertretene These zu sein, dass gerade die rigide Haushalts- und Fiskalpolitik Argentiniens, die nur auf Einsparung setzte, um die ausländischen Kapitalanleger bei Laune zu halten, sich auf den

---

655 Vgl. Moses, Carl (2003): Populismus gepaart mit ökonomischer Rationalität, in FAZ, 02. Juni 2003.

656 Dabei entfallen auf die privaten ausländischen Gläubiger rund 65 Mrd. US$, der Rest verteilt sich auf den IWF und andere Kreditgeber (35 Mrd. US$) sowie auf verschiedene inländische Gläubiger (65 Mrd. US$), die zum Teil bereits erhebliche Abschläge haben hinnehmen müssen. Vgl. Moses, Carl (2003): Populismus gepaart mit ökonomischer Rationalität, in FAZ, 02. Juni 2003.

657 Vgl. z.B. den Aufsatz von Manzetti, Luigi (2003): Political Manipulations and Market Reform Failures, S. 315ff.

658 In diesem Sinne gab der Journalist der linksbürgerlichen argentinischen Tageszeitung Página, Eduardo Aliverti, auf die Frage, wer nun mehr Schuld an der gegenwärtigen Misere trage, die Korruption oder der Neoliberalismus, folgende Antwort: „Der Neoliberalismus ist Korruption", d.h. die Korruption sei systemimmanent. Zit. nach Berger, Timo (2002): „Alles ist am Tanzen", in: junge welt, 20. November 2002.

argeninischen Binnenmarkt und die Binnenkonjunktur verhängnisvoll ausgewirkt hat:

> „Der fanatisch-orthodoxe Austeritäts- und Stabilisierungskurs der Politiker über verschiedene Parteiencouleurs hinweg zeigt, wie sehr die Bodenhaftung dieser „politischen Klasse“ [...] verloren gegangen war. Das gleiche gilt für die hochkarätigen Ökonomen und Bürokraten des IWF, die seit der Etablierung dieses neoliberalen Modells (1991) Argentinien mit Lobeshymnen und Kredithilfen überschüttet haben. Dabei ging es ihnen fast ausschließlich darum, die hohe Außenzentrierung der argentinischen Wirtschaftspolitik auszubauen, den Geldwert zu stabilisieren, die Schuldendienstfähigkeit aufrechtzuerhalten sowie eine gläubiger- und anlegerfreundliche Grundstimmung zu garantieren.“[659]

Dabei gehen die Ursachen der aktuellen Krise (mindestens) bis auf die neoliberale Schocktherapie der Militärdiktatur 1976-1983 zurück,[660] die – sowohl was den Inhalt der Reformen als auch deren fatale Folgen angeht – deutliche Parallelen zur Politik aufweist, die in den neunziger Jahren von Menem und Cavallo verfolgt wurde. In beiden Fällen stand die Anziehung von ausländischem Kapital im Mittelpunkt des Interesses sowohl der einheimischen Finanz- und Agraroligarchie als auch der internationalen Finanzinstitutionen. Im Kern zielte die Wirtschaftsstrategie darauf ab, mit diesen ausländischen Kapitalzuflüssen ein Wechselkursregime aufrechtzuerhalten, welches zwar langfristig nicht tragbar war, kurzfristig aber enorme Bereicherungsmöglichkeiten eröffnete, was sich jeweils in Spekulationsblasen äußerte, die durch die Deregulierung der Finanzmärkte und des Kapitalverkehrs befördert wurden. Dabei wurden zur Attraktion von Geldkapital hohe Zinssätze offeriert; während (vor allem in den neunziger Jahren) um ausländische Direktinvestitionen geworben wurde, indem man große Staatsbetriebe privatisierte und ausländischen Investoren zu günstigen Konditionen anbot.

Allerdings zogen beide Formen des Kapitalimports

> „ihrerseits Devisenabflüsse – im einen Fall in der Form von Gewinnrepatriierung, im anderen Fall in Form von Zinszahlungen – nach sich. Damit kam jeweils eine Spirale sich verschärfender Leistungsbilanzdefizite und steigender Auslandsschuld in Gang.“[661]

---

[659] Vgl. Boris, Dieter (2002): Neoliberaler Extremismus. Wirtschaftspolitische Thesen zur Argentinien-Krise, in: junge welt, 19. Januar 2002.

[660] Wie Jorge Gaggero, Vorstandsmitglied der Bank der Provinz Buenos Aires, beschreibt: „Der 1976 erfolgte institutionelle Bruch führte (wie bei Chile 1973) zu einer verfrühten, unbegrenzten Öffnungspolitik und einer Strukturanpassung, die sechs Jahre später in ganz Lateinamerika Einzug halten sollte. Diese "Verfrühung" hatte besonders destruktive Auswirkungen, weil sie sich auf das kollektive Bewusstsein, die sozioökonomische Struktur und die staatlichen Institutionen niederschlug und dies bis heute tut.“ Vgl. Gaggero, Jorge Alejandro (2002): Der Musterschüler am Pranger. Argentiniens lang anhaltende Krise.

[661] Vgl. Becker, Joachim; Musacchio, Andrés (2003): Argentinien: Wiederholungen der Verschuldungsgeschichte, S. 86.

Ferner wurde durch die Hochzinspolitik in Verbindung mit der Überbewertung der Währung und dem Abbau von Handelschranken die produktive Wertschöpfung im Inneren des Landes mehr und mehr blockiert,[662] was die Abhängigkeit von ausländischen Kapitalzuflüssen weiter erhöhte. Entsprechend mündete das rentiersorientierte Wirtschaftsmodell in beiden Fällen in schweren wirtschaftlichen und gesellschaftlichen Krisen, wobei die Krise zu Beginn des 21. Jahrhunderts angesichts fortgeschrittener Dollarisierung besonders gravierende Folgen hatte.

In der folgenden Abbildung sind die negativen Auswirkungen der einzelnen neoliberalen Reformen der späten siebziger und frühen neunziger Jahre noch einmal zusammengefasst. So konnte gezeigt werden, dass

1) die exzessive Kreditaufnahme unter der Militärdiktatur in eine schwere Verschuldungskrise mündete, die ihrerseits zum Verfall der Währung bzw. zu hoher Inflation (I), zu steigenden Haushaltsdefiziten (HHD), zur Deindustrialisierung des Landes (D) und wachsender Arbeitslosigkeit (A) beitrug;

2) die Liberalisierung des Kapitalverkehrs in den Jahren 1978-82 (bei gleichzeitiger Fixierung des Wechselkurses) mit der Bereicherung einer Finanzoligarchie einherging, die ihr Vermögen außerhalb des Landes in Sicherheit brachte, was zur Dollarisierung der argentischen Ökonomie und zur Entstehung eines Finanzsystems führte, welches einseitig an den Bedürfnissen ausländischer Investoren orientiert ist und die Finanzierungsbedürfnisse kleiner und mittelständischer Unternehmen vernachlässigt;

3) die Liberalisierung des Außenhandels über Zollsenkungen etc. dazu führte, dass der argentinische Binnenmarkt mit Importen überschwemmt wurde, was zu höheren Leistungsbilanzdefiziten (LBD) sowie zum Bankrott zahlreicher Unternehmen beitrug;

4a) die umfassende Privatisierung von Staatsunternehmen zwar kurzfristig den Haushalt entlastete, langfristig aber die Einnahmesituation des Staates verschlechterte, da die Gewinne der einstigen Staatsunternehmen zur Finanzierung öffentlicher Aufgaben nicht mehr herangezogen werden konnten (und der Staat nun viele Dienstleistungen von privaten Unternehmen teuer einkaufen musste);

4b) die Teilprivatisierung des Rentensystems zu hohen Einnahmeverlusten des Staates führten, die sich in hohen Haushaltsdefiziten (HHD) niederschlugen;

5) die Liberalisierung des Investitionsregimes zu einer Verdrängung einheimischer Unternehmen durch ausländische Großkonzerne führte, was zum Anstieg der Arbeitslosigkeit (A) sowie zu Leistungsbilanzdefiziten (LBD) beitrug;

---

[662] Vgl. Becker, Joachim; Jäger, Johannes et al. (2002): Finanzsystem und Krise in Argentinien und Chile, S. 38.

6) die Wechselkursfixierung des argentinischen Peso zur Aufwertung der Währung und zu hohen Leistungsbilanzdefiziten (LBD) beitrug, während gleichzeitig (wie schon in den Jahren 1978-82) zusammen mit der

7) Liberalisierung des Kapitalverkehrs Anreize für kurzfristige Finanzinvestitionen geschaffen wurden, wodurch die Dollarisierung der Ökonomie weiter vorangetrieben wurde;

8) durch die Privatisierung und den Ausverkauf großer Teile des Bankensystems die Finanzierungsmöglichkeiten für kleine und mittlere Unternehmen verschlechtert wurden, was zu massenhaften Bankrotten und einem entsprechenden Anstieg der Arbeitslosigkeit beitrug.

Abb. 48: Der Zusammenhang zwischen neoliberalen Reformen und Krisen

Neoliberale Reformen	→	Krisenindikatoren
1) Exzessive Aufnahme ausländischer Kredite unter der Militärdiktatur (1976-82) →	Hohe Belastung durch den Schuldendienst (1982-) →	HHD D / A I
2) Liberalisierung des Kapitalverkehrs (1978-82) →	Dollarisierung der Ökonomie Einseitige Orientierung des Finanzsystems an den Bedürfnissen ausländischer Investoren →	D / A
3) Liberalisierung des Außenhandels (1978-82, 1989-92) →	Importschwemme Verschärfte Konkurrenz Bankrotte KMU →	LBD D / A
4a) Privatisierung von Staatsbetrieben (1989-) →	Massenentlassungen, Verlust an Einnahmequellen (langfristig) →	A HHD
4b) Privatisierung sozialer Sicherungssysteme (1994-) →	Verlust an Einnahmequellen (kurzfristig) →	HHD
5) Liberalisierung des Investitionsregimes (1989-) →	Verschärfte Konkurrenz Bankrotte KMU →	D / A LBD
6) Wechselkursfixierung, Currency Board (1992) → ↘	Aufwertung der Währung Importschwemme →	LBD
7) Liberalisierung des Kapitalverkehrs (1992) →	Dollarisierung ↘	D / A
8) Privatisierung und Denationalisierung des Bankensystems (1995-) →	Einseitige Orientierung des Finanzsystems an den Bedürfnissen ausländischer Investoren ↗	D / A

Die These, nach der neoliberale Reformen der Finanzmärkte und des Kapitalverkehrs zu Finanzkrisen beitragen, wird durch die argentinische Entwicklung also sowohl im Hinblick auf die Verschuldungskrise von 1982 ff. als auch im Hinblick auf die Krise zu Beginn des 21. Jahrhunderts bestätigt. Zwar könnte eingewandt werden, dass die exzessive Aufnahme von Auslandskrediten durch das argentinische Militärregime nichts mit neoliberaler Politik zu tun hat sondern Ausdruck eines massiven Staatsinterventionismus war – dem könnte jedoch erwidert werden, dass ein „starker Staat" und eine „freie Wirtschaft" keineswegs im Gegensatz zueinander stehen. Schließlich dürften gerade radikale neoliberale Reformen ohne staatliche Härte / Repressionen gar nicht durchsetzbar sein.

Gewichtiger ist da schon der Einwand, dass von Kausalität zwischen neoliberalen Reformen und Krisen nur bedingt die Rede sein kann, wenn zwischen den Reformen (der Deregulierung der Finanzmärkte und des Kapitalverkehrs in den frühen neunziger Jahren) einerseits und dem Eintritt der Finanzkrise andererseits eine Zeitspanne von fast zehn Jahren liegt. Allerdings kann dem entgegnet werden, dass ohne die massive Unterstützung des argentinischen Entwicklungsmodells durch IWF und Weltbank, die mehrfach hohe Kreditpakete mobilisierten, um ein drohendes Moratorium abzuwehren, die Finanzkrise auch schon viel früher eingetreten wäre.

Für die These, nach der neoliberale Reformen durch den Wall Street-Treasury-IMF Complex erzwungen wurden, ließen sich ebenfalls zahlreiche Anhaltspunkte finden – so spielte der Druck des IWF und der Gläubigerbanken z.B. bei den ersten großen Privatisierungen des Jahres 1990 eine große Rolle (vgl. Kapitel 4.2.4.4.1), während z.B. die Weltbank eine Mitverantwortung für die Privatisierung des Rentensystems trägt, wie in Kapitel 4.2.4.4.4 gezeigt wurde. Allerdings wäre es falsch, dem IWF oder der Weltbank die Hauptverantwortung für die Krise zuzuschieben, da sich ebenfalls zahlreiche Indizien für die These finden lassen, nach der die argentinische politische und wirtschaftliche Elite (bzw. Teile von ihr) selbst von der neoliberalen Reformpolitik (insbesondere der Privatisierungspolitik) profitiert hat (vgl. Kapitel 4.2.4.4.2). Daraus kann man wiederum ableiten, dass die argentinische Elite *in enger Zusammenarbeit* mit dem Wall Street-Treasury-IMF Complex eine Politik zur eigenen Bereicherung auf Kosten der argentinischen Bevölkerung betrieben hat.[663]

Was die letzte These angeht, nach der insbesondere die Deregulierung des Investitionsregimes zur Denationalisierung der Wirtschaft geführt hat, so lassen

[663] Laut Becker, Jäger und Musacchio zählten zu den wichtigsten Käufern der ehemaligen Staatsbetriebe „[...] nationale Konglomerate, die mit der Militärdiktatur eng verbunden gewesen waren, und ausländische Konzerne. Die inländischen Konglomerate verkauften oft die privatisierten Unternehmensteile an ausländische Unternehmen weiter und veranlagten die Kauferlöse im Ausland." Vgl. Becker, Joachim; Jäger, Johannes et al. (2002): Finanzsystem und Krise in Argentinien und Chile, S. 35f.

sich folgende Schlussfolgerungen ziehen: Einerseits war die Anfang der neunziger Jahre betriebene Deregulierung des Investitionsregimes die *Voraussetzung* dafür, dass im Laufe der neunziger Jahre so viele argentinische Unternehmen an ausländische Unternehmen verkauft werden *konnten*. Die Tatsache, dass – wie in Kapitel 4.2.4.4.3 gezeigt wurde – der Umfang der Unternehmensverkäufe in den Jahren 1997-1999 besonders ausgeprägt war (also mehrere Jahre nach Deregulierung des Investitionsregimes), lässt allerdings darauf schließen, dass der Umfang der Denationalisierung von anderen Entwicklungen bestimmt wurde: Hier wäre zum einen auf die weltweite Fusionswelle zu verweisen, die sich etwa zur gleichen Zeit vollzog; zum anderen spielte der wachsenden Zwang zur Erwirtschaftung von Ressourcen für den Schuldendienst eine Rolle, der wiederum auf die Mexiko-Krise zurückzuführen ist, die den fälligen Schuldendienst Argentiniens in die Höhe schnellen ließ.

4.3 Südkorea

Wie bei Deutschland handelt es sich auch bei Südkorea um einen Staat, dessen politische und wirtschaftliche Entwicklung durch den Kalten Krieg wesentlich geprägt wurde. Zwar wurde Korea nach Ende des Zweiten Weltkriegs von der japanischen Kolonialherrschaft[664] befreit; jedoch hatten sich die beiden wichtigsten Siegermächte – die USA und die Sowjetunion – bereits vor Ende des Zweiten Weltkriegs darauf geeinigt, Korea am 38. Breitengrad zu teilen. Nachdem Verhandlungen über die Wiederherstellung der koreanischen Souveränität gescheitert waren, kam es im August 1948 im US-amerikanischen Einflussgebiet zur Gründung der Republik Korea, gefolgt von der Gründung der Demokratischen Volksrepublik Korea im Norden im September 1948.

Im Juni 1950 begann der Korea-Krieg,[665] dem insgesamt 4 Millionen Koreaner, 405 498 US-Amerikaner sowie ca. eine halbe Million Chinesen zum Opfer fielen und in dessen Zuge sogar der Einsatz von Atomwaffen gegen China erwogen wurde. Nachdem es keiner Seite gelang den Krieg für sich zu entscheiden, unterzeichneten der nordkoreanische und der US-amerikanische Chefdelegierte – gegen den Willen des südkoreanischen Präsidenten Syngman Rhee[666] – am 27. Juli 1953 ein Waffenstillstandsabkommen, welches in territorialer Hinsicht in etwa den Status quo ante wiederherstellte.

Dank massiver finanzieller Unterstützung aus den USA sowie dank dem Import von Technologie aus Japan gelang es Südkorea vergleichsweise schnell, die Kriegsschäden zu beseitigen und eine dynamische Wirtschaftsentwicklung in Gang zu setzen: Südkorea, Ende der fünfziger Jahre noch so arm wie der Sudan,[667] konnte sein Pro-Kopf-Einkommen zwischen 1965 und 1995 um 700 Pro-

---

[664] Mit den Folgen der japanischen Kolonialherrschaft für die sozioökonomische Entwicklung Südkoreas haben sich u.a. Wontroba und Menzel beschäftigt, die von der Peripherisierung Koreas durch die Kolonialherrschaft sprechen, gleichzeitig aber auf den Beitrag Japans zum frühen industriellen Entwicklungsprozess Koreas verweisen. So belief sich der japanische Kapitalanteil an der koreanischen Wirtschaft im Jahr 1938 auf knapp 90 Prozent. Vgl. Wontroba, Gerd; Menzel, Ulrich (1978): Stagnation und Unterentwicklung in Korea, S. 196ff.

[665] Wer als Erster angegriffen hatte, konnte auch eine UN-Kommission nie klären - allerdings hatte der US-amerikanische General Roberts bereits im März 1950 in einer Besprechung mit dem südkoreanischen Präsidenten Rhee erklärt: „Der Feldzug gegen den Norden ist eine beschlossene Sache, und der Termin seiner Durchführung liegt nicht allzu fern." Vgl. Meier, Jürgen (2003): Koreakrieg. Noch immer leidet die Bevölkerung des geteilten Landes an den Folgen, in: Rheinischer Merkur, 24. Juli 2003.

[666] Syngman Rhee hatte, bevor er 1948 koreanischer Präsident wurde, 37 Jahre in den USA gelebt. Sein amerikanischer Berater war H. Dolbear, Direktor der Oriental Consolidated Mining Company, die die Goldgruben in Nordkorea für sich beanspruchte. Vgl. Meier, Jürgen (2003): Koreakrieg. Noch immer leidet die Bevölkerung des geteilten Landes an den Folgen, in: Rheinischer Merkur, 24. Juli 2003.

[667] Vgl. Röpke, Jochen (1997): The East Asian 'Miracle', S. 108.

zent steigern[668] und war Mitte 1997 zur elftgrößten Volkswirtschaft der Welt herangewachsen,[669] verfügte über die effizienteste Stahlindustrie der Welt und galt als größter Produzent von Mikrochips sowie fünftgrößter Hersteller von Automobilen.[670]

Das folgende Kapitel wird sich der Frage widmen, welche Faktoren für diese *Aufwärtsmobilität* Südkoreas im Weltsystem verantwortlich sein könnten – eine Frage, die in der entwicklungstheoretischen Diskussion seit Jahrzehnten eine wichtige Rolle spielt.[671] Im Gegensatz zur argentinischen Fallstudie, die mit einer Beschreibung der neoliberalen Schocktherapie anfängt, die in den Jahren 1976-1982 unter der Militärdiktatur durchgeführt wurden, beginnt die südkoreanische Fallstudie demnach mit einer Analyse jener Faktoren, die für den rasanten wirtschaftlichen Aufstieg Südkoreas verantwortlich waren, wobei den Merkmalen des koreanischen Finanz- und Investitionsregimes besondere Aufmerksamkeit gewidmet wird. Im Mittelpunkt der Analyse steht dann – wie schon bei der argentinischen Fallstudie – der Zusammenhang zwischen neoliberalen Reformen, Finanzkrisen und dem Verkauf einheimischer Unternehmen an ausländische Investoren (Denationalisierung), wobei chronologisch und inhaltlich vor allem zwei Reformphasen voneinander unterschieden werden: Die neoliberalen Reformen im Vorfeld der Krise unter der Regierung Kim Young Sam (1993-1997), und die unter Aufsicht des IWF durchgeführten Reformen im Zuge der Krise unter Präsident Kim Dae Jung (1998-2003). Um die Entwicklung Südkoreas in den neunziger Jahren besser einordnen und analysieren zu können, sollen jedoch zunächst einige grundlegende Strukturmerkmale des wirtschaftlichen und politischen Systems Südkoreas dargestellt und die sozioökonomische Entwicklung bis Anfang der neunziger Jahre in groben Zügen skizziert werden.

4.3.1 Merkmale des politischen und wirtschaftlichen Systems

Eine wichtige Voraussetzung für den erfolgreichen Industrialisierungsprozess wurde mit der Landreform von 1950 geschaffen, durch die der ökonomische und politische Einfluss der Großgrundbesitzer gebrochen und der Weg für den Aufbau einer zentralisierten Staatsbürokratie frei gemacht wurde.[672] Zwar ging die Umverteilung von Land und Vermögen in Südkorea nicht so weit wie in Nord-

---

668 Vgl. Kreft, Heinrich (1998): Das "asiatische Wunder" in der Krise, S. 3.
669 Vgl. Wade, Robert (1998): The Asian Debt-and-development Crisis of 1997-? S. 1536.
670 Vgl. Singh, Ajit; Weisse, Bruce A. (1999): The Asian model: a crisis foretold? S. 203.
671 Einen Überblick über die Diskussion liefern Chung, Jae-Jong und Kirkby, Richard J.R. (2002): The Political Economy of Development and Environment in Korea, S. 1ff.
672 Vgl. Amsden, Alice H. (1989): Asia's Next Giant: South Korea and Late Industrialization, S. 37

korea,[673] nichtsdestotrotz hatte die Landreform langfristige Folgen für die südkoreanische Gesellschaft:

> „Reform redirected idle capital away from land speculation to manufacturing, and uprooted a class that had been unproductive and insulated. It also relieved bottlenecks in food supply; this in turn dampened inflationary pressures [...].“[674]

Im Unterschied zu Argentinien gelang es Südkorea, eine effiziente Staatsbürokratie aufzubauen, welche den Industrialisierungsprozess vehement vorantrieb, wobei in den sechziger Jahren die Konsumgüterindustrie, in den siebziger Jahren die Chemie- und Schwerindustrie und in den achtziger und neunziger Jahren diverse High-Tech-Industrien etabliert bzw. gefördert wurden.[675] Wie Frieden beschreibt, wurde der Produktion für den Export seit Anfang der sechziger Jahre besondere Bedeutung zugemessen:[676]

> „Korean industrialization has been characterized by a single-minded and all-encompassing focus on the manufacture of industrial products for export [...] government has encouraged economic concentration in the interests of export-competing efficiency and has close ties with the huge conglomerates that do the bulk of South Korea's manufacturing and exporting. In the 1970s direct and indirect subsidies, and tax and tariff incentives to exporters were equal to nearly one-quarter of the value of all exports, and the national medal of honor is awarded each year to the country's leading exporter.“[677]

Entscheidend für diesen Entwicklungserfolg war in erster Linie die Unterstützung der USA, die koreanischen Exporteuren Zugang zum heimischen Markt gewährte, was es der koreanischen Regierung ermöglichte, von einer Strategie der Importsubstitution, die angesichts des relativ kleinen koreanischen Binnenmarktes bereits Ende der fünfziger Jahre an ihre Grenzen stieß, auf eine exportorientierte Entwicklungsstrategie umzuschwenken.

Wie die folgende Abbildung verdeutlicht, wuchsen die koreanischen Exporte zwischen 1970 und 2002 von 1,2 Mrd. US$ auf über 190 Md US$ an; damit ist

---

[673] Zur Landreform in Nordkorea vgl. Cumings, Bruce (1981): The Origins of the Korean War, S. 382.

[674] Vgl. Chung, Jae-Jong; Kirkby, Richard J.R. (2002): The Political Economy of Development and Environment in Korea, S. 52.

[675] „In their sectorial approach, Korean industrial policies evolved in a natural way from giving emphasis to light manufacturing (until the early 1970s) into the promtion of heavy and chemical industries (HC)), and later (in the 1980s and 1990s) into the development of technology-intensive sectors.“ Vgl. Saavedra-Rivano, Neantro (1998): From Promising Beginnings to Divergent Paths: Brazil and Korea, S. 180.

[676] Saavedra-Rivano, Neantro (1998): From Promising Beginnings to Divergent Paths: Brazil and Korea, S. 180.

[677] Vgl. Frieden, Jeff (1981): Third World indebted industrialization: international finance and state capitalism in Mexico, Brazil, Algeria and South Korea, S. 425, S. 427.

Südkorea derzeit die zwölftgrößte Exportnation der Welt[678] – noch vor Ländern wie Spanien, der Schweiz, Schweden oder Australien.

Abb. 49: Exporte, Importe und Handelsbilanz Südkoreas, 1970-2002

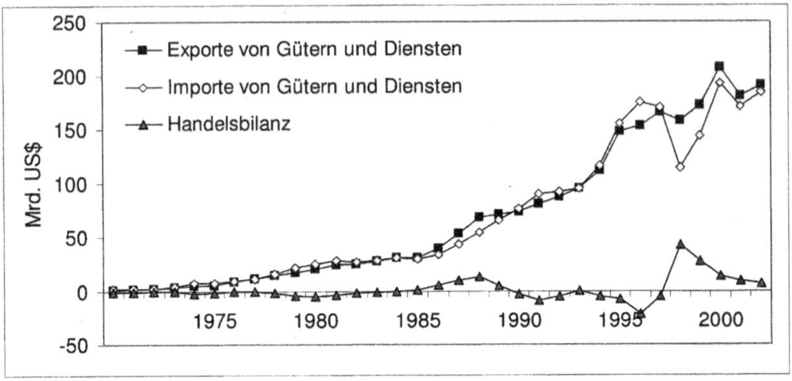

Quelle: World Bank (2003): World Development Indicators

Im Gegensatz zu Schwellenländern wie Mexiko, die primär als Exportplattform für transnationale Konzerne fungieren, waren es in Südkorea jedoch primär *einheimische Konglomerate* wie Hyundai, Samsung oder Daewoo, denen es dank umfangreicher Unterstützung des Staates gelang, sich auf dem Weltmarkt zu etablieren. Das Resultat dieser Politik war eine enorme Konzentration der Wirtschaft, die ganz auf die Bedürfnisse der Großkonzerne ausgerichtet war:

> „The government of Korea [...] actively helped create large conglomerates, promoting mergers and directing entry and exit of firms, according to the requirements of technological-scale economies and world-demand conditions. The result is that the manufacturing industry of the country displays one of the highest levels of market concentration anywhere – whether among the developing or the developed economies."[679]

Um das Wachstum der koreanischen Konglomerate oder *Chaebol* zu fördern, wurden diese lange Zeit durch ein restriktives Investitions-[680] und Außenhandelsregime vor ausländischer Konkurrenz geschützt, was sich in einem vergleichsweise geringen Denationalisierungsgrad der koreanischen Wirtschaft widerspiegelte. So trugen ausländische Direktinvestitionen bis zur Asienkrise nur unwesentlich zur Bruttokapitalbildung bei, wie folgende Abbildung verdeutlicht;

---

678 Nach den USA, Deutschland, Japan, Frankreich, China, Großbritannien, Kanada, den Niederlanden, Hongkong, Italien und Belgien, vgl. WTO (2002): Annual Report, S. 171ff.

679 Vgl. Singh, Ajit (1998): Savings, Investment and the Corporation in the East Asian Miracle, S. 125.

680 Vg. Saavedra-Rivano, Neantro (1998): From Promising Beginnings to Divergent Paths: Brazil and Korea, S. 181.

Übernahmen koreanischer Firmen durch ausländische Investoren waren bis 1997 gänzlich untersagt.[681]

Abb. 50: ADI-Zuflüsse in Relation zur Bruttokapitalbildung, 1980-2002

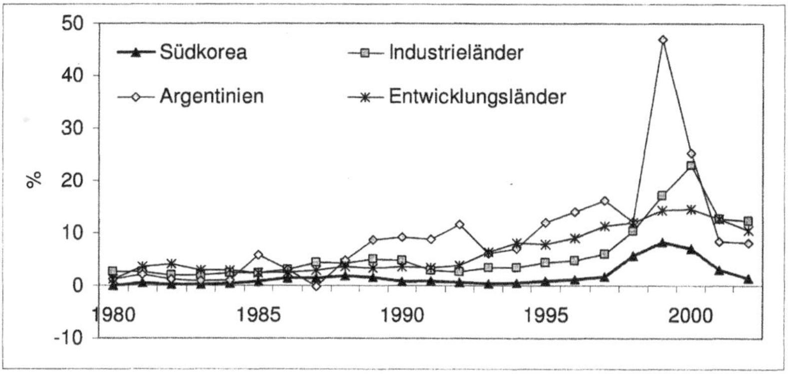

Quelle: UNCTAD (2003): World Investment Report: Annex table B.5a.

Aufgrund der strategischen Bedeutung Südkoreas wurde dieses restriktive Außenhandels- und Investitionsregime von den USA toleriert und auch die staatsinterventionistische Wirtschaftspolitik wurde – sofern sie nicht an die Eigentumsrechte US-amerikanischer Firmen rührte – geduldet:

> „In ihren beiden wichtigsten Stützpunkten in Ostasien, Südkorea und Japan, bestanden die USA zwar auf der Einführung des Prinzips des privaten Eigentums und widersetzten sich jedem Versuch, die Industrie zu nationalisieren, tolerierten aber Landreformen, die staatliche Lenkung der Wirtschaft, Protektionismus, Merkantilismus und die Kartellierung der Industrie, so lange diese Maßnahmen zum wirtschaftlichen Wachstum beitrugen und die Anziehungskraft des Kommunismus verminderten.“[682]

Entsprechend zählen die relative Abschottung des einheimischen Marktes, die selektive Industrialisierungspolitik durch eine vergleichsweise autonome Bürokratie sowie die Förderung der Exportproduktion zu den Kennzeichen, die auch für das japanische Entwicklungsmodell kennzeichnend sind:

> „Korea is in fact closer to the Japanese model than any other country in the world. Korea patterned its economy on the Japanese one, with a large role for government and an emphasis on large business groups and a strong manufacturing sector.“[683]

Vor allem unter Präsident Park Chung Hee (1960-1979), der an einer japanischen Militärakademie seine Ausbildung erhalten hatte, begann Südkorea mehr

---

[681] Vgl. Yun, Mikyung (2003): Foreign Direct Investment after the Crisis, S. 239.
[682] Vgl. Johnson, Chalmers (2000): Ein Imperium verfällt, S. 130f.
[683] Vgl. Clifford, Mark L. (1994): Troubled Tiger, S.13.

und mehr Merkmale des japanischen Entwicklungsmodells zu übernehmen – sowohl was die engen Beziehungen zwischen dem Staat und den Großunternehmen als auch was die Politik gegenüber der Arbeiterbewegung anging, die durch massive Repression bei gleichzeitiger paternalistischer Gewährung von individuellen Schutzrechten (z.B. weitreichender Kündigungsschutz) gekennzeichnet war.[684]

Allerdings griff Südkorea weit mehr als Japan auf brutale Methoden der Unterdrückung sowohl der Arbeiterbewegung als auch der kritischen Intelligenz zurück. Dabei kann es angesichts des anhaltenden Konfliktes mit Nordkorea[685] sowie der großen militärischen Bedeutung Südkoreas für die USA[686] kaum verwundern, dass dem südkoreanischen *Militär* lange Zeit eine wichtige Rolle in der koreanischen Politik eingeräumt wurde. Bis zu den ersten freien Wahlen im Jahr 1987 gingen Regierungswechsel in Südkorea immer mit einem Militärputsch einher: So wurde der erste Präsident, General Syngman Rhee, nach einer Militärrevolte 1960/61 durch General Park Chung Hee ersetzt, der das Land bis 1979 autoritär regierte. Ein blutiger Militärputsch im Jahr 1979, der über 200 Tote forderte, brachte dann General Chun Doo Hwan an die Macht, der sich vor dem Hintergrund einer erstarkenden Arbeiterbewegung und Zivilgesellschaft allerdings gezwungen sah, einen Demokratisierungsprozess einzuleiten, so dass 1987 erstmals freie Wahlen durchgeführt werden konnten.

4.3.2 Das koreanische Wirtschaftswunder

Von Anfang der sechziger bis Mitte der neunziger Jahre war Südkoreas wirtschaftliche Entwicklung gekennzeichnet von einer außerordentlichen Wachstumsdynamik. So wuchs das koreanische Bruttosozialprodukt bis zur Krise von 1997 um durchschnittlich 8 Prozent pro Jahr. Dabei trug das hohe Wirtschaftswachstum entscheidend zur politischen Legitimierung der repressiven Militärherrschaft und insofern zu politischer Stabilität bei, wie Woo beschreibt:

> „Park Chung Hee's emphasis on economic growth was in many ways his chief political weapon beside the army. The social compact he was offering Korean society was repressive military rule in exchange for staedy increases in the standard of living for the average Korean. The politically important legacy from the Park Chung Hee era for subsequent governments was that economic growth was an important basis for political legitimacy."[687]

---

[684] Vgl. Nam, Chang-Hee (1995): South Korea's Big Business Clientelism in Democratic Reform, S. 361.

[685] Bis dato wurde zwischen Nord- und Südkorea kein Friedensvertrag unterzeichnet.

[686] Anfang des Jahres 2003 waren 37 000 US-amerikanische GIs in Korea stationiert, Vgl. Meinardus, Ronald (2003): Iraq Crisis Affects US Role in East Asia, in: Korea Times, 14. März 2003.

[687] Vgl. Woo, Wing Thye (1999): Notes on the Economics and Politics of the Asian Financial Crisis, S.7

Entsprechend kann es nicht verwundern, dass die auf der Abbildung deutlich erkennbaren Krisen der Jahre 1979/80 und 1997/98 jeweils mit politischen Unruhen und turbulenten Regierungswechseln einhergingen.

Abb. 51: Wachstumsrate des BSP (BSP pro Kopf)*, 1970-2002

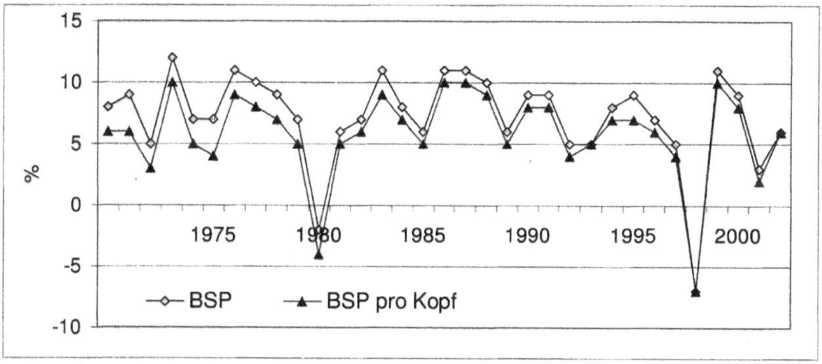

*BSP zu Kaufkraftparitäten (current US$)
Quelle: World Bank (2003): World Development Indicators

4.3.2.1 Industrieförderung durch staatliche Kreditlenkung (1960-1980)

Die Grundlagen des koreanischen Entwicklungsmodells, welches bis zur Asienkrise Bestand hatte, wurden in den sechziger und siebziger Jahren unter Park Chung Hee geschaffen.[688] Mit dem Ziel, die Korruption der Syngman-Rhee-Ära zu bekämpfen, führten die im Kontext der heftigen Studentenunruhen von 1960/61 an die Macht gelangten Offiziere zunächst eine umfassende Reform des öffentlichen Dienstes bzw. der Staatsbürokratie durch,[689] der – wie in Japan – eine zentrale Rolle bei der Konzeption und Implementation der Wirtschafts- und Industriepolitik zugewiesen wurde.[690] Als zentral erwies sich dabei die Kontrolle des Finanzsystems, welche der Regierung die Möglichkeit zur Steuerung der Kreditvergabe und damit ein zentrales Disziplinierungsmittel gegenüber den

[688] Vgl. Lim, Wonhyuk; Haggard, Stephan; Kim, Euysung (2003): Introduction: The Political Economy of Corporate Restructuring, S. 11.
[689] So wurden zunächst 35000 Personen aus dem öffentlichen Dienst entlassen und ein streng auf Leistung basierendes System der Personalrekrutierung eingeführt. Wie Evans beschreibt: „Meritocratic recruitment to public service and public service careers offering long-term rewards commensurate with those obtainable in the private sector were institutional cornerstones of the East Asian economic miracle." Vgl. Evans, Peter (1998): Transferable Lessons? S 70ff.
[690] Vgl. Lim, Wonhyuk; Haggard, Stephan; Kim, Euysung (2003): Introduction: The Political Economy of Corporate Restructuring, S 11, sowie Saavedra-Rivano, Neantro (1998): From Promising Beginnings to Divergent Paths: Brazil and Korea, S. 184.

privaten Unternehmen in die Hand gab.[691] So wurden unter Park Chung Hee sämtliche private Banken verstaatlicht und ein beträchtlicher Teil des Vermögens der koreanischen Elite konfisziert:

> „The consolidation of state control over financial capital began immediately after the coup d'etat led by Major General Park Chung Hee on May 16, 1961. The first targets of the military junta's attack on finance capital were moneylenders in rural areas [...] Then a special Law for Dealing with Illicit Wealth Accumulation was passed, the stated objective of which was to punish all those persons who „accumulated wealth illicitly by taking advantage of their positions and power". Many leading businessmen of the country were arrested immediately and their commercial bank shares were confiscated."[692]

Ab 1961 wurden detaillierte Fünfjahrespläne verabschiedet, deren Einhaltung von einer Vielzahl staatlicher Agenturen, insbesondere dem koreanischen Economic Planning Board, überwacht wurde. In den Jahren 1964-66 wurde die Steuergesetzgebung reformiert, was die Staatseinnahmen erhöhte; ferner wurden die Zinsen angehoben, um die Ersparnisbildung zu fördern und eine Reihe von Exportsubventionen eingeführt.[693]

Allerdings wäre es falsch, die außerordentliche hohe Spar- und Investitionsquote Südkoreas auf hohe Zinsen oder gar eine Politik der finanziellen Liberalisierung zurückzuführen, wie dies einige neoliberale Ökonomen versucht haben.[694] Zwar stieg die koreanische Sparquote seit 1964 kontinuierlich an; spätestens seit den sechziger Jahren war das koreanische Finanzsystem jedoch durch „finanzielle Repression" und negative Realzinsen gekennzeichnet, ohne dass dies die Sparquote negativ beeinflusst hätte.[695] Vergleichbares gilt für die Investitionsquote, die von knapp 14 Prozent in den frühen sechziger Jahren auf über 30 Prozent in den achtziger Jahren anstieg.

Ganz im Gegensatz zur neoliberalen Strategie, die über höhere Zinsen die private Ersparnisbildung fördern will, betrieb die koreanische Regierung eine Politik des „erzwungenen Sparens", indem sie z.B. die Konsumausgaben der koreani-

---

691 Vgl. Saavedra-Rivano, Neantro (1998): From Promising Beginnings to Divergent Paths: Brazil and Korea, S. 180.

692 Vgl. Chan, Lawrence (1992): Financial Mobilization and Allocation: the South Korean Case, S. 46f.

693 Vgl. Frieden, Jeff (1981): Third World indebted industrialization: international finance and state capitalism in Mexico, Brazil, Algeria and South Korea, S. 425.

694 Vgl. etwa die Darstellung von Mathieson, D.J. (1980): Financial reform and stabilization policy in a developing economy, S. 359-395.

695 Vgl. Chan, Lawrence (1992): Financial Mobilization and Allocation: the South Korean Case, S. 50.

schen Bevölkerung (insbesondere den Konsum, der mit dem Verbrauch von Devisen verknüpft war) stark einschränkte[696] und hohe Importzölle erhob:

> „The state, for example, has contributed to forced savings by effectively banning domestic consumption of imported luxury goods and tightly controlling the imports of other consumer goods. [...] As U.S. aid started to diminish in the 1970s and completely stopped in 1980, the South Korean state relied more and more heavily on tariff revenue as its major source of saving. State saving generated by tariff revenue increased from 30 percent in 1962-71 to 48 percent in 1972-76, and to 95 percent in 1977-81."[697]

Tab. 32: Realzinsen, Spar- und Investitionsquote in Südkorea, 1954-1984

	Realzinsen in %	Sparquote (Einheimische Ersparnisse in % des BIP)	Bruttoinlandsinvestitionen (in % des BIP)
1954-59	-	4,1	12,1
1960-64	-6,7	4,9	13,8
1965-69	26,9	12,9	22,6
1970-74	-0,2	18,5	26,1
1975-79	-4,5	23,6	29,7
1980-84	2,44	23,1	30,6

Quelle: Eigene Erstellung in Anlehnung an Chan, Lawrence (1992): Financial Mobilization and Allocation, S. 44.

Die privaten Ersparnisse der Bevölkerung, die Einnahmen aus Importzöllen sowie die im Ausland aufgenommenen Kredite wurden über das Bankensystem in die als strategisch angesehenen Industriezweige weitergeleitet, wobei man das Ziel verfolgte, die Herausbildung wettbewerbsfähiger Großkonzerne zu fördern und die Abhängigkeit von Kapitalgüterimporten aus dem Ausland durch eine Politik der Importsubstitution zu reduzieren.[698] Eine zentrale Rolle in diesem Prozess der Finanzintermediation spielten die großen Geschäftsbanken die sich noch zu Beginn der achtziger Jahre fast alle in Staatsbesitz befanden[699] sowie spezielle Entwicklungsbanken wie die Korea Development Bank (KDB).[700]

[696] „For example, foreign holidays were banned until the late 1980s, and imports of ‚luxury' goods have been either banned or subject to high tariffs and inland taxes." Vgl. Chang, Ha-Joon (1993): The Political Economy of Industrial Policy in Korea, S. 139.

[697] Vgl. Chan, Lawrence (1992): Financial Mobilization and Allocation: the South Korean Case, S. 43f.

[698] Vgl. Chang, Ha-Joon (1993): The Political Economy of Industrial Policy in Korea, S. 135.

[699] „In 1981, of the five nationwide banks, which held nearly 80 percent of all commercial banking assets, the state owned major shares in four and a minor interest in the other." Vgl. Chan, Lawrence (1992): Financial Mobilization and Allocation: the South Korean Case, S. 47.

[700] Ebd., S. 48.

4.3.2.2 Die Rezession (1979/80) und ihre Überwindung

Wie fast alle kapitalistischen Industrie- und Entwicklungsländer geriet auch Südkorea vor dem Hintergrund steigender Ölpreise[701] und steigender Weltmarktzinsen Ende der siebziger Jahre in eine Wirtschaftskrise, die u.a. durch Überkapazitäten im Bereich der Schwer- und Chemieindustrie,[702] rückläufige Exporte,[703] steigende Inflationsraten und wachsende Arbeitslosigkeit gekennzeichnet war. Im Dezember 1978 reagierte die koreanische Regierung, indem sie den bisherigen Vizepremier[704] Nam Duck Woo durch Shin Hyon Hwak ersetzte, der im April 1979 einen Plan zur Stabilisierung der Wirtschaft vorlegte, der u.a. eine Liberalisierung des Finanzsektors und höhere Zinsen, ein Restrukturierungsprogramm für die Schwer- und Chemieindustrie, eine Abwertung der Währung sowie eine Reduzierung von Subventionen und Importzöllen vorsah.[705]

Am 12. Januar 1980 begann die Umsetzung des Stabilisierungsprogramms: Der koreanische Won wurde um 20 Prozent abgewertet, die Zinsen um durchschnittlich 5 bis 6 Prozent erhöht und die Ölpreise um 60 Prozent heraufgesetzt,[706] was die koreanischen Unternehmen, die an zinsgünstige Kredite und umfangreiche Subventionen gewöhnt waren, unter starken Druck setzte. Dank der Abwertung des Won kam es jedoch schon bald zu einem deutlichen Aufschwung der Exportwirtschaft, der vor allem von den großen Chaebol getragen wurde.[707] Ferner gelang es durch die genannten Maßnahmen, die Inflationsrate deutlich zu reduzieren, wie folgende Abbildung zeigt:

---

701 „[T]he oil price increases of the late 1970s raised the country's oil bill from $2,3 billion in 1978 to $5,8 billion in 1980 – an increase equal to almost 6 per cent of GNP." Vgl. Cornia, Giovanni Andrea; Stewart, Frances (1987): Country Experience with Adjustment, S. 119.

702 Vgl. Lee, Chung H. (1995): The Economic Transformation of South Korea, S. 32.

703 „In terms of volume, exports rose less than 5 percent in 1978 and actually fell in 1979." Vgl. Clifford, Mark L. (1994): Troubled Tiger, S. 133.

704 Dem Vizepremier (Deputy Prime Minister) kam als gleichzeitigem Vorsitzenden des Economic Planning Board eine wichtige Rolle im Hinblick auf die Formulierung der Wirtschaftspolitik zu. Vgl. Hwang, Kelley K. (1996): South Korea's Bureaucracy and the Informal Politics of Economic Development, S. 315.

705 Vgl. Krueger, Anne O. (1998): Contrasts in Transition to Market-Oriented Economies: India and Korea, S. 195f. sowie Clifford, Mark L. (1994): Troubled Tiger, S. 133.

706 Vgl. Clifford, Mark L. (1994): Troubled Tiger, S. 174.

707 „In 1979, Hyundai Corporation had total exports of $ 493 million, yet in the otherwise depressed year of 1980 Hyundai's exports more than doubled to $ 1,028 billion. Samsung's exports surged from $ 772 million to $1,23 billion [...] Total exports rose 16 percent in 1980, but large groups took a disproportionate share of the gains." Vgl. Clifford, Mark L. (1994): Troubled Tiger, S. 177.

Abb. 52: Jährliche Inflationsrate* Südkoreas in Prozent, 1970-2002

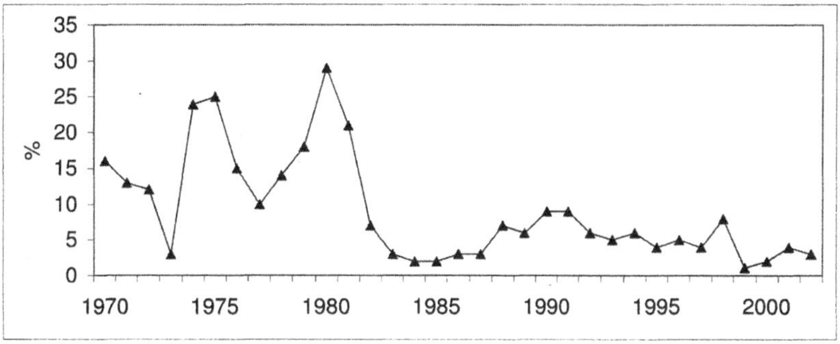

*Consumer Prices
Quelle: World Bank (2003): World Development Indicators

Zwar ging das Pro-Kopf-Einkommen der koreanischen Bevölkerung zwischen 1979 und 1981 um durchschnittlich 10 Prozent zurück; eine weitere Verschlechterung der Lage konnte jedoch verhindert werden, da das koreanische Stabilisierungsprogramm – im Gegensatz zu üblichen IWF-gestützten Anpassungsprogrammen – auch Massnahmen zur Armutsbekämpfung und Ausweitung der sozialen Sicherungssysteme enthielt.[708] So wurde das Krankenversicherungssystem zwischen 1978 und 1984 von 10,5 auf 41,3 Prozent der Bevölkerung ausgedehnt und die öffentlichen Ausgaben für Bildung und Wohnungsbau weiter gesteigert.[709] Um der Arbeitslosigkeit entgegenzuwirken, wurden öffentliche Beschäftigungsprogramme aufgelegt und zur Bekämpfung der Armut erhielten etwa 12 Millionen Koreaner direkte Unterstützung in Form von Lebensmitteln und anderen Beihilfen.[710] Trotz dieser kompensierenden Maßnahmen trug der Einbruch des Wirtschaftswachstums und die damit verknüpfte Arbeitslosigkeit zu einer schweren Krise der koreanischen Militärdiktatur bei – eine Krise, die durch die Ermordung Park Chung Hees im Oktober 1979 noch verschärft wurde.

4.3.2.3 Der Übergang zur Demokratie

Ende der siebziger Jahre wurden erstmals die Grenzen eines Entwicklungsmodells sichtbar, welches zur Erzielung hoher Wachstumsraten auf Repression der Arbeiterbewegung und Konsumverzicht der Bevölkerung gesetzt hatte. So ging

---

[708] Laut Clifford hatte vor allem der koreanische Geheimdienst KCIA darauf gedrängt, das neoliberale Stabilisierungsprogramm durch Maßnahmen zur Armutsbekämpfung zu ergänzen, um auf diese Weise sozialen Protestbewegungen den Wind aus den Segeln zu nehmen bzw. eine Ausnutzung der Wirtschaftskrise durch nordkoreanische „Agenten“ zu verhindern. Vgl. Clifford, Mark L. (1994): Troubled Tiger, S. 135.

[709] Vgl. Cornia, Giovanni Andrea; Stewart, Frances (1987): Country Experience with Adjustment, S. 120.

[710] Ebd., S. 120.

das Abflauen des Wirtschaftswachstums 1979/80 mit einer politischen Krise einher, die sich in zahlreichen Streiks und Plünderungen, in Studentenprotesten sowie einem Aufschwung der oppositionellen New Democratic Party NDP äußerte.[711] Unstimmigkeiten über den Umgang mit der politischen Opposition bildeten auch den Hintergrund für das Attentat auf Park Chung Hee, der am 26. Oktober 1979 von Kim Jae Kyu, dem Chef des koreanischen Geheimdienstes erschossen wurde – nur wenige Tage nach heftigen Unruhen in den Industriestädten Pusan und Masan, für die Kim Jae Kyu von Präsident Park verantwortlich gemacht worden war.[712]

Das mit der Ermordung Parks entstandene Machtvakuum führte – vor dem Hintergrund der ersten Wirtschaftskrise seit dem Koreakrieg – zu einem starken Aufschwung der oppositionellen Arbeiter- und Studentenbewegung, die u.a. eine Abschaffung der 1972 von Park verhängten repressiven Yushin-Verfassung forderte. Allerdings zeigte sich schon bald, dass das koreanische Militär einen friedlichen Übergang zur Demokratie nicht zulassen würde: Nach heftigen Auseinandersetzungen zwischen mehreren zehntausend Studierenden und der Polizei führten Teile der südkoreanischen Armee um Chun Doo Hwan am 17. Mai 1980 einen Militärputsch durch und verhängten das Kriegsrecht über das Land, welches in den folgenden Wochen mit brutaler Gewalt durchgesetzt wurde.[713]

Im Gegensatz zu Park Chung Hee, der 1960 auf ähnliche Weise an die Macht gelangt war, war General Chun jedoch nicht in der Lage, die Opposition gegen seine Militärherrschaft dauerhaft zu unterdrücken. So stießen zahlreiche seiner repressiven Maßnahmen – darunter der Einsatz von Waffengewalt gegen Demonstranten in der Stadt Kwangju, die Verhaftung zehntausender Oppositioneller, die vorübergehende Schließung von Universitäten sowie die Zensur und Kontrolle sämtlicher Medien – auf Ablehnung in der koreanischen Bevölkerung und trugen zu einer Radikalisierung der Studenten- und Arbeiterbewegung bei.[714] Womöglich noch bedeutsamer für den Sieg der Demokratiebewegung war allerdings die wachsende Unzufriedenheit der koreanischen Mittelschicht mit den undemokratisch-korrupten politischen Verhältnissen, die ab Mitte der achtziger Jahre immer deutlicher wurde.

---

[711] Vgl. Clifford, Mark L. (1994): Troubled Tiger, S. 135ff.

[712] Clifford beschreibt den Hintergrund des Attentats folgendermassen: „The trouble apparently started after president Park accused Kim Yae Kyu, his KCIA chief, of failing to keep protests in Pusan and Masan under control… Kim Yae Kyu warned Park that the government would have to be prepared to kill 3000 people to restore order. Park said he was ready to kill 30000 protesters. Cha Chi Chol, a ferocious ex-paratrooper who had risen to become Park's closest adviser, chimed in to support tougher measures against the protesters and chided Kim Jae Kyu for failing to keep order. Then the KCIA head left the room and came back with a hidden pistol…" Vgl. Clifford, Mark L. (1994): Troubled Tiger, S. 138f.

[713] Ebd., S. 156f.

[714] Ebd., S. 167f.

Als im Januar 1987 bekannt wurde, dass ein Student der koreanischen Eliteuniversität von Sicherheitskräften zu Tode gefoltert worden war, spitzte sich die Lage rasch zu: Immer mehr Koreaner schlossen sich den protestierenden Studenten an, so dass sich der designierte Nachfolger Chuns, der Präsidentschaftskandidat Roh Tae Woo am 29. Juni 1987 dazu entschied, der Demokratisierungsbewegung den Wind aus den Segeln zu nehmen, indem er deren Forderungen nach freien Wahlen und einer Freilassung der politischen Gefangenen übernahm – eine Entscheidung, die wenige Tage später von Präsident Chun Doo Hwan gebilligt wurde.[715] Im Oktober wurde eine neue Verfassung verabschiedet und im Dezember 1987 fanden Wahlen statt, aus denen der Vertreter der Regierungspartei, Roh Tae Woo, siegreich hervorging.

4.3.2.4 Abhängigkeit von ausländischen Kapitalzuflüssen

Wie andere Entwicklungsländer war auch Südkorea lange Zeit abhängig von ausländischen Kapitalzuflüssen, um den Import von notwendigen Gütern, die im Inland nicht hergestellt werden konnten, zu ermöglichen. Mit dem Rückgang der Entwicklungshilfe aus dem Ausland, die zwischen 1953 und 1963 etwa Dreiviertel aller Investitionen finanziert hatte,[716] gewann daher die internationale Kreditvergabe für Südkorea an Bedeutung.

Die Garantie des Auslandsschuldendienstes koreanischer Unternehmen durch den Staat seit 1962, die Normalisierung der Beziehungen zu Japan im Jahr 1965 und die Verabschiedung des neuen „Foreign Capital Inducement Law“ im Jahr 1966 verbesserten Südkoreas Zugang zum internationalen Kreditmarkt, so dass die Auslandsverschuldung Südkoreas seit 1965 rasant anstieg: von 301 Mio. US$ (1965) auf 8,4 Mrd US$ 1975 und knapp 29,5 Mrd. US$ 1980.[717] Wie die folgende Abbildung verdeutlicht, lag die Wachstumsrate der koreanischen Auslandsverschuldung bis 1979 sogar über der argentinischen, so dass sich die Frage stellt, warum Südkorea von der Verschuldungskrise der achtziger Jahre weitgehend verschont blieb.

---

[715] Vgl. Hwang, Kelley K. (1996): South Korea's Bureaucracy and the Informal Politics of Economic Development, S. 313f.

[716] Vgl. Frieden, Jeff (1981): Third World indebted industrialization: international finance and state capitalism in Mexico, Brazil, Algeria and South Korea, S. 425.

[717] Ebd., S. 425.

Abb. 53: Jährliche Wachstumsrate der koreanischen und argentinischen Auslandsverschuldung im Vergleich, 1971-2001

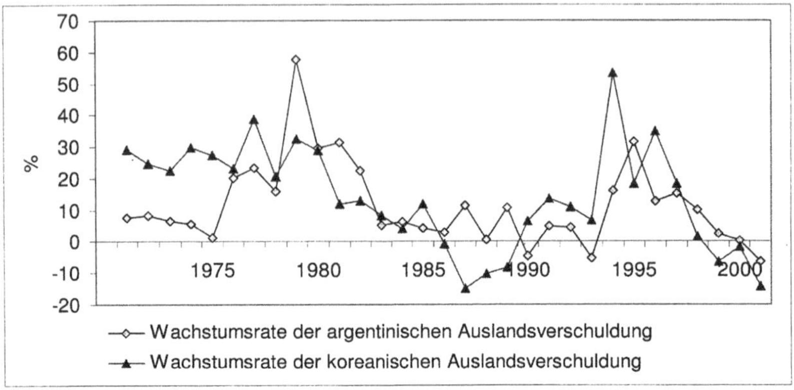

Quelle: World Bank (2003): World Development Indicators, eigene Berechnungen.

Einer der Gründe hierfür kann in der strategischen Orientierung der koreanischen Elite gesehen werden, die sich des Problems der Auslandsverschuldung durchaus bewusst war und eine Politik betrieb, welche die Abhängigkeit von ausländischem Kapital durch den Aufbau einer eigenen Schwer- und Kapitalgüterindustrie zu reduzieren versuchte.[718]

Im Gegensatz zu Argentinien, wo die ausländischen Kredite primär der Bereicherung einer korrupten Elite dienten, die ihr Vermögen durch Finanztransaktionen zu vermehren trachtete und anschließend im Ausland anlegte, nutzte Südkorea die Kredite in den siebziger Jahren für den Aufbau wettbewerbsfähiger Großunternehmen in der als strategisch angesehenen Chemie- und Schwerindustrie – eine Politik, die Koreas Wirtschaftsstruktur nachhaltig veränderte.[719]

---

[718] „[T]he dependence on foreign savings for financing of investments was seen as the major economic problem by Korean policy-makers. They regarded the ultimate solution to this problem to be the construction of an economy with sufficient technological capability to permit a reasonable living standard without a chronic balance of payments deficit. It was believed that the cause of the balance-of-payments problem lay in the underdevelopment of capital and intermediate goods industries, and therefore that ‚a shift towards heavy and chemical industries is imperative in order to increase the independence of the Korean economy' – a principle known in Korea (and Japan) as ‚upgrading' the industrial structure." Vgl. Chang, Ha-Joon (1993): The Political Economy of Industrial Policy in Korea, S. 138.

[719] Wie Clifford beschreibt: „The Heavy and Chemical Industries plan was a watershed in Korean development. The decision to build up heavy industries such as shipbuilding, autos, military goods, and capital equipment set Korea on a course forever different from its rivals in Hong Kong, Singapore and, to a lesser extent, Taiwean [and] gave Korea manufacturing capabilities its competitors will never possess." Vgl. Clifford, Mark L. (1994): Troubled Tiger, S. 105f.

Die Phase der Kreditexpansion fiel in Südkorea also zusammen mit der Etablierung der Chaebol:[720] So wuchsen die zehn umsatzstärksten koreanischen Unternehmensgruppen während der siebziger Jahre um 27,7 Prozent – dreieinhalbmal so schnell wie die südkoreanische Wirtschaft insgesamt,[721] so dass im Jahr 1982 allein auf die größten zehn Chaebol über 30 Prozent des Umsatzes entfielen, der mit verarbeiteten Produkten erzielt wurde.[722]

Das mit dem Programm zum Aufbau der Chemie- und Schwerindustrie verfolgte Ziel der Importsubstitution wurde laut Lee bis Mitte der achtziger Jahre weitgehend erreicht, was wiederum der südkoreanischen Exportindustrie zugute kam, die in der zweiten Hälfte der achtziger Jahre einen enormen Aufschwung nahm.

> „The establishment of most of the heavy and chemical industries now allowed the substitution of domestic supply for hitherto imported industrial intermediate inputs. As a result, the users of petrochemical products could now rely on the domestic producers for a stable supply of intermediate inputs even in the midst of worldwide shortage and could thus continue to expand their exports. Likewise, the steel industry played a key role in sustaining the competitiveness of Korea's manufactured exports by serving domestic industrial activities even during a worldwide shortage of steel."[723]

Die Erfolge der Importsubstitutions- und Exportförderungspolitik ermöglichten es Südkorea auch, die Abhängigkeit von ausländischen Kapitalzuflüssen, die Ende der sechziger Jahre einen Höhepunkt erreicht hatte, wieder zu reduzieren:

> „Net private capital inflows, which were less than one per cent of GDP until 1966, rose to a peak of 6,8 per cent of GDP in 1968, and averaged about 4 per cent of GDP during the 1970s. They diminished in importance again after 1982, averaging less than 1 per cent annually in that decade."[724]

So trug privates ausländisches Kapital zwischen 1985 und 1996 weniger als 10 Prozent zur einheimischen Bruttokapitalbildung bei – ohne dass dies die koreanische Investitionstätigkeit oder das koreanische Wirtschaftswachstum negativ beeinflusst hätte.

---

[720] Vgl. Lee, Kyu Uck (1986): The Concentration of Economic Power in Korea, S. 5.

[721] Vgl. Croissant, Aurel (2000): Südkorea zwischen „Demo-Prosperität" und „Demo-Desaster"? S. 163f.

[722] Vgl. Clifford, Mark L. (1994): Troubled Tiger, S. 125.

[723] Vgl. Lee, Chung H. (1995): The Economic Transformation of South Korea, S. 32.

[724] Vgl. Krueger, Anne O. (1998): Contrasts in Transition to Market-Oriented Economies: India and Korea, S. 191.

Abb. 54: Private Nettokapitalströme nach Südkorea, 1976-2001

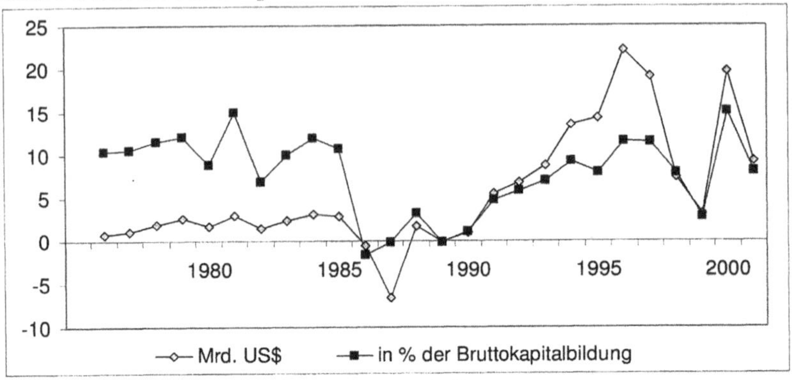

Quelle: World Bank (2003): World Development Indicators.

Entscheidend für den Abbau der Auslandsverschuldung, die 1985 ein mit 47 Mrd. US$ sehr hohes Niveau erreicht hatte, war dann allerdings die spektakuläre wirtschaftliche Entwicklung in der zweiten Hälfte der achtziger Jahre, in der es Südkorea aufgrund günstiger externer Rahmenbedingungen (ein niedriger Wechselkurs, niedrige Weltmarktpreise vor allem für Erdöl, und niedrige Zinssätze) erstmals gelang, enorme Handelsüberschüsse[725] zu erzielen, die für den Abbau der Auslandsverschuldung verwendet werden konnten.

Abb. 55: Entwicklung der südkoreanischen Auslandsverschuldung, 1970-2001

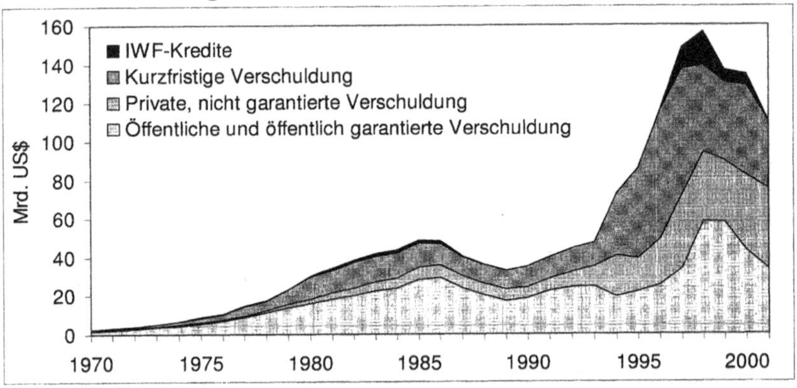

Quelle: World Bank (2003): World Development Indicators

[725] Zwischen 1980 und 1985 gelang es Südkorea, die Warenexporte von 18 Mrd. US$ auf über 30 Mrd. US$ zu verdoppeln. Ab 1985 stiegen die Exporte noch schneller auf über 60 Mrd. US$ (1988). Vgl. World Bank (2003): World Development Indicators.

Dabei profitierte Südkorea nicht zuletzt vom Plaza Agreement des Jahres 1985, welches zu einer Abwertung des US$ und zu einer Aufwertung des Yen führte, was die Wettbewerbsfähigkeit der koreanischen Exportwirtschaft – im Vergleich zur japanischen – erhöhte.

4.3.3 Das koreanische Entwicklungsmodell unter Druck

In den achtziger und neunziger Jahren geriet die südkoreanische Entwicklungsstrategie von mehreren Seiten unter Druck. Zum einen wurde die unter Park Chung Hee noch weitgehend vorhandene Unterordnung der Chaebol unter die Staatsbürokratie mit der teilweisen Deregulierung der Finanzmärkte untergraben, da die Chaebol von den Krediten des koreanischen Staates zunehmend unabhängig wurden, was sich auch in einem gewachsenen politischen Selbstbewusstsein widerspiegelte.[726] Spätestens seit dem Beginn des Demokratisierungsprozesses im Jahr 1987 entglitt der koreanischen Regierung dann auch die Kontrolle der Arbeiterbewegung, was eine Rückkehr zu einer Politik der forcierten Ausbeutung von Arbeitskraft unmöglich machte.[727] Schließlich waren die USA immer weniger bereit, Südkorea präferentielle Handelsbeziehungen einzuräumen und drängten auf die Abschaffung staatlicher Restriktionen im Bereich des Warenverkehrs, der ausländischen Investitionen sowie des (kurzfristigen) Kapitalverkehrs.

4.3.3.1 Machtzuwachs der Chaebol auf Kosten der Staatsbürokratie

Unter dem Eindruck der schweren Wirtschaftskrise von 1980 leitete Präsident Chun Doo Hwan erste Schritte zur Deregulierung und Privatisierung der Wirtschaft ein. Mit dem Ziel der Rationalisierung und des Abbaus überschüssiger Kapazitäten wurde der Umfang an zinsgünstigen Krediten, die für strategische Industriezweige (und für die Chaebol) zur Verfügung standen, seit 1982 deutlich eingeschränkt[728] und die Zinssätze schrittweise dereguliert. In den Jahren 1981-83 wurden die unter Park Chung Hee verstaatlichten Geschäftsbanken privatisiert und Restriktionen, die bislang den Wettbewerb zwischen verschiedenen Finanzinstitutionen begrenzt hatten, aufgehoben.[729]

---

[726] So trat der Begründer von Hyundai, Chung Ju Yung, mit dem Slogan „Get Government out of business" zu den koreanischen Präsidentschaftswahlen von 1992 an. Vgl. Evans, Peter (1998): Transferable Lessons? S. 78 sowie Mo, Jongryn; Moon, Chung-in (2003): Business-Government Relations under Kim Dae-jung, S. 136.

[727] Vgl. u.a. Kim, Byung-Kook; Lim, Hyun-Chin (2000): Labor Against Itself, S. 111ff.

[728] Vgl. Kang, Myung Hun (1996): The Korean Business Conglomerate, S. 172 sowie Hahm, Joon-Ho (2003): The Government, the Chaebol and Financial institutions before the Economic Crisis, S. 82.

[729] Vgl. Kim, Byung-Kook (2003): The Politics of Chaebol Reform, S. 59.

Da befürchtet wurde, dass die Chaebol im Zuge des Privatisierungsprozesses große Teile des Finanzsystems unter ihre Kontrolle bringen würden, wurde der Anteil, den die Chaebol an einzelnen Geschäftsbanken halten durften, auf 8 Prozent beschränkt.[730] Auch der Anteil an Krediten, den einzelne Geschäftsbanken an Chaebol vergeben durften, wurde mit dem Banking Act von 1982 begrenzt und die Geschäftsbanken dazu angehalten, mehr Kredite an kleine und mittlere Unternehmen zu vergeben.[731] Ferner unternahm Chun Doo Hwan Versuche, die Marktmacht der Chaebol zu begrenzen, indem er z.B. den Monopoly Regulation and Fair Trade Act (1980) erließ, der unfairen Wettbewerb (z.B. Preisdiskriminierung, die Formierung von Kartellen oder die Beschränkung des Marktzugangs für neue Wettbewerber) untersagte.[732]

Dennoch führte die Deregulierung der Finanzmärkte zu einer weiteren Konzentration ökonomischer Macht in den Händen der Chaebol, die ihre finanzielle Unabhängigkeit vom Staat durch den Erwerb sogenannter *Non-Bank Financial Institutions* (NBFIs), zu denen Handelsbanken, Entwicklungsbanken, Versicherungsgesellschaften, Investmentgesellschaften und Kreditgenossenschaften gehören, deutlich ausbauen konnten.[733] Die Tabelle verdeutlicht diese wachsende Bedeutung der NBFIs, die im Gegensatz zu den Banken keiner Kontrolle der Eigentümerstruktur unterlagen. So hielten die NBFIs im Jahr 1995 fast 72,2 Prozent aller Einlagen und vergaben 63,5 Prozent aller Kredite – im Vergleich zu 29,1 Prozent aller Einlagen und 36,7 Prozent aller Kredite 1980.

Tab. 33: Marktanteile verschiedener Finanzinstitutionen in Südkorea

	1980	1985	1990	1995	1998
Einlagen:					
Geschäftsbanken	42,8	31,2	25,5	19,9	22,6
Spezialbanken	28,1	22,4	15,5	7,9	5,2
NBFIs	**29,1**	**46,4**	**59,0**	**72,2**	72,2
Kredite:					
Geschäftsbanken	38,8	34,2	29,3	23,9	27,9
Spezialbanken	24,5	24,2	19,0	12,6	10,0
NBFIs	**36,7**	**41,6**	**51,7**	**63,5**	62,1

Quelle: Hahm, Joon-Ho (2003): The Government, the Chaebol and Financial institutions before the Economic Crisis, S.85.

[730] „The privatization launched in 1981 was, in fact, a variant of the MOF's traditional dual strategy of state control over the major commercial banks – chaebol ownership was limited to 8 percent- and private ownership of provincial banks and non-bank financial institutions…" Vgl. Kim, Byung-Kook (2003): The Politics of Chaebol Reform, S. 60.

[731] Vgl. Hahm, Joon-Ho (2003): The Government, the Chaebol and Financial institutions before the Economic Crisis, S. 82.

[732] Vgl. Kim, Byung-Kook (2003): The Politics of Chaebol Reform, S. 60.

[733] Vgl. Hahm, Joon-Ho (2003): The Government, the Chaebol and Financial institutions before the Economic Crisis, S. 85f.

Eine weitere private Finanzierungsquelle für die Chaebol wurde durch die Schaffung und Förderung von Aktien- und Anleihemärkten geschaffen: So stieg die Marktkapitalisierung koreanischer Unternehmen von weniger als zehn Mrd. US$ 1985 auf über 130 Mrd. US$ Ende 1989; die Zahl der Investoren verdreifachte sich im gleichen Zeitraum.[734] Wie die folgende Tabelle zeigt, wuchs der Anteil der von den Unternehmen ausgegebenen Wertpapiere in den achtziger Jahren von 21 auf 36 Prozent an, während sich die Abhängigkeit von ausländischen Krediten in jener Zeit (von 15,5 auf 5,5 Prozent der Verbindlichkeiten) verringerte:

Tab. 34: Struktur der Verbindlichkeiten koreanischer Unternehmen

	1970	1975	1980	1985	1990
Kredite von Finanzinstitutionen:	19,4	23,6	32,2	35,8	36,5
Banken	14,8	17,2	20,7	19,7	18,7
NBFIs	4,6	6,5	11,5	16,0	17,8
Ausgegebene Wertpapiere:	37,5	23,1	21,3	27,2	35,9
Commercial Paper	0,0	0,6	2,0	2,6	4,8
Anleihen	0,3	0,7	3,5	7,2	11,0
Aktien	37,2	21,7	15,0	16,4	18,3
Ausländische Kredite	10,5	15,3	15,0	9,4	5,5
Andere*	32,6	37,9	31,4	27,6	22,1

*V.a. Kredite der Regierung und Handelskredite zwischen Unternehmen
Quelle: Hahm, Joon-Ho (2003): The Government, the Chaebol and Financial institutions before the Economic Crisis, S. 86

Die Erweiterung des Zugangs der Chaebol zu privaten (seit 1988 auch ausländischen) Finanzierungsquellen kann laut Kim als Reaktion auf Forderungen der USA nach Marktzugang im Finanzsektor verstanden werden – schließlich wurde allein den Chaebol zugetraut, in der Konkurrenz zu ausländischen Finanzkonzernen zu bestehen:

> „Once foreign takeover of local financial institutions became a possibility, the MOF thought it could not but strengthen chaebol power over capital markets; they were, after all, the only local actor large enough to hold foreign financial institutions in check. The MOF began encouraging local securities houses to go abroad to directly raise funds in foreign capital markets in 1988. The chaebol responded with enthusiasm. Larger chaebol groups also rushed to establish merchant banks."[735]

Der Versuch, das einheimische Finanzsystem für den internationalen Wettbewerb zu stärken, resultierte also in der wachsenden finanziellen Unabhängigkeit der Chaebol, die nicht länger den Wünschen der Regierung folgen mussten, um

[734] Vgl. Clifford, Mark L. (1994): Troubled Tiger, S. 243.
[735] Vgl. Kim, Byung-Kook (2003): The Politics of Chaebol Reform, S. 63.

Zugang zu günstiger Finanzierung zu erhalten. Damit wurde jedoch gleichzeitig die Grundlage des ursprünglichen Entwicklungsmodells untergraben, welches auf bürokratischer Steuerung der Kreditvergabe (und der damit verknüpften Einflussnahme auf die Investitionspolitik der Konzerne) beruht hatte.

Laut Woo zeigte sich der Machtzuwachs der Chaebol auch in der Politik, die zunehmend durch Bestechungsversuche der Chaebol gekennzeichnet war.[736] So wurde im Nachhinein aufgedeckt, dass Präsident Roe Tae Woo (1987-93) über einen Geheimfonds von etwa 500 Mrd. Won (rund 473 Mio. Euro) verfügt hatte, der überwiegend von den Chaebol gespeist wurde, die sich staatliche Aufträge und andere Vergünstigungen sichern wollten.[737] Laut Chang, Park und Yoo nahm das Ausmaß der Korruption allerdings erst unter Präsident Kim Young Sam (1993-1997) beängstigende Züge an:

> „Under the Kim government, there was a fundamental transformation in the state-business relationship in Korea, which meant that the major manufacturing sectors became less insulated from corrupt political exchanges than they had been previously. […] contrary to common perception, it was only under the Kim Young Sam government that genuine ‚cronyism' was born in Korea."[738]

4.3.3.2 Das System der Arbeitsbeziehungen im Umbruch

Der Übergang von der repressiven Militärherrschaft zur parlamentarischen Demokratie im Sommer 1987 ging mit einem Aufschwung der koreanischen Arbeiterbewegung einher, die nach Jahrzehnten der Unterdrückung[739] ihre Forderungen nach Abschaffung der restriktiven Arbeitsgesetze[740] durchzusetzen versuchte. Allein im Juli und August 1987 kam es zu insgesamt 3000 Streiks, an der

---

[736] „The immensely wealthy corporations could now try to affect economic policies more directly through their political contributions. For example, in the first presidential elections, many chaebols made secret contributions to all of the three candidates: Roh Tae Woo, Kim Young San, and Kim Dae Jung." Vgl. Woo, Wing Thye (1999): Notes on the Economics and Politics of the Asian Financial Crisis, S. 8.

[737] Vgl. o.V. (1996): In Südkorea zieht der Korruptionsskandal weite Kreise, in: FAZ, 11. Januar 1996.

[738] Vgl. Chang, Ha-Joon; Park, Hong-Jae; Yoo, Chul Gyue (1998): Interpreting the Korean crisis: financial liberalisation, industrial policy and corporate governance, S. 741.

[739] „A critical element in South Korea's export-oriented industrialization from the early 1960s to the mid-1980s was the state's tight control of labor. The state did almost everything for Korean business: it maintained extremely repressive labor laws to prohibit union activities, kept close surveillance over those suspected of causing a threat to „industrial peace", and did not hesitate to use a brutal police force to end worker protests." Vgl. Koo, Hagen (2000): The Dilemmas of Empowered Labor in Korea, S. 233.

[740] Die Forderungen der Arbeiterbewegung bezogen sich vor allem auf die Aufhebung von drei Verboten (samkeum), die Chun Doo Hwan 1980 erlassen hatte - darunter das Verbot von unabhängigen Gewerkschaften sowie das Verbot der politischen Betätigung für Mitglieder der Gewerkschaft. Vgl. Kim, Byung-Kook; Lim, Hyun-Chin (2000): Labor Against Itself, S. 116 sowie Koo, Hagen (2000): The Dilemmas of Empowered Labor in Korea, S. 236f.

sich über eine Million Arbeiter beteiligten[741] – mehr als in den vergangenen zehn Jahren zusammengenommen.[742]

Wie die folgende Tabelle verdeutlicht, stiegen sowohl die Reallöhne als auch der gewerkschaftliche Organisationsgrad in den Jahren nach der Demokratisierung stark an, was die Wettbewerbsfähigkeit der koreanischen Wirtschaft laut Wilkinson sehr in Mitleidenschaft zog:

> „Korea has faced not just a tight labor market, but a surge of work force militancy since 1987 which has pushed up labor costs...since 1987 the costs of wage increases have been far outstripping the savings from productivity increases, leading to a dramatic increase in unit labor costs.“[743]

Tab. 35: Zahl der Arbeitskonflikte, gewerkschaftlicher Organisationsgrad und Reallohnentwicklung, 1985-95

	Zahl der Arbeitskonflikte	Gewerkschaftlicher Organisationsgrad*	Reallohnentwicklung (jährliche Änderung in %)
1985	265	15,7	5,6
1986	276	15,5	5,4
1987	3749	17,3	7,1
1988	1873	22,0	8,4
1989	1616	23,3	15,4
1990	322	21,5	10,2
1991	234	19,7	6,9
1992	235	18,4	8,4
1993	144	17,2	7,0
1994	121	16,3	6,1
1995	88	15,3	6,4

*Union members as proportion of total number of nonagricultural, regularly employed workers
Quellen: Koo (2000), S. 231; Kim und Lim (2000), S. 118.

Zwar nahm der gewerkschaftliche Organisationsgrad ab dem Jahr 1989 wieder ab; dies ist jedoch vor allem auf den Rückgang in arbeitsintensiven Branchen wie der Textilindustrie zurückzuführen, während der Organisationsgrad in den Großbetrieben vor allem der Chemie- und Schwerindustrie weiter anstieg.[744] Militante Gewerkschaften in den großen Chaebol – allen voran Hyundai Heavy Industries und Daewoo Shipbuilding – waren es auch, die im Kampf um die Lega-

[741] Vgl. Kim, Byung-Kook; Lim, Hyun-Chin (2000): Labor Against Itself, S. 111.
[742] Vgl. Clifford, Mark L. (1994): Troubled Tiger, S. 276.
[743] Vgl. Wilkinson, Barry (1994): Labour and Industry in the Asia-Pacific, S. 89.
[744] Vgl. Koo, Hagen (2000): The Dilemmas of Empowered Labor in Korea, S. 230f.

lisierung unabhängiger Gewerkschaften bedeutende Erfolge erzielen konnten,[745] wie Koo beschreibt:

> „Workers secured the freedom to organize genuinely representative unions at the enterprise level and engage in collective bargaining over wages and other work conditions from a substantially stronger position than they had held before. The greatest gain was, of course, the legalization and institutionalization of trade unionism."[746]

Doch während der temporäre Rückzug des koreanischen Staates aus dem „Management" der Arbeitsbeziehungen einerseits zu einer dramatischen Veränderung der Machtverhältnisse in den Betrieben beitrug[747] und zahlreiche Chaebol versuchten, der organisierten Arbeiterbewegung durch soziale Zugeständnisse entgegenzukommen,[748] wurde eine durchgreifende Modernisierung des koreanischen Systems der Arbeitsbeziehungen versäumt, welches weiterhin durch eine Mischung aus weitreichenden sozialen Rechten individueller Arbeitnehmer bei gleichzeitiger Unterdrückung von kollektiven Organisationen der Arbeiterbewegung gekennzeichnet blieb.[749] So war weder die Regierung Roh Tae Woo noch die spätere Regierung Kim Young Sam bereit, unabhängigen Gewerkschaften wie der KCTU kollektive Rechte einzuräumen – eine Weigerung, die dazu beitrug, dass die koreanischen Gewerkschaften ihrerseits nicht bereit waren, in Fragen der Flexibilisierung des Arbeitsmarktes, der Aufhebung des Kündigungsschutzes usw. nachzugeben.

Entsprechend mündete der im Dezember 1996 von der Regierung Kim Young Sam unternommene Versuch, eine einseitig an den Interessen der Arbeitgeber orientierte Reform durchs Parlament zu peitschen, Anfang 1997 in einem dreiwöchigen Generalstreik, an dem sich mehrere Millionen Arbeiter beteiligten.[750] Diese Entwicklung trug nicht nur zur Verunsicherung ausländischer Investoren

---

[745] Vgl. Clifford, Mark L. (1994): Troubled Tiger, S. 272ff.

[746] Vgl. Koo, Hagen (2000): The Dilemmas of Empowered Labor in Korea, S. 232f.

[747] „During the labor militancy of 1987-88, the state withdrew itself for the first time from the industrial arena and proclaimed a neutral and hands-off policy toward labor relations, leaving the business class suddenly naked and unprotected in the face of furious labor offensives. Totally unprepared for such a situation, the enterprises had to give substantial concessions to aggressive labor demands. Workers agined 15%-20% wage increases along with improvements in working conditions and company welfare provisions." Vgl. Koo, Hagen (2000): The Dilemmas of Empowered Labor in Korea, S. 234.

[748] Vgl. Kim, Byung-Kook; Lim, Hyun-Chin (2000): Labor Against Itself, S. 125f.

[749] Vgl. Koo, Hagen (2000): The Dilemmas of Empowered Labor in Korea, S. 236, S. 232.

[750] „The strike mobilized some three million workers and shut down production in the automobile, ship building, and other major industries. It also disrupted services in many hospital wards as well as subway operations and television news broadcasting. Despite the unfavourable seasonal factors involving the New Year holidays and cold weather, the three-week long action received consistetly high levels of worker participation and also a surprisingly high level of public support." Vgl. Koo, Hagen (2000): The Dilemmas of Empowered Labor in Korea, S. 227.

bei, sondern setzte vor allem die einheimischen Chaebol unter Druck, denen es angesichts der massiven Proteste schwer fiel, zur Bereinigung ihrer finanziellen Probleme auf Massenentlassungen und Lohnkürzungen zurückzugreifen.

4.3.3.3 Zunehmende Handelskonflikte mit den USA

Während die koreanische Staatsbürokratie in den achtziger und neunziger Jahren *intern* zugunsten der Chaebol sowie der organisierten Arbeiterbewegung an Einfluss verlor, geriet sie *extern* unter wachsenden Druck der USA, die immer weniger bereit waren, das koreanische System der Exportförderung bei gleichzeitiger Abschottung heimischer Märkte zu dulden. So brachen erste Handelskonflikte zwischen den USA und Südkorea bereits 1983 auf, als US-Präsident Reagan die koreanische Regierung dazu aufforderte, Importzölle zu senken, quantitative Importbeschränkungen abzubauen und die Liberalisierung des Handels mit Dienstleistungen voranzutreiben. Für die weitere Zuspitzung der Konflikte waren dann vor allem zwei Entwicklungen verantwortlich:

- Das Ende der Systemauseinandersetzung und der damit verbundene sinkende „geopolitische Wert" Südkoreas als militärischer Verbündeter der USA;[751]
- das vor allem seit der Aufwertung des Yen ab Mitte der achtziger Jahre stark steigende Handelsdefizit der USA mit Südkorea,[752] welches 1987 den Rekordwert von 9,6 Mrd. US$ erreichte.[753]

Im Jahr 1988 verabschiedeten die USA den *Omnibus Trade and Competitiveness Act,* der weitreichende Sanktionen gegen Länder vorsah, die sich „unfairer Handelspraktiken" bedienten. Laut Bello geriet dabei insbesondere Südkorea ins Visier der USA, da es im Vergleich zu Japan über geringere Sanktions- bzw. Abwehrmöglichkeiten verfügte:

> „Korea was the United States' prime target; indeed, given Korea's lack of retaliatory clout, the US treated it far more harshly than Japan, which had the capacity to hit back effectively"[754]

So wurden südkoreanische Hersteller von Fernsehgeräten in den USA Anti-Dumping Verfahren ausgesetzt, südkoreanische Unternehmen wurden gezwungen, freiwillige Selbstbeschränkungsabkommen in den Bereichen Textil, Bekleidung und Stahl abzuschließen und zwischen 1986 und 1989 forcierten die USA eine Aufwertungspolitik der koreanischen Zentralbank, um nur einige Beispiele zu nennen.[755] Was die US-amerikanischen Forderungen betrifft, so

---

[751] Vgl. u.a. Shin, Kwang-Yeong (2000): Globalization and class politics in Korea, S. 145.
[752] Vgl. u.a. Kim, Byung-Kook (2003): The Politics of Chaebol Reform, S. 63.
[753] Vgl. Wilkinson, Barry (1994): Labour and Industry in the Asia-Pacific, S. 83.
[754] Vgl. Bello, Walden (1999): Dark Victory. The United States and Global Poverty, S. 80.
[755] Vgl. Dieter, Heribert (1998): Die Asienkrise, S. 68.

stand neben der Öffnung zahlreicher Sektoren (insbesondere der Landwirtschaft)[756] für US-amerikanische Exporte in erster Linie die Deregulierung des koreanischen Investitionsregimes auf der Agenda.

Mit dem US-Korea Super 301 Agreement von Mai 1989 gab Südkorea dem Druck nach und begann, zahlreiche Sektoren für ausländische Investitionen zu öffnen, das Verfahren zur Genehmigung ausländischer Direktinvestitionen zu erleichtern und sogenannte performance requirements, welche ausländische Direktinvestitionen an bestimmte Kriterien (z.B. Technologietransfer) knüpfen, zu reduzieren.[757] Zur Deregulierung der Finanzmärkte und des Kapitalverkehrs wurden im August 1989 gesonderte Verhandlungen aufgenommen,[758] die 1992 in einer weitreichenden bilateralen Vereinbarung mündeten, welche die Grundlage für das folgende Liberalisierungsprogramm der Regierung Kim Young Sam abgab.[759]

Alles in allem war die US-amerikanische Offensive sehr erfolgreich: So verwandelte sich das Handelsdefizit mit Korea in Höhe von 9,5 Mrd. US$ 1987 innerhalb weniger Jahre in einen Handelsüberschuss in Höhe von 335 Mio. US$ (1991).[760] Und während Südkorea bis Januar 1992 etwa 98 Prozent des Industriesektors und 62 Prozent des Dienstleistungssektors für ausländische Aktieninvestitionen geöffnet hatte,[761] hatten die USA im selben Jahr 70 Einfuhrbeschränkungen für koreanische Produkte verhängt – gegenüber 3 in den achtziger Jahren.[762] Nichtsdestotrotz wurde der Druck auf Südkorea auch in den folgenden Jahren aufrechterhalten, da die koreanischen Zugeständnisse vor allem im Bereich der Investitionen den USA nicht weit genug gingen:

> „The bilateral pressure to liberalize continued under the President's Economic Initiative of 1992, and the Dialogue for Economic Cooperation, which started in 1993. The two channels of dialogue covered a variety of economic topics, but investment-related matters received high priority. Until Korea joined the OECD in

---

[756] „[P]ressure on Korea to open up its agricultural market completely developed in the mid-1980s, focused on cigarettes, beef and rice." Vgl. Bello, Walden (1999): Dark Victory. The United States and Global Poverty, S. 77.

[757] Vgl. Yun, Mikyung (2003): Foreign Direct Investment after the Crisis, S. 236:„The most significant breakthrough came in 1989, when the United States threatened to designate Korea a Priority Foreign Country for negotiations and possible sanctions under its „Super 301" trade laws. Korea was ultimately not designated a Priority Foreign Country, but it ceded to significant liberalization demands from the United States."

[758] Vgl. Kim, Byung-Kook (2003): The Politics of Chaebol Reform, S. 63.

[759] Vgl. Chang, Ha-Joon; Park, Hong-Jae; Yoo, Chul Gyue (1998): Interpreting the Korean crisis: financial liberalisation, industrial policy and corporate governance, S. 738.

[760] Vgl. Bello, Walden (1999): Dark Victory. The United States and Global Poverty, S. 80.

[761] Vgl. US Department of Commerce (1992): Korea: Background – Key Issues. Washington D.C., November 1992, zit. nach Bello, Walden (1999): Dark Victory. The United States and Global Poverty, S. 75.

[762] Vgl. Shin, Kwang-Yeong (2000): Globalization and class politics in Korea, S. 146.

1996, most liberalization measures implemented during the 1990s were the result of bilateral negotiations under the framework of these dialogues.“[763]

Die neoliberalen Reformen unter Präsident Kim Young Sam (1993-1998), die im folgenden Kapitel beschrieben werden, waren also auch das Ergebnis des enormen externen Druckes, dem Südkorea seit Mitte der achtziger Jahre ausgesetzt war, wobei neben den USA allerdings auch die EU[764] sowie internationale Institutionen wie die WTO oder die OECD eine wichtige Rolle spielten.

4.3.4 Neoliberale Reformen im Vorfeld der Krise

Im Nachhinein wird von zahlreichen Autoren die These vertreten, dass die koreanische Finanzkrise von 1997 auf strukturelle Schwächen des koreanischen Finanzsystems zurückgeführt werden kann, die sich u.a. in einer hohen Verschuldung des Unternehmenssektors manifestierten, was schließlich zu einer Reihe von Bankrotten großer Chaebol führte. Allerdings könnten die Meinungen über die Ursachen der strukturellen Schwächen des koreanischen Finanzsystems unterschiedlicher nicht sein: Während IWF und Weltbank an der These festhalten, dass die Deregulierung der Finanzmärkte und des Kapitalverkehrs in Südkorea nicht schnell und umfassend genug vorangetrieben wurde und der Staat sich zu sehr in die Kredit- und Investitionspolitik privater Unternehmen eingemischt hatte,[765] gehen Kritiker davon aus, dass die Krise durch die seit 1993 beschleunigt vorangetriebene Politik der Deregulierung der Finanzmärkte und des Kapitalverkehrs sowie den Rückzug des Staates aus der Industriepolitik erst ermöglicht wurde.[766]

Fest steht, dass unter der Regierung Kim Young Sam, die im Februar 1993 ihr Amt antrat, ein vergleichsweise detalliertes Programm zur Deregulierung und

---

763 Vgl. Yun, Mikyung (2003): Foreign Direct Investment after the Crisis, S. 237.

764 Zwar übte die EU kaum direkten Druck auf Südkorea aus, dafür war es für Südkorea jedoch besonders schwierig, auf dem europäischen Markt Fuß zu fassen: „For Korea, Europe was a more difficult market than either the United States or Asia. While European retail chains gladly bought Korea's less expensive consumer electronics to replace their Japanese lines, European governments took protectionist action much more quickly than the United States had done: At the beginning of 1988 the European Community (EC) suspended the Generalized System of Preference (GSP) benefits, which allowed Korean products preferential import duty rates.“ Vgl. Clifford, Mark L. (1994): Troubled Tiger, S. 242.

765 Vgl. z.B. IMF (1998): World Economic Outlook, October 1998, S. 86 oder World Bank (1999): East Asia: The Road to Recovery, S. 34 oder Young, Soogil (1999): Korea's Financial Crisis: Causes and Prospects, S. 57: „It is easy to see that one major factor has been responsible for most of the problems of Korea's corporate and financial sectors, notably a long tradition of government intervention in the allocation of financial resources among sectors and firms for the purpose of promoting high economic growth and rapid industrialisation.“

766 Vgl. Vgl. Chang, Ha-Joon; Park, Hong-Jae; Yoo, Chul Gyue (1998): Interpreting the Korean Crisis: Financial Liberalisation, Industrial Policy and Corporate Governance, S. 735.

Liberalisierung der Finanzmärkte verfolgt wurde, welches neben der Deregulierung der Zinsen, der Erweiterung der Autonomie der Banken und der Abschaffung von wettbewerbshinderlichen Eintrittsbarrieren erstmals auch Maßnahmen zur Liberalisierung des Devisenhandels sowie die Öffnung der heimischen Kapitalmärkte für ausländische Investoren umfasste.[767] Im Folgenden soll die koreanische Wirtschaftspolitik im Vorfeld der Krise einer Analyse unterzogen werden, wobei die unter der Regierung Kim Young Sam (1993-97) betriebene Industriepolitik sowie die mit dem angestrebten Beitritt zur OECD vorangetriebene Deregulierung der Finanzmärkte und des Kapitalverkehrs im Vordergrund stehen werden.

4.3.4.1 Rückzug des Staates aus der Industriepolitik

Über Jahrzehnte versuchte der koreanische Staat, die Investitionsentscheidungen der großen Unternehmen zu beeinflussen und zu lenken. So wurden Investitionen in strategisch wichtige Industriezweige durch zinsgünstige Kredite gefördert, gleichzeitig wurde der Marktzugang in vielen Industrien strikt beschränkt, um den dort tätigen Unternehmen ausreichende Profite zu sichern und einen zerstörerischen Preiswettbewerb zu vermeiden. Nach Meinung des IWF trug diese Kreditlenkung durch den Staat zu Fehlinvestitionen der Chaebol bei, was deren Profitabilität untergrub:

> „In Korea, government policies, such as access to easy credit through directed lending, played an important role in allowing the chaebol (the large conglomerates) to pursue growth and market share, with inadequate attention to profitability."[768]

Ferner hätten die engen Beziehungen zwischen Staat und Unternehmen zu risikoreichem Verhalten der Seiten der koreanischen Unternehmen geführt, die ohne Rücksicht auf die Profitabilität ihrer Investitionen in immer weitere Branchen expandiert seien – in der Hoffnung, dass der Staat sie im Krisenfall schon vor dem Bankrott bewahren würde:

> "A significant underlying reason for the East Asian crisis is the 'moral hazard' effect. The structure of these countries' economies involve an intricate network of cross shareholdings and personal contacts. A lot of firms had undertaken unduly high risks, in the hope that the state would back them if they faced the threat of bankruptcy (implicit government guarantee). Under these circumstances, firms were able to pocket the profits they earned on risky ventures, while saddling the general public with any substantial losses they incurred."[769]

---

[767] Vgl. Chang, Ha-Joon; Park, Hong-Jae; Yoo, Chul Gyue (1998): Interpreting the Korean crisis: financial liberalisation, industrial policy and corporate governance, in: Cambridge Journal of Economics, Vol. 22, S. 736.

[768] Vgl. IMF (1998): World Economic Outlook, October 1998, S. 86.

[769] Vgl. Aschinger, Gerhard (1998): An Economic Analysis of the East Asia Crisis, S. 63.

Tatsächlich waren die Jahre 1994-1996 in Südkorea durch einen Investitionsboom gekennzeichnet; schließlich galt Südkorea damals als vielversprechender Investitionsstandort und konnte nach der weitgehenden Deregulierung der Finanzmärkte 1993-94 auf große Mengen ausländischen Kapitals zurückgreifen. Ferner trug der von Kim Young Sam am 22. März 1993 verabschiedete New Economy-Plan zur Stimulierung der Investitionstätigkeit bei,[770] die stärker als in früheren Jahrzehnten von den großen Unternehmen sowie – was die Branchen betrifft – von der Schwer- und Chemieindustrie getragen war, wie die folgende Abbildung verdeutlicht, in der drei Phasen hoher Investitionstätigkeit (1972-1979, 1983-1991, 1994-1996) miteinander verglichen werden.

Abb. 56: Investitionszyklen in Südkorea,* 1972-1998

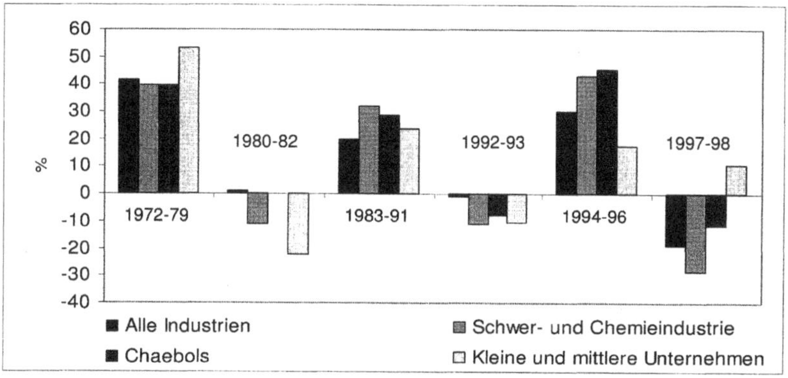

*Trends in facility investments in Korea (growth rates, %)
Quelle: Korea Development Bank: Survey of Facility Investment Plans. Seoul, diverse Ausgaben, zit. nach Haggard, Stephan; Mo, Jongryn (2000): The political economy of the Korean financial crisis, S. 201.

Das Argument des „moral hazard" greift dennoch zu kurz, da der koreanische Staat in der Vergangenheit keineswegs immer für das Überleben der Chaebol eingetreten war, wie Demetriades und Bassam beschreiben:

> „[...] the Korean government allowed many enterprises, including chaebol (large Korean conglomerates) to fail. Even when the government bailed out individual affiliates, the enterprise executives and managers were heavily punished. In addition, poor enterprise performance carried a heavy social stigma [...]."[771]

Hinzu kommt, dass von staatlicher Kredit- und Investitionslenkung spätestens seit Machtantritt des Präsidenten Kim Young Sam im Februar 1993 keine Rede

---

[770] Vgl. Haggard, Stephan; Mo, Jongryn (2000): The Political Economy of the Korean Financial Crisis, S. 202.

[771] Vgl. Demetriades, Panicos O.; Fattouh, Bassam A. (1999): The South Korean Financial Crisis: Competing Explanations and Policy Lessons for Financial Liberalization, S. 786f.

mehr sein kann: So wurde die Praxis der 5-Jahres-Planung, die seit 1962 den übergreifenden Rahmen zur Koordination der Wirtschaftspolitik abgegeben hatte, beendet und die dazugehörige Planungsbehörde – auf Wunsch der USA –[772] im Jahr 1994 aufgelöst bzw. mit dem Finanzministerium zusammengelegt.[773] Die Folge war, dass der Staat auf die Investitionsentscheidungen der Unternehmen immer weniger Einfluss nahm; zumal die Chaebol dank des erweiterten Zugangs zu ausländischen Krediten ihre finanzielle Abhängigkeit vom Staat in den neunziger Jahren deutlich reduzieren konnten. Zwar versuchte der koreanische Staat, die Chaebol dazu zu bewegen, sich auf bestimmte Schlüsselbereiche der Industrie zu konzentrieren, dennoch weiteten viele der großen Unternehmen die Palette ihrer Aktivitäten Mitte der neunziger Jahre weiter aus.[774]

Die u.a. vom IWF vertretene These, nach der die Chaebol dank umfangreicher staatlicher Unterstützung durch Kredite während des Investitionsbooms der neunziger Jahre Überkapazitäten aufgebaut haben, was die Profite (und Exporterlöse) schmälerte, ist also von mehreren Seiten angreifbar. Zum einen lässt sich der Aufbau von überschüssigen Kapazitäten in den neunziger Jahren – im Gegensatz zu den siebziger Jahren – gerade nicht als Ergebnis staatlicher Industriepolitik begreifen, sondern geht vielmehr auf den Abbau staatlicher Kontrollen und Marktzugangsbeschränkungen zurück, die vormals den Wettbewerb reguliert hatten. Wie Haggard und Mo ausführen:

> „Because the government had limited entry into a number of sectors in the past, deregulation led to rapid increases in facility investment in some key industries. In 1995-6, the government struggled to deal with the over-capacity in chemicals brought by the temporary end of investment controls in 1990. In 1994, the government was pressured to relax entry and investment restrictions in steel and semiconductor industries.“[775]

---

[772] „In 1994 South Korea, in an attempt to follow the nagging of its patron, the United States, abolished the Economic Planning Board, Korea's main body for making economic policy since the early 1960s, and loosened virtually all controls over financial institutions.“ Vgl. Johnson, Chalmers (1998): Economic Crisis in East Asia: the Clash of Capitalisms, S. 654.

[773] „[...] in the name of government administrative ‚rationalisation', the planning ministry, the Economic Planning Board (EPB), was merged with the Ministry of Finance (MOF), forming a super-ministry, the Ministry of Finance and Economy (MOFE), which symbolised the demise of (indicative) ‚planning' in Korea.“ Vgl. Chang, Ha-Joon; Park, Hong-Jae; Yoo, Chul Gyue (1998): Interpreting the Korean Crisis: Financial Liberalisation, Industrial Policy and Corporate Governance, S. 739f.

[774] So drang Samsung 1993 in den Automobilmarkt ein, was die Profitabilität der gesamten Branche untergrub, noch bevor das erste Auto von Samsung vom Band lief, wie man am Bankrott der Autofirma Kia im Jahr 1997 sehen konnte. Vgl. Chang, Ha-Joon; Park, Hong-Jae; Yoo, Chul Gyue (1998): Interpreting the Korean Crisis: Financial Liberalisation, Industrial Policy and Corporate Governance, S. 740.

[775] Vgl. Haggard, Stephan; Mo, Jongryn (2000): The Political Economy of the Korean Financial Crisis, S. 202f.

Erst der Rückzug des koreanischen Staates aus der Industrie- und Wettbewerbspolitik bei gleichzeitiger Deregulierung der Finanzmärkte und des Kapitalverkehrs ermöglichte demnach die ungezügelte Expansion der Chaebol vor allem in der Automobilindustrie, im Schiffbau sowie in der Stahl-, Chemie- und Elektronikindustrie, was dazu führte, dass die Gewinnmargen in diesen Branchen im Vorfeld der Krise sanken und ein immer größerer Teil der aufgenommenen Kredite nicht mehr bedient werden konnte.[776]

Allerdings sei an dieser Stelle einschränkend angemerkt, dass es prinzipiell schwierig ist, vorauszusagen, welche Investitionen in Zukunft genügend Gewinn abwerfen. Diesbezüglich sind gerade exportorientierte Länder wie Südkorea von externen Entwicklungen abhängig, die sich nur schwer prognostizieren und/oder kontrollieren lassen.

4.3.4.2 Deregulierung des Kapitalverkehrs und der Finanzmärkte

Der Rückzug des koreanischen Staates aus dem Prozess der Kreditvergabe begann bereits in den frühen achtziger Jahren mit der Privatisierung großer Geschäftsbanken, der schrittweisen Deregulierung der Zinssätze sowie der Expansion von Nicht-Bank-Finanzinstituten (NBFIs), auf die Mitte der neunziger Jahre etwa zwei Drittel aller Einlagen und Kredite entfielen.[777] Dabei verlief die Prozess der Deregulierung der Finanzmärkte und des Kapitalverkehrs in osasiatischen Schwellenländern wie Südkorea vergleichsweise langsam; erst im Zusammenhang mit dem Beitritt zur OECD 1994-96 beschleunigte sich das Tempo der Reformen, die sich sowohl auf den einheimischen Finanzmarkt als auch auf den Kapitalverkehr mit dem Ausland bezogen. So wurde 1994 der Markt für kurzfristige Schuldtitel (Commercial Paper) dereguliert und Eintrittsbarrieren im Finanzsektor reduziert, was zur Expansion von speziellen Finanzinstituten wie den Handelsbanken führte, deren Geschäfte vom Staat kaum überwacht wurden. Für die gewaltige Expansion dieser Handelsbanken sowie für die Expansion der Auslandsverschuldung insgesamt war dann allerdings die Liberalisierung des Kapitalverkehrs im Jahr 1994 entscheidend sowie die Tatsache, dass bis zum Herbst des Jahres 1997 genügend ausländische Finanzkonzerne Interesse daran hatten, Kapital in Form von Portfolioinvestitionen oder kurzfristigen Krediten in Südkorea zu investieren.

Zwar hat die These, nach der die mangelnde Regulierung der Finanzmärkte und des Kapitalverkehrs zur koreanischen Finanzkrise von 1997ff. beigetragen hat,

---

[776] Vgl. Chang, Ha-Joon (1997): Perspective on Korea: A Crisis from Underregulation, in: Los Angeles Times, 31. Dezember 1997.

[777] Vgl. Hahm, Joon-Ho (2003): The Government, the Chaebol and Financial institutions before the Economic Crisis, S. 85.

mittlerweile viele Anhänger gefunden,[778] Institutionen wie der Internationale Währungsfonds oder die Weltbank gehen aber nach wie vor davon aus, dass die prinzipiell richtige Idee der Kapitalmarkt- und Kapitalverkehrsliberalisierung in Südkorea nur falsch umgesetzt wurde. Außerdem verweisen sie im Nachhinein auf strukturelle Schwächen des koreanischen Finanzsystems, die sie auf die langjährige Praxis der Kreditlenkung und staatlichen Einflussnahme im Finanzsektor zurückführen.[779] So habe der Staat durch seine vielfältigen Interventionen in den Wirtschaftsprozess dazu beigetragen, dass die Fähigkeit zur Einschätzung von Kreditrisiken nicht ausreichend ausgebildet worden sei – ein Problem, welches durch den eingeschränkten ausländischen Wettbewerb im Finanzsektor noch verschärft worden sei.[780]

Dem gegenüber steht die These, dass die Expansion der kurzfristigen Verschuldung im Vorfeld der Krise primär auf den Rückzug des koreanischen Staates aus dem Prozeß der Kreditvergabe zurückzuführen ist:

> „Especially in the case of South Korea, the crisis was not due to excessive state's interference but, on the contrary, it has instead been a crisis of underregulation, as the government abandoned in the 1990s – albeit gradually – its traditional role of monitoring properly foreign borrowing and of coordinating investments."[781]

Im Folgenden sollen die verschiedenen Thesen überprüft werden, indem die Reformen im Bereich der Finanzmärkte und des Kapitalverkehrs einer genaueren Analyse unterzogen werden.

4.3.4.2.1 Asymmetrische Liberalisierung des Kapitalverkehrs

Bis Ende der achtziger Jahre existierten in Südkorea strikte Kapitalverkehrskontrollen in Form des Foreign Exchange Concentration System und des Foreign Exchange Management Act. Nach diesen Gesetzen mussten Bestände an Fremdwährungen der koreanischen Zentralbank übergeben werden, d.h. der Besitz von Devisen für private Zwecke (z.B. für Urlaubsreisen oder für den Erwerb

---

[778] „The idea that Korea's financial market liberalization was misguided because of the lack of appropriate regulation has now become a leitmotif of the literature on the crisis." Vgl. Haggard, Stephan; Mo, Jongryn (2000): The Political Economy of the Korean Financial Crisis, S. 206.

[779] „[...] in Korea, for instance, the financial system remained underdeveloped compared with systems in other countries with similar levels of per capita income. [...] government interventions and "guidance" of the financial sector retarded the development of domestic securities markets and also led to problems associated with connected lending, implicit guarantees, and overly exposed financial sectors. Second, financial liberalization was not well sequenced." Vgl. IMF (1998): World Economic Outlook, October 1998, S. 101.

[780] Vgl. IMF (1998): World Economic Outlook, October 1998, S. 102 sowie World Bank (1999): East Asia: The Road to Recovery, S. 34.

[781] Vgl. Bustelo, Pablo (1998): The East Asian Financial Crises: An Analytical Survey, S. 17.

von Vermögenswerten im Ausland) war stark eingeschränkt.[782] Als sich die Situation chronischer Devisenknappheit mit dem Exportboom Ende der achtziger Jahre in ihr Gegenteil verkehrte, begann Südkorea, den Handel mit Devisen Schritt für Schritt freizugeben – ein Prozess der im Vorfeld des Beitritts zur OECD mit dem Foreign Exchange Reform Plan von 1994 und der weitgehenden Abschaffung des Foreign Exchange Concentration System 1995 seinen Höhepunkt erreichte, wie Kim beschreibt:[783]

> „To meet the OECD's requirement for capital market liberalization, Finance Minister Hong Jae Hyung announced a foreign exchange deregulation on February 4, 1994. In March 1995, as Korea formally applied for OECD membership, the MOF initiated another round of deregulation."[784]

Parallel zur Deregulierung des Devisenhandels, durch die ausländischen Banken die Möglichkeit zur Währungsspekulation erhielten,[785] erleichterte der koreanische Staat den einheimischen Finanzinstituten die Aufnahme von kurzfristigen Krediten im Ausland; ausländische Kredite mit längerer Laufzeit sowie ausländische Direkt- und Portfolioinvestitionen blieben dagegen relativ strengen Kontrollen unterworfen.

> „In 1993, the Korean government expanded the purposes for which financial institutions could provide loans denominated in foreign currencies. Short-term foreign borrowing by financial institutions was allowed at the time, while the government maintained quantity restrictions on long-term foreign borrowing as a means of managing capital flows."[786]

Diese asymmetrische Liberalisierung des Kapitalverkehrs ging einerseits auf die Interessen der großen Chaebol und der mit ihnen verbundenen NBFIs zurück, die zur Investitionsfinanzierung zunehmend auf die – günstigeren – Auslandskredite zurückgriffen.[787] Zum anderen hatten aber auch die USA bzw. der Wall Street-Treasury Complex grosses Interesse an der Liberalisierung des kurzfristigen Kapitalverkehrs, wie u.a. ein internes Dokument des US-amerikanischen Finanzministeriums aus dem Jahr 1996 belegt:

---

[782] Vgl. Chang, Ha-Joon; Park, Hong-Jae; Yoo, Chul Gyue (1998): Interpreting the Korean Crisis: Financial Liberalisation, Industrial Policy and Corporate Governance, S. 736.

[783] Ebd., S. 736.

[784] Vgl. Kim, Byung-Kook (2003): The Politics of Chaebol Reform, S. 69.

[785] „Foreign banks were no longer barred from buying and selling large amounts of foreign currency; that enabled them to speculate against the Korean currency, the won..." Vgl. Amsden, Alice H.; Euh, Yoon-Dae (1997): Behind Korea's Plunge, in: New York Times, 27 November 1997.

[786] Vgl. Hahm, Joon-Ho (2003): The Government, the Chaebol and Financial institutions before the Economic Crisis, S. 91.

[787] „unbalanced financial liberalisation resulted from the endogenous response of chaebol which had established dominance in NBFIs. Hence the sequence of financial liberalization was designed to incease the scope of NBFIs and liberalize their related businesses first." Vgl. Hahm, Joon-Ho (2003): The Government, the Chaebol and Financial institutions before the Economic Crisis, S. 93.

"[...] an internal Treasury Department memorandum of June 29, 1996 listed "priority areas where Treasury is seeking further liberalization" in South Korea. These included the short-term foreign borrowing by Korean companies that set the stage for the panicked withdrawal."[788]

In jedem Fall führte die Liberalisierung des Kapitalverkehrs bei gleichzeitigem Abbau von Beschränkungen zur Kreditaufnahme im Ausland zur beschleunigten Akkumulation von kurzfristigen Krediten. Wie die folgende Abbildung verdeutlicht, hat sich die kurzfristige Auslandsverschuldung von 1993 (dem Jahr, als einheimischen Banken die Aufnahme kurzfristiger Kredite im Ausland gestattet wurde) bis 1996 von 12,2 Mrd. US$ auf knapp 67 Mrd. US$ etwa verfünffacht:

Abb. 57: Entwicklung der kurzfristigen Auslandsverschuldung Südkoreas

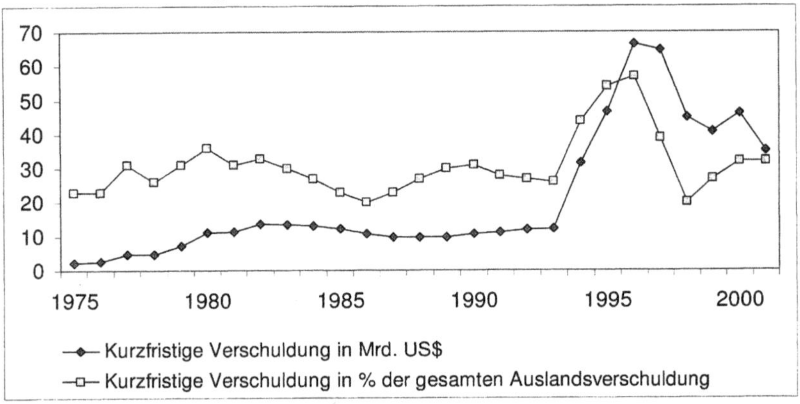

Quelle: World Bank (2003): World Development Indicators

Dagegen verlief die Öffnung der koreanischen Kapitalmärkte vergleichsweise langsam, da man sich der Gefahren, die mit dem Zufluss kurzfristiger Portfolioinvestitionen verknüpft sind, durchaus bewusst war:

„In the past, the Korean government favored a gradual opening of her financial market to avoid speculative movement of hot money. Instead of opening capital markets directly to foreign investors, the government chose to do it indirectly. In other words, it allowed domestic financial institutions to borrow from abroad and distribute the obtained funds in domestic markets. That policy was aimed at securing low cost financing while preventing speculative capital flows. It was presumed that domestic financial institutions were easier to supervise than foreign hedge funds."[789]

---

[788] Vgl. Weisbrot, Mark (1999): Testimony to the United States Trade Deficit Review Commission, 15. November 1999.

[789] Vgl. Park, Daekeun; Rhee, Changyong (1998): Currency Crisis in Korea: How Has it Been Aggravated? S. 21.

Aus diesen Gründen gestatte man ausländischen Investoren erst im Jahr 1992, in den koreanischen Aktienmarkt zu investieren, wobei der Anteil, den Ausländer am Kapital jeder Aktiengesellschaft halten konnten, auf 10 Prozent beschränkt blieb.[790] Die Tatsache, dass koreanische Unternehmen zur Finanzierung ihrer Investitionen überwiegend auf Kredite zurückgriffen und nur in geringem Umfang Aktien ausgaben, erklärt auch, warum die Verschuldung koreanischer Unternehmen deren Marktkapitalisierung um das Drei- bis Vierfache überstieg, was allerdings so lange kein Problem darstellte, als genügend Exporterlöse erwirtschaftet wurden, um den anfallenden Schuldendienst zu bezahlen.

4.3.4.2.2 Reformen des Bank- und Finanzwesens

Wie in der Industrie, so führte auch auf den Finanzmärkten die Reduzierung von Eintrittsbarrieren und Zugangsbeschränkungen zu verschärftem Wettbewerb von Finanzinstitutionen, die sich vor dem Hintergrund der parallel verlaufenden Deregulierung des Kapitalverkehrs in immer risikoreicheren Geschäftsfeldern engagierten. So wurde 1994 der Markt für Commercial Paper dereguliert und damit ein attraktives Geschäftsfeld für die zahlreichen neugegründeten Handelsbanken (merchant banks) geschaffen,[791] was zur Expansion der kurzfristigen Verschuldung beitrug:

> „Leading the rapid build-up of short-term foreign debt were the inexperiened merchant banks [...], newly licensed by the Kim government in the name of financial liberalization – nine of them in 1994, and fifteen in July 1996, in addition to the six that existed before the 1993 financial liberalisation programme. The total foreign debt stock of the merchant banks rose by around 60,1% per annum during 1994-96, from 7,27 billion to $ 18,62 billion, vastly outpacing the growth of total foreign debt at 33,6% per annum [...].“[792]

Im Gegensatz zu den Geschäftsbanken unterlagen die speziellen Handelsbanken (merchant banks), die zu den Non-Bank Financial Institutions (NBFIs) zählen, keinerlei Vorschriften bzgl. der Eigentümerstruktur, was zur Folge hatte, dass die Mehrzahl (16) von ihnen von den Chaebol kontrolliert wurde. Auch waren die merchant banks von Eigenkapitalvorschriften ausgenommen und konnten unkontrolliert im Ausland Kredite aufnehmen – was sie auch in großem Umfang taten, da die Zinsen dort lange Zeit niedriger waren als in Korea selbst. Dabei wurde das kurzfristig im Ausland geborgte Kapital in der Regel an die Chaebol weitergeleitet und/oder in risikoreiche Finanzanlagen investiert:

---

[790] Vgl. Odrich, Barbara (1994): Südkorea ist mit dem neuen Präsidenten auf Wachstumskurs. Aber nun muß er den Gegnern von Marktöffnung widerstehen, in: FAZ, 11. April 1994.

[791] Vgl. Haggard, Stephan; Mo, Jongryn (2000): The Political Economy of the Korean Financial Crisis, S. 204.

[792] Vgl. Chang, Ha-Joon; Park, Hong-Jae; Yoo, Chul Gyue (1998): Interpreting the Korean Crisis: Financial Liberalisation, Industrial Policy and Corporate Governance, S. 738.

„In the absence of effective supervision, merchant banking corporations engaged in increasingly risky business. The loan concentration to chaebol was relatively high, and they often borrowed short-term, at low interest rates from abroad and invested in long-term, high-yield assets in foreign currencies (such as Russian bonds), exposing themselves to substantial duration mismatch and currency risks. They even engaged in various off-balance-sheet transactions on risky offshore products.“[793]

Sowohl die Missachtung des Währungsrisikos, die durch die langjährige Anbindung des koreanischen Won an den US-Dollar gefördert wurde, als auch die verbreitete Praxis, kurzfristige ausländische Kredite langfristig zu investieren, erhöhte die Anfälligkeit des koreanischen Finanzsystems für Finanzkrisen, was in der zweiten Hälfte des Jahres 1997 offenkundig wurde, als mehr und mehr ausländische Banken sich weigerten, die Kreditlinien für koreanische Banken und NBFIs zu verlängern. So war das Problem der Fristeninkongruenz vor allem bei den merchant banks sehr ausgeprägt: Zu Beginn der Finanzkrise waren 64 Prozent ihrer *aufgenommen*en Kredite kurzfristiger Natur, während 85 Prozent der *vergebenen* Kredite in langfristigen Anlagen investiert waren.[794]

Letztlich zeigt ein Vergleich der finanziellen Situation der koreanischen Geschäftsbanken mit jener der unregulierten merchant banks, dass eine wichtige Ursache der Finanzkrise von 1997 in der Deregulierung der Finanzmärkte und der daraus resultierenden mangelhaften staatlichen Überwachung und Kontrolle des Nicht-Banken-Finanzsektors lag, während sich für die These, nach der der große staatliche Einfluss im Finanzwesen zu einer risikoreichen Geschäftspolitik koreanischer Finanzinstitutionen beigetragen hat, kaum Hinweise finden lassen.[795] So hatten die merchant banks, deren Aktivitäten vom Staat nicht überwacht wurden und die im Falle von Schwierigkeiten – im Gegensatz zu den Geschäftsbanken – nicht auf staatliche Unterstützung rechnen konnten,[796] fast dreimal so viele Problemkredite akkumuliert wie der staatlich kontrollierte Ge-

---

[793] Vgl. Hahm, Joon-Ho (2003): The Government, the Chaebol and Financial institutions before the Economic Crisis, S. 89.

[794] Vgl. Chang, Ha-Joon; Park, Hong-Jae; Yoo, Chul Gyue (1998): Interpreting the Korean Crisis: Financial Liberalisation, Industrial Policy and Corporate Governance, S. 739.

[795] Gegen letztere These spricht auch, dass die Verschuldung in den ostasiatischen Schwellenländern primär von *privaten Akteuren* aufgenommen wurde, wie Wade beschreibt: "In contrast to Latin America in the 1980s, East and Southeast Asia's debt is mostly *private*; the debt has been incurred by private borrowers and private lenders, with little government direction." Vgl. Wade, Robert (1998): The Asian Debt-and-development Crisis of 1997-? S. 1536.

[796] "[I]f the chaebols were counting on government bail-out, they would not have increased as they did their exposure to the non-bank financial institutions (NBFIs), such as the merchant banks, since it was generally accepted that, given their greater freedom from government regulation and their small size, NBFIs were themselves highly unlikely to be bailed out in cases of failure." Vgl. Chang, Ha-Joon; Park, Hong-Jae; Yoo, Chul Gyue (1998): Interpreting the Korean Crisis: Financial Liberalisation, Industrial Policy and Corporate Governance, S. 743.

schäftsbankensektor.[797] Dabei gab es durchaus Institutionen wie die Bank of Korea, die seit 1995 insgesamt 18 Mal versucht hatte, das koreanische Wirtschafts- und Finanzministerium MOFE auf die Risiken der kurzfristigen Verschuldung der merchant banks aufmerksam zu machen, d.h. das Problem lag weniger in der fehlenden Überwachung per se als in der Untätigkeit des MOFE.[798]

4.3.5 Die Zuspitzung der Krise

Bis in das Krisenjahr 1997 hinein wurde die wirtschaftliche Entwicklung Südkoreas von internationalen Organisationen wie dem IWF, ausländischen Regierungen sowie den Finanzmärkten positiv eingeschätzt,[799] was darauf zurückgeführt werden kann, dass die von IWF und Weltbank üblicherweise verwendeten Krisenindikatoren kaum Anlass zur Sorge gaben: Die Inflation war gering, der Staatshaushalt ausgeglichen, die Wechselkursrisiken erschienen vor dem Hintergrund der langjährigen Anbindung an den US$ vernachlässigenswert; zudem konnte Südkorea auf kontinuierlich hohe Wachstumsraten sowie Spar- und Investitionsquoten verweisen.[800]

Selbst die Auslandsverschuldung betrug ein Jahr vor der Krise lediglich 22 Prozent des BSP und lag damit weit unter der von der Weltbank definierten „kritischen Grenze“ von 48 Prozent; gleiches galt für die koreanische Schuldendienstquote, die sich nach Angaben des Weltbank-Berichtes „Global Development Finance“ aus dem Jahr 1997 auf nur 5,8 Prozent belief[801] und damit nicht einmal ein Drittel des als kritisch angesehenen Wertes von 18 Prozent erreichte.[802]

[797] „At the end of 1996, the nonperforming loan to capital ratio of the merchant banking corporations was as high as 31,9 percent, while the ratio was 12,2 percent in the commercial banking sector.“ Vgl. Hahm, Joon-Ho (2003): The Government, the Chaebol and Financial institutions before the Economic Crisis, S. 89.

[798] Vgl. Choi, Jin-Wook (2002): Regulatory Forbearance and Financial Crisis in South Korea, S. 264.

[799] Vgl. u.a. Aschinger, Gerhard (2000): Währungs- und Finanzkrisen, S. 231.

[800] Vgl. Singh, Ajit (1998): „Asian Capitalism“ and the Financial Crisis, S. 10f.

[801] Die in der Abbildung verwendeten Daten der Weltbank (World Development Indicators) weisen für die Jahre vor der Krise allerdings etwas höhere Werte aus als der Weltbankbericht (Global Development Finance) des Jahres 1997.

[802] Vgl. Chang, Ha-Joon; Park, Hong-Jae; Yoo, Chul Gyue (1998): Interpreting the Korean Crisis: Financial Liberalisation, Industrial Policy and Corporate Governance, S. 738.

Abb 58: Schulden- und Schuldendienstquote* Südkoreas und Argentiniens

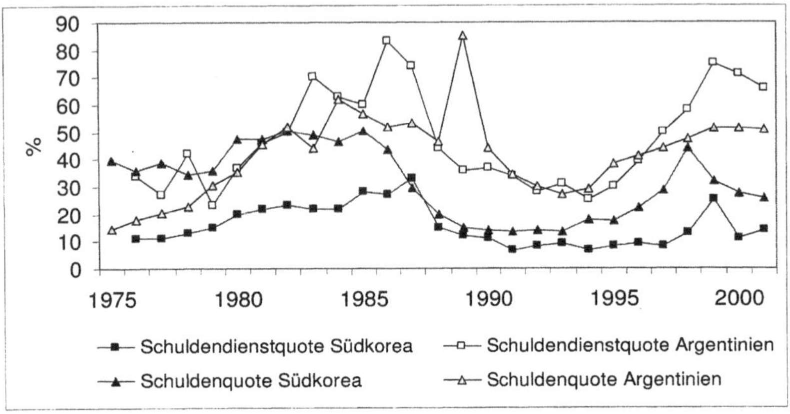

*Schuldendienstquote: Schuldendienst in Prozent der Exorte von Gütern und Diensten; Schuldenquote: Gesamte Auslandsverschuldung in Prozent des BSP.
Quelle: World Bank (2003): World Development Indicators, eigene Berechnungen.

Dennoch waren schon im Vorfeld der Krise Daten verfügbar, die auf die Verschärfung der Verschuldungssituation ostasiatischer Schwellenländer hinwiesen.[803] So ging z.B. aus den Statistiken der Bank für Internationalen Zahlungsausgleich hervor, dass 70 Prozent aller Forderungen an Südkorea, die von 47 Mrd. US$ Ende 1993 auf über 100 Mrd. US$ im Jahr 1996 angestiegen waren, innerhalb eines Jahres fällig wurden,[804] was angesichts von Devisenreserven in Höhe von lediglich 31 Mrd. US$ (Anfang 1997) die Gefahr einer akuten Liquiditätskrise heraufbeschwor. So schätzt die Asian Development Bank, dass die kurzfristige Auslandsverschuldung Südkoreas die Devisenreserven Mitte des Jahres 1997 um mehr als das Doppelte überstieg.[805]

[803] Zu diesem Ergebnis kommt auch die Evaluation der Strukturanpassungspolitik des IWF aus dem Jahr 2003: „In Korea, while many of the vulnerabilities that would later contribute to the crisis were identified, the overall assessment turned out to be excessively optimistic. In large part, this was due to the poor quality of the data provided by the authorities on bank loan quality, reserves, and external debt. However, the data that existed, such as those available from the Bank for International Settlements (BIS), were also not adequately utilized. At the same time, the surveillance team (in common with most observers in the public and private sectors at the time) was overly sanguine in its interpretation of the data. In particular, there was insufficient appreciation of the risks introduced by Korea's financial liberalization strategy, which encouraged the buildup of short-term external borrowing by weak, poorly regulated financial institutions.“ Vgl. IMF (2003): Evaluation Report. The IMF and Recent Capital Account Crises, S. 25.

[804] Vgl. BIS (2003): Consolidated Claims of Reporting Banks in Individual Countries. URL: http://www.bis.org/statistics/consstats.htm

[805] Asian Development Bank (1999): Asian Development Outlook. Manila, S. 26.

Abb. 59: Forderungen der BIZ-Banken an Südkorea; 1984-2003

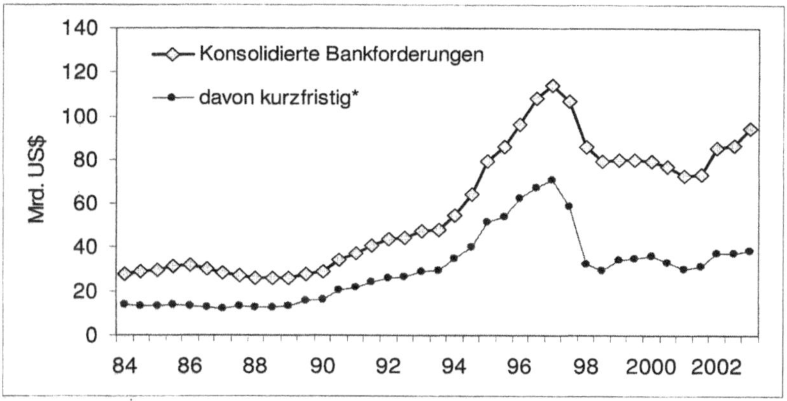

Quelle: BIS (2003): Consolidated Claims of Reporting Banks on Individual Countries.

Dabei wurde der Kreditboom im Vorfeld der Krise vor allem von europäischen und japanischen Banken getragen, wobei der Anstieg bei den europäischen Banken besonders steil war: Zwischen 1994 und Mitte 1997 verdreifachten sich die Forderungen europäischer Banken an Südkorea von 8,7 auf 26,6 Mrd. US$.[806]

Abb. 60: Forderungen ausländischer Banken an Südkorea, 1984-2003*

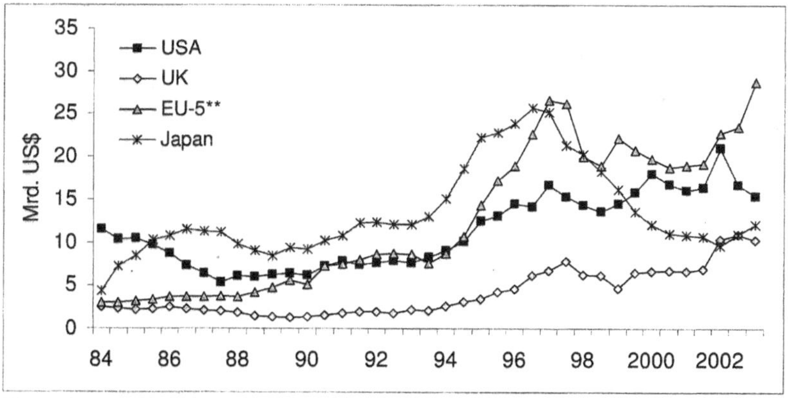

*Daten jeweils vom 2. und 4. Quartal (von Q2 1984 bis Q2 2003).
**Deutschland, Frankreich, Spanien, Italien, Schweiz
Quelle: Bank für Internationalen Zahlungsausgleich (2003): Consolidated Claims of Reporting Banks in Individual Countries, eigene Zusammenstellung

[806] Vgl. BIS (2003): Consolidated Claims of Reporting Banks in Individual Countries. URL: http://www.bis.org/statistics/consstats.htm

Die Frage, inwiefern die koreanische Finanzkrise eine spekulationsbedingte Krise war, die erst durch den panikartigen Rückzug ausländischer Investoren ausgelöst wurde oder inwiefern sie auf einheimische Fehlentwicklungen und strukturelle Defizite zurückzuführen ist, wird bis heute kontrovers diskutiert.[807] Im Folgenden soll argumentiert werden, dass vor dem Hintergrund der (allerdings seit Jahrzehnten bestehenden) hohen Verschuldung koreanischer Unternehmen bereits eine geringfügige Abschwächung der Exportdynamik in den Jahren 1995/96 ausreichte, um einige große Chaebol in den Bankrott zu treiben, was wiederum die Stabilität des Finanzsystems beeinträchtigte. Allerdings kann vermutet werden, dass Südkorea diese Schwierigkeiten ohne große Einbrüche der Wachstums- und Investitionsdynamik überstanden hätte, wenn es nicht aufgrund des plötzlichen Rückzug ausländischen Kapitals in der zweiten Jahreshälfte 1997 in eine schwere Liquiditätskrise geraten wäre, durch welche die Probleme im Banken- und Unternehmenssektor eine krisenhafte Zuspitzung erfuhren.

4.3.5.1 Abschwächung der Exportdynamik

Ein Jahr vor Beginn der Asienkrise gingen die Exporte der ostasiatischen Schwellenländer deutlich zurück, was die Leistungsbilanzdefizite anschwellen ließ und die Relation der kurzfristigen Verschuldung zu den Exporterlösen deutlich verschlechterte. Laut Islam (1999) war es in erster Linie dieser Rückgang des Exportwachstums, der die Fähigkeit zur Bedienung des Schuldendienstes untergrub und zur Zuspitzung der Krise beitrug:

> „[...] with the exceptions of Indonesia and Malaysia, there were no major increases in short-term debt as a proportion of exports until 1995. It was only in 1996 that there was a very large increase in this latter ratio in all the countries, primarily as a result of deceleration in export growth. As exports slowed down sharply in 1996 and early 1997, concerns arose about debt service capacity...One can therefore argue that the fall in export growth, rather than the volume of short-term debt per se, is a better explanation for the crisis."[808]

---

[807] Die „financial panic"-These wird dabei u.a. von prominenten Ökonomen wie Joseph Stiglitz oder Jeffrey Sachs vertreten, während im Umfeld von IWF, Weltbank und OECD sowie in der US-Administration der Schwerpunkt auf die strukturellen Defizite der ostasiatischen Krisenländer gelegt wird. Einen Überblick über die Debatte liefert u.a. Robert Wade in seinem 1998 erschienen Artikel „The Asian Debt-and-development Crisis of 1997-?: Causes and Consequences".

[808] Vgl. Islam, Azizul (1999):The Dynamics of Asian Economic Crisis and Selected Policy Implications, S. 57.

Abb. 61: Kurzfristige Verschuldung in Prozent der Exporte von Gütern und Diensten und jährliches Wachstum der Exporte in Südkorea

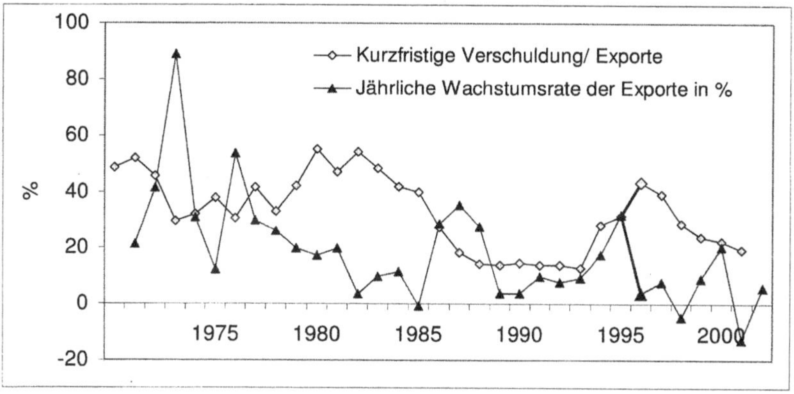

Quelle: World Bank (2003): World Development Indicators, eigene Berechnungen.

Verantwortlich für den Rückgang des Exportwachstums von 32 Prozent im Jahr 1995 auf knapp 4 Prozent 1996 war einerseits die deutliche Verschlechterung der terms of trade:[809] So gingen die Preise für die Hauptexportprodukte Südkoreas wie Halbleiterchips, Stahl und chemische Produkte in den Jahren 1996/97 zurück, was vor allem jene Chaebol belastete, die in den Jahren zuvor massive Investitionen in diesen Branchen getätigt hatten. So fiel zum Beispiel der Preis einer Einheit von Halbleiterchips im Lauf des Jahres 1996 um mehr als 80 Prozent,[810] was insofern ein Problem für die gesamte koreanische Wirtschaft darstellte als Halbleiter seit Mitte der neunziger Jahre das bedeutendste Exportprodukt darstellten, mit dem nahezu ein Viertel der gesamten Exporterlöse erzielt wurde.[811] Neben dem Verfall der Preise zentraler Exportprodukte[812] wirkte sich die Abwertung des japanischen Yen gegenüber dem US$ negativ auf die Entwicklung der koreanischen Exporte aus.[813] So sank der Wert des Yen gegenüber dem US$ von 1995 bis Mitte 1997 um 30

[809] „Korea's terms of trade fell by 22% from 1995 to 1997." Vgl. Chopra, Ajai; Kang, Kenneth et. al. (2001): From Crisis to Recovery in Korea, S. 12.

[810] Vgl. Radelet, Steven; Sachs, Jeffrey (1998): The Onset of the East Asian Financial Crisis, S. 19.

[811] „The decline of semiconductor prices [...] played a particularly important role in the second half of 1996, as nearly a quarter of Korea's total exports are semiconductor devices." Vgl. Haggard, Stephan; MacIntyre, Andrew (2000): The Political Economy of the Asian Financial Crisis, S. 69.

[812] Der Preisverfall für koreanische Exportprodukte setzte sich in den Krisenjahren fort: „In Korea, [...] export unit values fell by some 30 percent between 1996 and 1998, offsetting most of its gains in export volumes." Vgl. Greene, Joshua E. (2002): The Output Decline in Asian Crisis Countries: Investment Aspects, S. 6.

[813] Vgl. Koh, B.C. (1997): South Korea in 1996. Internal Strains and External Challenges, S.9.

Prozent,[814] was die Wettbewerbsfähigkeit koreanischer Unternehmen entsprechend verschlechterte, da der Wert des Won eng an den des US$ gekoppelt war.

4.3.5.2 Bankrott mehrerer Chaebol

Die aus der Verschlechterung der Terms of Trade und der Abwertung des Yen resultierende Abschwächung des koreanischen Exportwachstums übte hohen Druck auf die bereits schmalen Gewinnmargen der Chaebol aus. So war die durchschnittliche Relation der Verschuldung zum Aktienkapital (Debt/Equity-Ratio) koreanischer Unternehmen Ende 1996 auf 317 angestiegen.[815] Allerdings verbergen sich hinter diesen Durchschnittswerten große Unterschiede: So erreichte die Debt/Equity-Ratio von zwölf der dreißig größten Chaebol Werte von über 500, wie die folgende Tabelle verdeutlicht.

Tab. 36: Debt/Equity-Ratio der 30 größten Chaebol, Ende 1996

Unternehmen (Gesamtvermögen / Schulden)*		Debt/ Equity	Unternehmen (Gesamtvermögen / Schulden)*		Debt/ Equity
Samsung	(508,6 / 370,4)	268,2	Hanil	(26,3 / 22,3)	**563,2**
Hyundai	(531,8 / 433,2)	439,1	Donga Construction	(62,9 / 49,1)	355,0
Daewoo	(342,1 / 263,8)	337,3	Kohap	(36,5 / 31,2)	**589,5**
Lucky-Goldstar	(370,7 / 287,7)	346,5	Jinro	(39,4 / 39,0)	**8598,7**
Hanjin	(139,0 / 117,9)	**556,9**	Dongguk Jaekank	(37,0 / 25,4)	210,4
Kia	(141,6 / 118,9)	**523,6**	Lotte	(77,5 / 51,0)	191,2
Ssangyong	(158,1 / 127,0)	409,0	Kolon	(38,0 / 28,9)	316,5
Sunkyong	(227,3 / 180,4)	385,0	Haitai	(34,0 / 29,5)	**658,3**
Hanhwa	(109,7 / 97,2)	**778,2**	Sinho Jaeji	(21,3 / 17,7)	489,5
Daelim	(57,9 / 45,9)	380,1	Anam Industrial	(26,4 / 21,8)	478,1
Kumho	(74,0 / 61,2)	477,9	Dongguk Muyok	(16,2 / 13,6)	**587,9**
Doosan	(64,0 / 55,9)	**692,3**	New Core	(28,0 / 25,9)	**1224,0**
Halla	(66,3 / 63,2)	**2067,6**	Bongil	(20,3 / 18,3)	**920,5**
Sammi	(25,2 / 25,9)	**3329,0**	Hansol	(47,9 / 37,1)	343,2
Hyosung	(41,2 / 32,5)	373,2	Hansin Kongyong	(13,3 / 11,5)	**648,8**

* in hundert Mio. Won

Quelle: Chosun Ilbo, 29. November 1997, zit. nach Corsetti, Giancarlo; Paolo Pesenti, Nouriel Roubini (1998): What caused the Asian currency and financial crisis? Annex, Table 7.

[814] Vgl. Aschinger, Gerhard (2000): Währungs- und Finanzkrisen, S. 265.

[815] Vgl. World Bank (1999): East Asia: The Road to Recovery, S.8.

Dabei zeigt die Tabelle allerdings auch, dass die Relation zwischen der Verschuldung und dem *Gesamtvermögen* der Chaebol weitaus geringer war als die Relation zwischen Verschuldung und *Marktkapitalisierung*, d.h. die hohe Debt/Equity-Ratio lässt sich primär darauf zurückführen, dass die Chaebol nur in vergleichsweise geringem Umfang auf die Ausgabe von Aktien zur Finanzierung ihrer Aktivitäten zurückgriffen.[816]

Die Verschlechterung der Finanzsituation der koreanischen Unternehmen kann man aber auch an anderen Indikatoren festmachen. So nahm die Eigenkapitalrentabilität der koreanischen Unternehmen ab 1995 ab; gleichzeitig stieg der Anteil der koreanischen Firmen, deren Zinszahlungen die Gewinne überstiegen, auf über 30 Prozent im Jahr 1997 an:

Abb. 62: Eigenkapitalrentabilität koreanischer Unternehmen und Anteil der Unternehmen mit höheren Zinskosten als Gewinnen (in Prozent aller Unternehmen), 1991-97

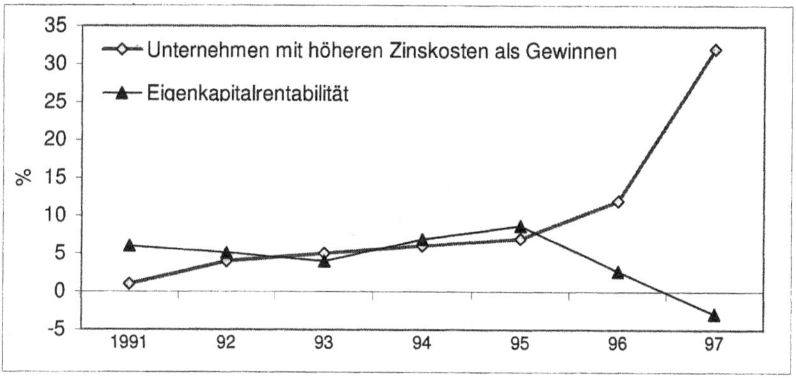

Quelle: World Bank (1999): East Asia: The Road to Recovery, S. 57f.

Aufgrund der sich verschlechternden Finanzsituation von koreanischen Unternehmen und Banken kam es bereits in den Jahren vor der Krise zu einem Einbruch der Kurse am Aktienmarkt. So fiel der koreanische Aktienindex KOSPI von seinem Höchststand von 1138 Punkten, der am 8. November 1994 erreicht worden war, auf 611 Punkte im Januar 1997 zurück, was einem Verlust von fast 50 Prozent seines Wertes entsprach.[817]

[816] Wie Kamppeter beschreibt, ist es angesichts des koreanischen Systems der Unternehmens- und Investitionsfinanzierung sinnvoller, die Verschuldung der Unternehmen nicht mit dem Eigenkapital bzw. mit dem *Börsenwert des Unternehmenskapitals*, sondern mit dem *Gesamtvermögen* ins Verhältnis zu setzen. Vgl. Kamppeter, Werner (2000): Korea: Wie falsche Propheten recht behalten können, S. 71.

[817] Vgl. Aschinger, Gerhard (2000): Währungs- und Finanzkrisen, S. 253.

Am 23. Januar 1997 musste der vierzehntgrößte Chaebol, der Stahlkonzern Hanbo, mit Schulden von mehr als 6 Mrd. US$ Konkurs anmelden.[818] Zwar signalisierte dies einerseits ein Ende der „too big-to-fail"-Politik, nach der große Unternehmen durch weitere Kredite des Staates am Leben erhalten wurden; andererseits trug die mit dem Bankrott verknüpfte Aufdeckung eines Korruptionsskandals, in den auch der Sohn des Präsidenten verwickelt war, zur Schwächung der Regierung Kim Young Sam bei.[819] In den folgenden Monaten kam es zu weiteren spektakulären Bankrottfällen,[820] die wiederum das koreanische Finanzsystem unter starken Druck setzten, da die ausländischen Kredite der Unternehmen in der Regel über die merchant banks vermittelt wurden, die mitunter sogar die Garantie des Schuldendienstes übernommen hatten.[821] Zur Stützung des Finanzystems wurde daher im April 1997 die Korea Asset Management Corporation KAMCO gegründet, deren Aufgabe darin bestand, die faulen Kredite der insolventen Firmen aufzukaufen und weiterzuverkaufen.[822]

Der größte Schlag für die koreanische Wirtschaft kam schließlich im Juli 1997, als der siebtgrößte Chaebol des Landes, der Autohersteller Kia, unter einer Schuldenlast von 10 Mrd. US$ zusammenzubrechen drohte. Nach monatelangen Auseinandersetzungen zwischen der Regierung einerseits sowie den Beschäftigten von Kia, den Gewerkschaften sowie zahlreichen NGOs andererseits, entschied sich die Regierung am 22. Oktober 1997 zu einer Rettung der hochverschuldeten Unternehmensgruppe. Laut Park und Rhee verunsicherte diese Entscheidung die ausländischen Investoren und Kreditgeber und trug erheblich dazu bei, die Krise des privaten Bankensystems in eine Schuldenkrise des koreanischen Staates zu transformieren.[823]

---

[818] Vgl. Heo, Uk; Kim, Sunwoong (2000): Financial Crisis in South Korea, S. 497.

[819] Vgl. u.a. Park, Tong Whan (1998): South Korea in 1997, S. 2.

[820] So mussten im Lauf des Jahres 1997 insgesamt zwölf chaebol Konkurs anmelden, vier davon zählten zu den 30 größten chaebol des Landes. Vgl. Young, Soogil (1999): Korea's Financial Crisis: Causes and Prospects, S. 56.

[821] Vgl. Radelet, Steven; Sachs, Jeffrey (1998): The Onset of the East Asian Financial Crisis, S. 18.

[822] Vgl. Heo, Uk; Kim, Sunwoong (2000): Financial Crisis in South Korea, S. 505.

[823] „At this precarious moment, the government made a critical mistake that threw fire to nervous foreign investors. Exhausted by the three-month-long political battle, the government reluctantly decided to bail out the near-bankrupt Kia Group on October 22; this was the moment when Korea's private banking crisis officially turned into a sovereign one." Vgl. Park, Daekeun; Rhee, Changyong (1998): Currency Crisis in Korea: How Has It Been Aggravated? S. 15.

4.3.5.3 Auswirkungen der Finanzkrisen in Südostasien

Dass die unmittelbare Ursache der Asienkrise in dem enormen Umschwung privater Kapitalströme zu suchen ist, wird mittlerweile kaum noch bestritten.[824] Allerdings schien es zunächst, als würde Südkorea von dem panikartigen Rückzug ausländischen Kapitals, welcher im Juli 1997 zur Abwertung des thailändischen Baht, der indonesischen Rupiah und des malaysischen Ringgit führte, verschont bleiben – schließlich befand sich Südkorea auf einem deutlich höheren Entwicklungsniveau und hatte im Vergleich zu Thailand oder Indonesien weitaus weniger Kapital für Immobilien- und Finanzspekulationen verwendet.[825]

Zwar kam es schon Ende Juli/Anfang August 1997 zu einer geringfügigen Abstufung der Bonität Südkoreas durch führende Rating-Agenturen; der massive Rückzug ausländischer Investoren begann jedoch erst in der zweiten Oktoberhälfte,[826] als sich die Asienkrise auf Taiwan und Hongkong ausdehnte und es weltweit zu massiven Einbrüchen auf den Aktienmärkten kam. Haggard und MacIntyre zufolge war es vor allem der Crash auf den Aktienmärkten in Hongkong und Tokyo, der die Investoren dazu veranlasste, sich auch aus Südkorea zurückzuziehen:

> „In respect of the short-term factors responsible for the crisis, there can be little doubt that the events in the Hong Kong and Tokyo stock markets in the week of 20-24 October played a major role in setting off the Korean crisis.“[827]

4.3.5.4 Der Verlauf der Krise

Mit dem Ziel, die Märkte zu beruhigen, gab das koreanische Finanzministerium am 25. August 1997 bekannt, dass alle Auslandsschulden koreanischer Finanzinstitutionen vom Staat garantiert würden, was laut Kamppeter jedoch eine verheerende Signalwirkung hatte, da die Ankündigung von ausländischen Anlegern und Banken bzw. von der Finanzpresse (Economist, Financial Times, Asian Wall Street Journal) so interpretiert wurde, als würden sich koreanische Unternehmen und Banken in großen Schwierigkeiten befinden..[828]

---

[824] „[...] it is generally agreed that the proximate cause of the crisis in all the four affected countries was the capital supply shock – the sudden interruption and reversal of normal capital inflows into these economies.“ Vgl. Singh, Ajit (1998): "Asian Capitalism" and the Financial Crisis, S. 12.

[825] Vgl. Aschinger, Gerhard (2000): Währungs- und Finanzkrisen, S. 238.

[826] „Only in late October, did the international capital market anticipate the upcoming crisis in Korea [...]“ Vgl. Park, Daekeun; Rhee, Changyong (1998): Currency Crisis in Korea: How Has It Been Aggravated? S. 14.

[827] Vgl. Haggard, Stephan; MacIntyre, Andrew (2000): The Political Economy of the Asian Financial Crisis: Korea and Thailand Compared, S. 69.

[828] Vgl. Kamppeter, Werner (2000): Korea: Wie falsche Propheten recht behalten können, S. 79.

Spätestens Ende Oktober 1997 befand sich Südkorea dann in einem Teufelskreis: So führte die Abstufung der Kreditwürdigkeit Südkoreas durch internationale Rating-Agenturen zu einer Verunsicherung ausländischer Banken und Investoren, die ihr Kapital verstärkt aus Korea abzogen bzw. ihre Kreditlinien nicht verlängerten. Der mit dem Kreditstopp verbundene Verlust an Devisenreserven setzte die koreanische Währung unter Druck, was sich wiederum negativ auf die Finanzlage der hochverschuldeten Banken und Unternehmen auswirkte und so den Rating-Agenturen Anlass für eine Neubewertung des Kreditrisikos gab, die dann wiederum den Rückzug ausländischer Investoren aus Südkorea beschleunigte.

Am 24. Oktober, ein Tag nach dem Crash des Hongkonger Aktienmarkts, wurde die Bonität Südkoreas von der Rating-Agentur S&P von AA- auf A+ herabgestuft.[829] Der Won geriet unter Druck und durchbrach Mitte November die psychologisch wichtige Marke von 1000 Won per Dollar, um bis Ende des Jahres auf Werte von über 1800 Won per US-Dollar zu fallen. Insgesamt belief sich der Nettokapitalabfluss aus Südkorea allein im November auf etwa 15 Mrd. US$,[830] wobei der Kreditstopp ausländischer Banken von großer Bedeutung war:

> „...net lending by foreign investors to Korean banks plunged remarkably, from $ 18 billion in 1996 to -6 billion in 1997. Furthermore, the roll-over rates by foreign bank creditors also dropped sharply, from almost 80% in October 1997, to about 30% in December 1997.“[831]

Angesichts der rapide schwindenden Devisenreserven gab die südkoreanische Regierung am 21. November bekannt, dass sie den IWF um Unterstützung bitten würde. Am 3./4. Dezember 1997 vereinbarte der IWF mit Südkorea ein Anpassungsprogramm, welches Überbrückungskredite in Höhe von insgesamt 58,4 Mrd. US$ vorsah – davon stammten 21,1 Mrd. US$ vom IWF selbst, 10 Mrd. US$ von der Weltbank, 4 Mrd. US$ von der Asiatischen Entwicklungsbank sowie weitere 23,1 Mrd. US$ von Japan, den USA und anderen Industrieländern.[832] Doch trotz des bis dahin größten Überbrückungskredits in der Geschichte des IWF setzte sich die Kapitalflucht fort, so dass die Liquiditätskrise am 23. Dezember mit Devisenreserven nahe Null und einer Abwertung des Won von knapp 20 Prozent seinen Höhepunkt erreichte.[833]

---

[829] Vgl. Park, Daekeun; Rhee, Changyong (1998): Currency Crisis in Korea: How Has It Been Aggravated? S. 16.

[830] Vgl. Lim, Wonhyuk; Haggard, Stephan; Kim, Euysung (2003): Introduction: The Political Economy of Corporate Restructuring, S. 16

[831] Vgl. Choi, Jin-Wook (2002): Regulatory Forbearance and Financial Crisis in South Korea, S. 259.

[832] Vgl. Aschinger, Gerhard (2000): Währungs- und Finanzkrisen, S. 248.

[833] Ebd., S. 240.

Für diese Verschärfung der Situation im Dezember 1997 waren mehrere Faktoren verantwortlich: So stellte ein vertraulicher Bericht des IWF Anfang Dezember fest, dass die kurzfristige Verschuldung Südkoreas mit über 100 Mrd. US$ doppelt so hoch war wie von der koreanischen Regierung behauptet.[834] Gleichzeitig kursierte die Nachricht, dass sich die Devisenreserven – im Gegensatz zu Angaben der koreanischen Regierung – auf nur noch 5 Mrd. US$ beliefen.[835] Laut Kamppeter goß dieser Bericht

> „[...] Öl ins Feuer der Ängste der Gläubiger und Anleger. Die Medien sprachen von der Unglaubwürdigkeit koreanischer Institutionen und bezichtigten das Finanzministerium der Lüge.“[836]

Wie auch immer der „vertrauliche“ Bericht des IWF an die Öffentlichkeit gelangt sein mag – in jedem Fall haben die in ihm enthaltenen Informationen die Panik der Investoren zusätzlich angeheizt.[837] Zwischen dem 10. und 22. Dezember kam es dann erneut zu einer drastischen Abstufung der Kreditwürdigkeit Südkoreas durch internationale Rating-Agenturen, was wiederum die koreanische Währung unter Druck setzte, die innerhalb von zwei Wochen nach Unterzeichnung des IWF-Programms 30 Prozent ihres Wertes einbüßte. Eine weitere Zuspitzung der Liquiditätskrise ergab sich aus der Verzögerung der Auszahlung des vom IWF am 3. Dezember zugesagten Unterstützungskredits, was sich wahrscheinlich darauf zurückführen läßt, dass der Wall Street-Treasury-IMF Complex zusätzliche Konzessionen von Südkorea erzwingen wollte.[838]

---

[834] „[...] a confidential IMF document revealed that Korea's short-term debt was nearly twice as big as previously declared by the government. It was estimated to be more than 100 billion U.S. dollars, once offshore borrowings by Korean banks, enterprises, and their overseas branches and subsidiaries were accounted for [...] To the further dismay of the investors, its freely available foreign currency reserves in the beginning of December were 5 billion U.S. dollars, significantly lower than previously announced.“ . Park, Daekeun; Rhee, Changyong (1998): Currency Crisis in Korea: How Has It Been Aggravated? S. 17.

[835] Die neuen Zahlen ergaben sich daraus, dass der IWF die *Verbindlichkeiten der Auslandsfilialen koreanischer Finanzinstitutionen* zur koreanischen Auslandsverschuldung hinzurechnete, was laut Kamppeter eine Abweichung von dem auch bei der Weltbank üblichen Jurisdiktionsprinzip der Statistik darstellt. Vgl. Kamppeter, Werner (2000): Korea: Wie falsche Propheten recht behalten können, S. 74.

[836] Vgl. Kamppeter, Werner (2000): Korea: Wie falsche Propheten recht behalten können, S. 81.

[837] Wie der IWF selbst feststellt:„The leak of IMF Executive Board documents also had a very damaging effect on market confidence. As markets digested the contents of the report, including the fact that official financing under the program was barely enough to cover short-term debts falling due, doubts about Korea's ability to repay heightened.“ Vgl. Chopra, Ajai; Kang, Kenneth et. al. (2001): From Crisis to Recovery in Korea: Strategy, Achievements and Lessons, S. 18.

[838] Vgl. Kamppeter, Werner (2000): Korea: Wie falsche Propheten recht behalten können, S. 81, Fussnote 35.

Zur „Verunsicherung ausländischer Investoren" trug sicherlich auch die politische Entwicklung bei: So standen am 18. Dezember 1997 Wahlen an, bei denen dem Kandidaten der Opposition, Kim Dae Jung, große Chancen eingeräumt wurden. Hierbei ist von Bedeutung, dass das Abkommen mit dem IWF in der koreanischen Öffentlichkeit sehr negativ bewertet wurde und Kim Dae Jung bekannt gab, im Fall seiner Wahl ein neues Abkommen mit dem IWF aushandeln zu wollen:

> „For Koreans, submission of the economy to IMF supervision was widely seen as a national humiliation. Presidential candidate Kim dae Jung capitalized on this widespread feeling with hints that he might renegotiate the package. His party dubbed December 3 – the date the IMF letter of intent with South Korea was signed – as ‚national economic humiliation day'."[839]

Die Unstimmigkeiten zwischen Südkorea und dem IWF (nach Abschluss des ersten Abkommens vom 3. Dezember 1997) lassen sich auf konträre Vorstellungen zurückführen, wie man den Problemen des koreanischen Finanz- und Unternehmenssektors begegnen solle. Laut Park und Rhee widersprach der Versuch der koreanischen Regierung, diverse Banken und Unternehmen vor dem Bankrott zu retten, den Vorgaben des IWF und trug zur weiteren Verunsicherung der Gläubiger bei.[840]

Am 18. Dezember wurde dann der Kandidat der Opposition, Kim Dae Jung, mit 40,3 Prozent der Stimmen zum Präsidenten gewählt.[841] Zwar trug die Kritik Kim Dae Jungs an der Politik des IWF zweifellos zu seinem äußerst knappen Wahlsieg bei[842] – allerdings rückte der neue Präsident sofort von seiner im

---

839 Vgl. Snyder, Scott (1999): Patterns of Negotiation in a South Korean Cultural Context, S. 413.

840 „There [...] existed significant disagreement between the IMF and the Korean government over measures to restructure the ailing banking industry. On December 8, the government announced that it would inject fresh equity into Seoul Bank and Korea First Bank, the two weakest banks, instead of closing them. It also arranged one conglomerate, Daewoo, to take over the near-bankrupt Ssangyong Motor company while forcing creditor banks to reschedule the involved debt on preferential terms. The government's unwillingness to allow market discipline to close insolvent banks and enterprises was inconsistent with the spirit of the IMF program. This discord with the IMF heightened foreign investors' concerns that Korea might not successfully meet the IMF conditions for future loan disbursement." Vgl. Park, Daekeun; Rhee, Changyong (1998): Currency Crisis in Korea: How Has It Been Aggravated? S. 17.

841 „Kim Dae-jung garnered 40,3% of votes for a razor-thin victory – 1,6% or 391 000 votes – over Lee Hoi-chang – the smallest winning margin ever." Vgl. Park, Tong Whan (1998): South Korea in 1997, S. 6.

842 „Kim Dae Jung's hint that he would try to renegotiate the IMF bailout, while causing uncertainty among the international financial community, provided him with just the bump he needed to take the lead for good in the South Korean presidential race." Vgl. Snyder, Scott (1999): Patterns of Negotiation in a South Korean Cultural Context, S. 413.

Wahlkampf eingenommenen Position ab und versprach in einer Rede vom 22. Dezember 1997, die Auflagen des IWF ohne Abstriche zu erfüllen:

> „The only way we can revitalise the economy is to implement the IMF agreement fully. We should do so, without even allowing an error of one per cent.“[843]

Um Weihnachten herum erreichte die Liquiditätskrise schließlich ihren Höhepunkt. Um das drohende Schuldenmoratorium abzuwenden, gab der IWF Kredite in Höhe von 10 Mrd. US$ vorzeitig frei; ferner kam es zu einer hektischen Umschuldungsaktion mit den ausländischen Gläubigerbanken,[844] die sich schließlich bereit erklärten, die Frist von Krediten, die Ende des Jahres fällig wurden, um einen Monat zu verlängern.[845] Parallel dazu bemühte sich die koreanische Regierung um die Umsetzung zentraler Forderungen des IWF: So wurde am 29. Dezember ein Gesetzespaket zur Reform der Finanzmärkte verabschiedet – eine Reform, auf die der IWF bereits seit Monaten gedrängt hatte.[846]

Einen Monat später, am 28. Januar 1998, gelang es Kim Dae Jung dank der Unterstützung des IWF und verschiedener Regierungen, mit einem Konsortium von 13 internationalen Banken ein Abkommen zur Umschuldung von kurzfristigen Dollarkrediten in Höhe von 24 Mrd. US$ zu erzielen.[847] Nach dieser Vereinbarung sollten die kurzfristigen Verbindlichkeiten durch staatlich garantierte Kredite mit 2-3 Jahren Laufzeit und einem Zinssatz von 2-3 Prozent über LIBOR ersetzt werden, was als großer Verhandlungserfolg der

---

[843] Kim Dae-Jung, 22. Dezember 1997, zit. nach: Young, Soogil (1999): Korea's Financial Crisis: Causes and Prospects, S. 55.

[844] „On Christmas Eve December 24th, officials from six leading US commercial banks including Chase, Bank America, Citicorp and J. P. Morgan were called in for talks at the Federal Reserve Bank of New York. The "big five" New York merchant banks (Goldman Sachs, Lehman Brothers, Morgan Stanley and Salomon Smith Harney) were also involved in these discussions on South Korea's short-term debt. Almost simultaneously, some 80 European creditor banks under the chairmanship of the Deutsche Bank were meeting behind closed doors in Frankfurt while Japan's big ten banks (which account for a large portion of Korea's short term debt) were involved in high level discussions in Tokyo with Mr. Kyong shik Lee, Governor of the Bank of Korea.“ Vgl. Chossudovsky, Michel (1998): The IMF-Korea Bail-Out. 05. Februar 1998.

[845] Vgl. Lee, Soo-Won; Orr, Ann (1999): The Financial Restructuring and Reform Programme in the Republic of Korea: Progress and Constraints, S. 98.

[846] „In secret discussions with the Korean economic team, IMF managing director Michel Camdessus expressed explicit concern about the market importance of passing the financial reform legislation and of guaranteeing that all presidential candidates would back the package.“ Vgl. Haggard, Stephan; MacIntyre, Andrew (2000): The Political Economy of the Asian Financial Crisis: Korea and Thailand Compared, S. 74.

[847] Vgl. Lee, Soo-Won; Orr, Ann (1999): The Financial Restructuring and Reform Programme in the Republic of Korea: Progress and Constraints, S. 98.

koreanischen Regierung gewertet wurde.[848] Zumindest war das Risiko eines Schuldenmoratoriums nun merklich gesunken, was zur Beruhigung ausländischer Investoren erheblich beitrug, so dass sich die Lage allmählich stabilisierte. Wie die erfolgreiche Plazierung von Anleihen im Wert von 4 Mrd. US$ am 8. April 1998 verdeutlichte, hatten ausländische Investoren ihr Vertrauen in Südkorea wiedergewonnen[849] – ungeachtet der Tatsache, dass sich die einheimische Wirtschaft gerade inmitten der schwersten Rezession der koreanischen (Nachkriegs-) Geschichte befand. So sank das koreanische Bruttosozialprodukt im Jahr 1998 um 7 Prozent,[850] die Binnennachfrage ging um 20 Prozent, die Anlageinvestitionen um 30 Prozent und die Importe um 22 Prozent zurück,[851] während sich die Arbeitslosigkeit zwischen November 1997 und Februar 1999 von 2,7 auf 8,8 Prozent mehr als verdreifachte.[852]

4.3.6 Das Krisenmanagement

Das Krisenmanagement des IWF in den ostasiatischen Schwellenländern ist schon vielfach analysiert und kritisiert worden.[853] Der Hauptstrang der Kritik zielt dabei auf die zins- und fiskalpolitischen Auflagen des IWF, die zur Verschärfung der Probleme wesentlich beigetragen hätten.[854] Demnach habe die vom IWF verordnete Hochzinspolitik zusammen mit der Beschränkung der Kreditvergabe dazu geführt, dass unnötig viele Unternehmen und Banken in den Konkurs getrieben worden seien ohne dass das Ziel, den Kapitalabfluss zu stoppen und die Währungen zu stabilisieren, erreicht worden wäre. Im Gegenteil: Indem der IWF plötzlich auf tiefgreifende strukturelle Schwächen der

---

848 Vgl. o.V. (1998): South Korea and banks reach deal on Dollars 24 bn of debts, in: Financial Times, 28. Januar 1998. sowie Snyder, Scott (1999): Patterns of Negotiation in a South Korean Cultural Context, S. 414: „The terms of the package [were] much more advantageous than that initially offered as part of a JP Morgan plan, which had contained a much higher interest penalty of 5%-10% over LIBOR."

849 Vgl. Lee, Soo-Won; Orr, Ann (1999): The Financial Restructuring and Reform Programme in the Republic of Korea: Progress and Constraints, S. 100.

850 Vgl. Chopra, Ajai; Kang, Kenneth et. al. (2001): From Crisis to Recovery in Korea: Strategy, Achievements and Lessons, S. 26.

851 Vgl. Kamppeter, Werner (2000): Korea: Wie falsche Propheten recht behalten können, S. 82f.

852 Vgl. Korean National Statistical Office: URL: http://www.nso.go.kr/cgi-bin/sws_888.xls (Stand: 30.12.03).

853 Vgl. u.a. Feldstein, Martin (1998): Refocusing the IMF, S. 20-33; Sachs, Jeffrey (1997): IMF orthodoxy isn't what Southeast Asia needs, in: International Herald Tribune, 4. November 1997; Stiglitz, Joseph (1998): World Bank questions IMF plan, in: Wall Street Journal, 8. Januar 1998; Amsden, Alice; Euh, Y-D. (1997): Behind Korea's Plunge, in: New York Times, 27. November 1997; Wade, Robert (1998): The Asian Debt-and-development Crisis of 1997-? S. 1535-1553.

854 „The Fund's prescriptions for budget surpluses and higher interest rates reinforced the contracionary forces at work in these economies when they should have done the opposite."Vgl. Katz, Stanley (1999): The Asian Crisis, the IMF and the Critis, S. 433.

ostasiatischen Wirtschaften verwies und die finanzielle Unterstützung der ostasiatischen Schwellenländer von weitreichenden Strukturreformen abhängig machte, verstärkte er noch die Panik der internationalen Investoren – ein Verhalten, welches von Jeffrey Sachs mit dem Begriff des „screaming fire in the theatre" umschrieben wurde.[855]

Zugespitzt lautet die These, dass der IWF durch seine Politik zur Verschärfung der Situation in Südkorea beigetragen und die akute Liquiditätskrise dann ausgenutzt hat, um Reformen im Sinne des Wall Street-Treasury Complex durchzusetzen bzw. Kernbereiche der Wirtschaft – insbesondere das Finanzsystem, aber auch den Arbeitsmarkt und das Handelsregime - nach angelsächsischem Vorbild umzukrempeln.[856] Demnach hat der IWF die Krisensituation in Südkorea dazu genutzt, um jene Gesetze und Strukturen zu beseitigen, die den ausländischen Konzernen und Banken in ihrem Bestreben nach Eroberung des koreanischen Marktes im Wege standen – eine These, die von der US-Handelsbeauftragten Charlene Barshevsky, implizit bestätigt wurde:

> „Policy-driven, rather than market-driven economic activity [...] meant that US industry encountered many specific structural barriers to trade, investment, and competition in Korea. For example, Korea maintained restrictions on foreign ownership and operation, and had a list of market access impediments [...] The Korea stabilization package, negotiated with the IMF in December 1997, should help open and expand competition in Korea by creating a more market-driven economy."[857]

Wie der IWF selbst beschreibt, enthielten die Kreditprogramme mit den ostasiatischen Schwellenländern eine überdurchschnittlich hohe Anzahl

---

[855] „The IMF arrived in Thailand in July filled with ostentious declarations that all was wrong and that fundamental and immediate surgery was needed [...] The IMF deepened the sense of panic not only because its dire pronouncements but also because its proposed medicine – high interest rates, budget cuts, and immediate bank closures – convinced the markets that Asia indeed was about to enter a severe contraction. Instead of dousing the fire, the IMF in effect screamed fire in the theater." Vgl. Sachs, Jeffrey (1998): The IMF and The Asian Flu.

[856] „In Korea, the Fund demanded nothing less than an overhaul of the Korean economy, beginning with the financial system and continuing into corporate governance, labor markets, and the trade regime; as well as contractionary macroeconomic policy of higher taxes, cuts in government spending, and much higer real interest rates [...] The Fund's financial restructuring plans aim to make Korea's financial system operate like a Western one without actually saying so." Vgl. Wade, Robert (1998): The Asian Debt-and-development Crisis of 1997-? S. 1543.

[857] Vgl. Testimony of Ambassador Charlene Barshefsky, USTR, before the House Ways and Means Trade Subcommittee, US Congress, 24 February, 1998, zit. nach Bello, Walden (1998): East Asia: On the Eve of the Great Transformation? S. 425.

struktureller Auflagen,[858] die sich im Falle Südkoreas primär auf das System der corporate governance, die institutionelle Struktur des koreanischen Bankensystems, den Kapitalverkehr, den Arbeitsmarkt sowie Fragen der Buchführung bzw. der Veröffentlichung zentraler ökonomischer Daten bezogen.[859] So sollten laut Feldstein insgesamt acht „strukturelle Defizite" des koreanischen Wirtschaftssystems durch das Strukturanpassungs-programm des IWF behoben werden:[860]

- Ausländischen Investoren war es nicht erlaubt, die Aktienmehrheit an koreanischen Unternehmen zu erwerben, d.h. eine Übernahme koreanischer Unternehmen durch ausländische Investoren war nicht möglich.
- Die koreanischen Finanzmärkte waren nur eingeschränkt für ausländische Banken und Versicherungen zugänglich.
- Das Außenhandelsregime war zu restriktiv, d.h. Importe von Industriegütern aus anderen Ländern unterlagen zahlreichen Beschränkungen.
- Koreanische Banken hielten sich nicht an die westlichen Standards der Kreditüberwachung (bzw. erfüllten nicht die Baseler Vorschriften zur Mindestreservehaltung.)
- Die koreanische Zentralbank war nicht unabhängig und verfolgte neben dem Ziel der Preisstabilität auch andere Ziele.
- Die koreanischen Großunternehmen waren zu sehr diversifiziert, d.h. sie beschränkten sich nicht auf einzelne Wirtschaftsbranchen und erfüllten auch nicht die in Industrieländern üblichen Standards der Buchführung.
- Die Debt/Equity-Ratio koreanischer Unternehmen war zu hoch, was sie sowohl für inländische als auch ausländische Kreditgeber zu risikoreichen Schuldnern werden ließ.
- Die institutionelle Struktur des koreanischen Arbeitsmarktes behinderte die zwischenbetriebliche Mobilität von Arbeitnehmern und erschwerte Entlassungen.

---

[858] „A central part of the programs in the Asian crisis countries was an unprecedented body of structural reforms. ranging from restructuring insolvent financial institutions, to promoting competition in the domestic economy, to strengthening social safety nets, to addressing deficiencies in governance in financial, corporate, and government sectors." Vgl. Lane, Timothy et. al. (1999): IMF-Supported Programs in Indonesia, Korea and Thailand, S. 67.

[859] „At the heart of the structural reform agenda were measures to deal with the immediate problems in the financial and corporate sectors and address their underlying weaknesses. In addition, steps were taken early in the program to accelerate capital account liberalization and improve labor market flexibility. Finally, there were measures to foster more timely, transparent, and accurate reporting of key economic data." Vgl. Chopra, Ajai; Kang, Kenneth et. al. (2001): From Crisis to Recovery in Korea: Strategy, Achievements and Lessons, S. 31.

[860] Vgl. Feldstein, Martin (1998):Refocusing the IMF, S. 26.

Im Folgenden soll das im Zuge der Krise durchgeführte Strukturanpassungsprogramm in Südkorea einer intensiven Analyse unterzogen werden. Dabei folgt die Darstellung dem realen Reformprozess, bei dem zunächst die kurzfristige makroökonomische Stabilisierung, eine Deregulierung der koreanischen Finanzmärkte sowie Reformen des Arbeitsmarktes im Vordergrund standen, während man in einem zweiten Schritt versuchte, die Probleme des überschuldeten Finanz- und Unternehmenssektors zu bewältigen.

4.3.6.1 Restriktive Geld- und Fiskalpolitik

Das IWF-Programm mit Südkorea basierte auf der These, dass eine restriktive Geld- und Fiskalpolitik nötig sei, um der Abwertung des Won entgegenzuwirken und das Vertrauen der internationalen Investoren wiederherzustellen. Daher mussten die kurzfristigen Zinssätze unmittelbar nach Unterzeichnung des Programms Anfang Dezember von 12,5 auf 21 Prozent (05. 12. 1997)[861] bzw. auf 30 Prozent (24. 12. 1997) erhöht werden.[862]

Abb. 63: Kurzfristige Zinssätze in Prozent, Januar 1995 – 2000

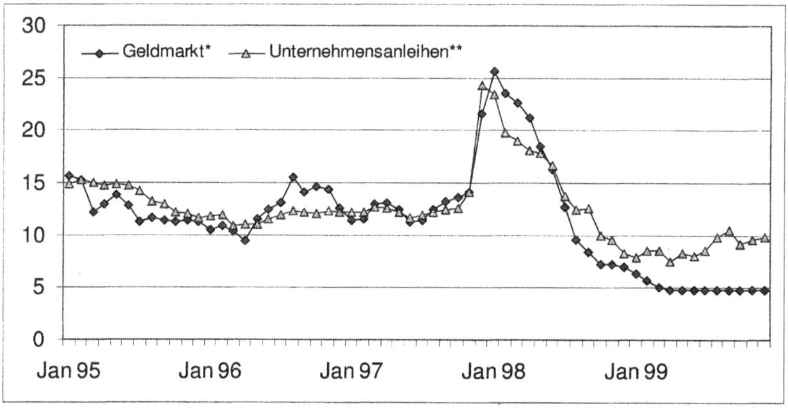

*Money Market Rates, **Corporate Bond Rates; gestrichelte Linie = Wert für Januar 97
Quelle: IMF (2003): International Financial Statistics. URL: http://ifs.apdi.net/imf/logon.aspx

Ferner verlangte der IWF von Südkorea im Haushaltsjahr 1998 eine Senkung der Staatsausgaben um 10 Prozent sowie die Erzielung eines Budgetüber-

861 „the call rate has been raised from 12 1/2 percent on December 1, 1997 to 21 percent today, and will be raised further in the next few days." Vgl. Republic of Korea (1997): IMF Stand-By Arrangement. Summary of the Economic Program. 5. Dezember 1997.

862 Dabei verpflichtete sich die koreanische Regierung zur Abschaffung sämtlicher Zinskontrollen bis Ende Februar 1998. Vgl. Republic of Korea (1997): Letter of Intent, 24 Dezember 24, 1997.

schusses in Höhe von 2 Prozent des BIP – ein Überschuss, der zur Sanierung des Bankensystems verwendet werden sollte.[863] Mit der Verschärfung der Krise wurden diese Vorgaben jedoch geändert und ein Budgetdefizit in Höhe von 1 Prozent des BIP (7. Februar 1998), 2 Prozent des BIP (2. Mai 1998) bzw. 5 Prozent des BIP (24. Juli 1998) zugelassen.[864] Wie die Häufigkeit der Korrekturen der urprünglichen Auflagen zeigt, hat der IWF die Schwere der Rezession in Südkorea deutlich unterschätzt – so ging man noch im Februar 1998 von einem Wirtschaftswachstum in Höhe von etwa 1 Prozent aus.[865]

4.3.6.2 Deregulierung des Kapitalverkehrs und des Investitionsregimes

Obwohl die vorschnelle Liberalisierung des Kapitalverkehrs von vielen Autoren als zentrale Ursache der koreanischen Liquiditätskrise angesehen wird, bestand der IWF auf der Fortsetzung und Beschleunigung der Deregulierung in diesem Bereich, wobei der Öffnung des koreanischen Aktien-, Anleihe- und Geldmarktes für ausländische Investoren sowie der Deregulierung des Investitionsregimes besondere Priorität eingeräumt wurde. So enthielt bereits der erste Letter of Intent, der am 3. Dezember 1997 von der koreanischen Regierung an den IWF gerichtet wurde, das Versprechen:

> „to accelerate substantially [the] ongoing capital account liberalization program. The government has announced that the ceiling on aggregate foreigners' ownership of listed Korean shares would be increased from 26 percent to 50 percent by end-1997 and to 55 percent by end-1998. The ceiling on individual foreign ownership will be increased from 7 percent to 50 percent by end-1997 (excluding hostile takeovers). [...] By end-February 1998, the present timetable for capital account liberalization will be accelerated by taking steps to liberalize other capital account transactions, including those restricting foreigners' access to domestic money market instruments and the corporate bond markets, and by further reducing restrictions on foreign direct investment by simplifying approval procedures."[866]

Ferner enthielt die erste Vereinbarung mit dem IWF die Auflage, ausländischen Banken schnelleren Zutritt zum heimischen Finanzmarkt zu gewähren:

> „To increase competition and efficiency in the financial system, the schedule for allowing foreign entry into the domestic financial sector will be accelerated. Foreign financial institutions will be allowed to participate in mergers and acquisitions of domestic financial institutions... By mid-1998, foreign financial institutions will be allowed to establish bank subsidiaries and brokerage houses. Effective immediately foreign banks' will be allowed to purchase equity in domestic banks without restriction [...] For merchant banks, foreign participation is allowed up to 100 percent." [867]

---

[863] Vgl. Aschinger, Gerhard (2000): Währungs- und Finanzkrisen, S. 249.
[864] Ebd., S. 249f.
[865] Vgl. Republic of Korea (1998): Letter of Intent, 7. Februar 1998.
[866] Vgl. Republic of Korea (1997): Letter of Intent, 3. Dezember 1997.
[867] Ebd.

Zur Begründung dieser Politik verwies der IWF auf die Ineffizienz und das Risiko der traditionellen Politik, internationale Kredite über die einheimischen Banken an die Unternehmen weiterzuleiten – stattdessen sollte es den Unternehmen erleichert werden, sich direkt auf den internationalen Kapitalmärkten zu verschulden bzw. den Service ausländischer Finanzinstitute in Anspruch zu nehmen. Entsprechend sollten Bestimmungen, welche den Umfang der Kreditaufnahme koreanischer Unternehmen im Ausland begrenzt hatten, abgeschafft werden.[868]

Auf dem Höhepunkt der koreanischen Liquiditätskrise inmitten der Verhandlungen mit den ausländischen Gläubigern über die Verlängerung kurzfristiger Kredite wurden die Auflagen weiter verschärft:[869] So enthielt der Letter of Intent vom 24. Dezember (im Vergleich zu dem vom 3. Dezember) ungleich mehr Bestimmungen, die von der koreanischen Regierung erfüllt werden mussten; gleichzeitig wurden die Fristen für die Umsetzung zentraler Reformschritte verkürzt: Ist am 3. Dezember noch davon die Rede, ab Ende Februar 1998 den Zugang ausländischer Finanzkonzerne zu den koreanischen Geld- und Anleihemärkten zu erweitern und ausländischen Finanzkonzernen ab Mitte 1998 das Recht zur Gründung von Zweigstellen in Südkorea einzuräumen, enthält das Programm vom 24. Dezember die Auflage (bzw. das Versprechen) zur Öffnung großer Teile des koreanischen Kapitalmarkts zum 1. Januar 1998 sowie die Erlaubnis zur Gründung von Zweigstellen ab Ende März 1998.[870]

In der folgenden Tabelle sind die Auflagen noch einmal zusammengefasst, die im Letter of Intent vom 24. Dezember 1997 enthalten waren:

---

[868] Vgl. Republic of Korea (1997): Letter of Intent, 3. Dezember 1997.

[868] Ebd.

[869] „With rollover of short-term debt down sharply, usable international reserves nearly exhausted, and the won in free fall, a temporary agreement was reached with private bank creditors on December 24, 1997 to maintain exposure, and discussions on voluntary rescheduling of short-term debt were initiated. [...] At the same time, the structural reform agenda of the program was strengthened to accelerate financial sector restructuring and facilitate capital inflows into the domestic stock and bond market.“ Vgl. Lane, Timothy et al. (1999): IMF-Supported Programs in Indonesia, Korea and Thailand, S. 6.

[870] Ist am 3. Dezember noch davon die Rede, ab Ende Februar 1998 den Zugang ausländischer Finanzkonzerne zu den koreanischen Geld- und Anleihemärkten zu erweitern und ab Mitte 1998 den IFI das Recht zur Gründung von Zweigstellen in Südkorea zu gestatten, enthält das Programm vom 24. Dezember die Auflage (bzw. das Versprechen) zur Öffnung großer Teile des koreanischen Kapitalmarkts zum 1. Januar 1998 sowie die Erlaubnis zur Gründung von Zweigstellen ab Ende März 1998. (vgl. Tabelle 37)

Tab. 37: Auflagen des IWF im Bereich des Kapitalverkehrs* [24. 12. 1997]

Reformfeld	Massnahme	Umsetzung*
Aktienmarkt	Erhöhung des Beteiligungslimits von ausländischen Investoren am Aktienkapital koreanischer Aktiengesellschaften von 26% auf 50% (und des individuellen Beteiligungslimits von 7% auf 50%).	12.12.1997
	Erhöhung des maximalen Gesamtanteils ausländischer Investitionen im koreanischen Aktienmarkt auf 55%.	30.12.1997
	Erlaubnis zum unbegrenzten Erwerb von Aktien durch ausländische Investoren zum Zweck freundlicher Fusionen und Übernahmen.	30.12.1997
	Abschaffung des Limits bzgl. ausländischer Investitionen im koreanischen Aktienmarkt.	Ende 1998
Anleihemarkt	Erlaubnis ausländischer Investitionen in staatlich garantierte Unternehmensanleihen (Corporate Bonds mit einer Laufzeit über drei Jahren) bei einem Beteiligungslimit von 10% für Individuen und 30% insgesamt.	12.12. 1997
	Erhöhung des Beteiligungslimits bzgl. ausländischer Investitionen in staatlich nicht garantierte Unternehmensanleihen (Corporate Bonds) von 30% auf 50%.	12.12.1997
	Abschaffung des Limits bzgl. ausländischer Investitionen in (nicht vom Staat garantierte) Anleihen kleiner und mittlerer Unternehmen.	12.12. 1997
	Abschaffung des Limits bzgl. (individueller) ausländischer Investitionen in Unternehmensanleihen.	23.12.1997
	Erlaubnis ausländischer Investitionen in Staatsanleihen (u.a.) bis zu einer Grenze von 30%.	23.12.1997
	Abschaffung aller Limits bzgl. ausländischer Investitionen im koreanischen Anleihemarkt (einschließlich des Marktes für Anleihen mit einer Laufzeit von unter drei Jahren).	30.12.1997
Geldmarkt	Erstellung eines Zeitplans in Zusammenarbeit mit dem IWF zur Erlaubnis unbegrenzter ausländischer Investitionen im koreanischen Geldmarkt.	Mitte Januar 1998.
	Einholung der Zustimmung des Parlaments zur Ausgabe von Staatsanleihen (treasury bill issues).	25.02.1998
Unternehmens-finanzierung	Abschaffung der Begrenzung der Kreditaufnahme im Ausland für Kredite mit über 3 Jahren Laufzeit.	16.12.1997
	Erhöhung des maximalen Zeitraums der Zahlungsverzögerung für Importe auf 180 Tage.	12.12.1997
	Konsultationen mit dem IWF zur Frage der Aufhebung der Begrenzung der Kreditaufnahme im Ausland für (kurzfristige) Kredite.	Mitte Januar 1998
Finanzinstitutionen**	Erlaubnis zur Öffnung von Zweigstellen/ Tochtergesellschaften.	31.03.1998
Kreditaufnahme im Ausland	Verbesserung der Überwachung der kurzfristigen Kreditaufnahme koreanischer Finanzinstitutionen im Ausland.	31.03.1998

*Im Letter of Intent vom 24.12. 97 angepeiltes Datum der Umsetzung – einige Ziele wurden schon vor dem anvisierten Datum erreicht. **im Original: financial institutions.

Quelle: Republic of Korea (1997): Letter of Intent, 24. Dezember 1997.

Doch damit nicht genug. Ein Kreditabkommen mit der Weltbank (Februar 1998) sowie weitere Letters of Intent von Februar, Mai und Juli 1998 verpflichteten Südkorea zur Deregulierung des Devisenhandels, zur Öffnung des Geldmarktes in zwei Stufen bis Ende 1998, zur verbindlichen Liberalisierung des Handels mit Finanzdienstleistungen im Rahmen der WTO-Handelsrunde, zur Erweiterung des Marktes für Staatsanleihen durch Ausgabe von Treasury Bills (April 1998), zur häufigen Veröffentlichung sensibler Wirtschaftsdaten und zur Überwachung und Reform koreanischer Finanzinstitutionen durch „international anerkannte" Finanzdienstleister, u.a.[871]

Eine bedeutende Deregulierung des Investitionsregimes erfolgte im April 1998 mit der Erlaubnis von Fusionen und Übernahmen[872] bei gleichzeitiger Öffnung von zehn Wirtschaftszweigen für ausländische Direktinvestitionen.[873] Am 30. Juni 1998 wurde der Foreigner's Land Acquisition Act revidiert, d.h. Beschränkungen des Erwerbs von Grund und Boden durch ausländische Investoren beseitigt[874] und im Laufe des August 1998 wurden zwölf weitere Wirtschaftszweige für ausländische Direktinvestitionen geöffnet.[875] Im November 1998 erließ die koreanische Regierung schließlich den Foreign Investment Promotion Act, der die bürokratischen Verfahren bzgl. ADI vereinfachen und beschleunigen sowie den Wettbewerb zwischen den Provinzen um ADI anheizen sollte.[876]

4.3.6.3 Arbeitsmarktreformen

Bereits 1996 hatte die koreanische Regierung unter Kim Young Sam versucht, eine Flexibilisierung des Arbeitsmarktes (d.h. die Erleichterung von Entlassungen sowie die Einführung von zeitlich befristeten Arbeitsverträgen) durchzusetzen – ein Vorhaben, welches jedoch an massiven Protesten der koreanischen

---

[871] Vgl. Republic of Korea (1998): Letter of Intent, 7. Februar 1998; Republic of Korea (1998): Letter of Intent, 2. Mai 1998 sowie Republic of Korea (1998): Letter of Intent, 24. Juli 1998.

[872] Vgl. Lee, Soo-Won; Orr, Ann (1999): The Financial Restructuring and Reform Programme in the Republic of Korea: Progress and Constraints, S. 99.

[873] Vgl. Yun, Mikyung (2003): Foreign Direct Investment after the Crisis, S. 243.

[874] Vgl. Lee, Soo-Won; Orr, Ann (1999): The Financial Restructuring and Reform Programme in the Republic of Korea: Progress and Constraints, S. 100.

[875] Vgl. Yun, Mikyung (2003): Foreign Direct Investment after the Crisis, S. 243.

[876] „In November 1998, the Foreign Investment Promotion Act was enacted to replace the Act on Foreign Direct Investment and Foreign Capital Inducement. The new legislation created a more investor-oriented policy environment by streamlining procedures, strengthening incentives and establishing a one-stop service for investors. One notable feature of the law is its provision to encourage local governments in attracting foreign direct investment [...] Local governments are given more freedom to attract foreign investors through local tax exemption, land leases, or development and management of foreign investment zones. Under the new law, the central government can give financial support to local governments in accordance with their efforts and achievements in attracting greenfield FDI." Vgl. Yun, Mikyung (2003): Foreign Direct Investment after the Crisis, S. 247.

Arbeiter gescheitert war. Zwar wurden die Gesetze zur Flexibilisierung des Arbeitsmarktes im März 1997 dennoch vom Parlament verabschiedet – aus Furcht vor Protesten der Gewerkschaften wurde die Umsetzung der Reformen allerdings um zwei Jahre verschoben; ferner wurde die Erlaubnis zu Entlassungen an strikte Bedingungen geknüpft, die es den Unternehmen beispielsweise untersagten, im Falle von Fusionen und Übernahmen Arbeitsplätze abzubauen.[877]

Im Zuge des IWF-Strukturanpassungsprogramms stand die Flexibilisierung des Arbeitsmarktes daher erneut auf der Agenda[878] – schließlich war der Erfolg des Programms entscheidend davon abhängig, ob es gelingen würde, den Widerstand der koreanischen Gewerkschaften gegen massenhafte Entlassungen zu brechen:

> "The success or failure of the structural adjustments under the IMF regime was understood to depend on whether or not Korean labor could be forced to accept the sacrifices without causing much industrial or social instability. Maintaining industrial peace in the process of economic restructuring was thus defined as a major task for the newly elected president, Kim Dae Jung. The international business community welcomed his election, expecting that his long-held ties with labor and popular sectors put him in a better position than anyone else to tame the disgruntled Korean workers."[879]

Tatsächlich erwies sich Präsident Kim Dae Jung im Umgang mit den Gewerkschaften als weitaus geschickter als seine Vorgänger. So wurden sowohl die staatstreue Federation of Korean Trade Unions als auch die militante Korean Confederation of Trade Unions zur Beteiligung an einem „Bündnis für Arbeit"[880] aufgerufen, welches am 15. Januar 1998 die Arbeit aufnahm. Nach mehrwöchigen Verhandlungen einigte man sich am 6. Februar 1998 auf einen Verhandlungskompromiss, den sogenannten Tripartite Accord, der den Kündigungsschutz für koreanische Arbeitnehmer vorzeitig aufheben und den kurzfristigen Einsatz von Arbeitskräften (auch im Fall von Streiks) erlauben sollte. Im Gegenzug erhielten die Gewerkschaften politische Rechte sowie das Recht auf gewerkschaftliche Organisation und kollektive Tarifverhandlungen im öffentlichen Dienst; ferner versprach die Regierung, die Arbeitslosigkeit durch öffentliche Beschäftigungsprograme zu bekämpfen und die sozialen Folgen der Arbeitslosigkeit durch Ausbau sozialer Sicherungssysteme zu minimieren.[881]

---

[877] Vgl. Moon, Chung-in; Kim, Song-min (2000): Democracy and Economic Performance in South Korea, S. 158.

[878] Vgl. Republic of Korea (1997): Letter of Intent, 3. Dezember 1997.

[879] Vgl. Koo, Hagen (2000): The Dilemmas of Empowered Labor in Korea, S. 244f.

[880] Gemeint ist das sogenannte „Tripartite Council", welches aus Vertretern der Regierung, der Unternehmerschaft und den Gewerkschaften bestand.

[881] Vgl. Koo, Hagen (2000): The Dilemmas of Empowered Labor in Korea, S. 145f. sowie Moon, Chung-in; Kim, Song-min (2000): Democracy and Economic Performance in South Korea, S. 159. Zum Ausbau der sozialen Sicherungssysteme vgl. u.a. die Letter of Intent vom 7. Februar und 2. Mai 1998.

Die Zustimmung der Gewerkschaftsführungen zur Aufhebung des Kündigungsschutzes wurde vor allem innerhalb der KCTU heftig kritisiert: So wurde die Führung der KCTU am 9. Februar 1998 von den Mitgliedern abgesetzt[882] und die Ablehnung des Tripartite Accord bekanntgegeben. Ein Aufruf der KCTU zum Generalstreik musste allerdings mangels öffentlicher Unterstützung nach wenigen Tagen zurückgezogen werden.[883]

Am 14. Februar 1998 wurden die veränderten Arbeitsgesetze vom koreanischen Parlament verabschiedet.[884] Doch obwohl Entlassungen fortan erlaubt bzw. erheblich vereinfacht worden waren, drängte die koreanische Regierung die Unternehmen dazu, auf Massenentlassungen zu verzichten.[885] Dies zeigte sich während des Streiks bei Hyundai Motors, der im Mai 1998 begann, nachdem Hyundai einen Plan zur Entlassung von 8189 Arbeitern vorgelegt hatte. Nach dreimonatigen Auseinandersetzungen zwischen dem Hyundai Management und dem Hyundai Motors Betriebsrat kam es dank der Intervention mehrerer hochrangiger Regierungsmitglieder zu einem Kompromiss, der die Entlassung von lediglich 227 Arbeitern vorsah – ein Kompromiss, der interessanterweise sowohl von der ausländischen Finanzpresse und den Chaebol, als auch von der KCTU als schwere Niederlage wahrgenommen wurde, wie Koo beschreibt:

> „Neither side was pleased with the result; the displeasure of the business community, both inside and outside Korea, was perhaps greater, but the Hyundai union was not happy either. Although they succeeded in reducing the number of layoffs from thousands to hundreds, Hyundai auto workers felt responsible for establishing the precedent of redundancy layoffs, which was taken as a major compromise for the entire working class."[886]

---

[882] „Dissatisfied KCTU members expressed their anger by outsing the federation's incumbent leaders. The membership then elected the hard-line president of the Hyundai Heavy Industry union, Lee Kap-Yong, as the KCTU's new president." Vgl. Koo, Hagen (2000): The Dilemmas of Empowered Labor in Korea, S. 246.

[883] Vgl. Kim, Byung-Kook; Lim, Hyun-Chin (2000): Labor Against Itself, S. 134. Allerdings sollte die KCTU im April 1999 erneut zu einem Generalstreik aufrufen, vgl. o.V. (1999): South Korea banking unions protest at mergers, in: Financial Times, 9. April 1999.

[884] Vgl. Lee, Soo-Won; Orr, Ann (1999): The Financial Restructuring and Reform Programme in the Republic of Korea: Progress and Constraints, S. 99.

[885] Vgl. Moon, Chung-in; Kim, Song-min (2000): Democracy and Economic Performance in South Korea, S. 166.

[886] Vgl. Koo, Hagen (2000): The Dilemmas of Empowered Labor in Korea, S. 247.

Auch wenn die koreanischen Gewerkschaften und Betriebsräte erbittert um den Erhalt von Arbeitsplätzen kämpften,[887] stieg die koreanische Arbeitslosenquote in den ersten Monaten des Jahres 1998 stark an und erreichte im Februar 1999 mit 8,8 Prozent ihren höchsten Wert. Dabei ging dieser abrupte Anstieg der Arbeitslosigkeit mit einer schweren Erschütterung des sozialen Gefüges einher, was sich im starken Anstieg der Selbstmordrate ebenso äußerte wie in der Zunahme von Gewalt und Prostitution.[888]

Abb. 64: Durchschnittliche Arbeitslosigkeit in Südkorea (in Prozent)
1970-2002 Januar 97- Dezember 2002

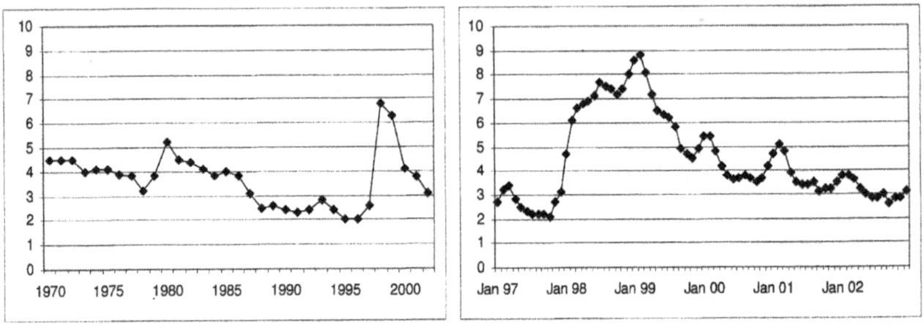

Quelle: Korean National Statistical Office (URL: http://www.nso.go.kr/cgi-bin/sws_888.xls)

Zwar ging die Arbeitslosigkeit ab Februar 1999 wieder zurück, die mit der Abschaffung des Systems lebenslanger Beschäftigung verknüpfte Unsicherheit blieb allerdings bestehen, wie Kim beschreibt:

> „[A]lthough the unemployment rate declined from 8,7% in early 1998 to 4,4% in the spring of 2000, there were widespread concerns about job insecurity and the end of the lifetime employment system. Only 46% of South Korean workers had full-time jobs in spring 2000."[889]

---

[887] "Seit Anfang der Krise im November 1997 haben die koreanischen Gewerkschaften oft zu Generalstreiks aufgerufen. Große Demonstrationen sind auch als Folge der Umstrukturierung der koreanischen Konzerne (*Chaebol*) entstanden. [...] Daewoo z.B., das zweitgrößte Chaebol Südkoreas, ist 1999 in Konkurs gegangen. [...] Der gewerkschaftliche Dachverband KCTU forderte zur Rettung der Arbeitsplätze die Verstaatlichung von Daewoo. Die Regierung gab ihre Pläne aber nicht auf, und viele Demonstranten wurden verhaftet. Bei anderen Streiks hat die koreanische Regierung genauso reagiert. Bisher sind die meisten Streiks durch die Sicherheitskräfte und die Festnahme von mehreren hundert Gewerkschaftlern aufgelöst worden." Vgl. Martínez, José De Luna (2002): Die Herausforderungen der Globalisierung für die Schwellenländer: Lehren aus den Finanzkrisen von Mexiko und Südkorea, S. 190.

[888] „[In 1998], one out of five households had someone unemployed, giving rise to social instability. Suicide rates rose by 50%[...] Negotiations about layoffs between management and labor were often marred by violence. Furthermore, the Prosecutor's Office estimated that women working in prostitution-related industries numbered over one million." Vgl. Park, Tong Whan (1999): South Korea in 1998, S. 136.

[889] Vgl. Kim, Hong Nack (2000): The 2000 Parliamentary Election in South Korea, S. 900.

4.3.6.4 Forcierte Restrukturierung des Bankensektors

Die Auflagen von IWF und Weltbank bezüglich der Sanierung des koreanischen Bankensektors zielten darauf ab, den Einfluss des Staates im Finanzsektor zurückzudrängen[890] sowie eine schelle Liquidierung insolventer koreanischer Banken[891] zu erreichen. So wurde von der koreanischen Regierung eine Änderung des Zentralbankgesetzes verlangt, um die Zentralbank unabhängiger von politischen Vorgaben zu machen und allein am Ziel der Preisstabilität auszurichten;[892] außerdem sollte es der koreanischen Regierung untersagt sein, die Kreditvergabe an den überschuldeten Unternehmenssektor zu beeinflussen bzw. öffentliche Gelder zur Sanierung einheimischer Banken und Unternehmen zu verwenden.[893]

4.3.6.4.1 Kosten des Sanierungsprozesses

Bis Juni 2003 hat Südkorea öffentliche Mittel in Höhe von 157 Bio. Won (ca. 132 Mrd. US$) für die Restrukturierung des Bankensystems aufgewendet; [894] der weitaus größte Teil davon (etwa 90 Prozent) wurde vom Staat über die Ausgabe von Anleihen aufgebracht; etwa 20 Prozent stammten aus Steuereinnahmen.[895] Nach Angaben der Weltbank beliefen sich die Kosten der Bankensanierung bis August 1998 bereits auf etwa 75 Bio. Won (ca. 42 Mrd. US$), was etwa 16 Prozent des koreanischen Bruttosozialprodukts entsprach.[896] Dabei wurden die Mittel primär zur direkten Stützung der Banken sowie zur Konvertierung von Problemkrediten in staatlich garantierte Anleihen genutzt – ein Prozess, bei dem spezielle staatliche Institutionen wie die Korean Asset Management Corporation KAMCO sowie die Korean Deposit Insurance Corporation KIDC eine wichtige Rolle spielten.[897]

[890] Dieses Ziel wurde laut Mo und Moon jedoch nicht erreicht. Zwar wurde die frühere Praxis der staatlichen Kreditlenkung verboten und und damit ein zentrales Merkmal des alten Entwicklungsmodells endgültig aufgegeben; dennoch gewann der koreanische Staat als Akteur im Zuge der Krise an Bedeutung – sowohl direkt über die Nationalisierung von acht insolventen Geschäftsbanken als auch indirekt über die Vorgabe von Zielen und Richtlinien der Restrukturierung. Vgl. Mo, Jongryn; Moon, Chung-in (2003): Business-Government Relations under Kim Dae-jung, S. 137.

[891] So bestand der IWF in Südkorea auf der raschen Liquidierung von über einem Dutzend Geschäftsbanken, vgl. Aschinger, Gerhard (2000): Währungs- und Finanzkrisen, S. 249.

[892] Vgl. u.a. Stiglitz, Joseph (2002): Die Schatten der Globalisierung, S. 61.

[893] Vgl. Republic of Korea (1997): Letter of Intent, 3. Dezember 1997.

[894] Vgl. Ward, Andrew (2003): Korea props up Chohung Bank with $1,7bn in aid. Financial Times, 19. Juni 2003.

[895] Diese Zahlen beziehen sich auf den Zeitraum bis Ende 2000, Vgl. Ro, Hyung-Gon (2002): Banking industry consolidation in Korea, S. 95.

[896] Vgl. World Bank (1998): Global Economic Prospects and the Developing Countries, S. 96.

[897] Vgl. Chopra, Ajai; Kang, Kenneth et. al. (2001): From Crisis to Recovery in Korea: Strategy, Achievements and Lessons, S. 42.

Insgesamt wurde fast die Hälfte (acht von siebzehn) der Geschäftsbanken vorübergehend verstaatlicht,[898] was den Anteil des Staates an den Vermögenswerten des Bankensystems zwischen 1997 und Ende 2000 von 10 auf 28 Prozent steigen ließ.[899] Dabei hat die Korea First Bank von allen nationalisierten Geschäftsbanken die größte staatliche Unterstützung erhalten, die sich allein bis September 2000 auf 14,72 Bio. Won belief.[900]

4.3.6.4.2 Verlauf des Sanierungsprozesses im Bankensektor

Das zwischen dem IWF und der koreanischen Regierung ausgehandelte Wirtschaftsprogramm vom 24. Dezember 1997 sah eine schnelle Erreichung der Baseler Vorschriften zur Mindestreservehaltung vor: Bis 15. Mai 1998 sollten alle koreanischen Banken, welche die Baseler Vorschriften zur Mindestreservehaltung Ende März 1998 unterschreiten würden, Pläne zur Rekapitalisierung vorlegen. Im Kreditabkommen mit der Weltbank von Februar 1998 wurde das Tempo der Bankensanierung erneut beschleunigt: Demnach sollten alle Banken, die *Ende Dezember 1997* den Basler Eigenkapitalvorschriften nicht genügt hatten, bis *Ende April* Pläne zur Rekapitalisierung vorlegen, die ihrerseits von der koreanischen Regierung bis *Ende Juni 1998* beurteilt werden sollten. Ferner enthält das Memorandum u.a. Auflagen zur:

- Ernennung auswärtiger Experten, die bei der Privatisierung der Korea First Bank und Seoul Bank behilflich sind und Auswahl führender Manager für beide Banken bis April 1998;
- Einholung von Kaufangeboten für beide Banken bis November 1998;
- Schaffung spezieller Behörden zur Überwachung des Restrukturierungsprozesses im Finanzsektor.[901]

Nach der fristgemäßen Begutachtung des Eigenkapitals der Banken entschied die Financial Supervisory Commission Ende Juni 1998, dass fünf Geschäftsbanken geschlossen und ihre Vermögenswerte und Verbindlichkeiten auf gesündere Banken übertragen werden sollten. Damit wurde zum ersten Mal in der koreanischen Geschichte die Schließung einer Bank angeordnet.[902] Im Lauf des Jahres 1999 organisierte die koreanische Regierung vier weitere Fusionen,

[898] Vgl. Ro, Hyung-Gon (2002): Banking Industry Consolidation in Korea, S. 95.
[899] Vgl. Chopra, Ajai; Kang, Kenneth et. al. (2001): From Crisis to Recovery in Korea: Strategy, Achievements and Lessons, S. 52.
[900] Vgl. Yun, Mikyung (2003): Foreign Direct Investment and Corporate Restructuring after the Crisis, S. 252.
[901] Vgl. Republic of Korea (1998): Letter of Intent, 7. Februar 1998.
[902] Vgl. Kang, Chungwon (2003): From the Front Lines at Seoul Bank: Restructuring and Reprivatization, S. 7.

so dass die Anzahl koreanischer Banken von 33 (Ende 1997) auf 22 (August 2000) abnahm.[903]

Nach Angaben der BIZ haben insgesamt elf Geschäftsbanken, 21 Handelsbanken (merchant banks), ein Dutzend Wertpapierhäuser[904] und Versicherungen sowie mehrere hundert kleine Sparkassen und Kreditgenossenschaften die Finanzkrise nicht überlebt,[905] was den Konzentrationsgrad im Finanz- und Bankensektor stark ansteigen ließ. Betrachtet man lediglich die Geschäftsbanken, so entfielen im Jahr 2000 auf die drei größten Banken über 40 Prozent der Vermögenswerte des koreanischen Bankensystems – 1997 waren es noch 26,7 Prozent.

Tab. 38: Kennziffern des koreanischen Bankensystems, 1997 und 2000

	1997	2000*
Beschäftigte im Bankensektor	113 994	73 402
Anteil ausländischer Banken am Bankensystem	0	41
Anteil des Staates am Bankensystem	10	28
Anteil der drei größten Banken am Bankensystem**	26,7	40,3
Problemkredite in % aller Kredite	5,3	11,6

* Juni ** Share of assets of three largest banks (percent)
Quelle: Chopra, Ajai; Kang, Kenneth et. al. (2001): From Crisis to Recovery in Korea, S. 52.

Im Zuge des Konzentrations- und Konsolidierungsprozesses verlor ein Drittel der Beschäftigten im Bankensektor den Arbeitsplatz, während die Löhne der verbliebenen Bankangestellten in der Regel gesenkt wurden.[906] Doch trotz dieser Abwälzung der Restrukturierungskosten auf die Beschäftigten und trotz massiver öffentlicher Finanzhilfen gelang es in den ersten Jahren nicht, die Schwächen des koreanischen Bankensystems zu überwinden.[907] So trug vor allem der Bankrott des drittgrößten Chabeol Daewoo im Jahr 1999 zu einer erneuten Destabilisierung des Finanzsystems bei, so dass sich die koreanische Regierung im September 2000 dazu entschloss, weitere 45 Mrd. US$ zur

903 Vgl. Ro, Hyung-Gon (2002): Banking Industry Consolidation in Korea, S. 94. Im Arbeitspapier des IWF ist allerdings von einem Rückgang der Zahl koreanischer Geschäftsbanken von 27 auf 17 die Rede. Vgl. Chopra, Ajai; Kang, Kenneth et. al. (2001): From Crisis to Recovery in Korea: Strategy, Achievements and Lessons, S. 52.
904 Gemeint sind 6 Security Companies sowie 6 Securities Investment Trust Companies.
905 Vgl. Ro, Hyung-Gon (2002): Banking Industry Consolidation in Korea, S. 94. Der IWF geht sogar von knapp tausend kleinen Finanzinstitutionen aus, die im Zuge des Sanierungsprozesses geschlossen werden müssen. Vgl. Chopra, Ajai; Kang, Kenneth et. al. (2001): From Crisis to Recovery in Korea: Strategy, Achievements and Lessons, S. 39.
906 Vgl. Chopra, Ajai; Kang, Kenneth et. al. (2001): From Crisis to Recovery in Korea: Strategy, Achievements and Lessons, S. 41.
907 Vgl. Ro, Hyung-Gon (2002): Banking Industry Consolidation in Korea, S. 98.

Sanierung der Banken bereitzustellen.[908] Im Zuge dieser zweiten Restrukturierungsphase wurde einerseits die Gründung von Holding-Gesellschaften angeregt, um die Konkurrenzfähigkeit der im Staatsbesitz verbliebenen Banken zu erhöhen. So schlossen sich die Hanvit Bank, die Peace Bank, zwei Regionalbanken (Kwangju Bank, Kyongnam Bank) sowie die Hanaro Investmentbank am 1. April 2001 zur Woori Financial Holding Company zusammen.[909] Noch bedeutsamer als dieser Zusammenschluss war allerdings die Fusion der größten mit der drittgrößten koreanischen Geschäftsbank im November 2001: So erreichte die Kookmin Bank mit einem Vermögen von ca. 163 Bio. Won, einem Kundenstamm von etwa 20 Mio. sowie knapp 20 000 Beschäftigten nach der Übernahme der Korea Housing & Commercial im November 2001 Platz 60 in der Weltrangliste der größten Banken (gemessen am Vermögen).[910]

Was die zweite Restrukturierungsphase (2001-2004) betrifft, so wurde die Seoul Bank im Dezember 2002 von der Hana Bank übernommen, die damit zur viertgrößten Bank des Landes aufstieg. Eine weitere Großfusion wurde gegen heftige Widerstände der Beschäftigten im Juni 2003 durchgesetzt mit dem Verkauf der Chohung Bank an die Shinhan Bank, die mit einem Nettovermögen von 149,5 Bio. Won (Juni 2003) zur zweitgrößten Bank hinter der Kookmin Bank (204,3 Bio. Won, Stand: Juni 2003) avancierte.[911]

Die folgende Tabelle gibt einen Überblick über die größten koreanischen Geschäftsbanken (geordnet nach ihrem Vermögen) Ende des Jahres 2000 (mittlere Spalte). Gleichzeitig gibt die Tabelle Aufschluss über die wichtigsten Verkäufe bzw. Fusionen im koreanischen Geschäftsbankensektor, wobei zwischen zwei Restrukturierungsphasen (1998/99 und 2001-2004) unterschieden wird: In der linken Spalte fndet man die Verkäufe und Fusionen der Jahre 1998 bis 2000; in der rechten Spalte die der Jahre 2001 bis 2004.

---

[908] Vgl. Burton, John (2000): South Korea to inject $45bn to aid banks, in: Financial Times, 22. September 2000. Dabei kam eine Untersuchung Ende des Jahres 2000 zu dem Schluss, dass vier große Geschäftsbanken (Chohung, Korea Exchange Bank, Hanvit und Seoul Bank) sowie vier kleinere Geschäftsbanken (Peace, Kwangju, Cheju und Kyongnam) erneuter staatlicher Unterstützung bedurften. Vgl. Chopra, Ajai; Kang, Kenneth et. al. (2001): From Crisis to Recovery in Korea: Strategy, Achievements and Lessons, S. 50.

[909] Vgl. Ro, Hyung-Gon (2002): Banking Industry Consolidation in Korea, S. 94.

[910] Vgl. Burton, John (2001): Bank merger partners appoints head. South Korea delayed decision to give H&CB chief executive top job in tie-up with Kookmin reflects taste of market, in: Financial Times, 27. Juli 2001 sowie Burton, John (2001): Korea's two main banks are spearheading the sector's recovery through a concentration of assets and a re-focusing of activities, in: Financial Times, 08. Mai 2001.

[911] Vgl. o.V. (2003): Sale of Chohung Bank to Shinhan Approved, in: Korea Herald, 28. Juni 2003.

Tab. 39: Der Restrukturierungsprozess im südkoreanischen Geschäftsbankensektor, 1997-2004

Fusionen und Verkäufe 1998-2000	Die größten koreanischen Geschäftsbanken nach Vermögen, Ende 2000	Fusionen und Verkäufe 2001-2004
Ende Juni 1998 werden fünf Geschäftsbanken (Daedong Bank, Dongnam Bank, Dongwha Bank, Chongchung Bank, Kyungki Bank) geschlossen und ihre Vermögenswerte und Verbindlichkeiten auf gesündere Banken übertragen. Auf diese Weise geht die Daedong Bank in der **Kookmin Bank** auf; die Dongnam Bank in der **Korea Housing & Commercial Bank**; die Dongwha Bank in der **Shinhan Bank**, die Chongchung Bank in der **Hana Bank** und die Kyungki Bank in der **KorAm Bank**. Im Lauf des Jahres 1999 organisiert die koreanische Regierung vier weitere Fusionen: Die Korea Long-Term Credit Bank wird von der **Kookmin Bank** übernommen; die Korea Commercial Bank und die Hanil Bank schließen sich zur **Hanvit Bank** zusammen; die Chungbuk Bank und die Kangwon Bank fusionieren mit der **Chohung Bank,** und die Boram Bank wird mit der **Hana Bank** fusioniert. Im September 1999 wird die **Korea First Bank** für 415 Mio. US$ an Newbridge Capital verkauft.	1) Kookmin Bank 2) Hanvit Bank 3) Korea Housing & Commercial Bank 4) Chohung Bank 5) Shinhan Bank 6) Korea Exchange 7) Hana Bank 8) Korea First Bank 9) KorAm Bank 10) Seoul Bank 11) Peace Bank	- Die **Hanvit Bank** schließt sich mit der Peace Bank, zwei Regionalbanken (Kwangju Bank, Kyongnam Bank) sowie der Hanaro Investmentbank zur **Woori Financial Holding Company** zusammen (April 2001). - Die **Kookmin Bank** übernimmt die **Korea Housing & Commercial Bank** (Nov. 2001). - Die **Hana Bank** übernimmt die Seoul Bank (Dezember 2002). - Die **Chohung Bank** wird an die **Shinhan Bank** verkauft (Juni 2003).

Quellen: Ro, Hyung-Gon (2002): Banking Industry Consolidation in Korea, S. 94ff; Chopra, Ajai; Kang, Kenneth et. al. (2001): From Crisis to Recovery in Korea. IMF Working Paper 01/154, S. 50ff sowie Financial Times, diverse Ausgaben.

4.3.6.4.3 Die Expansion ausländischer Banken

Bereits im Dezember 1997 hatte die koreanische Regierung dem IWF versprochen, die vom Staat übernommenen Geschäftsbanken Korea First Bank und

Seoul Bank an ausländische Investoren zu verkaufen.[912] Allerdings erwies sich die Veräußerung der Banken, in deren Rettung der koreanische Staat zunächst etwa 1,5 Mrd. US$ investiert hatte, als schwierig, zumal das Vorhaben in der koreanischen Öffentlichkeit und bei Teilen der Regierung auf Widerstände stieß.[913] Diese Stimmung nutzend, drängte der drittgrößte Chaebol Daewoo darauf, gemeinsam mit einem Konsortium koreanischer Unternehmen die Korea First Bank selbst zu übernehmen – ein Plan, der von der koreanischen Regierung allerdings nicht gebilligt wurde, da er dem Ziel der Restrukturierung und Entflechtung der Chaebol zuwiderlief.[914] Stattdessen wurde im Dezember 1998 eine erste Vereinbarung mit der US-Investmentgesellschaft Newbridge Capital erzielt, die für 600 Mio US$ 51 Prozent der Aktien der Korea First Bank erwerben wollte – im Februar 1999 folgte eine Vereinbarung mit der britischen Großbank HSBC zum Kauf von 70 Prozent der Anteile der Seoul Bank für 900 Mio. US$.[915]

Wie die Financial Times vermerkt, verliefen die Verhandlungen über den Verkauf der beiden Banken sehr zäh, was sich auf Differenzen im Hinblick auf die Bewertung des Vermögens bzw. der Schulden der Banken zurückführen lässt.[916] So scheiterte eine Einigung zum Verkauf der Seoul Bank an HSBC im August 1999 an der von der britischen Großbank erhobenen Forderung nach Übernahme künftiger Problemkredite durch den koreanischen Staat.[917] Dagegen wurde die Korea First Bank am 17. September 1999 für 415 Mio. US$ an Newbridge Capital verkauft, obwohl es einige Bedenken gab, dass die Übernahme durch einen ausländischen Investor den Restrukturierungsprozess des Großkonzerns Daewoo beeinträchtigen würde – zumal die koreanische Regierung das bedeutende Zugeständnis gemacht hatte, für alle Problemkredite, die in den nächsten zwei Jahren auftauchen würden, aufzukommen.[918] Dass die Bedenken nicht unberechtigt waren, zeigte sich im August 2000, als Newbridge Capital von der koreanischen Regierung weitere 2,4 Mrd. US$ für die Übernahme von Problemkrediten forderte, die mit dem Bankrott von Daewoo verknüpft waren[919] – eine Forderung,

---

[912] Vgl. o.V. (1999): Newbridge near to deal on bank buy, in: Financial Times, 2. Juli 1999.

[913] Vgl. Lee, Dong Gull (2003): The Restructuring of Daewoo, S. 164ff.

[914] Ebd., S. 164ff.

[915] Vgl. o.V. (1999): Newbridge near to deal on bank buy, in: Financial Times, 2. Juli 1999.

[916] Vgl. o.V. (1999): US fund sure on Korea First deal. Newbridge Capital aims to meet this week's deadline for landmark takeover, in: Financial Times, 28. April 1999.

[917] Vgl. o.V. (1999): Newbridge presses to complete deal, in Financial Times, 7. September 1999. sowie Montagnon, Peter (1999): The breakdown of talks with HSBC over the sale of SeoulBank has called into question government commitment to reform, in: Financial Times, 20. Oktober 1999.

[918] Vgl. o.V. (1999): Newbridge buys Korea First Bank, in: Financial Times, 18. September 1999 sowie o.V. (1999): Newbridge presses to complete deal, in Financial Times, 7. September 1999.

[919] Vgl. Cameron, Doug (2000): Korea First Bank seeks $2,4 bn bad loan relief, in: Financial Times, 16. August 2000.

die nicht zuletzt deswegen problematisch war, als die Korea First Bank als größter Gläubiger von Daewoo über dessen Schicksal wesentlich mitentschieden haben dürfte.[920]

Zwar zog der Verkauf der Korea First Bank an Newbridge Capital als erste Übernahme einer koreanischen Bank durch einen ausländischen Investor besondere Aufmerksamkeit auf sich, doch auch andere Finanzkonzerne nutzten die Krise als Gelegenheit, zu günstigen Preisen Anteile an koreanischen Banken zu erwerben. So übernahm die Commerzbank bereits im Juni 1998 für 250 Mio. US$ einen 30prozentigen Anteil an der Korea Exchange Bank und wurde damit – nach der Korean Deposit Insurance Corporation – größter Anteilseigner.[921] Im April 1999 fand der nächste grenzüberschreitende Deal statt, als ein Investmentfonds unter der Führung von Goldman Sachs für 500 Mio. US$ einen Anteil von 17 Prozent an der Kookmin Bank erwarb.[922] Im April 2000 ging der Allianzkonzern mit der Hana Bank eine strategische Allianz ein, in deren Zuge er 12,5 Prozent der Hana Bank übernahm und im Juni 2000 gaben JP Morgan und Carlyle bekannt, für etwa 450 Mio. US$ einen 40prozentigen Anteil an der Koram Bank kaufen zu wollen[923] – ein Deal der allerdings erst 2001 vollendet wurde. Im Sommer 2001 machte eine Tochtergesellschaft der Deutschen Bank schließlich ein Angebot zur Übernahme der Seoul Bank,[924] die bereits seit Mai 2000 von dem ehemaligen „chief country officer" der Deutschen Bank in Korea geführt wurde.[925] Allerdings entschied sich der koreanische Staat als Eigentümer der Seoul Bank stattdessen für eine Fusion mit einer koreanischen Bank, der Hana Bank, die im November 2002 besiegelt wurde.

Die folgende Tabelle gibt einen Überblick über die Eigentumsverhältnisse im koreanischen Geschäftsbankensektor zum Jahresende 2000. Zu jenem Zeitpunkt besaßen ausländische Investoren mehrheitliche Anteile in der größten, der drittgrößten sowie der acht- und neuntgrößten koreanischen Bank und Anteile zwischen 32,2 und 49,4 Prozent in der fünft- bis siebtgrößten Bank. Dagegen ver-

[920] So kam dem größten Gläubiger des jeweiligen Unternehmens eine führende Rolle im Restrukturierungsprozess zu, Vgl. Kang, Chungwon (2003): From the Front Lines at Seoul Bank: Restructuring and Reprivatisation, S. 18.
[921] Vgl. o.V. (1998): Asia-Pacific: South Korea's forced bank mergers please no one, in: Financial Times, 29. Juni 1998.
[922] Vgl. Burton, John (1999): Asian Financial Markets – Korea: After sweeping reforms the banking system still has a long way to go before its problems are resolved, in: Financial Times, 30. April 1999.
[923] Vgl. o.V. (2000): JP Morgan to buy 40% stake in Korea's Koram Bank, in: Financial Times, 20. Juni 2000.
[924] Vgl. Irvine, Steven (2001): Deutsche's Korean double whammy. Events between Deutsche Bank and SeoulBank are taking an interesting turn, in: Finance Asia, 13. Juli 2001.
[925] Das Management der Bank ging im Mai 2000 auf Chungwon Kang, bis dahin chief country officer der Deutschen Bank in Korea, über. Vgl. Kang, Chungwon (2003): From the Front Lines at Seoul Bank: Restructuring and Reprivatisation, S. 6.

fügte der koreanische Staat über die Aktienmehrheit in der zweit-, viert- zehnt- und elftgrößten Bank sowie in drei Provinzbanken:

Tab. 40: Eigentumsverhältnisse im koreanischen Bankensektor, Ende 2000

Geschäftsbank	Vermögen (Bio. Won)	Staatsanteil* in Prozent		Auslandsanteil in Prozent	Größter Aktionär (Anteil in Prozent)
Landesweit tätige Banken		Staat	KDIC		
Kookmin	81,5	6,5	9,4	**58,3**	Goldman Sachs (11,1)
Hanvit	69,8	......	100,0	-	KDIC (100,0)
Korea Housing & Commercial	60,4	14,5	10,6	**66,4**	Bank of New York (15,4)
Chohung	48,9		80,1	0,2	KDIC (80,1)
Shinhan	47,5	...	18,3	49,4	Korean residents in Japan (17,9)
Korea Exchange	44,5		35,9	33,5	Commerzbank (23,6)
Hana	41,8	4,2	35,0	32,2	KDIC (35,0) Allianz (12,5)
Korea First	29,5	3,1	45,9	**51,0**	Newbridge Capital (51)
KorAm	28,2	2,3	18,5	**61,5**	Korea Investment (17,9)
Seoul	19,1		100,0	-	KDIC (100)
Peace	6,0		100,0	-	KDIC (100)
Regionalbanken					
Taegu	13,0	0,1		0,8	Samsung Life Insurance (8,1)
Pusan	11,9			7,0	Lotte affiliates (14,2)
Kyongnam	7,4		100,0	-	KDIC (100)
Kwangju	6,1		100,0	-	KDIC (100)
Cheonbuk	3,4			0,1	Samyang affiliates (10,9)
Cheju	1,4		100,0	-	KDIC (100)
Insgesamt:**	516,6	36,8		33,0	

*Was den Anteil des Staates an einzelnen Banken betrifft, ergeben sich z.T. große Abweichungen zwischen Daten des IWF und Daten der Bank für Internationalen Zahlungsausgleich (beide für den Zeitpunkt Ende 2000). Die Tabelle stützt sich auf die detaillierteren Angaben der BIZ, in denen der Anteil der Korea Deposit Insurance Corporation (KDIC) gesondert ausgewiesen wird.

**Schätzung des IWF (Working Paper 01/154, S. 50)

Quellen: Ro, Hyung-Gon (2002): Banking Industry Consolidation in Korea, 93, ergänzt durch Daten des IMF (Working Paper 01/154, S. 50) zum Gesamtvermögen der Banken (Spalte 1).

Nach einem starken Anstieg ausländischer Investitionen im koreanischen Bankensektor in den Jahren 1998-2000 erfolgte eine zweite Welle ausländischer Investitionen im Jahr 2003, die den Anteil, den ausländische Investoren an koreanischen Geschäftsbanken halten, von 26,7 Prozent (Ende 2002) auf 43,4 Prozent[926] (September 2003) erhöhte.[927] Ein Vergleich von Tabelle 39 mit Tabelle 40 verdeutlicht diesen Prozess der Denationalisierung, der mit dem Rückzug des koreanischen Staates aus dem Geschäftsbankensektor einhergeht und wegen seiner befürchteten negativen Konsequenzen in der koreanischen Staatsbürokratie mittlerweile auf wachsenden Widerstand stößt.[928]

Tab. 41: Eigentumsverhältnisse im koreanischen Bankensektor, 2003*

Bank	Vermögen in Bio. Won	Größte Aktionäre:	Anteil in %	Auslandsanteil in Prozent
Kookmin Bank	224	Bank of New York KDIC Goldman Sachs	9,41 9,33 5,13 (Juni 03)	**68,4**
Shinhan Financial Group	158,4	BNP Paribas	4,61 (Dez 03)	
Shinhan Bank	80,6			49
Chohung Bank	66,3			41
Woori Financial Group	22,35	KDIC	86,8	0,7
Korea Exchange Bank	62,8	Lone Star Commerzbank Korea Export-Import Bank Bank of Korea	51,00 14,75 14,00 6,18 (Dez 03)	**65,8**
Hana Bank	87,9	KDIC Allianz	21,7 8,2 (Dez 03)	28,7 (Dez 03: 38,9)
KorAm Bank	41,63 (Juni 03)	Carlyle Group	36,6 (Dez 03)	**61**
Korea First Bank	38,91 (Juni 03)	Newbridge Capital	48,6	48,6
Insgesamt:				**43,4**

* Die Angaben sind, sofern nicht anders angegeben, von September 2003

Quellen: Angaben zum Auslandsanteil in Prozent: Bank of Korea; Angaben zum Vermögen und zu den größten Shareholdern: BOK; einzelne Banken, ergänzt durch Finanzpresse.

---

926 Laut Financial Times vom 22. Dezember 2003 beläuft sich der Anteil, den ausländische Investoren am koreanischen Bankensystem halten, nur auf 38,6 Prozent – allerdings liegt er damit immer noch signifikant höher als in Japan (7%), Thailand und den Philippinen (15%) oder Malaysia (19%).Vgl. Ward, Andrew (2003): South Korea's central bank calls to curb on foreign ownership, in: Financial Times, 22. Dezember 2003.

927 Vgl. Kim, Jae-Kyoung (2003): Financial Sovereignty in Jeopardy, in: Korea Times, 22. Dezember 2003.

928 Ebd.

Laut Kim Jae-Kyoung ist die aktuelle Restrukturierungsphase des koreanischen Bankensystems durch verstärkten Markteintritt strategischer Investoren wie der Citigroup oder der HSBC gekennzeichnet, die – im Gegensatz zu Investmentfonds wie Newbridge Capital – weniger an kurzfristigen Gewinnen als an der Eroberung dauerhafter Marktanteile interessiert sind, was den Konkurrenzkampf um die Ersparnisse der Koreaner weiter verschärfen dürfte.

> „Following the 1997 financial crisis, foreign private equity funds, such as the Carlyle Group and Newbridge Capital, rushed to take over distressed Korean banks for short-term capital gains. This was followed by foreign strategic investors, including Citigroup and Hong Kong & Shanghai Banking Corp. (HSBC) this year [2003], with the government-led financial restructuring at a final stage. Citi, HSBC and Standard Chartered Bank (SCB), are now in keen competition to take over KorAm Bank and Korea First Bank (KFB). HSBC has also shown interest in buying the Woori Financial Group and the troubled LG Card.“ [929]

4.3.6.5 Reform der Chaebol

Die Restrukturierung des koreanischen Bankensektors hat sich auf die koreanischen Unternehmen insofern negativ ausgewirkt, als die Banken durch die Vorgaben des IWF dazu gezwungen waren, ihre Kreditvergabe deutlich einzuschränken, um die Baseler Eigenkapitalvorschriften zu erfüllen.[930] Diese plötzliche Kreditverknappung traf vor allem die kleinen und mittleren koreanischen Unternehmen hart, von denen 8200 im Jahr 1997 und 10 500 im Jahr 1998 schließen mussten.[931] Doch auch die Chaebol blieben nicht verschont: So hat über die Hälfte der dreißig größten Chaebol die Krise nicht überlebt,[932] wobei der Bankrott des drittgrößten Chaebol Daewoo, der bei 140 Banken aus 100 Ländern mit ca. 50 Mrd. US$ verschuldet war, zu den weltweit größten Konkursen zählen dürfte.[933]

---

[929] Vgl. Kim, Jae-Kyoung (2003): Financial Sovereignty in Jeopardy, in: Korea Times, 22. Dezember 2003.

[930] „Korean commercial banks sharply reduced their credits to meet the 8 percent BIS ratio requirement at the end of 1997...The total assets of the deposit banks increased by 5,1 trillion won during the fourth quarter of 1997, 3,1 trillion won during December alone. But their loans decreased by 2,9 trillion won respectively during the same period.“ Vgl. Park, Kyung Suh (2003): Bank-led Corporate Restructuring, S. 197.

[931] Vgl. Chopra, Ajai; Kang, Kenneth et. al. (2001): From Crisis to Recovery in Korea: Strategy, Achievements and Lessons, S. 59.

[932] Vgl. Mo, Jongryn; Moon, Chung-in (2003): Business-Government Relations under Kim Dae-jung, S. 135.

[933] Vgl. Lee, Dong Gull (2003): The Restructuring of Daewoo, S. 167.

4.3.6.5.1 Ziele und Begründung der Strukturreformen im Unternehmenssektor

Sowohl IWF und Weltbank als auch die koreanische Regierung unter Kim dae Jung legten den Schwerpunkt ihrer Reformbemühungen auf den Unternehmenssektor, der für die schwere Krise verantwortlich gemacht wurde:

> „In the wake of the 1997 financial crisis, the corporate sector came under heavy attack from all sides, and the chaebol became everyone's favorite political scapegoat. Their excessive investment, heavy leverage, dominance of the domestic economy, lack of transperency and exclusionary corporate governance structures were singled out as causes of the financial crisis.“ [934]

Im Mittelpunkt der Reformen stand dabei zum einen die Eigentümerstruktur der Chaebol, die nach Meinung der Kritiker sowohl Vetternwirtschaft als auch eine übermäßige Kreditaufnahme gefördert und die Entwicklung eines modernen Aktien- und Kapitalmarkts behindert habe:[935]

> „The *chaebol* "owners" maintained their control over vast conglomerates, the argument goes, by eschewing stock issues and relying on debt financing to absurd degrees, which was helped by the practice of intra-group mutual loan guarantees. In this view, the unsustainable level of debts of the *chaebol* is the direct cause of the country's 1997 financial crisis, and the pathological corporate governance system and the corrupt government-*chaebol* relationship, which encouraged such high debt build-up, the underlying cause.“[936]

Ein zentrales Ziel der Unternehmensreform bestand entsprechend darin, die hohe Kreditverschuldung der Chaebol durch die verstärkte Ausgabe von Aktien und Anleihen zu reduzieren und die Chaebol zur Entflechtung, d.h. zur Aufhebung von Kreditgarantien an (sowie Überkreuzinvestitionen in) Tochterfirmen sowie zum Verkauf von Unternehmensteilen, die nicht zum „Kerngeschäft“ gehörten, zu zwingen.[937] Um die Geschäfte und Eigentumsstrukturen der Chaebol transparenter zu machen, sollten ferner „allgemein akzeptierte“ Standards der Bilanzierung und Buchführung übernommen und die Rechte von Minderheits-Aktionären gestärkt werden.[938]

---

[934] Vgl. Mo, Jongryn; Moon, Chung-in (2003): Business-Government Relations under Kim Dae-jung, S. 128.

[935] Vgl. Lim, Wonhyuk; Haggard, Stephan; Kim, Euysung (2003): Introduction: The Political Economy of Corporate Restructuring, S. 9: „The members of the founder's family typically has only a small ownership stake; nonetheless it exercises control by using extensive inter-subsidiary crossholdings.“

[936] Vgl. Chang, Ha-Joon; Park, Hong-Jae (1999): An Alternative Perspective on Post-1997 Corporate Reform in Korea, S. 3.f.

[937] Vgl. Republic of Korea (1997): Letter of Intent, 3. Dezember 1997.

[938] Ebd.

Ein zweites Strukturproblem wurde von IWF und Weltbank in der engen Verflechtung der Chaebol mit dem koreanischen Staat gesehen: Demnach habe die Hoffnung auf staatliche Unterstützung zahlreiche Chaebol zu risikoreichen Investitionen geradezu ermuntert. Um mit einer derartigen Vetternwirtschaft („crony capitalism“) endlich aufzuräumen und damit verbundene Anreize zu risikoreichen Geschäften („moral hazard“) zu unterbinden, müsse die koreanische Regierung von der Rettung insolventer Unternehmen absehen und den Restrukturierungsprozess weitgehend dem Markt überlassen. Entsprechend wurde von Südkorea eine Verschärfung des Insolvenzrechts gefordert, um die Konkursverfahren zu beschleunigen; ferner sollten die Rechte der Gläubiger durch Schaffung entsprechender Institutionen gestärkt werden.[939]

4.3.6.5.2 Verlauf des Restrukturierungsprozesses

Am 13 Januar 1998 einigte sich Präsident Kim Dae Jung mit den führenden Chaebol auf (zunächst) fünf Kernprinzipien der Reform des Unternehmenssektors: Danach sollten die Transparenz des Managements und der Buchführung erhöht, Kreditgarantien zwischen Unterfirmen der Chaebol abgeschafft, die Verschuldung der Chaebol gesenkt, die Geschäftsfelder begrenzt sowie die Kontrolle bzw. Haftung des Managements verbessert werden. Ergänzt wurde diese Agenda im August 1999 durch drei weitere Prinzipien, die eine Kontrolle von Finanzinstitutionen durch Chaebol erschweren (bzw. die Aktieninvestitionen der Chaebol begrenzen), Überkreuzinvestitionen zwischen Tochterfirmen verhindern sowie irregeluräe Finanzflüsse zwischen Familienmitgliedern von Chaebol-Eigentümern unter Strafe stellen sollten.[940]

Zur Erhöhung der Transparenz wurde im Februar 1998 der Act on External Audit of Stock Companies revidiert, der die Chaebol ab März 2000 zu einer neuen Bilanzierungs- und Buchführungspraxis verpflichtete.[941] Ebenfalls im Februar wurde der Monopoly Regulation and Fair Trade Act ergänzt und die Abschaffung von Kreditgarantien zwischen Unterfirmen der Chaebol bis zum 1. April 1998 bzw. bis März 2000 angekündigt. Ferner wurden die Chaebol dazu aufgefordert, in Zusammenarbeit mit den wichtigsten Gläubigern Restrukturierungspläne (Capital Structure Impovement Plans) zu erarbeiten mit dem Ziel, bis Ende 1999 die Verschuldungsquote (Debt/Equity-Ratio) der Unternehmen auf 200 zu senken.[942] Um den Restrukturierungsprozess zu beschleunigen, wurde im

[939] Vgl. u.a. Republic of Korea (1998): Letter of Intent, 7. Februar 1998.
[940] Vgl. Mo, Jongryn; Moon, Chung-in (2003): Business and Government under Kim Dae-jung, S. 128f.
[941] Vgl. Chopra, Ajai; Kang, Kenneth et. al. (2001): From Crisis to Recovery in Korea: Strategy, Achievements and Lessons, S. 56.
[942] Vgl. Mo, Jongryn; Moon, Chung-in (2003): Business and Government under Kim Dae-jung, S. 129. sowie Republic of Korea (1998): Letter of Intent and Memorandum on Economic Policies. 24. November 1999.

Februar 1998 (und erneut im Dezember 1999) das Insolvenzrecht verschärft bzw. zugunsten der Gläubiger verändert.[943]

Im Mai 1998 begann das Sanierungsprogramm für die koreanischen Unternehmen (ausgenommen die fünf größten Chaebol) mit der Einrichtung des Committees for Corporate Insolvency Resolution durch die Gläubigerbanken, welche die finanziellen Probleme von 313 Unternehmen untersuchen sollten. Parallel zur Schließung von 5 Banken durch die Financial Supervisory Commission gaben die Banken im Juni 1998 eine Liste von 55 Unternehmen bekannt,[944] die geschlossen werden mussten.

Die Probleme der fünf größten Chaebol (Samsung, Hyundai, Daewoo, LG, SK) versuchte die koreanische Regierung über ein spezielles Restrukturierungsprogramm zu lösen, welches den freiwilligen Austausch von Unternehmensteilen (die sogenannten Big Deals) sowie den Verkauf von Tochtergesellschaften vorsah. Im September 1998 einigten sich die 5 großen Chaebol auf die Fusion bzw. den Austausch von 17 Unternehmen in sieben zentralen Industriezweigen,[945] darunter die Automobilindustrie (der insolvente Autohersteller Kia Motors wurde von Hyundai übernommen, während Renault Samsung Motors erwarb), die Halbleiterbranche (Übernahme von LG Semiconductor durch Hyundai), die Luftfahrtindustrie (Zusammenfassung der entsprechenden Sparten von Hyundai, Samsung und Daewoo zu Korea Areospace Industries) sowie die Schwerindustrie (Übernahme von Samsung Heavy Industries und Huyundai Heavy Industries durch die Korea Heavy Industries & Construction (Hanjung)).[946]

Allerdings war die koreanische Regierung mit dem Umfang sowie dem Tempo dieses freiwilligen Restrukturierungsprogrammes unzufrieden, so dass sie den Druck auf die Chaebol im Zeitverlauf erhöhte. Schließlich waren insbesondere Daewoo und Hyundai seit der Krise dazu übergegangen, in großem Umfang Aktien und Anleihen auszugeben, was die Gesamtverschuldung beider Konzerne im Lauf des Jahres 1998 um weitere 17 Bio. Won (Daewoo)[947] bzw. 10,8 Bio. Won (Hyundai)[948] ansteigen ließ. Zudem weigerte sich Daewoo, seine Unter-

[943] Vgl. Chopra, Ajai; Kang, Kenneth et. al. (2001): From Crisis to Recovery in Korea: Strategy, Achievements and Lessons, S. 57.

[944] Die Zahl stieg später auf 104 an. Vgl. Park, Kyung Suh (2003): Bank-led Corporate Restructuring, S. 184.

[945] „In September 1998, the top-5 agreed on the general terms form merging and/or swapping 17 companies in seven core industries, covering aircraft, autos, petrochemicals, power generation, rolling stock, semiconductors, and ship engines." Vgl. Chopra, Ajai; Kang, Kenneth et. al. (2001): From Crisis to Recovery in Korea: Strategy, Achievements and Lessons, S. 58.

[946] Vgl. Mo, Jongryn; Moon, Chung-in (2003): Business and Government under Kim Daejung, S. 131ff.

[947] Vgl. Lee, Dong Gull (2003): The Restructuring of Daewoo, S. 165.

[948] Vgl. o.V. (1999): South Korea's biggest chaebol to reduce debt, in: Financial Times, 20. April 1999.

nehmenstöchter[949] gemäß des Restrukturierungsplans zu verkaufen und setzte seine Expansionsstrategie fort, die in dem Vorschlag zur Übernahme der Korea First Bank durch koreanische Investoren gipfelte.[950]

Im Juli 1998 reagierte die koreanische Regierung, indem sie die weitere Ausgabe von Corporate Paper sowie – ab Oktober 1998 – die weitere Ausgabe von Unternehmensanleihen untersagte, was den Druck auf die Chaebol, sich von profitablen Unternehmenszweigen zu trennen, erhöhte. Ferner mussten sich die fünf größten Chaebol im Dezember 1998 ebenfalls auf Verhandlungen mit den Gläubigern einlassen und detaillierte Verpflichtungen und Zeitpläne zur Reduzierung der Zahl der Unternehmenstöchter, zum Abbau der Debt/Equity-ratio, zur Abschaffung von Kreditgarantien an Unternehmenstöchter sowie zu Reformen der corporate governance vorlegen.[951]

Am 19. Juli 1999 gab Daewoo bekannt, fällige Kredite bzw. kurzfristige Unternehmens-anleihen (Corporate Paper) in Höhe von 19,2 Bio. Won nicht bedienen zu können.[952] Entsprechend entschieden sich die führenden Gläubigerbanken im August 1999 zur Entflechtung des Daewoo Konzerns,[953] dessen Gesamtverschuldung im November 1999 auf 73 Mrd. US$ geschätzt wurde.[954] Auch der bis 2001 größte Konzern des Landes, Hyundai, geriet unter immer stärkeren Druck und konnte einen Bankrott nur durch massive Entlassungen und Lohnkürzungen, den Verkauf diverser Unternehmen sowie die Entflechtung in mehrere Unternehmenseinheiten[955] abwenden.

4.3.6.5.3 Die Expansion ausländischer Konzerne

Wie die folgende Abbildung verdeutlicht, kam es im Zuge der Krise zu einem starken Anstieg ausländischer Direktinvestitionen in Südkorea, der vor allem von US-amerikanischen und europäischen Unternehmen getragen wurde. Dabei floss ein großer Teil der ausländischen Investitionen in den Dienstleistungsbereich, was nicht zuletzt auf die im Zuge der Krise erfolgte Liberalisierung des Handels mit Dienstleistungen zurückzuführen ist:

---

[949] Ende 1998 besaß Daewoo noch 589 Firmen im Ausland und hatte in über 130 Ländern Büros eröffnet.
[950] Vgl. Lee, Dong Gull (2003): The Restructuring of Daewoo, S. 164ff.
[951] Vgl. Lim, Wonhyuk; Haggard, Stephan; Kim, Euysung (2003): Introduction: The Political Economy of Corporate Restructuring, S. 28 (Fussnote 25).
[952] Vgl. Lee, Dong Gull (2003): The Restructuring of Daewoo, S. 172.
[953] Vgl. o.V. (1999): Sell-off loom as creditors decide to break up Daewoo: Most of Korean group's business should go by year's end, in: Financial Times, 17. August 1999.
[954] Vgl. o.V. (1999): Daewoo debt now put at Dollars 73bn: Higher figure raises doubts about chaebol accounting, in: Financial Times, 5. November 1999.
[955] So wurden u.a. Hyundai Motors und Hyundai Heavy Industries zu selbständigen Unternehmen erklärt.

„[...] FDI in services rose after 1997, especially in finance and insurance as restructuring progressed. Finance and insurance accounted for more than 10 percent and 20 percent of FDI in 1998 and 1999 respectively. Services also include the newly liberalized sectors such as telecommunictaions and electricity, which received high proportions of FDI."[956]

Abb. 65: Ausländische Direktinvestitionen in Südkorea, 1991-2003

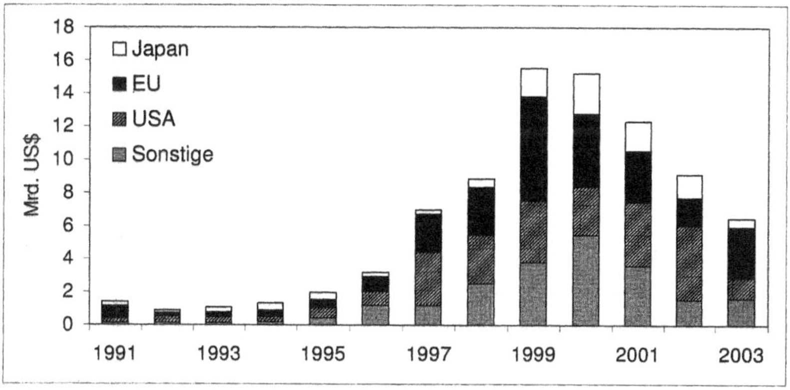

Quelle: Korean Ministry of Commerce, Industry and Energy: Trends in FDI by Major Country. URL: http://www.mocie.go.kr/english/statistics/default.asp (Stand: 14.02.04)

Dass das Wachstum ausländischer Direktinvestitionen nicht nur einem weltweiten Trend folgte, sondern mit Entscheidungen der koreanischen Regierung zur Liberalisierung des Direktinvestitionsregimes eng verknüpft war, zeigt auch die Entwicklung der Fusions- und Übernahmetätigkeit. So stieg das Volumen der grenzüberschreitenden Unternehmensverkäufe in den Jahren 1998 und 1999 rapide an (vgl. Abbildung 66).

Begünstigt wurde die Fusionswelle durch die niedrigen Preise für koreanische Unternehmen in Verbindung mit der Abwertung des Won:[957] Wie Krugman beschreibt, fielen die Preise, die ausländische Investoren für ein koreanisches Unternehmen zu zahlen hatten, im Lauf des Jahres 1997 um 70 Prozent,[958] was beispielsweise dazu führte, dass der gesamte Aktienbestand der koreanischen Fluggesellschaft Korea Airlines mit seinen über 100 Flugzeugen bis Ende 1997 auf 240 Mio. US$ zusammengeschrumpft war, was dem Preis von zwei Boeing 747

[956] Vgl. Yun, Mikyung (2003): Foreign Direct Investment and Corporate Restructuring after the Crisis, S. 243.

[957] Wie Yun beschreibt: „M&As by foreign firms increased after the Asian crisis in response to deregulation of laws restricting M&As, lower asset prices and depreciation of the won." Vgl. Yun, Mikyung (2003): Foreign Direct Investment and Corporate Restructuring after the Crisis, S. 244.

[958] Vgl. Krugman, Paul (1998): Fire-Sale FDI.

entspricht.[959] Allerdings hätte der Käufer auch die Schulden des Unternehmens in Höhe von 5 Mrd. US$ übernehmen müssen,[960] d.h. dem niedrigen Preis stand auf der anderen Seite ein hohes Risiko gegenüber, ein Unternehmen zu erwerben, welches die Krise nicht überstehen würde.

Abb. 66: Verkäufe südkoreanischer Unternehmen im Vergleich

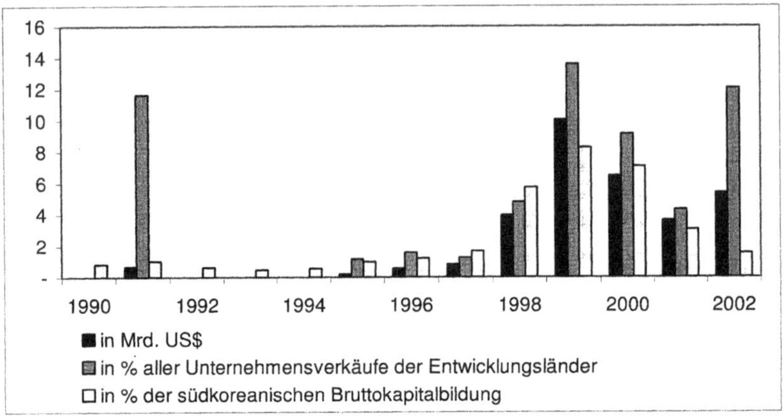

Quelle: UNCTAD (2003): World Investment Report, Annex Table B.7, eigene Berechnung.

Da die koreanischen Konzernführer in der Regel nicht bereit waren, ihre Unternehmen unter Wert zu verkaufen, koreanische Banken die Schulden der koreanischen Unternehmen nur ungern abschreiben und ausländische Investoren ihrerseits nicht auf den Schulden der koreanischen Unternehmen sitzen bleiben wollten bzw. an äußerst hohen Gewinnen interessiert waren, zogen sich die Übernahmeverhandlungen oft mehrere Jahre hin (wie im Fall Daewoo Motors) und/oder wurden ergebnislos abgebrochen (wie im Fall Hynix).

Die größte Investition eines ausländischen Konzerns fand im Mai 1999 statt, als der niederländische Philips-Konzern für 1,6 Mrd. US$ einen Anteil von 50 Prozent am Flachbildschirmhersteller LG-LCD erwarb. Dagegen wurde das Kaufangebot von Micron Technologies, der den koreanischen Chiphersteller Hynix für 3,4 Mrd. US$ übernehmen wollte, von den Gläubigerbanken abgewehrt, was bei Micron sowie Infineon zu wütenden Reaktionen sowie anschließend zu empfindlichen Strafzöllen seitens der EU und USA führte, die

[959] Vgl. Singh, Ajit (1998): "Asian Capitalism" and the Financial Crisis, S. 8.
[960] Ebd., S. 8.

die Vergabe zinsgünstiger Kredite an Hynix bzw. die Abschreibung von Krediten als wettbewerbsverzerrende Handelsbarriere werteten.[961]

Im Vergleich zum Restrukturierungsprozess im koreanischen Finanzsektor, der vom IWF und der internationalen Finanzpresse überwiegend positiv beurteilt wurde, hat der Reformprozess im Unternehmenssektor viel Kritik auf sich gezogen,[962] was nicht zuletzt daran liegen dürfte, dass es Südkorea nach wie vor gelingt, die Denationalisierung von Kernzentralen der Wirtschaft durch eine komplexe Struktur der Überkreuzinvestitionen[963] zu verhindern – eine Strategie, die in ähnlicher Form auch von Industrieländern wie Deutschland verfogt wird.[964] Allerdings ist fraglich, wie lange diese Strategie noch funktionieren wird, denn die Gefahr feindlicher Übernahmen nimmt mit den Aktieninvestitionen ausländischer Investoren stetig zu. So hat der Anteil, den ausländische Investoren an der Marktkapitalisierung koreanischer Unternehmen halten, im November 2003 den vorläufigen Rekordwert von 40 Prozent erreicht;[965] allein die Aktieninvestitionen in den zehn größten Chaebol sind von knapp 50 Bio. Won im Mai 2003 auf knapp 70 Bio Won (60,7 Mrd. US$) im Oktober 2003 angestiegen, wobei sich die Aktien von Samsung sowie Hyundai Motors besonderer Beliebtheit erfreuen.[966]

---

[961] Vgl. Ward, Andrew; Daniel, Caroline (2001): Micron, Infineon blast Hynix rescue, in: Financial Times, 8. November 2001; Foremski, Tom; Burton, John (2002): Micron seeks action over Hynix bail-out, in: Financial Times, 31. Dezember 2002; Chaffin, Joshua; Ward, Andrew (2003): Huge import sanctions may cripple South Korea's Hynix, in: Financial Times, 2. April 2003.

[962] „South Korea's aid donors and many analysts have praised the government of President Kim Dae-jung for enacting far-reaching reforms in the financial sector, but have criticised the slow pace of corporate restructuring." Vgl. o.V. (1999): South Korea banking unions protest at mergers, in: Financial Times, 9. April 1999.

[963] Vgl. hierzu u.a. Ward, Andrew (2003): Founders of chaebol ‚have too much control', in: Financial Times, 6. Oktober 2003: "Family founders of South Korea's sprawling business empires, or chaebol, exercise much greater power over management than their stakes in the conglomerates merit [...] The families command an average 35 per cent of voting rights in chaebol affiliates, four times more than the average 9 per cent of shares they own in the companies. [...] chaebol families use a complex web of cross-shareholdings between group affiliates to maintain their stranglehold over conglomerates such as Samsung, LG, SK and Hyundai. For example, the family of Lee Kun-hee, chairman of Samsung, directly owns less than 10 per cent of the group's flagship electronics arm but exercises further influence through its holdings in other Samsung companies, such as Samsung Life, which own stakes in the electronics affiliate."

[964] Vgl. u.a. Windolf, Paul; Beyer, Jürgen (1995): Kooperativer Kapitalismus. Unternehmensverflechtungen im internationalen Vergleich, in: Kölner Zeitschrift für Soziologie und Sozialpsychologie, Vol. 47, S. 1-36 sowie Windolf, Paul (2002): Corporate Networks in Europe and the United States. New York et al.

[965] Vgl. Jung-a, Song (2003): Asia Watch: murky government no longer given, in: Financial Times, 10. November 2003.

[966] Vgl. o.V. (2003): FDI in South Korea falls sharply, but foreign stock holdings are up, aus: Agence France Press, 8. Oktober 2003.

4.3.7 Zusammenfassung der Ergebnisse der Fallstudie

Die geopolitische Situation des Kalten Krieges, die Südkorea zu einem wichtigen Verbündeten der USA werden ließ, eröffnete den Koreanern eine Strategie der schrittweisen Industrialisierung, die auf den Aufbau wettbewerbsfähiger Exportunternehmen setzte – bei vergleichsweise stark geschützten Binnenmärkten. Dieses Entwicklungsmodell erwies sich lange Zeit, zumindest aber bis zum Ende der achtziger Jahre, als sehr erfolgreich. Dies wird zum einen am Aufstieg Südkoreas zu einer bedeutenden Wirtschaftsmacht ersichtlich. Zum anderen drückt sich dieser Erfolg auch darin aus, dass Konzerne wie Samsung, Hyundai oder Daewoo in der Lage sind, auf dem Weltmarkt mit transnationalen Konzernen wie Siemens oder General Motors zu konkurrieren. Insofern beruht die ökonomische Entwicklung Südkoreas auch auf der engen Verflechtung bzw. Kooperation der koreanischen Bürokratie mit den Großunternehmen (chaebols), die aktiv in die industriepolitische Strategie Südkoreas eingebunden sind.

Allerdings geriet das erfolgreiche koreanische Entwicklungsmodell parallel zum Wandel der außenpolitischen und außenwirtschaftlichen Situation unter wachsenden Veränderungsdruck, dem man aufgrund der hohen Exportabhängigkeit nur wenig entgegensetzen konnte. So waren die USA vor dem Hintergrund wachsender Handelsdefizite sowie dem Ende der Blockkonfrontation immer weniger bereit, das südkoreanische Entwicklungsmodell zu tolerieren bzw. Südkorea weiterhin präferentielle Handelsbeziehungen einzuräumen. Dabei zählte die Öffnung der hochregulierten ostasiatischen Finanzmärkte seit Beginn der achtziger Jahre zu den Hauptzielen der US-amerikanischen Außenwirtschaftspolitik,[967] was sich im Hinblick auf Südkorea auf zwei Gründe zurückführen lässt: Zum einen vertrat man die These, dass die Politik der Unterstützung der chaebol durch zinsgünstige Kredite den koreanischen Unternehmen zu illegitimen Wettbewerbsvorteilen verhalf; zum anderen hatte der Wall Street-Treasury Complex angesichts der hohen koreanischen Sparquote ein vehementes Interesse an direktem Zugang zum koreanischen Finanzmarkt.

Neben den USA forderten aber auch internationale Organisationen (vor allem IMF und OECD) Südkorea dazu auf, die Finanzmärkte, den Kapitalverkehr und das Investitionsregime zu deregulieren – Forderungen, denen die Regierung Kim Young Sam in den Jahren 1993 bis 1997 weit entgegenkam. Als besonders folgenreich erwies sich in diesem Zusammenhang die Liberalisierung des Kapitalverkehrs, die in den Jahren 1994-1997 zu einer Akkumulation kurzfristiger Auslandskredite führte, was die Gefahr einer Liquiditätskrise heraufbeschwor, sollten die ausländischen Gläubiger sich einmal weigern, ihre Kreditlinien zu verlängern. Genau dies geschah im Herbst 1997, als die ausländischen Kreditge-

[967] Vgl. u.a. Cosh, Andrea D.; Hughes, Alan; Singh, Ajit (1992): Openness, Financial Innovation, Changing Patterns of Ownership, and the Structure of Financial Markets, S. 41

ber vor dem Hintergrund der Währungskrisen in Thailand, Indonesien und Malaysia nicht länger bereit waren, Südkorea weitere Finanzmittel zur Verfügung zu stellen.

In Verbindung mit der Liberalisierung des Kapitalverkehrs haben aber auch andere Faktoren zur Krise beigetragen: So hat die teilweise Deregulierung der Finanzmärkte zu einem überproportionalen Wachstum jener Finanzinstitutionen geführt, die im Gegensatz zum Geschäftsbankensektor keiner staatlichen Kontrolle unterlagen. Dies spricht gegen die These, nach der die koreanische Finanzkrise primär auf den großen staatlichen Einfluss im Bankensektor zurückzuführen ist. Ferner hat der Rückzug des Staates aus der Industriepolitik zu einem Investitionsboom beigetragen, der zum Aufbau von Überkapazitäten führte, so dass es für die chaebol immer schwieriger wurde, ausreichende Renditen zu erwirtschaften, um die aufgenommenen Kredite zurückzahlen zu können. Hinzu kam, dass die Wettbewerbsfähigkeit der koreanischen Exportunternehmen durch die Aufwertung des US$ bzw. Abwertung des Yen ab 1995 vermindert wurde, woraus sich wiederum schließen lässt, dass es ein Fehler war, die koreanische Währung an den US$ zu koppeln – zumal ein wachsender Teil des koreanischen Außenhandels mit anderen Staaten (Japan, ostasiatische Schwellenländer) abgewickelt wird.

Für die These, nach der der Wall Street-Treasury-IMF Complex in Südkorea neoliberale Reformen (Liberalisierung des Kapitalverkehrs, Deregulierung der Finanzmärkte, Deregulierung des Investitionsregimes) forciert hat, ließen sich in Kapitel 4.3.6 zahlreiche Hinweise finden. Dabei kam dem IWF im Vorfeld der Krise allerdings eine untergeordnete Rolle zu, d.h. die folgenreichsten Reformen erfolgten teils aus eigenem Antrieb, teils auf Drängen der OECD, die den für das Jahr 1996 anvisierten Beitritt Südkoreas zur OECD von einer umfassenden Liberalisierung des Kapitalverkehrs abhängig machte. Erst im Hinblick auf die Zuspitzung der koreanischen Finanzkrise kam dem IWF die Hauptrolle zu, wobei sich zahlreiche Anhaltspunkte für die These finden lassen, nach der die Politik des IWF zur Verschärfung der Krise wesentlich beigetragen hat. So kann man dem IWF u.a. den Vorwurf machen, dass er

- durch seine Informationspolitik die Panik der Investoren verschärft hat statt auf eine Beruhigung der Lage hinzuwirken;
- durch die Verzögerung der Auszahlung des am 3. Dezember ausgehandelten Überbrückungskredits zur Liquiditätskrise beigetragen hat, die wiederum dazu genutzt wurde, von Südkorea zahlreiche Konzessionen zu erzwingen;
- durch seine Auflagenpolitik, die von Südkorea u.a. eine Politik der hohen Zinsen sowie eine Beschränkung der Kreditvergabe forderte, die Rezes-

sion vertieft hat, und zwar in dem Sinne, dass mehr Unternehmen und Banken als nötig in den Konkurs getrieben wurden.

Was die vom IWF verlangten Strukturreformen angeht, so konnte gezeigt werden, dass die umfassende Deregulierung des Investitionsregimes sowie die weitere Liberalisierung des Kapitalverkehrs als besonders wichtig erachtet wurden; allerdings wurden von Südkorea auch zahlreiche weitere neoliberale Reformen verordnet, wobei der Entflechtung der chaebol, umfassenden Strukturreformen im Finanzsektor sowie der Aufhebung des Kündigungsschutzes ebenfalls eine bedeutende Rolle zukam. An dieser Stelle kann vermutet werden, dass es dem Wall Street-Treasury-IMF Complex nicht zuletzt darum ging, die koreanischen Chaebol, die sich in wichtigen Industriezweigen zu bedeutenden Konkurrenten US-amerikanischer Unternehmen entwickelt hatten, zu schwächen – allerdings muss hier einschränkend bemerkt werden, dass auch die Regierung Kim Dae Jung ein gewisses Interesse an der Entflechtung bzw. Entmachtung der koreanischen Großunternehmen besaß .

Schließlich ließ sich am Beispiel Südkoreas in Kapitel 4.3.6.4 und 4.3.6.5 demonstrieren, wem das IWF-gestützte Krisenmanagement genutzt hat, nämlich in erster Linie ausländischen Finanzkonzernen, die sich in den Jahren nach der Krise große Teile des koreanischen Finanzsystems (und damit große Teile der koreanischen Ersparnisse) aneigneten. Dies hat eine Rückkehr zu einer Politik der Förderung einheimischer Unternehmen mittels zinsgünstiger Kredite erschwert. Wie Stiglitz beschreibt, kassierten die ausländischen Banken und Investmentfonds

> „für den Verkauf oder die Zerschlagung der Not leidenden Unternehmen saftige Provisionen, so wie sie zuvor satte Provisionen dafür eingestrichen hatten, dass sie ausländisches Kapital ins Land gebracht hatten. Mit der Zeit wurde der Zynismus sogar noch größer: Einige dieser amerikanischen und anderen ausländischen Finanzinstitute kümmerten sich nicht weiter um die Sanierung der Unternehmen, vielmehr behielten sie die Betriebe so lange, bis sich die Wirtschaft wieder erholte, und die Diskrepanz zwischen den Schleuderpreisen, zu denen sie eingekauft hatten, und den wieder normalisierten Verkaufspreisen sicherte ihnen ordentliche Gewinne.“[968]

Dabei konnte gezeigt werden, dass die Deregulierung des Investitionsregimes unmittelbar zur Denationalisierung der koreanischen Wirtschaft im Allgemeinen und des Bankensystems im Speziellen führte – eine These, die auch vom IWF geteilt wird, der in einer Analyse der Ursachen der verstärkten Übernahme koreanischer Firmen durch ausländische Investoren zu dem Schluss kommt, dass

> „Since their crises in 1997, both Korea and Thailand have introduced various measures to encourage business consolidations through mergers and acquisitions,

[968] Vgl. Stiglitz, Joseph (2002): Die Schatten der Globalisierung, S. 154.

as well as to liberalize foreign investment. These policy changes have led to rapid rises in cross-border mergers and acquisitions.“[969]

Ob mit dem Markteintritt ausländischer Banken das koreanische Finanzsystem stabiler geworden ist wie u.a. von IWF und Weltbank behauptet wird, ist dagegen mehr als fraglich. Schließlich hat die argentinische Fallstudie in Kapitel 4.2.5.4 gezeigt, dass die Dominanz ausländischer Banken mit der Vernachlässigung der Kreditversorgung einheimischer (vor allem kleiner und mittelgroßer) Unternehmen sowie einer Destabilisierung des heimischen Bankensystems einhergeht, was das Risiko einer weiteren schweren Finanzkrise erhöhen statt vermindern dürfte.

4.4 Ergebnis des Ländervergleichs

Im Folgenden soll die Entwicklung Südkoreas mit derjenigen Argentiniens verglichen und vor dem Hintergrund der entwicklungstheoretischen Diskussion über Auf- und Abstiegsprozesse im Weltsystem beurteilt werden. Dabei soll einerseits der Frage nachgegangen werden, von wem und unter welchen gesellschaftlichen Bedingungen *neoliberale Reformen* in beiden Ländern durchgeführt wurden, d.h. die These der *forcierten Deregulierung* soll anhand der Fallstudien geprüft werden. Zweitens soll geklärt werden, ob sich *Finanzkrisen* in Südkorea und Argentinien in erster Linie auf neoliberale Reformen der Finanzmärkte und des Kapitalverkehrs zurückführen lassen.

Fragt man nach den Ursachen für die relative Abwärtsmobilität Argentiniens bei gleichzeitiger Aufwärtsmobilität Südkoreas, so muss zunächst der historische und weltpolitische Kontext berücksichtigt werden, in den die Entwicklungen eingebettet waren. So spricht vieles für die These, dass die auf den Export ausgelegte koreanische Entwicklungsstrategie nur unter außergewöhnlichen Bedingungen erfolgreich sein konnte: Wie die Bundesrepublik Deutschland lag auch Südkorea an einer wichtigen Schnittstelle des Ost-West-Konflikts, was damit einherging, dass die USA ein entsprechendes Interesse an der wirtschaftlichen Entwicklung dieser Länder besaß. Dies schlug sich sowohl in umfangreicher Entwicklungshilfe als auch in der Toleranz hoher Zölle und restriktiver Investitionsregeln nieder. Dagegen waren die lateinamerikanischen Länder gezwungen, asymmetrische Austauschbeziehungen mit den USA und Europa zu akzeptieren, die einen nachholenden industriell-technologischen Entwicklungsprozess behinderten oder zumindest erschwerten.

Als in Argentinien Ende der siebziger Jahre ein neoliberales Schockprogramm in die Praxis umgesetzt wurde, befand sich das Land bereits in einer wirtschaft-

[969] Vgl. Mody, Ashoka; Negishi, Shoko (2001): Cross-Border Mergers and Acquisitions in East Asia.

lichen Krise, die von heftigen innenpolitischen Auseinandersetzungen begleitet wurde. Will man verstehen, warum sich gegen die Etablierung der Militärjunta zu wenig Widerstand gerichtet hat, so dürfte nicht zuletzt das Bedürfnis nach Stabilität eine Rolle gespielt haben; eine Stabilität die zuvor nicht vorhanden war und zwar aufgrund abrupter Wechsel zwischen unterschiedlichen Entwicklungsstrategien der jeweiligen Regierungen.

Die Wechselhaftigkeit der Entwicklungsstrategie lässt sich wiederum mit den Kräfteverhältnissen der unterschiedlichen Interessengruppen in Argentinien in Verbindung bringen: Einer am Export von Weizen und Fleisch interessierten Agraroligarchie auf der einen Seite und einer stärker am Binnenmarkt orientierten Bourgeoisie und Arbeiterklasse auf der anderen Seite. Ein bedeutender Unterschied zur koreanischen Entwicklung scheint demnach in der ökonomischen und politischen Macht der *Agraroligarchie* zu liegen, die in Argentinien den Übergang zu einer Strategie der binnenmarktzentrierten Industrialisierung blockierte, während in Südkorea die alte Agraroligarchie durch die Landreform von 1950 weitgehend entmachtet war.[970]

Das neoliberale Schockprogramm, das von der argentinischen Militärdiktatur im Einklang mit der Agrar- und Finanzoligarchie durchgeführt wurde, hat sich auf die weitere Entwicklung fatal ausgewirkt, wie Jorge Gaggero, Vorstandsmitglied der Bank der Provinz Buenos Aires, beschreibt:

> „Der 1976 erfolgte institutionelle Bruch führte (wie bei Chile 1973) zu einer verfrühten, unbegrenzten Öffnungspolitik und einer Strukturanpassung, die sechs Jahre später in ganz Lateinamerika Einzug halten sollte. Diese "Verfrühung" hatte besonders destruktive Auswirkungen, weil sie sich auf das kollektive Bewusstsein, die sozioökonomische Struktur und die staatlichen Institutionen niederschlug und dies bis heute tut.“[971]

Auf der anderen Seite gelang es der bereits vermögenden Elite, den eigenen Reichtum durch spekulative Geschäfte rasch zu vermehren, da – wie in den neunziger Jahren – hohe Zinsen offeriert wurden, das Wechselkursrisiko mittelfristig ausgeschaltet war und die Liberalisierung des Kapitalverkehrs den problemlosen Transfer der Profite in die gewünschte Währung bzw. das gewünschte Land garantierte.

---

[970] Wie Chung und Kirkby am Beispiel Südkoreas beschreiben: „...the political power of an unproductive land-owning class was a barrier to industrialisation and modernisation. The old yangban class favoured land investment rather than industry and commerce. With restrictions on land ownership, the landlord class would be obliged to seek other avenues for investment.“ Vgl. Chung, Jae-Yong; Kirkby, Richard J.R. (2002): The Political Economy of Development and Environment in Korea, S. 52.

[971] Vgl. Gaggero, Jorge Alejandro (2002): Der Musterschüler am Pranger.

Die Kehrseite dieser Politik lag u.a. in dem enormen Wachstum der kurzfristigen Auslandsverschuldung: So kann sowohl am Beispiel Argentiniens als auch am Beispiel Südkoreas gezeigt werden, dass die *Liberalisierung des Kapitalverkehrs* zu einer *Akkumulation kurzfristiger Zahlungsverpflichtungen* geführt hat, was entscheidend zu den Krisen beitrug.[972] So hatte Argentinien im Juni 1977 ein umfassendes Deregulierungsprogramm unternommen, in dessen Zuge die Zinsen dereguliert und die Finanzmärkte für ausländische Investoren geöffnet wurden.[973] Im selben Jahr erreichte die Wachstumsrate der kurzfristigen Auslandsverschuldung mit weit über 150 Prozent einen ersten Höhepunkt. In Südkorea wurde ab 1993 ebenfalls ein umfassendes Programm der Deregulierung und Liberalisierung verfolgt, welches im Vorfeld des Beitritts zur OECD mit dem Foreign Exchange Reform Plan von 1994 bei gleichzeitiger Deregulierung des einheimischen Finanzmarktes seinen Höhepunkt erreichte (vgl. Kap. 4.3.4.2.1). Im selben Jahr stieg die kurzfristige Auslandsverschuldung ebenfalls um über 150 Prozent an.

Abb. 67: Wachstumsraten der kurzfristigen Auslandsverschuldung in Argentinien und Südkorea, 1970-2001

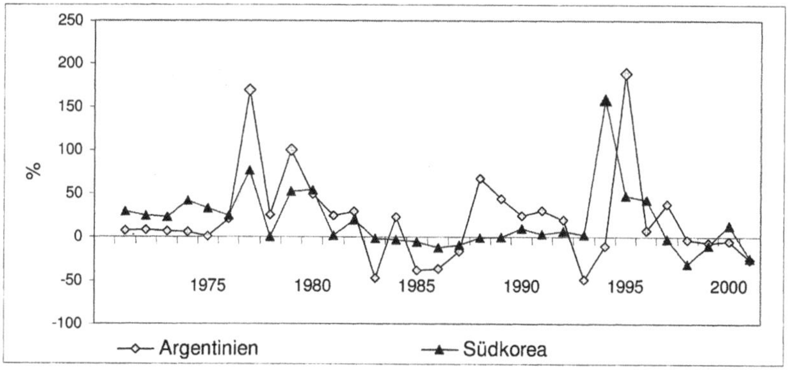

Quelle: World Bank (2003): World Development Indicators, eigene Berechnungen.

Die Akkumulation kurzfristiger Verbindlichkeiten in ausländischer Währung trieb einerseits den *Schuldendienst* in die Höhe, zum anderen kam es in Südkorea zu einem *wachsenden Missverhältnis zwischen kurzfristigen Verbindlichkeiten und Devisenreserven* – ein Missverhältnis, welches das Risiko einer akuten Liquiditätskrise in sich barg, die Ende 1997 eintrat.

972 Wie Zinn schon 1993 beschrieb, „besteht kein Zweifel an der zeitlichen Parallelentwicklung der boomenden Finanzgeschäfte und der wachsenden Verschuldung von Haushalten und Unternehmen gerade in jenen Volkswirtschaften, die die Deregulierung am weitesten getrieben haben." Vgl. Zinn, Karl Georg (1993): Die neue Qualität des Finanzkapitals, S. 62.

973 Vgl. World Bank (1985): Argentina. Economic Memorandum, S. 207.

Abb. 68: Wachstumsraten des Schuldendienstes, 1970-2001

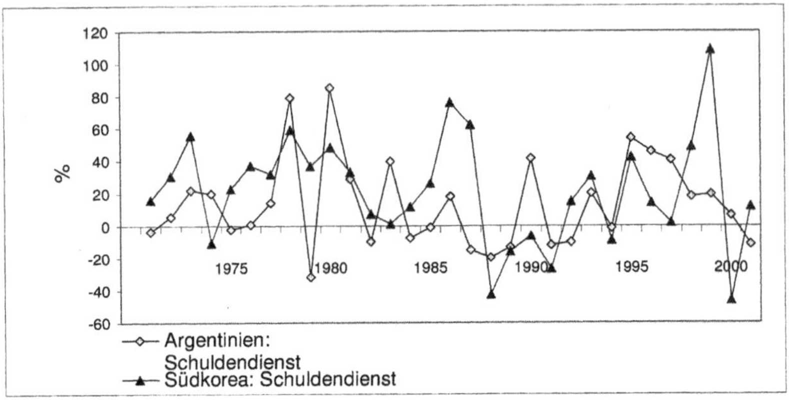

Quelle: World Bank (2003): World Development Indicators, eigene Berechnungen.

Auch im Hinblick auf die schwere Finanzkrise in Argentinien zu Beginn des 21. Jahrhunderts kann argumentiert werden, dass sich die im Zusammenhang mit der Einführung des Currency Board verknüpfte Deregulierung des Kapitalverkehrs schließlich fatal ausgewirkt hat. Zwar kann dem Konvertibilitätsplan zugute gehalten werden, dass er das Problem der Hyperinflation in den Griff bekam (vgl. Kap. 4.2.4.2.1), dennoch hat die mit den Reformen verknüpfte Dollarisierung und Polarisierung der Wirtschaft am Ende mehr Probleme geschaffen als gelöst.

Die These, nach der sich Finanzkrisen in Schwellenländern *primär* auf die Deregulierung der Finanzmärkte und des Kapitalverkehrs zurückführen lassen, trifft nur bedingt zu. Zwar lassen sich beide Krisenphasen mit der Deregulierung der Finanzmärkte und des Kapitalverkehrs in Verbindung bringen, andere Faktoren spielten aber eine ebenso wichtige Rolle, wobei den *krisenhaften Entwicklungen in den Zentren* besondere Aufmerksamkeit gewidmet werden muss, da diese sich häufig (in Form von boom-bust-Zyklen) in der Semiperipherie niederschlagen. Allerdings kann argumentiert werden, dass Schwellenländer wie Argentinien, die bereits sehr früh umfassende neoliberale Reformen der Finanzmärkte und des Kapitalverkehrs unternahmen, auch besonders heftig von Krisen erschüttert wurden. Hinzu kommt, dass Länder wie Chile oder Malaysia, die den Kapitalverkehr kontrollier(t)en, von der Asienkrise weitaus weniger tangiert wurden als Länder wie Thailand oder Indonesien, die den Kapitalverkehr weitgehend liberalisiert hatten.[974]

[974] Zu den Erfahrungen Chiles und Malaysias mit Kapitalverkehrskontrollen vgl. Küblböck, Karin (2003): Re-Regulierung der Finanzmärkte, S. 217ff. sowie Hujo, Katja (2003): Kapitalverkehrskontrollen als entwicklungspolitisches Instrument, S. 3ff.

5. Fazit

Zum Abschluss sollen die im ersten Kapitel entwickelten Hypothesen mit den Ergebnissen der Kapitel 2 bis 4 verglichen und gegebenenfalls modifiziert werden. Im Mittelpunkt steht dabei die entwicklungspolitische Frage, welche Lehren die Schwellenländer aus den Erfahrungen der letzten Jahrzehnte ziehen sollten: Sollten die Schwellenländer den Ratschlägen von IWF, Weltbank und WTO folgen und ihre Finanzmärkte für große Finanzkonzerne aus den Industrieländern öffnen? Wie haben sich neoliberale Reformen der Finanzmärkte und des Kapitalverkehrs jeweils ausgewirkt? Diese Fragen sollen beantwortet werden, indem die Ergebnisse der vorangegangenen Kapitel zusammengefasst werden, wobei das Ziel darin besteht, konkrete Handlungsempfehlungen für Schwellenländer abzuleiten, die vor der Frage stehen, welche Strategie sie im Hinblick auf die Gestaltung ihrer einheimischen Finanzmärkte und der Finanzbeziehungen mit dem Ausland verfolgen sollten.

Da sich Handlungsempfehlungen für Schwellenländer nur sinnvoll definieren lassen, wenn man die Handlungsspielräume kennt, die den Staaten des Südens zur Verfügung stehen, wird in Kapitel 5.1 zunächst das internationale Währungs- und Kreditsystem im Mittelpunkt der Betrachtung stehen. War das Konzept des Wall Street-Treasury-IMF Complex hilfreich bei der Analyse der Zusammenhänge zwischen neoliberalen Reformen und Finanzkrisen in Schwellenländern oder sollte es um weitere Akteure ergänzt bzw. modifiziert werden? Lässt sich die These der forcierten Liberalisierung anhand der Fallstudien bestätigen oder haben interne Kräfteverhältnisse in den Schwellenländern bei der Durchsetzung neoliberaler Reformen eine größere Rolle gespielt? Mit diesen Fragen wird sich Kapitel 5.1 auseinandersetzen.

Kapitel 5.2 widmet sich schließlich der Frage nach den Profiteuren der Finanzkrisen, wobei anhand der Fallstudien der Frage nachgegangen wird, ob

- die forcierte Deregulierung des Investitionsregimes zur Denationalisierung, d.h. zum verstärkten Verkauf einheimischer Banken und Unternehmen an ausländische Investoren geführt hat oder diesbezüglich andere Aspekte von größerer Bedeutung waren,
- dieselben Akteure, die durch den plötzlichen Abzug ihres Kapitals die Krisen ausgelöst und/oder verschärft haben, auch von dem Verkauf der Banken und Unternehmen aus den Schwellenländern profitiert haben.

Ziel dieses Kapitels ist es, die empirischen Ergebnisse zum Wandel der Eigentumsverhältnisse im Bankensystem von Schwellenländern zusammenzufassen, um zu klären, ob die These aufrechterhalten kann, derzufolge insbesondere der Wall Street-Treasury complex von Finanzkrisen in Schwellenländern profitiert hat.

In Kapitel 5.3 soll dann erneut an die Diskussion über die Vor- und Nachteile der Deregulierung der Finanzmärkte, des Kapitalverkehrs und des Investitionsregimes angeknüpft werden. Ziel ist es hier, die im zweiten Kapitel entwickelten Argumente mit den Ergebnissen der Fallstudien zu vergleichen und daraus theoretische Rückschlüsse zu ziehen sowie entsprechende praktische Handlungsempfehlungen für die Länder des Südens abzuleiten.

5.1 Die Rolle des Wall Street-Treasury-IMF Complex bei der Durchsetzung neoliberaler Reformen in Schwellenländern

Die Konzeption des Wall Street-Treasury-IMF Complex hat sich bei der Analyse der Zusammenhänge zwischen Finanzkrisen und Strukturanpassung als fruchtbar erwiesen, da es den Blick auf die wichtigsten Akteure gelenkt hat, die das internationale Kreditregime konstituieren. Aus dieser polit-ökonomischen Perspektive[975] betrachtet liegt das Problem der neoliberalen Globalisierung nicht darin, dass der Staat gegenüber den Kräften des freien Marktes and Einfluss und Gestaltungsmöglichkeiten verloren hat - vielmehr greifen staatliche Institutionen wie Finanzministerien, Zentralbanken oder der Internationale Währungsfonds bewusst in den Wirtschaftsprozess ein mit dem Ziel, die Interessen privater Großkonzerne gegenüber der eigenen Bevölkerung sowie gegenüber den Ländern des Südens durchzusetzen.[976] Die Vorstellung von einer ungezügelten Marktwirtschaft, in der die privaten Wirtschaftssubjekte unabhängig von staatlichen Interventionen schalten und walten können, ist demnach eine Fiktion – was jeweils dann sehr deutlich wird, wenn der Markt „versagt“ und Verluste der privaten Banken und Konzerne über Interventionen öffentlicher Institutionen der Allgemeinheit aufgebürdet werden. Insbesondere Krisenprozesse lassen sich nicht begreifen, ohne die vielfätigen Interventionen staatlicher und öffentlicher Institutionen zu analysieren – von der Außen- und Geldpolitik der wichtigsten Industrieländer bis hin zur Strukturanpassungspolitik des IWF.

5.1.1 Die These der forcierten Deregulierung

Die These, nach der Finanzkrisen in Schwellenländern dem IWF sowie den wichtigsten Gläubigernationen einen Hebel verschaffen, den sie zur Durchset-

---

[975] Susan Strange hat diese polit-ökonomische Perspektive folgendermassen begründet: „The phenomenon of borrowing - getting money today in exchange for money tomorrow - is economic. But how such transactions are managed is political." Vgl. Strange, Susan (1998): The New World of Debt, S. 92.

[976] Wie Hamm beschreibt, wird der Staat „als Steuerungseinheit [...] unter Bedingungen der Globalisierung nicht überflüssig, sondern gerade da gefordert, wo es gilt, die inneren Lebensverhältnisse den Bedürfnissen der transnationalen Unternehmen unterzuordnen. [...] Was als Verlust von Steuerungsfähigkeit erscheint, ist teils der bewußte Verzicht darauf (Deregulierung), teils Folge einer enormen Staatsverschuldung (Privatisierung, Sozialabbau).“ Vgl. Hamm, Bernd (1996): Struktur moderner Gesellschaften, S. 340f.

zung ihrer Forderungen nutzen können und nutzen, kann vor dem Hintergrund der Erfahrungen in Argentinien und Südkorea als bestätigt gelten. So hat die argentinische Fallstudie illustriert, auf welche Weise die internationale Gläubigergemeinschaft die Bereitschaft zur Restrukturierung der argentinischen Auslandsschulden an die Forderung nach Privatisierung und Verkauf argentinischer Unternehmen an ausländische Investoren geknüpft hat (Vgl. Kapitel 4.2.4.4.1). Gleiches gilt für Südkorea, wo es dem IWF im Zuge der Krise gelungen ist, eine Reihe außenwirtschaftspolitischer Reformen zu erzwingen, auf die der Wall Street-Treasury Complex schon lange gedrängt hatte, darunter die Liberalisierung des Kapitalverkehrs und die Öffnung der Märkte für ausländische Finanzdienstleister, wobei in diesem Fall großer Wert auf die Privatisierung und den Verkauf einheimischer Banken gelegt wurde (Vgl. Kapitel 4.3.6).

Wie der einstige Staatssekretär im Finanzministerium der USA, Larry Summers, in einer Rede vom 28. Februar 1998 zugab, hat der IWF in den Monaten der Zuspitzung der Asienkrise den Schwellenländern bedeutende Zugeständnisse abringen können, was die Öffnung der Märkte für US-amerikanische Waren und US-amerikanisches Kapital betrifft:

> „In some ways the IMF has done more in these past months to liberalize these economies and open their markets to US goods and services than has been achieved in rounds of trade negotiations in the region."[977]

Für die weitergehende These, nach der der IWF durch seine Politik direkt zu den Finanzkrisen beigetragen hat, liessen sich ebenfalls Indizien finden, darunter:

- die Politik im Vorfeld der Asienkrise, als der IWF den kurzfristigen Liquiditätsengpass verschärfte, indem er durch alarmierende Berichte zur Höhe der koreanischen Devisenreserven zur Verunsicherung ausländischer Investoren beitrug, wobei die Kapitalflucht erst endete, nachdem man von Südkorea weitgehende Konzessionen erzwungen hatte;
- die enge Kooperation zwischen Mitarbeitern des IWF und dem Finanzministerium der Militärregierung 1976-1982 in Argentinien, woraus sich schließen lässt, dass der IWF an der Konzeption der neoliberale Schocktherapie, die in die Krise führte, erheblichen Anteil hatte;
- der neoliberale Sparkurs, der Argentinien im Vorfeld der Krise von 2001 aufgezwungen wurde.

Dennoch reicht der Verweis auf die Interessen und Aktionen des Wall Street-Treasury complex nicht aus, wenn man erklären will, von wem und in welchem Interesse die neoliberalen Reformen jeweils in die Praxis umgesetzt wurden. So

---

977 Vgl. Summers, Larry (1998): American Farmers: Their Stake in Asia, Their Stake in the IMF. Office of Public Affairs, US Treasury Dept., Washington, D.C., 23. Februar 1998, zit. Nach Bello, Walden (1999): Dark Victory, S. 121.

hatten einheimische Eliten in den Schwellenländern sowie große Teile der Mittelschicht ebenfalls ein großes Interesse an der Deregulierung der Finanzmärkte und des Kapitalverkehrs sowie an der Privatisierungspolitik: So kann man feststellen, dass sowohl die argentinische Militärdiktatur als auch die Regierung Menem der frühen neunziger Jahre in erheblichem Umfang von den neoliberalen Reformen profitiert haben, indem sie die damit verbundenen erweiterten privaten Bereicherungsmöglichkeiten (Finanz-spekulation, illegale Aneignung von Staatsvermögen) in großem Umfang genutzt haben. Was die neoliberale Politik der neunziger Jahre in Argentinien betrifft, so muss ferner berücksichtigt werden, dass diese anfänglich auf große Zustimmung in der argentinischen Bevölkerung stieß, da das Currency Board zur Überwindung der Probleme der Hyperinflation beitrug und der argentinischen Mittelschicht den Zugang zu günstigen Krediten in Fremdwährung ermöglichte.[978] In Südkorea waren es dagegen in erster Linie die chaebols, die im Vorfeld der Krise versucht hatten, mit Hilfe ausländischer Kredite eine stärkere Unabhängigkeit von staatlichen Vorgaben und Direktiven zu erreichen und die eigene Expansion voranzutreiben.

Schließlich muss auf einen zentralen Widerspruch aufmerksam gemacht werden, der in jeder Strategie der forcierten Liberalisierung enthalten ist: Je offener und unverblümter die Durchsetzung egoistischer Interessen erfolgt, desto stärker ist häufig auch der Widerstand gegen eine derartige Politik. Ferner können die mit den Krisen verbundenen sozialen Umwälzungsprozesse dazu führen, dass politische Koalitionen formiert werden, die für eine Abkehr von neoliberalen Politikkonzepten eintreten. Dies verdeutlicht die Entwicklung in Argentinien seit der Krise von 2001/02, die zu einer gewissen Distanzierung von den Ratschlägen des IWF geführt hat.

Der IWF kommt in einer Studie zu den Faktoren, die neoliberale Reformen im Finanzbereich begünstigt haben, zu dem Schluss, dass die *Teilnahme an einem IWF-Strukturanpassungsprogramm* die Wahrscheinlichkeit neoliberaler Reformen der Finanzmärkte und des Kapitalverkehrs erhöht.[979] Dagegen scheinen die *politischen Verhältnisse* kaum eine Rolle zu spielen, d.h. es existiert kaum ein Zusammenhang zwischen der parteipolitischen Orientierung der Regierung und der Durchführung neoliberaler Reformen:

---

[978] Wie Fernando J. Cardim de Carvalho beschrieben hat:"Unless one understands that continuing high inflation was quickly eroding overall hopes and expectations of the general public [...], generating a deep helplessness feeling and a sense of unavoidable doom, one cannot understand how stabilization plans that had so many flaws in their conception as the Cavallo Plan [...] could generate such an enthusiastic adhesion by the whole society." in: de Carvalho, Fernando J. Cardim ( ): Argentina: Slow Death or Resurrection? S. 5f.

[979] Vgl. Abiad, Abdul; Mody, Ashoka (2003): Financial Reform: What Shakes It? What Shapes It? S. 15.

„There was no evidence that right-wing governments were more reform-oriented than left-wing governments. If anything, the propensity of left-wing governments to reform was slightly higher than for right-wing governments.“ [980]

Als Erklärung zieht die Studie in Betracht, dass Regierungen, die der Linken zugeordnet werden, womöglich besser in der Lage sind, der Bevölkerung die Notwendigkeit neoliberaler Reformen zu vermitteln:

„[I]f politicians cannot credibly convey the merits of their reform proposals [...], party ideology and credibility interact in interesting ways. Since the electorate cannot easily distinguish if a policy proposal is motivated by partisan considerations or by concerns for social welfare, a right-wing policy proposed by a left-wing government is vested with more credibility, being more likely to be motivated by social concerns.“[981]

5.1.2 Kritik am Konzept des Wall Street-Treasury-IMF Complex

Gegen die Konzeption des Wall Street-Treasury-IMF Complex kann zu Recht eingewandt werden, dass der Begriff die Bedeutung anderer Akteure im internationalen Finanzsystem vernachlässigt, wobei diesbezüglich an erster Stelle die Welthandelsorganisation WTO sowie die Europäische Union zu nennen wären.

Bereits in der Uruguay-Handelsrunde (1988-1994), die in der Gründung der WTO mündete, spielten Verhandlungen zur Öffnung der Finanzmärkte der Schwellenländer eine zentrale Rolle.[982] Mit dem Abkommen zur Liberalisierung des Handels mit Dienstleistungen (GATS) wurde im Rahmen der WTO schließlich ein multilaterales Regelwerk zur Sicherung der Rechte ausländischer Investoren geschaffen und transnationalen Konzernen und Banken neue Expansionsfelder eröffnet. So wurde im GATS-Abkommen vereinbart, dass in einem sukzessiven Liberalisierungsprozess immer mehr Dienstleistungsbereiche für ausländische Anbieter von Dienstleistungen geöffnet werden – im Zentrum der Verhandlungen stehen dabei strategisch wichtige Wirtschaftszweige wie das Transport- und Verkehrswesen, die Finanz- und Telekommunikationsbranche sowie das Bildungs- und Gesundheitswesen, d.h. Dienstleistungen, die in den meisten Ländern ganz oder teilweise vom Staat bzw. der öffentlichen Hand erbracht werden.[983]

Da die USA bzw. einflussreiche Lobbyverbände der Finanzindustrie mit den Ergebnissen der Uruguay-Handelsrunde unzufrieden waren, wurde weiter über

---

[980] Vgl. Abiad, Abdul; Mody, Ashoka (2003): Financial Reform: What Shakes It? What Shapes It? S. 30.

[981] Ebd., S. 13.

[982] Vgl. Stichele, Myriam Vander (2004): Critical issues in the financial industry, S.

[983] Vgl. Fritz, Thomas (2003): Die letzte Grenze. GATS: Die Dienstleistungsverhandlungen in der WTO, S. 35ff.

die Liberalisierung speziell von *Finanzdienstleistungen* verhandelt.[984] Doch auch wenn der Druck zunächst vor allem von den USA ausging, ist die Verhandlungsstrategie der Europäischen Union, die in den GATS-Verhandlungen zum Ausdruck kommt, kaum weniger aggressiv.[985] So wurden Länder wie Malaysia, die Philippinen oder Indien von der EU dazu aufgefordert, den Handel mit der inländischen Währung freizugeben bzw. Offshore-Töchtern ausländischer Banken Finanzgeschäfte in einheimischer Währung zu erlauben oder grenzüberschreitende derivative Finanzgeschäfte zuzulassen[986] – ungeachtet der Tatsache, dass die Tätigkeit von Offshore-Töchtern ausländischer Banken für die Regulierungsbehörden besonders schwer zu überwachen sein dürften, grenzüberschreitende derivative Finanzgeschäfte mit hohen Risiken verbunden sind und gerade in Malaysia durch Beschränkungen des Devisenhandels wichtige Erfolge im Kampf gegen die Finanzkrise erzielt wurden.

Obwohl sich also einerseits die These vertreten lässt, dass der Begriff des Wall Street-Treasury-IMF Complex das Machtzentrum der Weltwirtschaft recht gut beschreibt, muss im Hinblick auf die Akteure, die sich in Schwellenländern für eine Deregulierung der Finanzmärkte und des Investitionsregimes einsetzen, auch die Rolle der EU und der WTO analysiert werden.

5.2 Der Wall Street-Treasury Complex als Profiteur der Krisen?

Stiglitz schildert am Beispiel der Asienkrise einige der Mechanismen, über die der Wall Street-Treasury Complex von den Finanzkrisen profitiert hat, wobei er die These vertritt dass jene Institutionen, die durch ihren plötzlichen Rückzug aus dem Geschäft mit Südkorea zur Krise beigetragen haben, dieselben sind, die anschließend von den Unternehmensverkäufen profitiert haben:

> „Zuerst forderte der IWF die Länder in Asien auf, ihre Märkte für kurzfristiges Spekulationskapital zu öffnen. Als die Länder dem nachkamen, strömten Gelder hinein, aber ebenso plötzlich wieder hinaus. Anschließend forderte der IWF Zinserhöhungen und einen strengen Sparkurs der öffentlichen Hand, und das Resultat war eine schwere Rezession. Als die Preise für Vermögenswerte einbrachen, drängte der IWF die Länder, ihre Firmenbeteiligungen, wenn nötig zu Schleuderpreisen, zu verkaufen. Er erklärte, die Unternehmen bräuchten ein tüchtiges ausländisches Management [...] und dazu müssten die Firmen an Ausländer verkauft werden – ein bloßes ausländisches Management genüge nicht. Die Verkäufe über-

---

[984] „The US dissatisfaction with financial services market openings during the Uruguay Round led to complementary GATS negotiations on financial services. The latter were concluded at the end of 1997 [...] after the US had been pushing much harder for market opening than the EU.“ Vgl. Stichele, Myriam Vander (2004): Critical issues in the financial industry, S. 149.

[985] „The leaked requests of the EU to developing countries read like a wish list of European financial firms by which all government measures that hamper their expansion and profit-making would be removed.“ Vgl. Stichele, Myriam Vander (2004): Critical issues in the financial industry, S. 149.

[986] Vgl. Fritz, Thomas; Scherrer, Christoph (2002): GATS: Zu wessen Diensten? S. 84f.

nahmen dieselben ausländischen Finanzinstitute, die ihr Kapital abgezogen und dadurch die Krise ausgelöst hatten."[987]

Tatsächlich spielen an der Wall Street ansässige *Investmentbanken* wie Goldman Sachs, Morgan Stanley oder Merril Lynch eine bedeutende Rolle bei krisenbedingten *Fusions- und Übernahmeprozessen,* so dass sich – angesichts der großen Dominanz der US-amerikanischen Investmentbanken auf dem Markt für Unternehmenskontrolle[988] – die These vertreten ließe, dass in erster Linie die US-amerikanische Finanzindustrie von Finanzkrisen in Schwellenländern profitiert hat. Doch auch wenn die Position der USA im *Investmentbanking* aufgrund der historischen Trennung zwischen Wertpapier- und Kreditgeschäft sehr stark ist,[989] muss man im traditionellen Kreditgeschäft einen relativen Bedeutungsverlust der US-amerikanischen Finanzindustrie zugunsten europäischer Banken feststellen. So beliefen sich die konsolidierten Forderungen US-amerikanischer Banken an alle Entwicklungsländer zusammengenommen im ersten Quartal 2003 auf 214 Mrd. US$ – die Forderungen der Banken aus fünf europäischen Ländern (Deutschland, Frankreich, Spanien, Italien, Schweiz) waren mit 588,5 Mrd. US$ jedoch mehr als doppelt so hoch:

Abb 69: Konsolidierte Bankforderungen an Entwicklungsländer, 1984-2003*

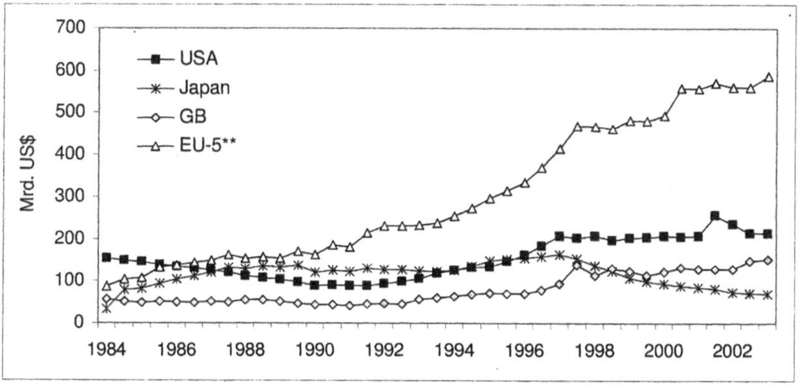

*Daten jeweils vom 2. und 4. Quartal (von Q2 1984 bis Q2 2003).
**Deutschland, Frankreich, Spanien, Italien und die Schweiz
Quelle: Bank für Internationalen Zahlungsausgleich (2003): Consolidated Claims of Reporting Banks in Individual Countries, eigene Zusammenstellung.

Entsprechend trifft auch die Behauptung von Stiglitz, nach der dieselben ausländischen Finanzinstitutionen, die ihr Kapital abgezogen und dadurch die Krise

[987] Vgl. Stiglitz, Joseph (2002): Die Schatten der Globalisierung, S. 154.
[988] Vgl. Huffschmid, Jörg (1999): Politische Ökonomie der Finanzmärkte, S. 78.
[989] Ebd., S. 79. Diese Trennung wurde mittlerweile allerdings aufgehoben.

ausgelöst hatten, später vom Verkauf der Unternehmen und Banken aus den Krisenländern profitiert haben,[990] nur eingeschränkt zu, wie am Beispiel Südkoreas gezeigt werden kann. So wurde der Kreditboom im Vorfeld der Finanzkrise in Südkorea primär von europäischen und japanischen Banken getragen, während sowohl US-amerikanische als auch europäische Finanzkonzerne eine zentrale Rolle bei der Übernahme koreanischer Banken spielten (vgl. Kap. 4.3.6.4.3).

Was Argentinien betrifft, so spielten europäische Banken im Vorfeld der Krise ebenfalls eine dominante Rolle – insbesondere spanische Banken, deren Forderungen innerhalb weniger Jahre von unter 2 Mrd. US$ (1996) auf 23 Mrd. US$ (Ende 2000) angewachsen waren. Mittlerweile (Stand: Anfang 2003) sind spanische Banken mit Forderungen von etwa 12 Mrd. US$ noch vor den USA (7,9 Mrd. US$) zu den größten Gläubigern Argentiniens avanciert und haben in den Jahren nach der Mexikokrise große argentinische Banken übernommen, wie in Kapitel 4.2.5.4 gezeigt wurde. Dennoch ist fraglich, ob spanische Banken eindeutig zu den Profiteuren der Krise gerechnet werden können, denn einerseits ist noch offen, ob bzw. wann und in welchem Umfang Argentinien die ausstehenden Schulden zurückzahlt, zum anderen hat der argentinische Finanzmarkt durch die mit der Krise einhergehende Verarmung großer Teile der Bevölkerung an Attraktivität verloren. Zur Klärung der Frage nach den Profiteuren von Finanzkrisen in Schwellenländern, sind daher noch viele detaillierte Studien erforderlich.

In jedem Fall haben die Entwicklungen in Lateinamerika und Ostasien demonstriert, dass die USA längst nicht mehr der einzige Akteur ist, den man im Hinblick auf die Kreditvergabe und den Kapitalexport berücksichtigen muss.[991] Und auch was die *relative* Bedeutung der Finanzindustrie in den USA und Europa angeht, so existieren nur noch kleine Unterschiede zwischen der „Wall Street" und der europäischen Finanzindustrie.[992]

---

[990] Vgl. Stiglitz, Joseph (2002): Die Schatten der Globalisierung. Berlin, S. 154.

[991] So wurde beispielsweise der Kreditboom in die ostasiatischen Schwellenländer im Vorfeld der Asienkrise in erster Linie von europäischen Banken getragen, auf die zwischen Anfang 1995 und Mitte 1997 mehr als die Hälfte der Kreditvergabe entfiel. Vgl. BIZ (1998): 68. Jahresbericht, S. 138.

[992] „Informations- und Kommunikationstechnologie sowie die Dienstleistungen in den Bereichen Finanzen, Versicherungen und Kommunikation sind in den USA inzwischen für 55 % der Bruttowertschöpfung verantwortlich. Diese auch „wissensbasierte Industrien" genannte Gruppe erreicht in Deutschland sogar einen leicht höheren Wertschöpfungsanteil. Die Europäische Union insgesamt kommt auf einen Wertschöpfungsanteil von über 48 %. So gesehen ist die Startposition Europas sogar recht günstig." Vgl. Bundesverband deutscher Banken (2000): Europas "New Economy". Daten, Fakten, Argumente, S. 26.

5.3 Finanzsysteme, Deregulierung und Finanzkrisen

Welche entwicklungstheoretischen Schlussfolgerungen lassen sich ziehen aus der Analyse der Erfahrungen, die Schwellenländer mit unterschiedlichen Finanzsystemen, neoliberalen Reformen und Krisen gemacht haben? Als erstes Ergebnis ließe sich festhalten, dass die Länder des Südens den Kapitalverkehr mit dem Ausland streng kontrollieren und ihre Anstrengungen auf die Mobilisierung einheimischer Ressourcen konzentrieren sollten. Die Notwendigkeit hierzu ergibt sich aus den Erfahrungen der Schwellenländer mit dem Krisenmanagement der internationalen Finanzinstitutionen: Zwar waren es häufig *private* Unternehmen und Banken aus den Schwellenländern, die im Vorfeld der Krisen umfangreiche Kredite bzw. umfangreiches Kapital im Ausland aufgenommen hatten, es ist jedoch der *Staat*, der letzten Endes die Bedienung der im Ausland eingegangenen Verpflichtungen garantieren muss.

Wie die argentinische Fallstudie demonstriert hat, kämpfen manche Schwellenländer noch immer mit der Verpflichtung zur Bedienung von Schulden, die Jahrzehnte zuvor von einer illegitimen Militärdiktatur aufgenommen wurden. In derartigen Fällen sollte die Frage nach der *Legitimität der Zahlungsverpflichtungen* aufgeworfen und in Gerichtsverhandlungen geklärt werden. So stellt sich die Frage, warum die privaten Banken, die mit derartigen Diktaturen Geschäfte machen, nicht auch das damit verbundene Risiko eines Zahlungsausfalls bei Sturz der Diktatur tragen sollten. Müssten nicht die Banken selbst ihre Konten offenlegen, um dem Vorwurf der Komplizenschaft zu begegnen, demzufolge sie enorme Vermögenswerte verwalten, die von verschiedenen Diktaturen auf illegale Weise zusammengerafft und ins Ausland transferiert wurden?

Auch aus der südkoreanischen Fallstudie lässt sich in erster Linie der Schluss ziehen, dass eine strenge Kontrolle aller ausländischen Kreditverpflichtungen nötig ist, wenn man Finanzkrisen vermeiden will – gleichzeitig legt der Ländervergleich nahe, dass das vergleichsweise hohe Maß der Kontrolle und Regulation des Finanzsystems in Südkorea einen wichtigen Beitrag zum Industrialisierungsprozess geleistet hat, wohingegen Argentiniens Ökonomie und Gesellschaft durch eine finanzgetriebene bzw. rentiersorientierte Entwicklungsstrategie deformiert wurde.

Fasst man die Ergebnisse des Ländervergleichs (Kap. 4.4) noch einmal zusammen, so lässt sich der Schluss ziehen, dass

a) die *relative Abwärtsmobilität* Argentiniens größtenteils auf neoliberale Reformen der Finanzmärkte und des Kapitalverkehrs zurückgeführt werden kann, die jeweils zu schweren Verschuldungskrisen führten.

b) die *relative Aufwärtsmobilität* Südkoreas im Weltsystem durch eine Politik der gezielten Einflußnahme auf den Prozess der Kreditallokation ermöglicht wurde, wohingegen die Krise vor allem auf die unvorsichtige und asymmetrische Deregulierungspolitik zurückgeführt werden kann.

Zwar muss man im Hinblick auf die Deregulierung der Finanzmärkte eingestehen, dass auch zahlreiche ostasiatische Schwellenländer in den siebziger und achtziger Jahren dazu übergingen, schrittweise Zinskontrollen aufzuheben, Kreditlenkungsprogramme abzuschaffen, Banken zu privatisieren etc., ohne dass dies zu vergleichbar schlimmen Folgen gekommen wäre wie in Chile, Argentinien oder Uruguay.[993] Allerdings ging die einheimische Deregulierung der Finanzsysteme in den ostasiatischen Schwellenländern in der Regel nicht so weit wie in Südamerika, wo gleichzeitig Restriktionen des freien Kapitalverkehrs aufgehoben wurden. Ferner kann argumentiert werden, dass Schwellenländer, die bereits sehr früh umfassende neoliberale Reformen der Finanzmärkte und des Kapitalverkehrs unternahmen, auch besonders heftig von Krisen erschüttert wurden, während Länder wie Chile oder Malaysia, die den Kapitalverkehr kontrollier(t)en, von der Krise weitaus weniger tangiert wurden.

Wie selbst die Weltbank in ihrem Bericht über das ostasiatische Wirtschaftswunder eingesteht, scheint auch die außerordentlich dynamische wirtschaftliche Entwicklung in den ostasiatischen Schwellenländern für den Erfolg einer Strategie der begrenzten „financial repression“ zu sprechen:

> „A policy of moderate financial repression at positive interest rates may actually have boosted aggregate investment and growth in the HPAEs (Highly Performing Asian Economies) by transferring income from depositors, primarily households, to borrowers, primarily firms.“[994]

Zusammenfassend lässt sich festhalten, dass die These von einem engen Zusammenhang zwischen der *Liberalisierung des Kapitalverkehrs* und *Finanzkrisen in Schwellenländern* durch die Ergebnisse der Fallstudien bestätigt wurde. Allerdings muss eingeschränkt angemerkt werden, dass neben der Entwicklung der kurzfristigen Verbindlichkeiten auch Entwicklungen z.B. im Bereich des *Außenhandels* analysiert werden müssen, um herauszufinden, warum nicht genügend Erlöse erwirtschaftet werden konnten, um den wachsenden Schuldendienst zu bedienen. Ferner ist es in Bezug auf jede Krise erforderlich, die *Verwendung der Kredite* einer Analyse zu unterziehen. In diesem Zusammenhang kann die These vertreten werden, dass Kredite primär zum Aufbau von Produktionskapazitäten in Exportbranchen verwendet werden sollten, da sich ansonsten die Frage stellt, wie die nötigen Devisen für den Schuldendienst jemals erwirtschaftet werden sollen.

---

[993] Vgl. Cho, Yoon-Che; Khatkate, Deena (1989): Lessons of Financial Liberalization in Asia. A Comparative Study, S. 1ff.

[994] Vgl. World Bank (1993): The East Asian Miracle. Economic Growth and Public Policy, S. 238f.

Was die Frage angeht, ob sich Finanzkrisen in Schwellenländern *primär* auf die Deregulierung der Finanzmärkte und des Kapitalverkehrs zurückführen lassen, so muss eigestanden werden, dass andere Faktoren eine mindestens ebenso wichtige Rolle gespielt haben. Dabei sollte *krisenhaften Entwicklungen in den Zentren* besondere Aufmerksamkeit gewidmet werden muss, da diese sich häufig in Form von boom-bust-Zyklen des Kapitalexports in der Semiperipherie niederschlagen. Dabei ist der verstärkte Kapitalexport auch ein Resultat der in den Zentren betriebenen Umverteilungspolitik zugunsten der Vermögenden.[995]

Was den Marktzugang ausländischer Finanzkonzerne betrifft, so konnte gezeigt werden, dass die Expansion transnationaler Banken in die Märkte der Schwellenländer vor allem im Kontext schwerer Finanzkrisen erfolgte. Im Hinblick auf die Folgen, die mit der wachsenden Dominanz ausländischer Banken einhergehen, legt die argentinische Fallstudie den Schluss nahe, dass die Expansion ausländischer Banken zusammen mit der Liberalisierung des Kapitalverkehrs zu verstärkter *Dollarisierung* geführt hat, wobei die Tatsache, dass Peso und Dollar frei zirkulieren konnten, dazu beitrug, dass kaum jemand das Wechselkursrisiko berücksichtigte, dass mit der – *nur kurzfristig günstigeren* – Kreditaufnahme in US$ einherging.[996] Ferner hat die restriktive Kreditvergabepraxis ausländischer Banken zum schwachen Wachstum in Argentinien in der zweiten Hälfte der neunziger Jahre beigetragen:

> „Argentinien verdeutlicht die Gefahren, die ausländische Banken darstellen können. Heute wird das inländische Bankensystem in diesem Land von Banken dominiert, die sich in ausländischer Hand befinden...während ausländische Banken multinationalen Konzernen und auch großen inländischen Unternehmen bereitwillig Kredite zur Verfügung stellen, fällt es der mittelständischen Wirtschaft schwer, sich nötiges Kapital zu beschaffen. Internationale Banken verstehen sich nun einmal vor allem auf die Kreditvergabe an ihre traditionellen Klienten."[997]

---

[995] Vgl. Huffschmid, Jörg (1999): Politische Ökonomie der Finanzmärkte, S. 155.

[996] Fernando J. Cardim de Carvalho hat den Kern dieser Strategie und die daraus resultierenden Widersprüche folgendermaßen bechrieben: „The fulcrum of the price stabilization strategy was to convince the Argentine public that the newly-created peso was as a strong as the US dollar. To give credibility to this thesis was the immediate meaning of convertibility. To win the credibility game, the Argentine government kept raising the stakes, increasing the exit costs of such a system. [...] nobody seemed to pay much attention, however, to the fact that local firms (or consumers) that were going to receive their revenues in pesos (selling to local buyers) were free, however, to borrow in dollars. In fact, they were stimulated to do it since, as mentioned above, resources were cheaper if contracted in dollars. The currency mismatch characterizing balance sheets of firms that had their assets earning revenues in pesos, but their liabilities committing them to payments in dollars (or denominated in dollars) only seemed to become an object of concern much later in the decade when expectations as to the survival of the currency board deteriorated." Vgl de Carvalho, Fernando J. Cardim (2003): Argentina: Slow Death or Resurrection? S. 6f.

[997] Vgl. Stiglitz, Joseph (2002): Die Schatten der Globalisierung. Berlin, S. 88.

Als Ergebnis kann festgehalten werden, dass die Länder des Südens

- Kontrollen zum Schutz vor destabilisierenden Kapitalflüssen ergreifen sollten, da sie ansonsten Gefahr laufen, in eine schwere Krise zu geraten. So haben die Experimente mit der Kapitalmarktderegulierung in Ländern wie Argentinien und Südkorea gezeigt, dass vergleichsweise kleine Länder der Semiperipherie, die auf die Qualität der Kapitalimporte keinen Einfluss nehmen, sich der Gefahr eines fluchtartigen Rückzug ausländischen Kapitals in Krisenzeiten aussetzen. Vor diesem Hintergrund werden weitere Gegenüberstellungen der hier behandelten Fälle Argentinien und Südkorea mit den Erfahrungen aus anderen Ländern erforderlich. Länderfälle, die in irgendeiner Form Kapitalverkehrskontrolle praktizieren (zum Beispiel Malaysia und Chile), bekämen für solche Vergleiche besonderes Gewicht.
- ihr Finanzsystem vor der Kontrolle durch ausländische Investoren bewahren und stattdessen einheimische Finanzinstitutionen fördern sollten, die den Zugang der ärmeren Bevölkerung bzw. den Zugang kleinerer und mittlerer Unternehmen zu Finanzdienstleistungen ermöglichen.

Literaturverzeichnis:

Abiad, Abdul; Mody, Ashoka (2003): Financial Reform: What Shakes It? What Shapes It? IMF Working Paper WP/03/70. Washington, D.C.

Abs, Ludger (1988): Die Verschuldungskrise Lateinamerikas. Ursachen und Lösungsansätze. Wiesbaden.

Aggarwal, Vinod K. (1996): Debt Games. Strategic Interaction in International Debt Rescheduling. Cambridge.

Akyüz, Yilmaz; Cornford, Andrew (1999): Capital Flows to Developing Countries and the Reform of the International Financial System. UNCTAD Discussion Paper Nr. 143, November 1999, Geneva.

Altvater, Elmar; Mahnkopf, Birgit (2002): Globalisierung der Unsicherheit. Arbeit im Schatten, schmutziges Geld und informelle Politik. Münster.

Altvater, Elmar (2002): Auch Pleitegeier können leer ausgehen. Dollardämmerung über Argentinien – Der erste Staatsbankrott des 21. Jahrhunderts? In: Freitag, 11. Januar 2002.
URL: http://www.freitag.de/2002/03/02030301.php (Stand: 20.10.2003).

Altvater, Elmar; Hübner, Kurt (1988): Ursachen und Verlauf der internationalen Verschuldungskrise, in: Altvater, Elmar; Hübner, Kurt; Lorentzen, Jochen; Rojas, Raúl (Hrsg.): Die Armut der Nationen. Handbuch zur Schuldenkrise von Argentinien bis Zaire. 2. Aufl., Berlin, S. 14-28.

Altvater, Elmar (1984): Das Ende vom Anfang der Verschuldungskrise, in: WSI-Mitteilungen, Nr. 4, S. 198-207.

Amsden, Alice H.; Euh, Yoon-Dae (1997): Behind Korea's Plunge, in: New York Times, 27. November 1997.
URL: http://www.hartford-hwp.com/archives/55a/031.html (Stand: 17.01.04).

Amsden, Alice H. (1989): Asia's Next Giant: South Korea and Late Industrialization. Oxford.

Aschinger, Gerhard (2002): Währungskrise in Agentinien trotz „Currency Board", in: Wirtschaftswissenschaftliches Studium (WiSt), Vol. 31, Nr. 5, Mai 2002, S. 242-250.

Aschinger, Gerhard (2000): Währungs- und Finanzkrisen. Entstehung, Analyse und Beurteilung aktueller Krisen. München.

Aschinger, Gerhard (1998): An Economic Analysis of the East Asia Crisis, in: Intereconomics, Vol. 33, March/April 1998, S. 55-63.

Asian Development Bank (2002): Key Indicators of Developing Asian and Pacific Countries 2002. Manila.

Asian Development Bank (1999): Asian Development Outlook. Manila.

Baker, Dean; Weisbrot, Mark (2002): The Role of Social Security Privatization in Argentina's Economic Crisis. Centre of Economic and Policy Research (CEPR), 16. April 2002.
URL: http://www.cepr.net/Argentina_and_SS_Privatization.pdf (Stand: 05.11.03)

Balassa, Bela (1990/91): Financial Liberalization in Developing Countries, in: Studies in Comparative International Development, Vol. 25, Nr. 4, S. 56-70.

Barnet, Richard J.; Cavanagh, John (1994): Global Dreams. Imperial Corporations and the New World Order. New York et al.

Bastian, Nicole (2003): In Deutschland herrschen keine japanischen Verhältnisse, in: Handelsblatt, 24. Februar 2003.
URL:http://www.handelsblatt.com/hbiwwwangebot/fn/relhbi/sfn/buildhbi/cn/GoArt!200012,200039,606005/SH/0/depot/0/ (Stand: 30.02.03)

Beattie, Alan (2002): Argentina defaults on World Bank loan, in: Financial Times, 15. November 2002.

Becker, Joachim; Musacchio, Andrés (2003): Argentinien: Wiederholungen der Verschuldungsgeschichte, in: Becker, Joachim et al. (Hrsg.): Geld Macht Krise. Finanzmärkte und neoliberale Herrschaft. (Reihe Historische Sozialkunde/Internationale Entwicklung Bd. 22) Wien, S. 75-88.

Becker, Joachim et al. (2003): Geld, Finanzmärkte und Krisendynamiken, in: Becker, Joachim et al. (Hrsg.): Geld Macht Krise. Finanzmärkte und neoliberale Herrschaft. (Reihe Historische Sozialkunde/Internationale Entwicklung Bd. 22) Wien, S. 7-14.

Becker, Joachim; Jäger, Johannes et al. (2002): Finanzsystem und Krise in Argentinien und Chile, in: Kurswechsel. Zeitschrift für gesellschafts-, wirtschafts- und umweltpolitische Alternativen, Nr. 3, S. 32-44.

Bello, Walden (1999): Dark Victory. The United States and Global Poverty. 2. Aufl., London et al.

Bello, Walden (1998): East Asia: On the Eve of the Great Transformation? In: Review of International Political Economy, Vol. 5, Nr. 3, S. 424-444.

Bello, Walden (1998): The Rise and Fall of South-east Asia's Economy, in: The Ecologist, Vol. 28, Nr. 1, S. 1-9.

Berger, Mark T. (1997): The Triumph of the East? The East Asian Miracle and post-Cold War Capitalism, in: Berger, Mark T.; Borer, Douglas A. (Hrsg.): The Rise of East Asia. Critical Visions of the Pacific Century. London, New York, S. 260-287.

Berger, Timo (2002): „Alles ist am Tanzen." Argentinien: Wahrscheinlichstes Szenario für den Ausgang der Krise ist der „Nicht-Ausweg", in: junge welt, 20. November 2002.

Bhagwati, Jagdish (1998): The Capital Myth: The Difference between Trade in Widgets and Dollars, in: Foreign Affairs, Vol. 77, Nr. 3, S. 7-12.

Bhagwati, Jagdish (1997): The Global Age. From a sceptical South to a fearful North, in: The World Economy, Vol. 20, Nr. 3, S. 259-283.

Birle, Peter (2002): Gewerkschaften, Unternehmerverbände und Staat: Der schwierige Abschied vom Klassenkampf durch Mittelsmann, in: Bodemer, Klaus; Pagni, Andrea; Waldmann, Peter (Hrsg.): Argentinien heute. Politik, Wirtschaft, Kultur. Frankfurt am Main, S. 153-182.

Birle, Peter; Carreras, Sandra (2002): Einleitung, in: Birle, Peter; Carreras, Sandra (Hrsg.): Argentinien nach zehn Jahren Menem: Wandel und Kontinuität. Frankfurt am Main, S. 7-18.

Birle, Peter (1991): Vom ‚Plan Bunge y Born' zum ‚Plan Cavallo'. Argentiniens wirtschaftliche und politische Situation nach zwei Jahren peronistischer Regierung. (Beiheft Nr. 9 zu Lateinamerika. Analysen, Daten, Dokumentation), Hamburg.

BIS (2004): Triennial Central Bank Survey of Foreign Exchange and Derivatives Market Activity in April 2004. Preliminary global results. Basel.

BIS (2003): Consolidated Claims of Reporting Banks in Individual Countries.
URL: http://www.bis.org/statistics/consstats.htm (Stand: 10.04.04)

BIZ (2002): 72. Jahresbericht. Basel.

BIZ (2001): 71. Jahresbericht. Basel.

BIZ (2000): 70. Jahresbericht. Basel.

BIZ (1999): 69. Jahresbericht. Basel.

BIZ (1990): 60. Jahresbericht. Basel.

Boris, Dieter (2002): Die argentinische Tragödie. Supplement der Zeitschrift Sozialismus, Nr. 12/2002, Hamburg.

Boris, Dieter (2002): Wie das Steak auf den Tisch kommt. Und wer es verdaut. Vom Schlachten einer Volkswirtschaft, in: Schweizer Wochenzeitung (WoZ), 13. Juni 2002.

Boris, Dieter (2002): Neoliberaler Extremismus. Wirtschaftspolitische Thesen zur Argentinien-Krise, in: junge welt, 19. Januar 2002.

Boris, Dieter (2001): Zur Politischen Ökonomie Lateinamerikas. Der Kontinent in der Weltwirtschaft des 20. Jahrhunderts. Hamburg.

Boris, Dieter; Malcher, Ingo (2001): Argentinien am Ende der neoliberalen Sackgasse, in: Z. Zeitschrift marxistische Erneuerung, Vol. 12, Nr. 48, S. 47-59.

Boris, Dieter (1987): Die Verschuldungskrise in der Dritten Welt. Ursachen, Wirkungen, Gegenstrategien, in: Boris, Dieter; Biver, Nico et al. (Hrsg.): Schuldenkrise und Dritte Welt. Stimmen aus der Peripherie. Köln, S. 11-60.

Boris, Dieter; Hiedl, Peter (1978): Argentinien. Geschichte und politische Gegenwart. Köln.

Boschini, Anne; Olofsgard, Anders (2001): Foreign Aid: An Instrument for Fighting Poverty or Communism?
URL: http://www.eea-esem.com/papers/eea-esem/eea2002/1028/boschini.pdf (Stand: 15.03.03)

Boughton, James M. (2001): Silent Revolution. The International Monetary Fund 1979-1989. Washington, D.C.

Brand, Diana; Röhm, Thomas (1995): Ursachen und Konsequenzen der mexikanischen Währungskrise, in: ifo-Schnelldienst, Nr. 7, S. 20-29.

Brand, Ulrich; Wissen, Markus (2002): Ambivalenzen praktischer Globalisierungskritik: Das Beispiel ATTAC, in: Kurswechsel. Zeitschrift für gesellschafts-, wirtschafts- und umweltpolitische Alternativen, Nr. 3, S. 104-115.

Buch, Claudia M.; Heinrich, Ralph P.; Pierdzioch, Christian (2001): Globalisierung der Finanzmärkte: Freier Kapitalverkehr oder Tobin-Steuer? In: Kieler Diskussionsbeiträge, Nr. 381 (Oktober 2001).

Bundesverband deutscher Banken (2000): Europas "New Economy". Daten, Fakten, Argumente, Berlin. November 2000.

Burton, John (2001): Bank merger partners appoints head. South Korea delayed decision to give H&CB chief executive top job in tie-up with Kookmin reflects taste of market, in: Financial Times, 27. Juli 2001.

Burton, John (2001): Korea's two main banks are spearheading the sector's recovery through a concentration of assets and a re-focusing of activities, in: Financial Times, 08. Mai 2001.

Burton, John (2000): South Korea to inject $45bn to aid banks, in: Financial Times, 22. September 2000.

Burton, John (1999): Asian Financial Markets – Korea: After sweeping reforms the banking system still has a long way to go before its problems are resolved, in: Financial Times, 30. April 1999.

Bustelo, Pablo (1998): The East Asian Financial Crises: An Analytical Survey. ICEI Working Papers, No. 10.
URL: http://www.ucm.es/info/eid/pb/ICEIwp10.pdf (Stand: 20.01.04).

Calcagno, Alfredo F. (1997): Convertibility and the Banking System in Argentina, in: CEPAL Review, Nr. 61, S. 63-90.

Cameron, Doug (2000): Korea First Bank seeks $2,4 bn bad loan relief, in: Financial Times, 16. August 2000.

Caprio, Gerard; Klingebiel, Daniela (2003): Episodes of Systemic and Borderline Financial Crises, Weltbank, Manuskript, Januar 2003,
URL:http://wbln0018.worldbank.org/html/FinancialSectorWeb.nsf/(attachmentweb)/Tableonsystemicandnon-systemicbankingcrises_January212003/$FILE/Table+on+systemic+and+non-systemic+banking+crises_January+21+2003.pdf (Stand: 05.06.03)

Caprio, Gerard; Hanson, James A.; Honohan, Patrick (2001): Introduction: The Case for Liberalization and Some Drawbacks, in: Caprio, Gerard; Honohan, Patrick; Stiglitz, Joseph E. (Hrsg.): Financial Liberalization. How Far, How Fast? Cambridge, S. 3-30.

Carreras, Sandra (2002): Instabilität als Konstante? Entwicklungslinien Argentiniens im 20. Jahrhundert, in: Birle, Peter; Carreras, Sandra (Hrsg.): Argentinien nach zehn Jahren Menem: Wandel und Kontinuität. Frankfurt a.M., S. 19-51.

Carvalho, Fernando J. Cardim de (2003): Argentina: Slow Death or Resurrection? Paper prepared for the expert meeting „Making financial markets work for development", organized by WEED, Berlin, November 28 to 30, 2003.
URL: www.ie.ufrj.br/moeda/pdfs/argentina_slow_death_or_resurrection.pdf (Stand: 28.06.04)

Catan, Thomas (2002): Argentina brings in international help to solve banking crisis, in: Financial Times, 22. Januar 2002.

Catan, Thomas (2001): Argentina's banks see return of savings after IMF loan, in: Financial Times, 6. September 2001.

Catan, Thomas (2001): Argentina bank curbs to staunch cash exodus, in: Financial Times, 3. December 2001.

Catýn, Thomas (2002): Foreign banks angry over IMF-Argentina deal, in: Financial Times, 19. August 2002.

Cavanagh, John; Broad, Robin (1999): The Death of the Washington Consensus? In: World Policy Journal, Vol. 16, Nr. 3, S. 79-88.

Chaffin, Joshua; Ward, Andrew (2003): Huge import sanctions may cripple South Korea's Hynix, in: Financial Times, 2. April 2003.

Chahoud, Tatjana (1988): Funktionswandel des Internationalen Währungsfonds und der Weltbank, in: Altvater, Elmar; Hübner, Kurt; Lorentzen, Jochen; Rojas, Raúl (Hg): Die Armut der Nationen. Handbuch der Schuldenkrise von Argentinien bis Zaire. Berlin, S. 44-54.

Chan, Lawrence (1992): Financial Mobilization and Allocation: the South Korean Case, in: Studies in Comparative International Development, Vol. 27, Nr. 4, Winter 1992-93, S. 41-53.

Chang, Ha-Joon; Park, Hong-Jae (1999): An Alternative Perspective on Post-1997 Corporate Reform in Korea. (Shortened and modified version of the paper, "An Alternative Perspective on Government Policy towards Big Business in Korea – Industrial Policy, Financial Regulation, and Political Democracy", prepared for the project, "The Korean Chaebols in Transition: Restructuring Strategy and Agenda", organised by the Korea Economic Research Institute (KERI).

Chang, Ha-Joon; Park, Hong-Jae; Yoo, Chul Gyue (1998): Interpreting the Korean crisis: financial liberalisation, industrial policy and corporate governance, in: Cambridge Journal of Economics, Vol. 22, S. 735-746.

Chang, Ha-Joon (1997): Perspective on Korea: A Crisis from Underregulation, in: Los Angeles Times, 31. Dezember 1997.
URL: http://www.asienhaus.org/asiancrisis/koreancrisis2.htm (Stand: 12.01.04).

Chang, Ha-Joon (1993): The Political Economy of Industrial Policy in Korea, in: Cambridge Journal of Economics, Vol. 17, S. 131-157.

Cho, Myeong-Hyeon (2003): Reform of Corporate Governance, in: Haggard, Stephan; Lim, Wonhyuk; Kim, Euysung (Hrsg.): Economic Crisis and Corporate Restructuring in Korea. Reforming the Chaebol. Cambridge, S. 286-306.

Cho, Yoon-Che; Khatkhate, Deena (1989): Lessons of Financial Liberalization in Asia. A Comparative Study. World Bank Discussion Papers, No. 50. Washington, D.C.

Choi, Jin-Wook (2002): Regulatory Forbearance and Financial Crisis in South Korea, in: Asian Survey, Vol. 42, Nr. 2, S. 251-275.

Chomthongdi, Jacques-chai (2000): Debt and Impoverishment: The IMF Legacy in Asia, in: Focus on the Global South (Hrsg.): The Transfer of Wealth. Debt and the making of a Global South. Bangkok, S. 32-34.

Chopra, Ajai; Kang, Kenneth et. al. (2001): From Crisis to Recovery in Korea: Strategy, Achievements and Lessons. IMF Working Paper WP/01/154.

Chossudovsky, Michel (2002): Global Brutal. Der entfesselte Welthandel, die Armut der Krieg. 13. Auflage, Frankfurt a. M.

Chossudovsky, Michel (1999): Die vom IWF gesponsorte wirtschaftliche Katastrophe in Brasilien. 12. Februar 1999.
URL: http://wwwdb.ix.de/tp/deutsch/special/eco/6372/1.html (Stand: 25.08.03)

Chossudovsky, Michel (1998): The Globalization of Poverty. London.

Chossudovsky, Michel (1998): The IMF-Korea Bail-Out. 05. Februar 1998.
URL: http://www.heise.de/tp/english/special/eco/6225/1.html (Stand: 01.02.04).

Chudnovsky, Daniel; López, Andrés (2000): Industrial Restructuring through Mergers and Acquisitions: the case of Argentina in the 1990s, in: Transnational Corporations, Vol. 9, Nr. 3, S. 33-62.

Chung, Jae-Jong; Kirkby, Richard J.R. (2002): The Political Economy of Development and Environment in Korea. (Routledge Studies in the Growth Economies of Asia, Nr. 28). London, New York.

Claessens, Stijn; Demirgüc-Kunt, Asli, Huizinga, Harry (2000): The Role of Foreign Banks in Domestic Banking Systems, in: Claessens, Stijn; Jansen, Marion (Hrsg.): The Internationalization of Financial Services. London, The Hague, Boston, S. 117-137.

Claessens, Stijn; Jansen, Marion (2000): Overview. The Internationalization of Financial Services: Issues and Lessons for Developing Countries, in: Claessens, Stijn; Jansen, Marion (Hrsg.): The Internationalization of Financial Services. London, The Hague, Boston, S. 1-17.

Clemons, Steven C. (2001): Trügerischer Triumphalismus, in: Le Monde Diplomatique, Nr. 6572, 12. Oktober 2001.

Clifford, Mark L. (1994): Troubled Tiger. Businessmen, Bureaucrats and Generals in South Korea. Armonk, New York.

Cohen, Benjamin J. (1998): The Geography of Money. Ithaca, London.

Cohen, Benjamin J. (1986): International Debt and Linkage Strategies: some foreign-policy Implications for the United States, in: Kahler, Miles (Hrsg.): The Politics of International Debt. Ithaca and London, S. 127-155.

Corbridge, Stuart; Thrift, Nigel (1994): Money, Power and Space: Introduction and Overview, in: Corbridge, Stuart; Thrift, Nigel; Martin, Ron (Hrsg.): Money, Power and Space. Oxford (UK), Cambridge (USA), S. 1-25.

Cornia, Giovanni Andrea; Stewart, Frances (1987): Country Experience with Adjustment, in: Cornia, Giovanni Andrea; Jolly, Richard; Stewart, Frances (Hrsg.): Adjustment with a Human Face, Vol. 1, Oxford, S. 105-146.

Corrales, Javier (1998): Do Economic Crises contribute to Economic Reform? Argentina and Venezuela in the 1990s, in: Political Science Quarterly, Vol. 112, Nr. 4, S. 617-644.

Corsetti, Giancarlo; Paolo Pesenti, Nouriel Roubini (1998): What caused the Asian Currency and Financial Crisis? Part I: A Macroeconomic Overview. NBER Working Paper Nr. W 6833.

Cosh, Andrea D.; Hughes, Alan; Singh, Ajit (1992): Openness, Financial Innovation, Changing Patterns of Ownership, and the Structure of Financial Markets, in: Banuri, Tariq; Schor, Juliet B. (Hrsg.): Financial Openness and National Autonomy, Oxford, S. 19-42.

Croissant, Aurel (2000): Südkorea zwischen „Demo-Prosperität“ und „Demo-Desaster“? Die politischen Ursachen der „IMF-Crisis“, in: Dosch, Jörn; Faust, Jörg (Hrsg.): Die ökonomische Dynamik politischer Herrschaft. Das pazifische Asien und Lateinamerika. Opladen, S. 147-187.

Crystal, Jennifer S.; Dages, B. Gerard; Goldberg, Linda S. (2001): Does Foreign Ownership Contribute to Sounder Banks? The Latin American Experience, in: Litan, Robert E.; Masson, Paul; Pomerleano, Michael (Hrsg.): Open Doors. Foreign Participation in Financial Systems in Developing Countries. (Ergebnis einer Konferenz der Weltbank, des Internationalen Währungsfonds und der Brookings Institution vom 19.-21. April 2001 in New York) Washington, D.C., S. 217- 266.

Cumings, Bruce (1981): The Origins of the Korean War. Princeton.

Das, Dilip K. (2000): Asian Crisis: Distilling Critical Lessons. UNCTAD Discussion Paper Nr. 152, Geneva.

Demetriades, Panicos O.; Fattouh, Bassam A. (1999): The South Korean Financial Crisis: Competing Explanations and Policy Lessons for Financial Liberalization, in: International Affairs, Vol. 75, Nr. 4, S. 779-792.

Demirgüç-Kunt, Asli; Detragiache, Enrica (1998): Financial Liberalization and Financial Fragility. Paper prepared for the Annual World Bank Conference on Development Economics, Washington, D.C., 20-21. April 1998.
URL: http://www.worldbank.org/html/rad/abcde/demirguc.pdf (Stand: 27.07.03).

Deutsche Bundesbank (1999): Zur Bedeutung von Fundamentalfaktoren für die Entstehung von Währungskrisen in Entwicklungs- und Schwellenländern, in: Monatsbericht der Deutschen Bundesbank, April 1999, S. 15-28.

Deutscher Bundestag (2002) (Hrsg.): Schlussbericht der Enquete Kommission "Globalisierung der Weltwirtschaft". Opladen.

Development Policy Analysis Section, ESCAP secretariat (2003): A note on unemployment in the wake of the Asian economic crisis and some responses, in: UNESCAP (2003): Bulletin on Asia-Pacific Perspectives 2002/03.
URL: http//www.unescap.org/drpad/publication/bulletin 2002/ch3.pdf (Stand: 24.07.03)

Diamint, Rut (2002): Streitkräfte und Demokratie, in: Birle, Peter; Carreras, Sandra (Hrsg.): Argentinien nach zehn Jahren Menem: Wandel und Kontinuität. Frankfurt am Main, S. 313-339.

Diaz-Alejandro (1985): Good-Bye Financial Repression, Hello Financial Crash, in: Journal of Development Economics, Vol. 19, S. 1-24.

Dieckheuer, Gustav; Langenfurth, Markus; Lueb, Thomas (1996): Wirtschaftliche Integration in Asien und Europa: Die Rolle Japans und der Bundesrepublik Deutschland. Münster 1996 (Volkswirtschaftliche Diskussionsbeiträge, Beitrag Nr. 220).

Dieter, Heribert (1998): Die Asienkrise. Ursachen, Konsequenzen und die Rolle des Internationalen Währungsfonds. Marburg.

Dobson, Wendy; Jacquet, Pierre (1998): Financial Services Liberalization in the WTO. Institute for International Economics, Washington, D.C.

Dornbusch, Rüdiger (1998): Capital Controls: An Idea Whose Time is Past, in: Fischer, Stanley; Cooper, Richard N. et. al.: Should the IMF Pursue Capital-Account Convertibility? Essays in International Finance, Nr. 207, May 1998, S. 20-27.

Edwards, Sebastian (1995): Crisis and Reform in Latin America. From Despair to Hope. Oxford, New York.

Emminger, Otmar (1986): Die internationale Schuldenkrise und die Banken, in: Gutowski, Armin (Hrsg.): Die internationale Schuldenkrise. Berlin (Schriften des Vereins für Socialpolitik, Bd. 155), S. 83-97.

Endres, Alexandra (2002): Hoffnungslos im gelobten Land. Aufstände und Wirtschaftschaos in Argentinien: Die verarmte Mittelschicht will nur noch fort aus ihrer Heimat, in: Die Zeit: URL: http://www.zeit.de/2002/02/Wirtschaft/print_200202_argentinien.html (Stand: 03.01.03)

Epstein, Gerald (1996): International Capital Mobility and the Scope for National Economic Management, in Boyer, Robert; Drache, Daniel (Hrsg.): States Against Markets. The Limits of Gobalization. London, S. 211-223.

Erber, Georg (1999): The End of the Asian Miracle. Consequences and Repercussions, in: Deutsches Institut für Wirtschaftsforschung (DIW) (Hrsg.): Vierteljahreshefte zur Wirtschaftsforschung, Jg. 68, Nr. 1, S. 76-85.

Escudé, Carlos (2002): Argentinien – Land frustrierter Perspektiven? In: Bodemer, Klaus; Pagni, Andrea; Waldmann, Peter (Hrsg.): Argentinien heute. Politik, Wirtschaft, Kultur. Frankfurt am Main, S. 37-58.

Evans, Peter (1998): Transferable Lessons? Re-examining the Institutional Prerequisites of East Asian Economic Policies, in: Journal of Development Studies, Vol. 34, Nr. 6, S. 66-137.

Feinberg, Richard (1984): Restoring Confidence in International Credit Markets, in: Feinberg, Richard; Kallab, Valeriana (Hrsg.): Uncertain Future: Commercial Banks and the Third World. New Brunswick, London, S. 3-27.

Feldstein, Martin (1998): Refocusing the IMF, in: Foreign Affairs, Vol. 77, Nr. 2, S. 20-33.

Felix, David (2001): Why International Capital Mobility Should be Curbed, and How it Could be Done. St. Louis.
URL:http://www-unix.oit.umass.edu/~gepstein/econ797/Syllabus%20and%20Readings/Readings/Felix.finconf.pdf (Stand: 28.07.03).

Filc, Wolfgang (1996): Gefährdungspotentiale an Finanzmärkten, in: Staatswissenschaften und Staatspraxis, Vol. 7., Nr. 4, S. 505-531.

Fiorentino, Marcelo Ariel (2002): Arbeitslose als Motor der Proteste. Argentinien: Bewegung der Piqueteros entwickelte sich zur bedeutendsten sozialen Kraft, in: junge welt, 16. April 2002.

Fischer, Stanley (2003): Financial Crisis and Reform of the International Financial System. NBER Working Paper Nr. 9297.

Fischer, Stanley (1998): Capital-Account Liberalization and the Role of the IMF, in: Fischer, Stanley; Cooper, Richard N. et al: Should the IMF Pursue Capital-Account Convertibility? Essays in International Finance, Nr. 207, May 1998, S. 1-10.

Foremski, Tom; Burton, John (2002): Micron seeks action over Hynix bail-out, in: Financial Times, 31. Dezember 2002.

Frank, André Gunder (1989): Weltverschuldungskrise, Europäische Herausforderung und 1992, in: Das Argument, Vol. 31, Nr. 177, S. 759-766.

Frank, André Gunder (2004): Coup d'état and Paper Tiger in the West - Fiery Dragon in the East. Unveröffentlichtes Manuskript.

Franko, Patrice (2003): The Puzzle of Latin American Economic Development. 2nd. Edition. Oxford et al.

Frieden, Jeff (1981): Third World Indebted Industrialization: International Finance and State Capitalism in Mexico, Brazil, Algeria and South Korea, in: International Organization, Vo. 35, Nr. 3, Summer 1981, S. 407-431.

Fritz, Thomas (2003): Die letzte Grenze. GATS: Die Dienstleistungsverhandlungen in der WTO. Sachstand, Probleme, Alternativen. (Hrsg.: World Economy, Ecology & Development Weed e.V.). Berlin.

Fritz, Thomas; Scherrer, Christoph (2002): GATS: Zu wessen Diensten? Öffentliche Aufgaben unter Globalisierungsdruck. Hamburg.

Fry, Maxwell J. (1988): Money, Interest and Banking in Economic Development. Baltimore, London.

Fundación Invertir Argentina (Hrsg.) (2002): Foreign Investment in Argentina 1994-2001. URL: http://www.onvertir.com/ctrfdipr.pdf (Stand: 30.11.03).

Gabetta, Carlos (2001): Ökonomischer GAU in Argentinien. Ein weiteres IWF-Modell ist gescheitert, in: Le Monde Diplomatique Nr. 6647, 11. Januar 2002.

Gaggero, Jorge Alejandro (2002): Der Musterschüler am Pranger. Argentiniens lang anhaltende Krise, in: Entwicklung und Zusammenarbeit, Nr. 5.
URL: http://www.dse.de/zeitschr/ez502-8.htm (Stand: 03.12.03)

Galtung, Johan (1972): Eine strukturelle Theorie des Imperialismus, in: Senghaas, Dieter (Hrsg.): Imperialismus und strukturelle Gewalt: Analysen über abhängige Reproduktion. 5. Aufl., Frankfurt a.M., S. 29-104.

Gelb, Alan H.; Sagari, Silvia B. (1990): Banking, in: World Bank; United Nations Centre on Transnational Corporations (Hrsg.): The Uruguay Round. Services in the World Economy. Washington, D.C., New York, S. 49-59.

General Assembly of the United Nations (1974): Resolution 3201 (S-VI): Declaration on the Establishment of a New International Economic Order. 2229th plenary meeting, 1 May 1974, zit. nach: Rrojasdatabank: URL: http://www.rrojasdatabank.org/basdv03.htm (Stand: 20.02.04)

General Assembly of the United Nations (1974): Resolution 3281 (xxix): Charter of Economic Rights and Duties of States. (29th Session, Supp. No. 31 (1974) 50), zit. nach Viadrina International Law Project (Ein Projekt des Lehrstuhls für Öffentliches Recht insb. Völkerrecht, Europarecht sowie ausländisches Verfassungsrecht. Europa-Universität Viadrina, Frankfurt (Oder), 2002): URL: http://www.vilp.de/Enpdf/e162.pdf (Stand: 23.02.04).

George, Susan (1988): Sie sterben an unserem Geld. Die Verschuldung der Dritten Welt. Reinbek bei Hamburg.

George, Susan (1992): The Debt Boomerang: How Third World Debt Harms Us All. London.

Gerschenkron, Alexander (1966): Economic Backwardness in Historical Perspective. A Book of Essays. 2. Aufl. Cambridge, Mass.

Gester, Martin (1990): Verblassender Glanz. Ist der „Wundermann" Menem in Argentinien schon am Ende? In: FAZ, 03. Februar 1990.

Giersberg, Karl-Wilhelm (1991): Innovative Lösungen der Schuldenkrise. Der Beitrag des Sekundärmarktes für Länderschulden zur Bewältigung der Schuldenkrise (Schriften zur Nationalökonomie, Bd. 6), Bayreuth.

Gore, Charles (2000): The Rise and Fall of the Washington Consensus as a Pardigma for Developing Countries, in: World Development, Vol. 28, No. 5, S. 789-804.

Granovetter, Mark (1985): Economic Action and Social Structure: The Problem of Embeddedness, in: American Journal of Sociology, Vol. 91, No. 3., S. 481-510.

Greene, Joshua E. (2002): The Output Decline in Asian Crisis Countries: Investment Aspects. IMF Working Paper WP/02/25.

Greenspan, Alan (1998): Testimony before the Committee on Banking and Financial Services. US House of Representatives, 16. September 1998.
URL:http://www.federalreserve.gov/boarddocs/testimony/1998/19980916.htm (Stand: 14.07.03)

Griffith-Jones, Stephany (1999): A New Financial Architecture for Reducing Risks and Severity of Crises. In: Internationale Politik und Gesellschaft, Nr. 3, S. 263-278.

Griffith-Jones, Stephany (1998): Global Capital Flows. Should they be Regulated? Houndmills, Basingstoke, Hampshire, London, New York.

Group of 77 (o.J.): What is the Group of 77?
URL:http://www.g77.org/main/main.htm (Stand: 23.02.04)

Gruben, William C (1998): Banking Structures, Market Forces, and Economic Freedom: Lessons From Argentina and Mexico, in: Cato Journal, Vol. 18, No. 2, S. 263-274.
URL: http://www.cato.org/pubs/journal/cj18n2/cj18n2-6.pdf (Stand: 20.02.04)

Grüttner, Anne (2002): Pistole am Hals, in: Handelsblatt, 17. Juni 2002.

Guillén, Mauro F.; Tschoegl, Adrian E. (2000): The Internationalization of Retail Banking: the Case of the Spanish Banks in Latin America, in: Transnational Corporations, Vol. 9, No. 3, S. 63- 97.

Guitián, Manuel (1998): The Challenge of Managing Global Capital Flows, in: Finance and Development, Vol. 35, June 1998, No. 2.
URL: http://www.imf.org/external/pubs/ft/fandd/1998/06/guitian.htm (Stand: 10.02.04).

Haggard, Stephan; MacIntyre, Andrew (2000): The Political Economy of the Asian Financial Crisis: Korea and Thailand Compared, in: Noble, Gregory W.; Ravenhill, John (Hrsg.): The Asian Financial Crisis and the Architecture of Global Finance. Cambridge, S. 57-79.

Haggard, Stephan; Mo, Jongryn (2000): The Political Economy of the Korean Financial Crisis, in: Review of International Political Economy, Vol. 7, No. 2, S. 197-218.

Hahm, Joon-Ho (2003): The Government, the Chaebol and Financial institutions before the Economic Crisis, in: Haggard, Stephan; Lim, Wonhyuk; Kim, Euysung (Hrsg.): Economic Crisis and Corporate Restructuring in Korea. Reforming the Chaebol. Cambridge S. 79-101.

Hamm, Bernd (1996): Struktur moderner Gesellschaften. Ökologische Soziologie Bd. 1. Opladen.

Haner, Frederick Theodore (1985): Financial Crisis. Causes and Solutions. New York, et. al.

Helleiner, Eric (1994): States and the Reemergence of Global Finance. From Bretton Woods to the 1990s. Ithaca and London

Heo, Uk; Kim, Sunwoong (2000): Financial Crisis in South Korea. Failure of the Government-Led Development Paradigm, in: Asian Survey, Vol. XL, No. 3, S. 492-507.

Heri, Erwin W. (1989): Expansion der Finanzmärkte: Ursachen, Konsequenzen, Perspektiven, in: Kyklos, Vol. 42, Nr. 1, S. 17-37.

Hosono, Akio (1998): Successful Models of East Asia and Latin America: Malaysia and Chile, in: Hosono, Akio; Saavedra-Rivano, Neantro (Hrsg): Development Strategies in East Asia and Latin America. Houndmills, Basingstoke und New York, S. 194-213.

Houpt, James W. (1999): International Activities of U.S. Banks and in U.S. Banking Markets. In: Federal Reserve Bulletin, September 1999, S. 599-615.

Hudson, Peter (2001): Shareholders cheer and ministers glare as Argentina's banks enjoy boom times: Some suspect they take advantage of government weakness to charge high rates, in: Financial Times, 21. Mai 2001.

Huffschmid, Jörg (2002): Politische Ökonomie der Finanzmärkte. Aktualisierte und erweiterte Neuauflage. Hamburg.

Huffschmid, Jörg (2000): Das Verhältnis Metropolen – Peripherie unter dem Aspekt der Finanz- und Währungsbeziehungen, in: Boris, Dieter et al. (Hrsg.): Finanzkrisen im Übergang zum 21. Jahrhundert - Probleme der Peripherie oder globale Gefahr? Marburg, S. 43-63.

Huffschmid, Jörg (1999): Politische Ökonomie der Finanzmärkte. Hamburg

Huffschmid, Jörg (1999): Täter auf den Finanzmärkten: Konzentration, Zentralisation und neue Formen des Einflusses von Banken und anderen Finanzunternehmen, in: Z. Zeitschrift marxistische Erneuerung, Nr. 39, S. 75-91.

Huffschmid, Jörg (1998): Die Spielregeln der Finanzmärkte. Hintergründe der Asienkrise und Wege zu ihrer Überwindung, in: Blätter für deutsche und internationale Politik, Nr. 8, S. 962-973.

Hujo, Katja (2003): Kapitalverkehrskontrollen als entwicklungspolitisches Instrument – Ist die chilenische Erfahrung eine Erfolgsgeschichte? In: Lateinamerika Analysen, Nr. 6, Oktober 2003, S. 3-37.

Hujo, Katja (2002): Die Wirtschaftspolitik der Regierung Menem: Stabilisierung und Strukturreformen im Kontext des Konvertibilitätsplans, in: Birle, Peter; Carreras, Sandra (Hrsg.): Argentinien nach zehn Jahren Menem. Wandel und Kontinuität. (Veröffentlichungen des Ibero-Amerikanischen Instituts Band 86) Frankfurt am Main, S. 85-123.

Hujo, Katja (1997): Die Reform der Rentenversicherung in Argentinien, in: Institut für Iberoamerika-Kunde (Hrsg.): Rentenreformen in Lateinamerika, Lehren für Europa (Lateinamerika. Analysen - Daten - Dokumentation, Nr. 36) Hamburg, S. 65-79.

Hwang, Kelley K. (1996): South Korea's Bureaucracy and the Informal Politics of Economic Development, in: Asian Survey, Vol. 36, Nr. 3, S. 306-319.

Iglesias, Enrique (1992): Reflections on Economic Development: toward a New Latin American Consensus. (Inter-American Development Bank), Washington, D.C.

ILO (2001): Multinational Enterprises and Social Policy. Confronting the Social and Labour Challenges of Privatisation: Multinational Enterprises in Telecommunications in the 1990s. Argentina. ILO Working Paper Nr. 90.
URL: http://www.ilo.org/public/english/employment/multi/download/wp90.pdf (Stand: 28.02.04).

ILO (1998): Asian Labour Market Woes Deepening. Press release, Wednesday, December 2, 1998 (ILO/98/42)
URL: http://www.ilo.org/public/english/235press/pr/1998/42.htm (Stand: 03.01.99)

IMF (2003): Global Financial Stability Report. Washington, D.C.

IMF (2003): World Economic Outlook, April 2003. Washington, D.C.

IMF (2003): Evaluation Report. The IMF and Recent Capital Account Crises. Indonesia, Korea, Brazil. Washington, D.C.

IMF (2003): International Financial Statistics.
URL:http://ifs.apdi.net/imf/logon.aspx (Stand: 10.03.04)

IMF (2002): Annual Report. Washington, D.C.

IMF (2001): Conditionality in Fund-Supported Programs—Overview. Prepared by the Policy Development and Review Department, February 20, 2001.
URL: http://www.imf.org/external/np/pdr/cond/2001/eng/overview/index.htm (Stand: 24.02.03)

IMF (2001): IMF Augments Argentina Stand-By Credit to $21.57 Billion, and Completes Fourth Review. Press Release No. 01/37.
URL: http://www.imf.org/external/np/sec/pr/2001/pr0137.htm (Stand: 07.11.03).

IMF (2001): International Capital Markets. Key Prospects and Policy Issues. August 2001. Washington D.C.

IMF (2000): International Capital Markets. Developments, Prospects and Key Policy Issues. September 2000. Washington, D.C.

IMF (1998): Argentina: Recent Economic Developments, IMF Staff Country Report No. 98/38, Washington, D.C.

IMF (1998): International Capital Markets. Developments, Prospects and Key Policy Issues. September 1998. Washington, D.C.

IMF (1998): World Economic Outlook, October 1998. Washington, D.C.

IMF(1996): Luncheon Remarks by Michel Camdessus, Managing Director of the International Monetary Fund at a Conference on Banking Crises in Latin America, organized by the Inter-American Development Bank and the Group of 30.
URL:http://www.imf.org/external/np/sec/mds/1995/mds9513.htm (Stand: 20.02.04).

IMF (1996): World Economic Outlook, May 1996. Washington, D.C.

IMF (1995): International Capital Markets. Prospects and Key Policy Issues. September 1995, Washington D.C.

IMF (1995): World Economic Outlook, May 1995. Washington, D.C.

InfoAmericas (2001): Regional Trends: Foreign Direct Investment in Latin America – What to do after the family jewels are sold, in: Tendencias, Latin American Market Report, March 2001.
URL:http://tendencias.infoamericas.com/article_archive/2001/0301/0301_regional_trends.pdf (Stand: 29.02.04)

Irvine, Steven (2001): Deutsche's Korean double whammy. Events between Deutsche Bank and Seoul Bank are taking an interesting turn, in: Finance Asia, 13. Juli 2001. URL: http://www2.financeasia.com/articles/4CA32A55-6C1B-11D5-81CE0090277E174B.cfm (Stand: 12.02.04).

Islam, Azizul (1999):The Dynamics of Asian Economic Crisis and Selected Policy Implications, in: Herman, Barry (Hrsg.): Global Financial Turmoil and Reform. A United Nations Perspective. (Edited by a Team from the United Nations Department of Economic and Social Affairs), Tokyo, New York, Paris, S. 49-73.

Itoh, Makoto (1990): The World Economic Crisis and Japanese Capitalism. London.

James, Harold (1996): International Monetary Cooperation Since Bretton Woods. Washington, D.C., New York, Oxford.

Johnson, Chalmers (2000): Ein Imperium verfällt. Wann endet das Amerikanische Jahrhundert? München.

Johnson, Chalmers (1998): Economic Crisis in East Asia: the Clash of Capitalisms, in: Cambridge Journal of Economics, Vol. 22, S. 653-661.

Juhasz, Antonia (2002): Servicing Citi's Interests. GATS and the Bid to Remove Barriers to Financial Firm Globalization, in: Mulinational Monitor, Vol. 23, Nr. 4, April 2002.
URL: http://multinationalmonitor.org/mm2002/02april/april02corp3.html (Stand: 17.09.03)

Jung-a, Song (2003): Asia Watch: murky government no longer given, in: Financial Times, 10. November 2003.

Kahler, Miles (1998): Introduction: Capital Flows and Financial Crises in the 1990s, in: Kahler, Miles (Hrsg.): Capital Flows and Financial Crises. Ithaca, New York, S. 1-22.

Kamppeter, Werner (2000): Korea: Wie falsche Propheten recht behalten können, in: Boris, Dieter et al. (Hrsg.): Finanzkrisen im Übergang zum 21. Jahrhundert - Probleme der Peripherie oder globale Gefahr? Marburg, S. 65-111.

Kang, Chungwon (2003): From the Front Lines at Seoul Bank: Restructuring and Reprivatization. IMF Working Paper WP/03/235. Washington, D.C.

Kang, Myung Hun (1996): The Korean Business Conglomerate. Chaebol Then and Now. Berkeley.

Kanzleiter, Boris; Kron, Stefanie (2000): Blut am Daimler Stern. Mercedes-Benz ließ in Argentinien Gewerkschafter entführen und ermorden, in: junge welt, 04. Juli 2000.
URL:http:www.junge-welt.de/2000/07-04/007.shtml (Stand: 13.06.04)

Karnofsky, Eva (2002): Verarmtes Argentinien, in: Süddeutsche Zeitung, 24. Juni 2002.

Karczmar, Mieczyslaw (2004): US-Zahlungsbilanz: von Fehleinschätzungen und übertriebenen Sorgen, in: Deutsche Bank Research, Nr. 307, 22. November 2004.

Katz, Stanley (1999): The Asian Crisis, the IMF and the Critics, in: Eastern Economic Journal, Vol. 25, Nr. 4, S. 421-439.

Khor, Martin (2001): Globalisierung gerechter gestalten. Ökonomische Alternativen und politische Optionen. Penang, Malaysia.

Khor, Martin (2000): Globalization and the South: Some Critical issues. UNCTAD Discussion Papers, Nr. 147, April 2000.

Kichikawa, M. (1999): Overview of International Capital Flows in the 1990s, in: Tokyo Club Papers 1999, Vol. 12, S. 5-18.

Kim, Jae-Kyoung (2003): Financial Sovereignty in Jeopardy, in: Korea Times, 22. Dezember 2003.

Kim, Byung-Kook (2003): The Politics of Chaebol Reform, in: Haggard, Stephan; Lim, Wonhyuk; Kim, Euysung (Hrsg.): Economic Crisis and Corporate Restructuring in Korea. Reforming the Chaebol. Cambridge, S. 53-78.

Kim, Byung-Kook; Lim, Hyun-Chin (2000): Labor Against Itself: Structural Dilemmas of State Monism, in: Diamond, Larry, Kim, Byung-Kook (Hrsg.): Consolidating Democracy in South Korea. Boulder/Colorado, London, S. 111-137.

Kim, Hong Nack (2000): The 2000 Parliamentary Election in South Korea, in: Asian Survey, Vol. 40, Nr. 6, S. 894-913.

Knoblauch, Rudolf (1980): Der Peronismus. Ein gescheitertes lateinamerikanisches Modell. Dissertation am Institut für Lateinamerikaforschung und Entwicklungszusammenarbeit an der Hochschule St. Gallen für Wirtschafts- und Sozialwissenschaften. Diessenhofen.

Koh, B.C. (1997): South Korea in 1996. Internal Strains and External Challenges, in: Asian Survey, Vol. 37, Nr. 1, S. 1-9.

Köhler, Horst (2001): Die Rolle des IWF in der Krisenprävention, in: Randzio-Plath, Christa (Hrsg.): Zur Globalisierung der Finanzmärkte und Finanzmarktstabilität. Baden-Baden, S. 19-38.

Kollar, Axel (1993): Die Ausweitung des internationalen Kapitalverkehrs: Ursachen - Risiken - Herausforderungen. In: Fritsch, Ulrich; Liener, Gerhard; Schmidt, Reinhart (Hrsg.): Die deutsche Aktie. Stuttgart, S. 105-122.

Koo, Hagen (2000): The Dilemmas of Empowered Labor in Korea, in: Asian Survey, Vol. 40, Nr. 2, S. 227-250.

Korean Ministry of Commerce, Industry and Energy: Trends in FDI by Major Country.
URL: http://www.mocie.go.kr/english/statistics/default.asp (Stand: 14.02.04).

Korean National Statistical Office: Unemployment in South Korea.
URL: http://www.nso.go.kr/cgi-bin/sws_888.xls (Stand: 30.12.03).

Körner, Peter; Maaß, Gero; Siebold, Thomas; Tetzlaff, Rainer (1984): Im Teufelskreis der Verschuldung. Der Internationale Währungsfonds und die Dritte Welt. Hamburg.

Kraemer, Moritz (1991): Neuere Ansätze zur Lösung der internationalen Schuldenkrise (Europäische Hoschschulschriften: Reihe 5, Volks- und Betriebswirtschaft, Bd. 120), Frankfurt a.M.

Krajewski, Markus (2003): Public Services and Trade Liberalization: Mapping the Legal Framework, in: Journal of International Economic Law, Vol. 6, Nr. 2, S. 341-367.

Kreft, Heinrich (1998) Das 'asiatische Wunder' in der Krise. Die politische, wirtschaftliche und gesellschaftliche Entwicklung im asiatisch-pazifischen Raum. In: Aus Politik und Zeitgeschichte, Bd. 48, S. 3-12.

Kristof, Nicholas D. (2002): Farm subsidies that kill, in: New York Times, 5. Juli, 2002.

Kristof, Nicholas D. (1998): Asia's Doors Now Wide Open to American Business, in: New York Times, 1. Februar 1998.

Kroll, J. Markus (1991): Schweizer Banken und die internationale Schuldenkrise 1982-1990. Reaktionen auf eine Finanzkrise. Bern, Stuttgart.

Krueger, Anne O. (1998): Contrasts in Transition to Market-Oriented Economies: India and Korea, in: Hayami, Yujiro; Aoki, Masahiko (Hrsg.): The Institutional Foundations of East Asian Economic Development. Proceedings of the IEA Conference held in Tokyo, Japan. Houndmills, Basingstoke, London, New York, S. 179-207.

Krueger, Anne O. (1974): The Political Economy of the Rent-seeking Society, in: American Economic Review, Vol. 64, S. 291-303.

Krugman, Paul (1998): Fire-Sale FDI.
URL: http://web.mit.edu/krugman/www/FIRESALE.htm (Stand: 29.02.04)

Küblböck, Karin (2003): Re-Regulierung der Finanzmärkte, in: Becker, Joachim; Heinz, Ronald et al. (Hrsg.): Geld Macht Krise. Finanzmärkte und neoliberale Herrschaft. (Reihe Historische Sozialkunde / Internationale Entwicklung Bd. 22) Wien, S. 217-227.

Lamfalussy, Alexandre (2000): Financial Crises in Emerging Markets. An Essay on Financial Globalization and Fragility. New Haven, London.

Lane, Timothy et. al. (1999): IMF-Supported Programs in Indonesia, Korea and Thailand, IMF Occasional Paper Nr. 178, Washington, D.C.

Lee, Chung H. (1995): The Economic Transformation of South Korea. Lessons for the Transition Economies. Studie des OECD Development Centre, Paris.

Lee, Dong Gull (2003): The Restructuring of Daewoo, in: Haggard, Stephan; Lim, Wonhyuk; Kim, Euysung (Hrsg.): Economic Crisis and Corporate Restructuring in Korea. Reforming the Chaebol. Cambridge, S. 150-180.

Lee, Kyu Uck (1986): The Concentration of Economic Power in Korea: Causes, Consequences and Policy. Korea Development Institute, Working Paper Nr. 8602, Seoul.

Lee, Soo-Won; Orr, Ann (1999): The Financial Restructuring and Reform Programme in the Republic of Korea: Progress and Constraints, in: Herman, Barry (Hrsg.): Global Financial Turmoil and Reform. A United Nations Perspective. (Edited by a Team from the United Nations Department of Economic and Social Affairs), Tokyo, New York, Paris, S. 93-108.

Lembeck, Andreas (1996): Secondary Market and Debt Equity Swaps: ein Ausweg aus der ‚Schuldenkrise'? In: Lembeck, Andreas; Potts, Lydia; Rost, Michael; Thörner, Klaus (Hrsg.): Wider den Zeitgeist: Analysen zu Kolonialismus, Kapitalismus und Imperialismus. Oldenburg, S. 207-226.
URL: http://docserver.bis.uni-oldenburg.de/publikationen/bisverlag/lemwid96/kapii-3.pdf (Stand: 07.11.03).

Levine, Ross (1997): Financial Development and Economic Growth: Views and Agenda, in: Journal of Economic Literature, Vol. 35 (June 1997), S. 688-726.

Leyshon, Andrew (1994): Under Pressure: Finance, Geo-economic Competition and the Rise and Fall of Japan's Postwar Growth Economy, in: Corbridge, Start; Thrift, Nigel; Martin, Ron (Hrsg.): Money, Power and Space. Oxford et al., S. 116-145.

Lim, Wonhyuk; Haggard, Stephan; Kim, Euysung (2003): Introduction: The Political Economy of Corporate Restructuring, in: Haggard, Stephan; Lim, Wonhyuk; Kim, Euysung (Hrsg.): Economic Crisis and Corporate Restructuring in Korea. Reforming the Chaebol. Cambridge, S. 1-31.

Lipke, Isabel; Vander Stichele, Myriam (2003): Finanzdienstleistungen in der WTO: Lizenz zum Kassieren? Eine zivilgesellschaftliche Kritik der Liberalisierung von Finanzdienstleistungen im Rahmen der GATS-Verhandlungen. Weed-Arbeitspapier, Berlin.

Lipp, Ernst-Moritz (2000): Internationale Finanzströme. Ausmaß und Dynamik. In: Internationale Politik, Nr. 6, S. 9-16.

Lissakers, Karin (1984): Bank Regulation and International Debt, in: Feinberg, Richard; Kallab, Valeriana (Hrsg.): Uncertain Future: Commercial Banks and the Third World. New Brunswick, London, S. 45-68.

Litan; Robert E. ; Masson, Paul; Pomerleano, Michael (2001): Introduction, in: Litan, Robert E.; Masson, Paul; Pomerleano, Michael (Hrsg.): Open Doors. Foreign Participation in Financial Systems in Developing Countries. Washington D.C., S. 1-12.

Loftus, Alex; McDonald, David E. (2001): Lessons from Argentina: The Buenos Aires Water Concession.
URL: http://www.labournet.net/world/0105/arwater2.html#int (Stand: 28.02.04).

Luther, Hans Ulrich (1981): Südkorea. (K)ein Modell für die Dritte Welt? München.

Mackintosh, James (2002): Banks tot up cost of Argentina's troubles: James Mackintosh looks at the impact of the economic collapse on balance sheets as well as small savers, in: Financial Times, 12. Januar 2002.

Manzetti, Luigi (2003): Political Manipulations and Market Reform Failures, in: World Politics, Vol. 55, S. 315-360.

Marshall, Adriana (1997): State labour market intervention in Argentina, Chile and Uruguay: Common model, different versions, in: International Labour Organisation (Hrsg.): Employment and Training Papers No. 10.
URL: http://www.ilo.org/public/english/employment/strat/download/etp10.pdf (Stand: 20.10.03).

Martínez, José De Luna (2002): Die Herausforderungen der Globalisierung für die Schwellenländer: Lehren aus den Finanzkrisen von Mexiko und Südkorea. Dissertation. Berlin.

Mathieson, Donald J.; Roldós, Jorge (2001): Foreign Banks in Emerging Markets, in: Litan, Robert E.; Masson, Paul; Pomerleano, Michael (Hrsg.): Open Doors. Foreign Participation in Financial Systems in Developing Countries. Washington D.C., S. 15-55.

Mathieson, Donald J. (1980): Financial Reform and Stabilization Policy in a Developing Economy, in: Journal of Developing Economies, Vol. 7, S. 359-395.

Maxfield, Sylvia (1998): Understanding the Political Implications of Financial Internationalization in Emerging Market Countries, in: World Development, Vol. 26, Nr. 7, S. 1201-1219.

McKinnon, Ronald I (1991): The Order of Economic Liberalization. Financial Control in the Transition to a Market Economy. Baltimore, London.

McKinnon, Ronald I (1973): Money and Capital in Economic Development. Washington D.C.

Meier, Jürgen (2003): Koreakrieg. Noch immer leidet die Bevölkerung des geteilten Landes an den Folgen, in: Rheinischer Merkur, Nr. 30, 24. Juli 2003.
URL: http://www.merkur.de/aktuell/po/ge_033001.html (Stand:08.12.03)

Meinardus, Ronald (2003): Iraq Crisis Affects US Role in East Asia, in: Korea Times, 14. März 2003.
URL: http://times.hankooki.com/lpage/opinion/200303/kt2003031418192711360.htm (Stand: 07.12.03)

Messner, Dirk (1998): Wirtschaft und Entwicklung in Argentinien in den neunziger Jahren: Ein schwieriger Neuanfang, in: Messner, Dirk (Hrsg.): Lateinamerika: der schwierige Weg in die Weltwirtschaft. (INEF-Report Nr. 26) Duisburg, S. 51-76.

Minor, Michael S. (1994): The Demise of Expropriation as an Instrument of LDC policy, 1980-1992, in: Journal of International Business, Vol. 25, Nr. 1, S. 177-188.

Mitchell, Jason (2002): Young bank chief for Argentina, in: Financial Times, 11. Dezember 2002.

Mo, Jongryn; Moon, Chung-in (2003): Business-Government Relations under Kim Dae-jung, in: Haggard, Stephan; Lim, Wonhyuk; Kim, Euysung (Hrsg.): Economic Crisis and Corporate Restructuring in Korea. Reforming the Chaebol. Cambridge, S.127-149.

Mody, Ashoka; Negishi, Shoko (2001): Cross-Border Mergers and Acquisitions in East Asia: Trends and Implications, in: Finance and Development, Vol. 38, Nr. 1.
URL: http://www.imf.org/external/pubs/ft/fandd/2001/03/mody.htm (Stand: 28.02.04)

Montagnon, Peter (1999): The breakdown of talks with HSBC over the sale of SeoulBank has called into question government commitment to reform, in: Financial Times, 20. Oktober 1999.

Moon, Chung-in; Kim, Song-min (2000): Democracy and Economic Performance in South Korea, in: Diamond, Larry; Kim, Byung-Kook (Hrsg.): Consolidating Democracy in South Korea. Boulder/Colorado, London, S. 139-172.

Morazán, Pedro (2002): Die Rolle des IWF und der institutionellen Anleger, in: Südwind e.V. und Evangelischer Entwicklungsdienst e.V. (EED) (Hrsg.): Schuldenkrise in Argentinien; Wer zahlt die Zeche?, texte 14, Siegburg und Bonn, S. 14-23.

Moses, Carl (2003): Populismus gepaart mit ökonomischer Rationalität, in FAZ, 2. Juni 2003.

Mosley, P.; Harrigan, J.; and Toye, J. (1991): Aid and Power: The World Bank and policy-based lending, Vol. 1. London, New York.

Muno, Wolfgang; Wagner, Christian (2000): Marktwirtschaft versus Demokratie? Wirtschaftliche Reformen und politische Entwicklung in Argentinien und Uruguay, in: Dosch, Jörn; Faust, Jörg (Hrsg.): Die ökonomische Dynamik politischer Herrschaft. Das pazifische Asien und Lateinamerika. Opladen, S. 73-107.

Nam, Chang-Hee (1995): South Korea's Big Business Clientelism in Democratic Reform, in: Asian Survey, Vol. 29, Nr. 4, S. 357- 366.

Nolte, Detlef (1997): Neoliberale Revolution und wirtschaftliche Integration in den neunziger Jahren, in: Informationen zur politischen Bildung, Nr. 226, S. 43-52.

Nolte, Detlef (1996): Ein neuer Perón? Eine Bilanz der ersten Präsidentschaft von Carlos Menem, in: Nolte, Detlef; Werz, Nikolaus Werz (Hrsg.): Argentinien. Politik, Geschichte, Kultur und Außenbeziehungen. Frankfurt am Main.
URL: http://www.rrz.uni-hamburg.de/IIK/volltxt/sr42no.pdf (Stand: 30.11.03)

Nunnenkamp, Peter (1999): Grenzenloser Handel und Kapitalverkehr? Was wirtschaftspolitisch zu tun und zu lassen ist. In: Internationale Politik, Nr. 1, 1999, S. 3-10.

Nunnenkamp, Peter (1998): Ursachen und Konsequenzen der Asien-Krise. In: Wirtschaftsdienst, Nr. 3, S. 135-138.

Nunnenkamp, Peter (1986): The International Debt Crisis of the Third World: Causes and Consequences for the World Economy. Brighton.

Nunnenkamp, Peter; Junge, Georg (1985): Die Kreditbeziehungen zwischen westlichen Geschäftsbanken und Entwicklungsländern. Forschungsberichte des Bundesministeriums für wirtschaftliche Zusammenarbeit, Band 68. Köln.

o.V. (2003): FDI in South Korea falls sharply, but foreign stock holdings are up, aus: Agence France Press, 8. Oktober 2003.

o.V. (2003): IWF-Einigung nur bedingt Hoffnung für Argentinien-Gläubiger, in: FAZ, 11. September 2003.
URL:http://www.faz.net/s/RubE4DDED034C25493AB1AF0EE3B01431C2/Doc~E99596123 6DC14D619EAF19E0B4F070F6~ATpl~Ecommon~Scontent.html (Stand: 03.06.04).

o.V. (2003): Top 100 banks, in: Latin Trade, September 2003.
URL: http://www.latintrade.com/newsite/content/archives.cfm?StoryID=2206 (Stand: 30.11.03).

o.V. (2003): Argentinien: Parlament hebt Amnestiegesetze auf, in: Süddeutsche Zeitung, 13. August 2003.
URL: http://www.sueddeutsche.de/ausland/artikel/200/16184/ (Stand: 20.08.03).

o.V. (2003): Sale of Chohung Bank to Shinhan Approved. Government to Emerge as Shinhan Financial Group's No. 1 Shareholder, in: Korea Herald, 28. Juni 2003.
URL: http://kn.koreaherald.co.kr/SITE/data/html_dir/2003/06/28/200306280015.asp (Stand: 06.02.2004).

o.V. (2003): IWF lobt argentinische Reformen, in: taz, 26. Juni 2003.
URL: http://www.global3.de/news/03062603.html (Stand: 03.06.04).

o.V. (2003): Die Zauberkraft des Magiers versiegt, in: FAZ, 14. Mai 2003.

o.V. (2002): Police raid on foreign banks in Argentina, in: Financial Times, 27. September 2002.

o.V. (2002): Top 100 banks, in: Latin Trade, September 2002.
URL: http://www.latintrade.com/newsite/content/archives.cfm?StoryID=???? (Stand: 30.11.03).

o.V. (2002): Economic Report of the President. Transmitted to the Congress, February 2002. Washington, D.C.
URL: http://www.gpoaccess.gov/usbudget/fy03/pdf/2002_erp.pdf (Stand: 15.05.04)

o.V. (2000): JP Morgan to buy 40% stake in Korea's Koram Bank, in: Financial Times, 20. Juni 2000.

o.V. (2000): Let the good times roll, in: Economist, 15. April 2002, S. 82-84.

o.V. (1999): Daewoo debt now put at Dollars 73bn: Higher figure raises doubts about chaebol accounting, in: Financial Times, 5. November 1999.

o.V. (1999): Newbridge buys Korea First Bank, in: Financial Times, 18. September 1999.

o.V. (1999): Newbridge presses to complete deal. Banking purchase of Korea First Bank could collapse if South Korean Government delays, in Financial Times, 7. September 1999.

o.V. (1999): Sell-off loom as creditors decide to break up Daewoo: Most of Korean group's business should go by year's end, in: Financial Times, 17. August 1999.

o.V. (1999): Newbridge near to deal on bank buy. Korea progress allays doubts, in: Financial Times, 2. Juli 1999.

o.V. (1999): US fund sure on Korea First deal. Newbridge Capital aims to meet this week's deadline for landmark takeover, in: Financial Times, 28. April 1999.

o.V. (1999): South Korea's biggest chaebol to reduce debt, in: Financial Times, 20. April 1999.

o.V. (1999): South Korea banking unions protest at mergers, in: Financial Times, 9. April 1999.

o.V. (1999): Asien im Teufelskreis der Exportflaute, in: Handelsblatt, 11. Februar 1999.

o.V. (1998): Anniversary: Asia's ripple effect, in: Financial Times, 2. Juli 1998.

o.V. (1998): Asia-Pacific: South Korea's forced bank mergers please no one, in: Financial Times, 29. Juni 1998.

o.V. (1998): South Korea and banks reach deal on Dollars 24 bn of debts, in: Financial Times, 28. Januar 1998.

o.V. (1996): In Südkorea zieht der Korruptionsskandal weite Kreise, in: FAZ, 11. Januar 1996.

o.V. (1989): Ehrgeizige Ziele für Argentiniens Wirtschaft. Steuerreform und Privatisierungen sollen Staatsdefizit reduzieren, in: FAZ, 19. Oktober 1989.

o.V. (1989): Unruhen in Argentinien, in: FAZ, 01. Juni 1989.

o.V. (1985): Alfonsin tackles second stage of economic reform, in: Financial Times, 03. Dezember 1985.

o.V (1985): Drastische Wirtschaftsreformen in Argentinien, in: Neue Zürcher Zeitung, 18. Juni 1985.

Odrich, Barbara (1994): Südkorea ist mit dem neuen Präsidenten auf Wachstumskurs. Aber nun muß er den Gegnern von Marktöffnung widerstehen, in: FAZ, 11. April 1994.

OECD: Institutional Investors Database.
URL:http://www.oecd.org/document/23/0,2340,fr_2649_37467_25495063_1_1_1_37467,00.html (Stand:03.05.04)

OECD (2001): Financial Market Trends, Nr. 80, September 2001.

OECD (1997): Financial Market Trends, Nr. 66, März 1997.

OECD (1996): Financial Market Trends, Nr. 64, Juni 1996.

Park, Daekeun; Rhee, Changyong (1998): Currency Crisis in Korea: How Has it Been Aggravated? Seoul.
URL: http://plaza.snu.ac.kr/~rhee5/data/kcrisis4.pdf (Stand: 19.01.04)

Park, Kyung Suh (2003): Bank-led Corporate Restructuring, in: Haggard, Stephan; Lim, Wonhyuk; Kim, Euysung (Hrsg.): Economic Crisis and Corporate Restructuring in Korea. Reforming the Chaebol. Cambridge, S. 181-204.

Park, Tong Whan (1999): South Korea in 1998. Swallowing the Bitter Pills of Restructuring, in: Asian Survey, Vol. 39, Nr. 1, S. 133-139.

Park, Tong Whan (1998): South Korea in 1997. Clearing the Last Hurdle to Political-Economic Maturation, in: Asian Survey, Vol.38, Nr. 1, January 1998, S. 1-10.

Pastor, Manuel; Wise, Carol (2001): From Poster Child to Basket Case, in: Foreign Affairs, Vol. 80, Nr. 6, S. 60-72.

Pastor, Manuel; Wise, Carol (1998): Stabilization and It`s Discontents: Argentina's Economic Restructuring in the 1990s, in: The North-South Agenda, Paper Nr. 31 (Hrsg.: North-South Center) Miami, S. 5-32.
URL: http://www.miami.edu/nsc/publications/pub-ap-pdf/31AP.pdf (Stand: 25.02.04).

Portes, Alejandro (1997): Neoliberalism and the Sociology of Development: Emerging Trends and Unanticipated Facts, in: Population and Development Review, Jg. 23, Nr. 2, S. 229-259.

Poth, Robert (2002): Talfahrt ohne Ende. Mit der Abwertung des Peso will die neue Regierung Argentiniens die schwere Finanzkrise überwinden, in: Südwind Magazin, Heft 2, 2002, URL: http://www.oneworld.at/suedwind.magazin/magazin/inhalt.asp?ID=1646 (Stand: 15.01.02).

Prasad, Eswar; Rogoff, Kenneth; Wie, Shang-Jin; Kose, Ayhan (2003): Effects of Financial Globalization on Developing Countries: Some Empirical Evidence. IMF, Washington, D.C.
URL: http://www.imf.org/external/np/res/docs/2003/031703.pdf (Stand: 20.05.03)

President's Working Group on Financial Markets (1999): Hedge Funds, Leverage, and the Lessons of Long-Term Capital Management. April 28, 1999.
URL: http://ustreas.gov/press/releases/docs/hedgfund.pdf (Stand: 12.02.02)

Qian, Jing (2000): Financial Services Liberalization and GATS. Analysis of the Commitments Under the General Agreement on Trade in Services (GATS) at the World Trade Organization, in: Claessens, Stijn; Jansen, Marion (Hrsg.): The Internationalization of Financial Services. Issues and Lessons for Developing Countries. London, The Hague, Boston, S. 63-101.

Radelet, Steven; Sachs, Jeffrey (1998): The Onset of the East Asian Financial Crisis. Harvard Institute for International Development, March 30, 1998.
URL http://www2.cid.harvard.edu/hiidpapers/eaonset2.pdf (Stand: 01.02.04).

Reichel, Richard (1999): Sind internationale Finanz- und Wirtschaftskrisen prognostizierbar? in: List Forum, Vol. 25, Nr. 4, S. 367-381.

Reinhardt, Horst (1990): Internationale Kreditvergabe, Verschuldung und Restrukturierung: Kredittheorie und Marktpraxis. Berlin.

Reinhart, Carmen M.; Reinhart, Vincent Raymond (1998): Some Lessons for Policy Makers Who Deal with the Mixed Blessing of Capital Inflows, in: Kahler, Miles (Hrsg.): Capital Flows and Financial Crises. Ithaca, New York, S. 93-126.

Republic of Korea (1998): Letter of Intent, 24. Juli 1998.
URL: http://www.imf.org/external/np/loi/072498.htm (Stand: 02.02.04).

Republic of Korea (1998): Letter of Intent, 2. Mai 1998.
URL: http://www.imf.org/external/np/loi/050298.htm (Stand: 02.02.04).

Republic of Korea (1998): Letter of Intent, 7. Februar 1998.
URL: http://www.imf.org/external/np/loi/020798.htm (Stand: 02.02.04).

Republic of Korea (1997): Letter of Intent, 24. Dezember 1997.
URL: http://www.imf.org/external/np/loi/122497.htm (Stand: 02.02.04).

Republic of Korea (1997): IMF Stand-By Arrangement. Summary of the Economic Program. 5. Dezember 1997.
URL: http://www.imf.org/external/np/oth/korea.htm (Stand: 01.02.04).

Republic of Korea (1997): Letter of Intent, 3. Dezember 1997.
URL: http://www.imf.org/external/np/loi/120397.htm#memo (Stand: 01.02.04).

Ro, Hyung-Gon (2002): Banking Industry Consolidation in Korea, in: Bank for International Settlements (Hrsg.): BIS Papers Nr. 4: The Banking Industry in the Emerging Market Economies: Competition, Consolidation and Systemic Stability. Basel, S. 93-101.
URL: http://www.bis.org/publ/bispap04i.pdf (Stand: 15.02.04)

Roberts, Susan (1994): Fictitous Capital, Fictitious Spaces: The Geography of Offshore Financial Flows, in: Corbridge, Stuart; Thrift, Nigel; Martin, Ron (Hrsg.): Money, Power and Space, Oxford (UK), Cambridge (USA), S. 91-115.

Robinson, Joan (1952): The Rate of Interest, and Other Essays. London.

Rodrik, Dani (1998): Who Needs Capital-Account Convertibility? In: Fisher, Stanley; Cooper, Richard N. et. al.: Should the IMF Pursue Capital-Account Convertibility? Essays in International Finance, Nr. 207, May 1998, S. 55-65.

Röpke, Jochen (1997): The East Asian 'Miracle': Theoretical Challenges. In: Zimmermann, Horst (Hrsg.): Selected issues of East Asian Economies - Japanese and German Perspectives. Marburg, S. 108-181.

Roth, Bernhard (1983): Die Rolle der Xeno-Finanzmärkte in der internationalen Finanzkrise, in: Marxistische Studien, Jahrbuch des IMSF, Nr. 6, S. 259-284.

Rügemer, Werner (2003): Arm und Reich. (Bibliothek dialektischer Grundbegriffe, Band 3), 2., überarbeitete Auflage, Bielefeld.

Saavedra-Rivano, Neantro (1998): From Promising Beginnings to Divergent Paths: Brazil and Korea, in: Hosono, Akio; Saavedra-Rivano, Neantro (1998): Development Strategies in East Asia and Latin America. Houndmills, Basingstoke, New York, S. 177-193.

Sachs, Jeffrey (1998): The IMF and The Asian Flu, in: The American Prospect, Vol. 9, Nr.37.
URL: http://www.prospect.org/print/V9/37/sachs-j.html (Stand: 30.01.04).

Sachs, Jeffrey (1997): IMF orthodoxy isn't what Southeast Asia needs, in: International Herald Tribune, 4. November 1997.

Sachs, Jeffrey (1988): Introduction, in: Sachs, Jeffrey: Developing Country Debt and Economic Performance. Vol. 1, Chicago und London, S. 1-38.

Sachverständigenrat zur Begutachtung der gesamtwirtschaftlichen Entwicklung (SVR) (1998): Vor weitreichenden Entscheidungen. Jahresgutachten 1998/99. Wiesbaden.

Sangmeister, Hartmut (2002): Von der Binnenorientierung zur selektiven Weltmarktintegration, in: Bodemer, Klaus; Pagni, Andrea; Waldmann, Peter (Hrsg.): Argentinien heute. Politik, Wirtschaft, Kultur. Frankfurt a.M., S. 183- 214.

Schmukler, Sergio L.; Yeyati, Eduardo Levy; de la Torre, Augusto (2002): Argentina's Financial Crisis. Floating Money, Sinking Banking. Beitrag zu einer Konferenz des National Bureau of Economic Research,
URL: http://www.nber.org/~confer/2002/argentina02/schmukler.pdf (Stand:01.12.03).

Schneider, Ann-Kathrin; Scholze, Michael (2003): HIPC: Entschuldung für die Ärmsten – ein Fehlschlag, in: WEED (Hrsg.): Die Umverteilungsmaschine. Finanzmärkte und Verschuldung (Schuldenreport), Bonn/Berlin, S. 26-31.

Schröder, Susanne (1990): Die Anpassungspolitik in Argentinien seit 1985 vor dem Hintergrund der Auslandsverschuldung und des Demokratisierungsprozesses. (Schriften zu Regional- und Verkehrsproblemen in Industrie- und Entwicklungsländern Band 52) Berlin.

Schubert, Alexander (1985): Die internationale Verschuldung. Die Dritte Welt und das transnationale Bankensystem. Frankfurt a.M.

Schumpeter, Joseph (1912): Theorie der wirtschaftlichen Entwicklung. Leipzig.

Schvarzer, Jorge (2002): Die lange Krise der Verschuldung in Lateinamerika, in: Lateinamerika Analysen, Nr. 2, Juni 2002, S. 67-102.

Shams, Rasul (1996): Liberalisierung, Globalisierung und Regionalisierung: Neue Ansatzpunkte zur Integration der Entwicklungsländer in die Weltwirtschaft. HWWA-Report, Nr. 160. Hamburg.

Shaw, Edward S. (1973): Financial Deepening in Economic Development. New York: Oxford University Press.

Shin, Kwang-Yeong (2000): Globalization and Class Politics in Korea, in: Schmidt, Johannes Dragsbaek; Hersh, Jacques (Hrsg.): Globalization and Social Change. London, New York, S. 143-157.

Sikorski, Trevor M. (1996): Financial Liberalization in Developing Countries. Cheltenham, UK; Brookfield, USA.

Simon, Gabriela (1988): Argentinien. Das bittere Erbe des „süßen Geldes", in: Altvater, Elmar; Hübner, Kurt; Lorentzen, Jochen; Rojas, Raúl (Hrsg.): Die Armut der Nationen. Handbuch zur Schuldenkrise von Argentinien bis Zaire. Berlin, S. 155-166.

Singh, Ajit; Weisse, Bruce A. (1999): The Asian Model: a Crisis foretold? In: International Social Science Journal, Nr. 160, S. 203-215.

Singh, Ajit (1998): "Asian Capitalism" and the Financial Crisis. CEPA Working Paper, No. 10 (CEPA Working Paper Series III: International Capital Markets and the Future of Economic Policy). Cambridge.

Singh, Ajit (1998): Savings, Investment and the Corporation in the East Asian Miracle, in: Journal of Development Studies, Vol. 34, Nr. 6, S. 112-137.

Snyder, Scott (1999): Patterns of Negotiation in a South Korean Cultural Context, in: Asian Survey, Vol. 39, Nr. 3, S. 394-417.

Sottoli, Susana (2002): Sozialpolitische Reformen und soziale Entwicklung, in: Birle, Peter; Carreras, Sandra (Hrsg.): Argentinien nach zehn Jahren Menem. Wandel und Kontinuität. (Veröffentlichungen des Ibero-Amerikanischen Instituts Band 86) Frankfurt am Main, S. 125-152.

Stallings, Barbara (1987): Banker to the Third World. U.S. Portfolio Investment in Latin America, 1900-1986. Berkeley, Los Angeles, London.

Stamm, Hanspeter (1992): Krise und Anpassung in Mexiko. Eine Länderfallstudie zu Auf- und Abstieg in der Semiperipherie des Weltsystems (Forschungen zu Lateinamerika Band 31), Saarbrücken.

Stiblar, Franjo (1998): Banking as a Basis for Economic Cooperation in Less-Developed Europe, in: Stavrou, Theofanis G.; Lampe, John (Hrsg.): Redefining Southeastern Europe: Political Challenges and Economic Opportunities. München (Südosteuropa-Studien; Bd. 61), S. 267-283.

Stichele, Myriam Vander (2004): Critical Issues in the Financial Industry. SOMO Financial Sector Report. Amsterdam.

Stiglitz, Joseph (2002): Die Schatten der Globalisierung. Berlin.

Stiglitz, Joseph (2000): Capital Market Liberalization, Economic Growth, and Instability, in: World Development, Vol. 28, Nr. 6, S. 1075-1086.

Stiglitz, Joseph (1998): World Bank questions IMF plan: Austerity in Asia may worsen crisis, in: Wall Street Journal, 8. Januar 1998.

Strange, Susan (1998): The New World of Debt, in: New Left Review, 1998, S. 91-114.

Structural Adjustment Participatory Review International Network (SAPRIN) (2004): Structural Adjustment: The SAPRI Report. The Policy Roots of Economic Crisis, Poverty and Inequality. London, New York et al.

Suter, Christian (1990): Schuldenzyklen in der Dritten Welt. Kreditaufnahme, Zahlungskrisen und Schuldenregelungen peripherer Länder im Weltsystem von 1820 bis 1986. Frankfurt a.M.

Sylla, Richard (2003): The Political Economy of Financial Systems – Historical Perspectives. Precis for Stanford conference, 7.-8. Februar 2003, URL:http//www.stanford.edu/group/sshi/Finance2003/sylla_paper.pdf (Stand:04.07.03).

Tandon, Yash (2000): The Role of Foreign Direct Investments in Africa's Human Development. Paper written for the UNCTAD.
URL: http://rorg.no/rorg/dok/arkiv/ytfdi1.htm (Stand: 13.06.04)

Teichmann, Judith (2002): Latin America in the Era of Globalization: Facing the Challenges of Second Stage Reform. Paper prepared for presentation at the Annual International Studies Association Convention, New Orleans March 23-27, 2002.
URL: http://www.isanet.org/noarchive/teichman.html (Stand: 01.11.03)

Teichmann, Judith (2001-2): Latin America in the Era of Globalization: Inequality, Poverty and Questionable Democracies. CIS Working Paper 2001-2.
URL: http://www.utoronto.ca/cis/working_papers/2001-2.pdf (Stand: 04.11.03)

Thiele, Rainer; Wiebelt, Manfred (2000): Sind die Anpassungsprogramme von IWF und Weltbank gescheitert? Eine Bilanz der Erfahrungen von zwei Jahrzehnten. Kieler Diskussionsbeiträge, Nr. 357, Kiel.

Thomson, Adam (2003): Argentina takes first step in banking reform, in: Financial Times, 2. Juni 2003.

Toussaint, Eric (2001): Argentinien: Schwaches Glied in der weltweiten Schuldenkette? URL:http://www.otherdavos.net/PDF/Toussaint-de.pdf (Stand: 01.03.04).

Truman, Harry S. (o.J.): Memoiren, Bd. 2, Stuttgart.

UNCTAD (2003): World Investment Report. Geneva.

UNCTC (1981): Transnational Banks: Operations, Strategies and their Effects in Developing Countries. New York.

UNESCAP (1999): Social impact of the economic crisis. Bangkok.
URL: http://www.worldbank.org/poverty/eacrisis/library/unescap1.pdf (Stand: 30.09.02)

United Nations (1988): Financing Africa's Recovery: Report and Recommendation of the Advisory Group on Financial Flows for Africa. New York.

US Department of Commerce (2002): Argentina 2002.
URL: http://www.usatrade.gov/Website/CCG.nsf/CCGurl/CCG-ARGENTINA2002-CH--004CC284 11/5/01 (Stand: 30.10.2003).

Vásquez, Ian (1996): The Brady Plan and market-based solutions to the debt crisis, in: The Cato Journal, Vol. 16, Nr. 2.
URL: http://www.cato.org/pubs/journal/cj16n2-4.html (Stand: 15.03.03)

Wade, Robert (2000): National Power, Coercive Liberalism and "Global" Finance, in: Art, Robert J.; Jervis, Robert (Hrsg.): International Politics. Enduring Concepts and Contemporary Issues. 5. Aufl., New York et al., S. 363-506.

Wade, Robert (1999): The Coming Fight over Capital Flows, in: Foreign Policy, Nr. 113, S. 41-54.

Wade, Robert (1998): From 'Miracle' to 'Cronyism': Explaining the Great Asian Slump, in: Cambridge Journal of Economics, Vol. 22, S. 693-706.

Wade, Robert (1998): The Asian Debt-and-development Crisis of 1997-?: Causes and Consequences, in: World Development, Vol. 26, Nr. 8, S. 1535-1553.

Wade, Robert; Veneroso, Frank (1998): The Asian Crisis: The High Debt Model Versus the Wall Street-Treasury-IMF Complex, in: New Left Review, Nr. 228, S. 3-24.

Wade, Robert; Veneroso, Frank (1998): The Gathering World Slump and the Battle Over Capital Controls, in: New Left Review, Nr. 231, S. 13-42.

Wagener, Klaus (2004): Starker Euro, schwacher Dollar, in: junge welt, 19. Februar 2004, S. 10f.

Wahl, Peter; Waldow, Peter (2001): Devisenumsatzsteuer. Ein Konzept mit Zukunft. Weed-Arbeitspapier. Bonn.

Waldow, Peter (2000): Wie funktionieren die internationalen Finanzmärkte? In: Osterhaus, Anja; Mosebach, Kai; Wahl, Peter, Waldow, Peter: Kapital braucht Kontrolle. Die internationalen Finanzmärkte: Funktionsweise – Hintergründe – Alternativen. Bonn, S. 16-28.

Walton, John; Seddon, David (1994): Free Markets and Food Riots. The Politics of Global Adjustment. Oxford et al.

Ward, Andrew (2003): South Korea's central bank calls to curb on foreign ownership, in: Financial Times, 22. Dezember 2003.

Ward, Andrew; Daniel, Caroline (2001): Micron, Infineon blast Hynix rescue, in: Financial Times, 8. November 2001.

Ward, Andrew (2003): Founders of chaebol ‚have too much control', in: Financial Times, 6. Oktober 2003.

Ward, Andrew (2003): Korea props up Chohung Bank with $1,7bn in aid. Financial Times, 19. Juni 2003.

Warn, Kern (1998): Survey – Argentina 98: Banking: Underbanked should not mean undervalued, in: Financial Times, 26. Juli 1998.

Watson, Matthew (1999): Rethinking Capital Mobility, Re-regulating Financial Markets, in: New Political Economy, Vol. 4, Nr. 1, S. 55-75.

Weggel, Oskar (1998): Annum horribile 1997. Das Jahr der asiatischen Währungs- und Wirtschaftskrisen. In: Südostasien aktuell, März 1998, S. 140-165.

Weisbrot, Mark (1999): Testimony to the United States Trade Deficit Review Commission, November 15,1999.
URL: http://www.ustdrc.gov/hearings/16nov99/mweisbrot.pdf (Stand: 20.01.04).

Weltwirtschaft, Ökologie und Entwicklung Weed e.V.; Germanwatch (Hrsg.) (1998): Alles neu macht das MAI? – Das Multilaterale Investitionsabkommen. Informationen, Hintergründe, Kritik. Bonn

Werner, Welf (2004): Handelspolitik für Finanzdienste. Schriften zur monetären Ökonomie, Bd. 47. Baden-Baden

Werning, Rainer (2000): Düsteres Ende einer Dienstfahrt. Indonesien nach der Ära Suharto, in: Boris, Dieter et al. (Hrsg.): Finanzkrisen im Übergang zum 21. Jahrhundert - Probleme der Peripherie oder globale Gefahr? Marburg, S. 113-130.

Wesselius, Erik (2002): Behind GATS 2000: Corporate Power at Work. Transnational Institute; TNI Briefing Series No. 2002/6. Amsterdam.

White, David (1999): Bold moves push Repsol into big league: Spanish oil group sets sights on rest of YPF of Argentina, in: Financial Times, 4. Mai 1999.

Wilkinson, Barry (1994): Labour and Industry in the Asia-Pacific. Lessons from the Newly-Industrialized Countries. Berlin, New York.

Williamson, John (2002): Did the Washington Consensus Fail? Institute for International Economics, 6. November 2002.
URL:http://www.iie.com/publications/papers/williamson1102.htm (Stand: 29.02.04).

Williamson, John (2000): What should the World Bank think about the Washington Consensus? In: The World Bank Research Observer, Vol. 15, Nr. 2, S. 251-64.

Williamson, John; Mahar, Molly (1998): A Survey of Financial Liberalization. Essays in International Finance, Nr. 211, November 1998.

Williamson, John (1990): What Washington Means by Policy Reform, in: Williamson, John (Hrsg.): Latin American Adjustment. How Much Has Happened? Washington, D.C., Institute for International Economics, S. 7-38.

Windolf, Paul (2002): Corporate Networks in Europe and the United States. New York et al.

Windolf, Paul; Beyer, Jürgen (1995): Kooperativer Kapitalismus. Unternehmensverflechtungen im internationalen Vergleich, in: Kölner Zeitschrift für Soziologie und Sozialpsychologie, Vol. 47, S. 1-36

Wolf, Winfried (2001): Arbeitslose, schnallt den Gürtel enger. Weltwirtschaft vor dem Absturz. Teil II: Rezession in der EU und »letzter Tango« in Argentinien, in: junge welt, 14. September 2001.

Wontroba, Gerd; Menzel, Ulrich (1978): Stagnation und Unterentwicklung in Korea. Von der Yi-Dynastie zur Peripherisierung unter japanischer Kolonialherrschaft. (Reihe: Transfines. Studien zur Politik und Gesellschaft des Auslandes, Bd. 9), Meisenheim am Glan.

Woo, Wing Thye (1999): Notes on the Economics and Politics of the Asian Financial Crisis. Background Study Prepared for the Bangkok Meeting of the Carnegie Economic Reform Network. URL: http://www.ceip.org/files/pdf/1Woo.pdf (Stand: 17.12.03).

World Bank (2003): World Development Indicators.
URL: http://www.worldbank.org/data/wdi2003/cdrom (Stand: 30.01.04)

World Bank (2003): World Development Report. Washington, D.C.

World Bank (2003): Global Economic Prospects and the Developing Countries. Washington, D.C.

World Bank (2002): Global Development Finance. Washington, D.C.

World Bank (2002): Argentina at a glance.
URL: http://www.worldbank.org/data/countrydata/aag/arg_aag.pdf (Stand: 01.11.03).

World Bank (2001): Global Development Finance. Washington, D.C.

World Bank (2001): Global Economic Prospects and the Developing Countries. Washington, D.C.

World Bank (2001): Finance for Growth. Policy Choices in a Volatile World. Washington, D.C.

World Bank (2000): East Asia. Recovery and Beyond. Washington, D.C.

World Bank (1999): Global Development Finance. Washington, D.C.

World Bank (1999): Global Economic Prospects and the Developing Countries. Washington, D.C.

World Bank (1998): Global Economic Prospects and the Developing Countries. Washington, D.C.

World Bank (1998): East Asia: The Road to Recovery. Washington, D.C.

World Bank (1997): Private Capital Flows to Developing Countries. Washington, New York.

World Bank (1996): World Development Report. Washington, D.C.

World Bank (1993): Argentina. From Insolvency to Growth. Washington, D.C.

World Bank (1993): Argentina's Privatization Programm. Washington, D.C.

World Bank (1993): The East Asian Miracle. Economic Growth and Public Policy. A World Bank Research Report. Oxford, New York.

World Bank (1989): World Development Report. Washington, D.C.

World Bank (1985): Argentina. Economic Memorandum, Vol. I. The Main Report. Washington, D.C.

World Bank (1985): World Development Report. Washington, D.C.

World Bank (1982): World Development Report. Washington, D.C.

Wriston, Walter (1988): Technology and Sovereignty, in: Foreign Affairs, Nr. 67, S. 63-75.

WTO (2002): Annual Report. Geneva.

WTO (1997): Press Release, Nr. 86, 15. Dezember 1997.

Young, Soogil (1999): Korea's Financial Crisis: Causes and Prospects, in: Brooks, Douglas H.; Queisser, Monika (Hrsg.): Financial Liberalisation in Asia. OECD und ADB, Paris, S. 55-60.

Yun; Mikyung (2003): Foreign Direct Investment after the Crisis, in: Haggard, Stephan; Lim, Wonhyuk; Kim, Euysung (Hrsg.): Economic Crisis and Corporate Restructuring in Korea. Reforming the Chaebol. Cambridge, S. 233-264.

Zacharie, Arnaud (2001): Die Ursachen der argentinischen Krise.
URL: http://www.otherdavos.net/PDF/zachriager.pdf (Stand: 27.10.03)

Zimmer, Bernhard (1995): Der Internationale Währungsfonds und die Verschuldung der Entwicklungsländer. Trier.

Zinn, Karl Georg (1993): Die neue Qualität des Finanzkapitals, in: Wirtschaft und Gesellschaft, 19. Jg, Nr. 1, S. 59-69.

Kolibri 360 GmbH
Ferdinand-Jühlke-Straße 7
99095 Erfurt, Deutschland
produktsicherheit@kolibri360.de

Druck:
CPI Druckdienstleistungen GmbH
im Auftrag der
Kolibri 360 GmbH
Ferdinand-Jühlke-Str. 7
99095 Erfurt